U0113365

"一带一路"沿线国家
主权信用风险展望（2017）

SOVEREIGN CREDIT RISK OUTLOOK (2017)

THE COUNTRIES ALONG THE BELT AND ROAD

艾仁智　万华伟◎编著

中国经济出版社

北　京

图书在版编目（CIP）数据

"一带一路"沿线国家主权信用风险展望.2017／艾仁智，万华伟编著.
北京：中国经济出版社，2017.11
ISBN 978 - 7 - 5136 - 4871 - 4

Ⅰ.①一… Ⅱ.①艾…②万… Ⅲ.①信用—风险管理—研究报告—世界—2017 Ⅳ.①F831.5

中国版本图书馆 CIP 数据核字（2017）第 233154 号

责任编辑	杨元丽
责任印制	马小宾
封面设计	华子图文

出版发行	中国经济出版社
印刷者	北京科信印刷有限公司
经销者	各地新华书店
开 本	787mm×1092mm 1/16
印 张	30.25
字 数	487 千字
版 次	2017 年 11 月第 1 版
印 次	2017 年 11 月第 1 次
定 价	98.00 元

广告经营许可证 京西工商广字第 8179 号

中国经济出版社 网址 www.economyph.com 社址 北京市西城区百万庄北街 3 号 邮编 100037
本版图书如存在印装质量问题，请与本社发行中心联系调换（联系电话：010 - 68330607）

总序

主权信用评级是信用评级机构的一项重要业务，是信用评级机构为投资者提供的国际投资参考意见。主权信用评级是指独立的信用评级机构对一国中央政府或地区政府作为债务人，能否按时足额偿还直接、显性、商业性金融债务的能力和意愿的前瞻性评估，是对一国或地区政府发行的主权债务违约可能性的预判。

一般而言，与其他债券发行人相比，主权债券发行人具有以下特征：其一，中央政府在国家范围内拥有最高权力，其偿债意愿对主权信用具有重要影响；其二，中央政府能够通过货币增发、增加税收等行政法律手段，筹集用于偿还债务的资金；其三，主权信用能力通常被视为一国债务的最大偿付能力。因此，一国的主权信用级别往往也被视为一国范围内其他债券发行主体的级别上限。主权信用评级对国际投资者掌握相应主权信用，发行国际债券，评估投资风险具有重要的风险揭示作用。

作为国内专业从事资本市场信用评级业务的全国性公司之一，联合信用评级有限公司（以下简称"联合评级"）自 2002 年成立以来，长期专注于中国信用评级市场的研究和实践工作，先后获得中国证监会、中国保监会、国家发改委和中国人民银行总行的资质认可，开展证券市场资信评级等相关信用评级业务，先后成为中国证券业协会和中国保险资产管理业协会会员。多年来，联合评级始终践行"以真诚为委托人服务，以专业为使用者尽责"的经营理念，秉承"独立、客观、公正"的执业准则，将"成为具有伟大公信力公司"作为战略目标，致力于推动国家和社会的信用体系建设，坚持不懈地为社会提供信用信息服务，有效降低社会交易成本和风险，为促进经济健康发展做出应有的贡献。

主权信用评级是联合评级完整业务体系内的重要组成部分，主权信用评级业务由联合评级国家风险部的专业研究团队负责，在主权信用风险研究和主权评级模型开发等方面均取得了丰硕成果，陆续推出了主权信用风险评级方法、主权信用风险评级模型、国别风险报告、国别风险跟踪报告、国家风险特别评论等主权信用风险研究相关内容，逐步形成了完整的联合评级主权信用风险研究体系，具备为国内外投资者提供主权信用风险方面专业全面的信用信息服务的能力。

近年来，中国债券市场蓬勃发展，国际化进程明显加快，双边跨境资本流动趋势愈加强劲。2017 年 1 月末，境外机构投资者在中国债市持有量高达7,529.89亿元，占比为 1.72%。中国债券市场发展潜力强劲，对境外投资者具备较强的吸引力。在这一背景下，"一带一路"倡议的提出将对中国企业利用外资走出去，吸引外国投资走进来起到推波助澜的作用。自 2013 年习近平总书记提出"一带一路"构想，三年来，从顶层设计到项目落实，特别是随着"一带一路"国际合作高峰论坛的召开，"一带一路"倡议已进入务实推动阶段，2017年"一带一路"将迎来黄金发展期。同时，国内信用评级服务市场也将在 2017年 7 月 16 日前对在华外资全资金融服务公司开放。我们相信，在这一新形势下，信用评级机构将面临更多的挑战和机遇，只有迎接挑战，把握住机遇，才能立足市，立信于世。

2017 年 5 月 15 日，联合评级在北京正式发布《2017 年"一带一路"国家主权信用风险展望》。这是联合评级在"一带一路"宏伟倡议下，结合评级机构自身业务特长，为国内外投资者提供风险信息的一次成果展示。展望报告选取了"一带一路"沿线 50 个重点国家，区域覆盖东南亚、南亚、中西亚、中东及非洲以及中东欧地区等五大沿线必经区域，涵盖"一带一路"地区大约 94% 的人口，超过地区生产总值的 93%，经济体量较大，国际贸易参与度较高，能很好地体现"一带一路"沿线国家的主权信用风险状况。我们希望本书能为识别"一带一路"沿线国家风险动态提供重要参考，切实服务国内外投资者。

在此，衷心感谢监管机构领导对于联合评级"一带一路"沿线国家的主权信用风险发布的关注，衷心感谢各位学者专家和同行对于本次研究给予的建议和意见，衷心感谢中国经济出版社为本书付诸出版所做出的巨大贡献。最后我也衷心感谢为本书出版付出艰辛努力的所有公司同仁，并期待各位读者提出你们的宝贵意见。

（王少波，联合信用管理有限公司首席执行官、联合资信评估有限公司董事长。）

序一

　　2017 年 5 月，正值"一带一路"国际合作高峰论坛在北京召开之际，忙趁东风放纸鸢，中国评级机构——联合信用评级有限公司在北京正式发布了《2017 年"一带一路"国家主权信用风险展望》，公布了"一带一路"沿线 50 个国家的主权信用评级，并且针对其中 36 个重点国家发布了翔实的分析报告；全面勾勒出"一带一路"沿线各国的风险图景。

　　联合评级此次发布的"一带一路"国家主权信用风险展望，可以说有两个特点。一是全面性；二是专业性。从覆盖范围看，评级的 50 个国家区域包括东南亚、南亚、中西亚、中东及非洲以及中东欧地区等，基本涵盖了"一带一路"沿线热点必经区域，涉及范围较广。另外，联合评级此次的评级项目应用了自主研发的主权评级模型，在模型框架内从政治环境、宏观经济、金融稳健性、财政实力和外部流动性五个维度入手进行分析，选取 28 个定量指标，辅以专家判断，是量化分析与专业意见综合的结果，具有较高的专业性。

　　共建"丝绸之路经济带"和"21 世纪海上丝绸之路"的倡议自 2013 年 9 月和 10 月习近平主席在出访中亚和东南亚国家期间先后提出，迄今已逾四年，随着高峰论坛的召开，"一带一路"倡议进入了全面务实推进的阶段。"一带一路"沿线总人口约 44 亿，经济总量约 21 万亿美元，分别约占全球的 63% 和 29%，蕴含着巨大的投资和发展机遇。但另一方面，"一带一路"绝非坦途，与机遇伴生的是各类潜在风险。从联合评级此次发布的展望看，50 个"一带一路"沿线重点国家中超过三分之一的国家主权评级处于投资级以下，面临地缘政治局势复杂、社会弹性较低、政治经济稳定性差，甚至非传统安全问题等风险。在参与"一带一路"倡议过程中，如何在保证资本安全性同时实现收益最大化是广大企业和投资者共同面临的挑战。

联合评级此次发布的评级报告和展望也为广大国际、国内投资者提供了有益的视角——既应从综合性视角和全局性意识出发，做出系统化、全方位的判断，也要具备精准实施和一国一策的差异化视角，综合考量沿线国家政治制度、经济金融及社会安全等诸多要素，力求实现"一带一路"项目切实落地，不但走出去，还要走得稳，走得远，走得好。

（郑新立，中国国际经济交流中心常务副理事长，中共中央政策研究室原副主任。2014年5月，被《经济学家周报》评为"2013·经济学人"10位著名经济学家之一。）

序二

习近平主席在 2016 年新年贺词中高屋建瓴地郑重指出:"世界那么大,问题那么多,国际社会期待听到中国声音、看到中国方案,中国不能缺席。"

值此中国发起、全球共襄的"一带一路"国际合作高峰论坛在北京召开之际,我们欣喜地看到,来自中国评级行业的代表——联合信用评级有限公司隆重发布了"一带一路"沿线 50 个国家的主权信用评级,向全世界展现了中国评级行业的实力,为全球投资者提供了观察"一带一路"沿线国家主权信用风险的新视角。

二十多年前,《纽约时报》专栏作家、《世界是平的》一书作者弗里德曼曾感叹:"美国能用炸弹将一个国家夷为平地从而摧毁它,而穆迪能通过降低债券评级摧毁一个国家。"这句话形象地描述了评级机构在全球金融体系中只手遮天影响力。在全球资本市场上,只要评级机构降低评级,那么就必然引起一连串的市场上的"多米诺效应"。长期以来,美国三大评级机构——穆迪、标普和惠誉垄断了全球评级市场 95% 以上的份额,对着国际资本市场有着超乎寻常的影响力;而他们在多次国际金融危机中的拙劣表现给相关主权国家和全球投资者带来的是难以忘却的梦魇。国际社会也正因此迫切期待听到评级行业新的声音。

改革开放以来,中国积极参与了经济全球化的进程,长期占据着全球最大贸易国的地位,而开放的中国经济也因与全球各国经济的深度融合而得到了高速增长,也开始具备了很强的对外投资实力。中国愿意将自己的成功发展经验与广大发展中国家分享，促进全球经济，特别是发展中国家经济的进一步腾飞。由中国提出的"一带一路"倡议就是中国从跟随参与经济全球化向为提出经济全球化建议的重要转变。而准确分析和揭示"一带一路"沿线国家的主权信用风险，无论是对于全球投资者，还是对于"一带一路"倡议的最终成功都具有极其重要的意义。

在艾仁智博士领导下，联合评级国家风险团队通过艰苦努力，成功推出了基于自有知识产权主权评级模型的全新主权评级方法，体现了中国评级企业的创新精神，代表中国评级企业向全世界发出了自己的声音，由此向全球宣告：在主权评级领域，中国没有缺席，我们来了！

相知无远近，万里尚为邻。自"一带一路"倡议提出以来，新闻出版界自觉担当起"丝路故事"的讲述者、"丝路文化"的传播者、"丝路精神"的弘扬者的历史使命，策划出版了一批高质量主题出版物，积极促进文明互鉴、民心相通，为将"一带一路"建成和平之路、繁荣之路、开放之路、创新之路、文明之路营造良好舆论环境。

由中国经济出版社出版的《"一带一路"国家主权信用风险展望（2017）》即将付梓，让我们看到在评级方法领域我国自有知识产权主权评级模型的创新成果。真诚希望在更多的领域内看到更多的"中国方案"，在"和平合作、开放包容、互学互鉴、互利共赢"的"丝路精神"中大放异彩，为打造共同发展、共同繁荣的人类命运共同体做出积极贡献。

李东东

（李东东，中国新闻文化促进会理事长，原新闻出版总署副署长，全国政协第十一届、十二届委员会委员。）

序三

近年来,在我国社会发展水平大幅度提升、经济增长速度位居全球前列、外汇储备极其雄厚的形势下,国际评级机构坚持给予中国与其经济实力并不相称的主权信用级别,造成了中国国债及企业债券在国际资本市场融资成本较高的事实,让我们进一步感受到了公正合理的主权信用评级对于主权发行人的重要性。

另一方面,随着中国债券市场的国际化进程,越来越多的国际发行人也开始关注并进入中国债券市场,发行各种熊猫债,所以中国的投资者也迫切需要更为准确的熊猫债发行人的信用评级,特别是主权评级,作为他们投资熊猫债的决策依据。从以往国际金融危机的历史看,国际评级机构在主权信用评级方面的表现难言令人满意,包括在次贷危机及后来的欧债危机中,国际评级机构并没有能及时向投资者揭示这些国家的主权风险,从而给投资者造成了巨大的损失。

也正是因为这些原因,随着中国经济和债券市场发展,逐步成长的中国评级机构纷纷开始尝试为投资者提供更为准确可靠的主权信用评级产品,而本次联合信用评级有限公司对于"一带一路"沿线50个国家主权信用评级的发布,就是一次极为有益的尝试,相信将会给中国和国际的投资者对于"一带一路"沿线国家的主权风险判断带来全新的观察视角。

具体来说,联合信用评级有限公司本次"一带一路"沿线50个国家主权信用评级的发布存在以下几点重要意义：

首先，"一带一路"倡议是中国在经济全球化背景下，中国政府推动国际经济深度合作的国家战略。在"一带一路"沿线国家经济发展水平参差不齐，各国主权风险形成原因差异巨大的情形下，参与"一带一路"倡议的中国和国际投资者迫切需要更为公正和准确的关于这些国家的主权信用风险评价和揭示信息；而联合评级则恰如其时地满足了投资者这一需要，为中国和国际投资者参与"一带一路"倡议提供了基本的主权信用风险判断支持。

其次，联合信用评级有限公司在本次对于"一带一路"沿线50个国家主权信用进行评级的过程中，对其主权信用评级的方法进行了全面更新，以20多个经济和社会发展指标为基础，创建了自有知识产权的主权评级模型，因此，其主权信用评级的公正客观性得到了很大幅度的提升，使得中国本土信用评级机构的评级技术水平迈上了一个新的台阶。

再次，主权信用评级是整个信用体系中重要性最为突出、技术难度相对较高的评级产品。中国本土评级机构在此方面的种种努力，特别是联合信用评级有限公司本次"一带一路"沿线50个国家主权信用评级的发布标志着中国本土评级机构已经开始全面踏入国际资本市场，正在为建立一个更为公平、公正和准确的国际评级体系贡献中国智慧，值得我们为此欢呼和喝彩。

"芳林新叶催陈叶，流水前波让后波"。正如中国经济已经发展成为全球经济的重要动力，以联合信用评级有限公司为代表的中国本土评级机构也必将通过自身的不懈努力成长为国际信用评级领域的生力军，在国际资本市场做出更大的贡献。如此，我们期待；如此，我们相信。

是为序。

（曹玉书，现任中国宏观经济学会副会长、中国国际经济交流中心常务理事，中国西部发展研究院院长。曾任国家计委政策法规司司长、国家发展和改革委员会副秘书长兼政策研究室主任和新闻发言人、国务院西部地区开发领导小组办公室副主任；受聘为中国社会科学院、北京交通大学和浙江大学教授，博士生导师。）

序四

2013 年 9 月习近平主席访问哈萨克斯坦时提出共建"丝绸之路经济带"的倡议，10 月在访问东盟国家时提出共建"21 世纪海上丝绸之路"的倡议，二者构成"一带一路"陆海链接的整体框架。在 2014 年 11 月中央召开的中央财经领导小组会议上，习近平主席指出，"一带一路"的提出是"时代的要求"，是"一个包容性的巨大发展平台"，"要集中力量办好这件大事"，12 月召开的中央经济工作会议强调，把实施"一代一路"列为"优化经济发展空间格局"的重点工作之一。2015 年 3 月 28 日，国家发展改革委、外交部、商务部联合发布了《推动共建丝绸之路经济带和 21 世纪海上丝绸之路的愿景与行动》文件，就"一带一路"建设的目标、原则、方式与中国作为倡议者所发挥的作用进行了全面的阐释，开启了推动了"一带一路"建设的实际进程。2017 年 5 月 14 日至 15 日，"一带一路"峰会在北京举行，来自 130 多个国家的约 1500 名各界代表，其中有近 30 为外国元首，数百位部长与会，还有来自世界的 4000 余名记者注册报道此会，让"一带一路"上升为一个带有全球意义的新型合作机制。

中国对"一带一路"倡议如此重视，自然有其原因。从中国发展的角度来说，"一带一路"有助于重建中国与亚、欧、非的紧密地缘链接。中国陆地与亚欧大陆相连接，古丝绸之路就是中国与外部世界编织的连接与交往通道；中国往东是浩瀚的太平洋，往南过南中国海，西穿印度洋，登陆非洲，历史上，沿海各地都曾开辟了海上丝绸通道，郑和带领大船队数次下西洋，推动中国与沿线国家的友好交往，留下了世代传颂的佳话。不过，在近代，由于中国衰落，那些曾作为友好交往的陆海通道，反而被外部列强用来进犯中国，迫使中国关闭海上通道，陆地通道也逐步萎缩。

中国实施改革开放，打开了对外交往的大门，首先利用的是海上大通道，在沿海地区建立开放经济区，实行引进—加工—出口的政策，以沿海带动其他地区的发展。随着经济的发展，中国与外部的联系也逐步扩大了，不仅引进外部资源，也为外部国家提供市场和投资，由此，被隔断的陆地通道也逐步开通。如今，中国已经成为世界大多数国家重要的贸易市场和投资来源，相互间的政治、安全和人文交往也得到很大的发展。

尽管如此，中国与外部世界的联系还是受制于几个大的瓶颈制约：陆路基础设施落后，缺乏发达的公路、铁路交通网络；大多数国家的经济不够发达，发展的基础环境较差；海上的联系也主要体现在贸易通道上，与沿海各国的经济联系并不深入。如今，中国的发展和对外联系进入到一个新的阶段。对内深化改革，实现发展的转型，提升整体发展水平；对外扩大开放，与外部建立更为广泛和深入的联系，构建新的关系结构和格局。"一带一路"倡议就是为了把中国的发展转型和与外部建立新的发展关系紧密联系起来，通过中国对外投资，拓展生产能力，与外部国家一起改善基础设施与综合发展环境，实现中国的新发展与外部发展的联动，创建亚—欧—非广大地区新的发展动力。

通过这样的发展，可以在共同发展的基础上，通过陆海链接，把中国与外部世界更为紧密地联系起来，亚—欧—非陆海大区域将成为中国未来发展的延伸带，这样，中国的路海地缘优势就可以更好地发挥出来。西方国家崛起主要靠的是海洋优势，我国改革开放以后主要靠的也是依海便利。然而，中国是一个以陆地为基的陆海型大国，如果陆上也便利了，就具备了新的和更大地缘区位优势。如今，通过现代技术的发展，建设起内外互联互通的高速公路、高速铁路、高速通讯网络，可以让陆地优势回归，实现陆海的无缝连接。比如，就贸易物流而言，现在通过海路从上海到欧洲的货船大约要走一个月的时间，这已经很方便了，但如果修通了亚欧高铁网，大概只需要2～3天的时间就够了。从现在已经联通的铁路网看，铁路已经胜过海路，使从中国到欧洲的运输时间缩短到10天左右。将来通过进一步提升，发展起高速铁路网，建立起无障碍的物流系统，那么，时间就可以大大缩短。在现代条件下，通过"一带一路"的推动，以新技术为支撑，建成亚、欧、非陆海联动的快捷大交通网不是梦。

"一带一路"倡议不仅基于中国本身的发展，也基于地区和世界的发展，让中国和世界的发展相连接，让中国在世界新的发展中发挥更大的作用。"一带一路"倡议提出后，之所以得到其他国家，其中也包括不在"一带一路"地缘区域的国家的积极支持，是因为它体现的是合作发展，共同发展的新型发展合作理念与行动。开放是当今世界发展的突出特征，全球化是大潮流，大趋势，但是，光有开放不行，还需要合作，需要通过改善综合发展环境提升发展的可持续性，让更多地国家加入到开放发展的进程，并从中受益。

合作发展的关键是要解决共同参与和共享成果问题。"一带一路"倡议就是遵循共谋、共商、共建和共享的原则，把中国发展的能动性与外部世界发展的需要与能动性结合起来，把各国的国内规划与外部的建设连接起来，把本国资源能力与国际融资支持连接起来。"一带一路"的建设有两个关键：一是与当地发展规划与建设相对接，即着眼于当地的发展需要和意愿，不是靠强行推进；二是解决融资瓶颈，进行创新融资，特别是基础设施的融资，需要多种方式，多种渠道，多方合作。总的来说，一带一路建设的重点推进方向包括两个部分：一是支持和参与相关国家的国内发展项目，二是规划与建设跨国的联通网络。事实上，"一带一路"所推动的不仅仅是经济，也包括政治、安全和人文交流合作，通过全面合作，推动新型国家关系和秩序的构建。

为了扩大融资渠道，中国推动成立了亚洲基础设施银行（亚投行）、金砖国家开发银行（新开发银），自行设立的"丝路基金"等也都已经开始运行，预计今后还会有更多新的合作机制建立起来。尽管"一带一路"的地理范畴主要面向亚—欧—非地区，但它的建设是开放的，不是排他的，也就是说，是向任何国家、任何企业和任何国际机构开放的，欢迎各国政府、企业和国际机构广泛和全方位参与。有些国家暂时不参与，以后也可以参与，就像美国、日本还在观望，今后想通了随时可以参加。美国和日本政府都派了代表参加在北京召开的"一带一路"峰会，表明他们还是对参与有兴趣的。

"一带一路"建设不是短期行为，是"百年工程"。要让这样大的地区通过现代基础设施连接起来，实现共同的发展，让各国的人民分享合作发展的成果，需要坚持不懈的努力，需要真诚合作，需要政府与民间共同努力。也要看到，"一带一路"的建设绝非一帆风顺，没有风险。"一带一路"地区所涉及的国家很多，无论是发展水平，国家治理，还是宗教、文化等，都千差万别。特别是，很多国家政局不稳，国家治理的能力薄弱，投资缺乏安全保障，有的地区极端势力、恐怖势力猖獗，对建设项目和人员造成威胁，因此，在规划和运作项目投资时，一定要考虑风险的预防与危机应对。当然，"一带一路"建设本身就是一项具有开创和开拓意义的壮举，运行本身也包括对投资环境、风险应对的改善努力，为此，需要知难而进，创新进取。

由联合信用评级有限公司副总裁艾仁智博士主编的《"一带一路"国家主权信用风险评级展望（2017）》对"一带一路"沿线50多个国家的主权信用进行了深入的分析研究，发布了他们的评级数据。这项研究应用了该研究团队自主研发的主权评级模型，把量化指标与专家分析判断结合起来，是一项具有创新性的尝试，相信该研究成果能够为"一带一路"项目规划，投资决策，特别是融资运作提供有益的参考。

当然，国家主权信用评级是一项难度很大，且具有相当敏感性的工作。特别是对关于"一带一路"沿线发展中国家的主权信用评级，一方面需要谨慎，另一方面也需要制定有自己特色，符合发展中国家实际的指标体系与评价体系。事实上，信用是一个动态指标，是可变的。推动建立"一带一路"合作机制的初衷之一是通过合作，开展综合与协作运营，来提升那些信用评级低的国家和市场的信任度，这样，才可以让那些被全球化边缘化的国家参与进来，从中受益，得到发展。

希望联合信用评级有限公司继续把这项工作做下去，并且不断改进研究方法，创建一套信用度高，对推动"一带一路"建设可以发挥积极作用的评级体系。

（张蕴岭，中国社会科学院学部委员，国际研究学部主任，全国政协委员。）

目　录

第七部分　全球历史主权信用风险回顾

第一部分

"一带一路"
沿线国家主权信用风险展望综述

联合评级秉承以专业服务于市场的价值理念，在中国政府提出"一带一路"宏伟发展倡议的背景下，本着为国际国内投资者提供更加全面、更深入的有关沿线国家主权信用风险状况的服务宗旨，在应用自主研发的主权评级模型基础上，对分布在沿线 5 个地区内的 50 个国家开展了主权信用评级工作。"一带一路"地区 64 个国家和地区的人口约占全球人口的 43%，地区生产总值占全球 GDP 约 15%。本次评级涉及的 50 个国家地区人口约占"一带一路"地区 64 个国家和地区总人口的 93%，地区生产总值约占"一带一路"地区 64 个国家和地区 GDP 的 97%，这 50 个国家和地区的数据可获得性较高，经济体量较大，国际贸易参与度较高，能够很好地体现"一带一路"沿线国家的主权信用风险状况。

本次评级涉及的 50 个国家和地区分别为**东南亚地区**的柬埔寨、印度尼西亚、老挝、马来西亚、缅甸、菲律宾、新加坡、泰国和越南，合计 9 国；**南亚地区**的孟加拉国、印度、尼泊尔、巴基斯坦和斯里兰卡，合计 5 国；**中亚及西亚地区**的亚美尼亚、阿塞拜疆、格鲁吉亚、哈萨克斯坦、吉尔吉斯斯坦、蒙古国、塔吉克斯坦以及乌兹别克斯坦，合计 8 国；**中东及非洲地区**的巴林、埃及、以色列、约旦、科威特、阿曼、卡塔尔、沙特阿拉伯、土耳其和阿拉伯联合酋长国，合计 10 国；以及**中欧及东欧地区**的阿尔巴尼亚、白俄罗斯、保加利亚、克罗地亚、捷克、爱沙尼亚、匈牙利、拉脱维亚、立陶宛、马其顿、摩尔多瓦、波兰、罗马尼亚、俄罗斯、塞尔维亚、斯洛伐克、斯洛文尼亚和乌克兰，合计 18 国。

一、主权信用评级结果

联合评级在本次"一带一路"专题评级项目中，通过分别对各个国家的政治环境、经济实力、金融稳健性、财政实力和外部流动性 5 个部分的考察，采用了 28 个定量指标和其他定性指标的专家专业判断，最终给出了这 50 个国家的主权信用评级结果（见表 1 - 1）。

　　此次评级的 50 个国家中，44 个国家为联合评级首次提供评级结果，6 个国家为跟踪评级。由于此次跟踪间隔较短，土耳其本外币等级不变，展望调整为负面，其他 5 个主权跟踪评级均未发生评级调整。同时，在 50 个受评国家中，本、外币信用等级不一致的国家有 2 个，分别为土耳其（本币等级 BBB_i-，外币等级 BB_i）和白俄罗斯（本币等级 BB_i+，外币等级 BB_i-）；展望为正面的国家 1 个，即克罗地亚；展望为负面的国家 1 个，即土耳其；其余国家展望均为稳定。

表 1-1　"一带一路"沿线 50 个国家主权信用等级结果

地区	国别	本币	外币	展望
东南亚	柬埔寨	BB_i	BB_i	稳定
	印度尼西亚	A_i+	A_i+	稳定
	老挝	BB_i	BB_i	稳定
	马来西亚	AA_i-	AA_i-	稳定
	缅甸	BB_i+	BB_i+	稳定
	菲律宾	A_i	A_i	稳定
	新加坡	AAA_i	AAA_i	稳定
	泰国	A_i+	A_i+	稳定
	越南	A_i-	A_i-	稳定
南亚	孟加拉国	BBB_i-	BBB_i-	稳定
	印度	A_i+	A_i+	稳定
	尼泊尔	BB_i-	BB_i-	稳定
	巴基斯坦	BB_i+	BB_i+	稳定
	斯里兰卡	BB_i+	BB_i+	稳定
中亚及西亚	亚美尼亚	BB_i+	BB_i+	稳定
	阿塞拜疆	BBB_i	BBB_i	稳定
	格鲁吉亚	BB_i+	BB_i+	稳定
	哈萨克斯坦	A_i	A_i	稳定
	吉尔吉斯斯坦	BB_i	BB_i	稳定
	蒙古国	B_i	B_i	稳定
	塔吉克斯坦	BB_i-	BB_i-	稳定
	乌兹别克斯坦	BBB_i	BBB_i	稳定
中东及非洲	巴林	A_i	A_i	稳定
	埃及	BB_i-	BB_i-	稳定
	以色列	AA_i	AA_i	稳定
	约旦	BB_i	BB_i	稳定
	科威特	AA_i	AA_i	稳定

地区	国别	本币	外币	展望
中东及非洲	阿曼	$A_i +$	$A_i +$	稳定
	卡塔尔	$AA_i +$	$AA_i +$	稳定
	沙特阿拉伯	AA_i	AA_i	稳定
	土耳其	$BBB_i -$	BB_i	负面
	阿拉伯联合酋长国	AA_i	AA_i	稳定
中欧及东欧	白俄罗斯	$BB_i +$	$BB_i -$	稳定
	保加利亚	A_i	A_i	稳定
	克罗地亚	$BBB_i +$	$BBB_i +$	正面
	捷克	AA_i	AA_i	稳定
	爱沙尼亚	$AA_i -$	$AA_i -$	稳定
	匈牙利	$A_i +$	$A_i +$	稳定
	拉脱维亚	$A_i +$	$A_i +$	稳定
	立陶宛	$A_i +$	$A_i +$	稳定
	马其顿	BBB_i	BBB_i	稳定
	摩尔多瓦	$BB_i -$	$BB_i -$	稳定
	波兰	$AA_i -$	$AA_i -$	稳定
	罗马尼亚	A_i	A_i	稳定
	俄罗斯	$A_i +$	$A_i +$	稳定
	塞尔维亚	$BBB_i -$	$BBB_i -$	稳定
	斯洛伐克	$AA_i -$	$AA_i -$	稳定
	斯洛文尼亚	$A_i +$	$A_i +$	稳定
	乌克兰	$B_i -$	$B_i -$	稳定
	阿尔巴尼亚	$BB_i +$	$BB_i +$	稳定

在参评的"一带一路"沿线 50 个国家中，本外币差异较小。最终评级结果中，只有土耳其和白俄罗斯本外币等级出现小幅差异，其他国别本外币等级保持一致，因此，我们将 50 个国家的本币等级分布作进一步统计展示（见表 1 - 2）。

表 1 - 2 "一带一路"沿线国家本币等级分布

等级	国家数目	国家
AAA_i	1	新加坡
$AA_i +$	1	卡塔尔
AA_i	5	阿拉伯联合酋长国、捷克、科威特、沙特阿拉伯、以色列
$AA_i -$	4	爱沙尼亚、波兰、马来西亚、斯洛伐克

续表

等级	国家数目	国家
A_i+	9	阿曼、俄罗斯、拉脱维亚、立陶宛、斯洛文尼亚、泰国、匈牙利、印度、印度尼西亚
A_i	5	巴林、哈萨克斯坦、保加利亚、菲律宾、罗马尼亚
A_i-	1	越南
BBB_i+	1	克罗地亚
BBB_i	2	阿塞拜疆、乌兹别克斯坦
BBB_i-	4	马其顿、孟加拉国、塞尔维亚、土耳其
BB_i+	7	阿尔巴尼亚、巴基斯坦、白俄罗斯、格鲁吉亚、缅甸、斯里兰卡、亚美尼亚
BB_i	4	柬埔寨、老挝、吉尔吉斯斯坦、约旦
BB_i-	4	埃及、摩尔多瓦、尼泊尔、塔吉克
B_i	1	蒙古国
B_i-	1	乌克兰
总计	50	

与此同时，联合评级此次发布了"一带一路"沿线参评50个国家中36个国家的国别风险报告，这36个国家人口约占参评50个国家人口的94%，地区生产总值约占参评50个国家的92%，具有一定的代表性。

二、地区等级分布

相关研究和评级结果表明，在"一带一路"国家中，主权信用风险表现出了较大的差异性。首先，从信用等级来看，既有等级为AAA_i的新加坡，也有刚刚走出违约状态等级为B_i-的乌克兰，信用风险水平跨度大。其次，等级分布呈现一定的集中性。分布在等级A_i+和等级BB_i+的国别相对其他等级较多，分别有9个国家和7个国家处于等级A_i+和等级BB_i+，这也从侧面反映出"一带一路"地区主权信用风险差异较大。

从地区等级的三维分布图（见图1-1）中可以看到，"一带一路"沿线5大区域间的信用水平差异较大，主权信用风险水平在各地区分布也不均匀，区域性差异较大。东南亚和中东欧地区信用水平相对较高；而南亚和中西亚地区相对落后，面临信用风险的可能性相对较大。同时，各地区内也表现出一定的分化趋势。地区内均有发展水平突出的国家，如东南亚的新加坡，南亚的印度，也有发展相对落后、主权信用风险较大的国家。

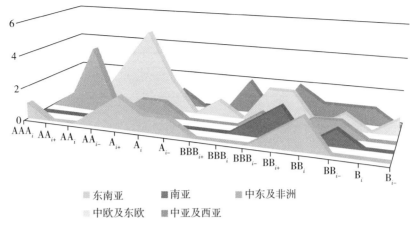

图 1-1 "一带一路"沿线主权信用等级本币地区分布

资料来源：联合评级主权数据库。

(一) 东南亚 9 国

东南亚地区主权信用风险跨度较大，从 AAA_i 到 BB_i，跨越 11 个等级；且区域内等级差异明显。除了新加坡本外币等级为 AAA_i，其他国家主要分布在 AA_i- 至 A_i-、BB_i+ 和 BB_i 之间，马来西亚、菲律宾和越南集中在 A_i 等级左右，柬埔寨、老挝、缅甸三国综合实力水平较低。

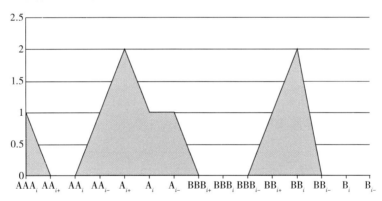

图 1-2 东南亚 9 国主权信用本币等级分布

资料来源：联合评级主权数据库。

(二) 南亚 5 国

南亚 5 国中印度主权信用等级最高，为 A_i+，其他国家分布在 BBB_i- 至 BB_i+ 之间，与印度存在一定的差距；尼泊尔等级为 BB_i-，是该地区主权信用风险最高的国家。南亚地区等级整体偏下（图 1-3）。

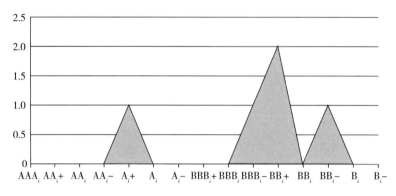

图 1-3　南亚 5 国主权信用本币等级分布

资料来源：联合评级主权数据库。

（三）中亚及西亚 8 国

中西亚地区信用状况较为分散，哈萨克斯坦主权信用等级较高，为 A_i，蒙古国主权信用风险较大，等级为 B_i，该地区整体信用水平偏低（图 1-4）。

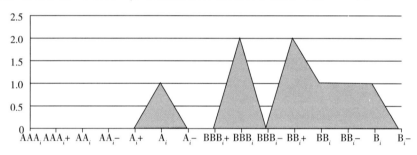

图 1-4　中亚及西亚 8 国主权信用等级分布

资料来源：联合评级主权数据库。

（四）中东及非洲 10 国

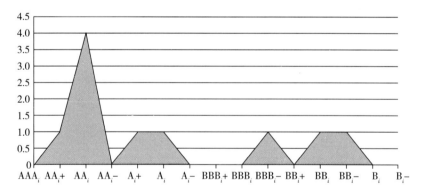

图 1-5　中东及非洲 10 国主权信用本币等级分布

资料来源：联合评级主权数据库。

中东及非洲 10 国中,其中中东有 6 个产油大国,阿拉伯联合酋长国、卡塔尔、科威特、沙特阿拉伯、阿曼、巴林,加上以色列,7 国主权信用等级较高,集中在 $AA_i +$ 至 A_i 之间;土耳其本币等级为 $BBB_i -$,约旦和埃及排名靠后,集中在 BB_i 等级,与中东国家存在一定的差距(图 1-5)。

(五)中欧及东欧 18 国

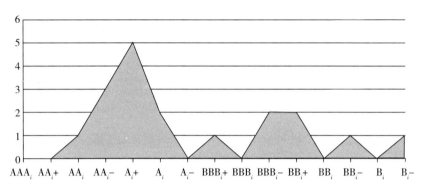

图 1-6 中欧及东欧 18 国主权信用等级分布

资料来源:联合评级主权数据库。

中东欧地区 18 个国家中,有 14 个国家主权信用级别分布在 $AA_i +$ 和 $BBB_i -$ 之间,这 14 个国家除了俄罗斯,均为欧盟国家;阿尔巴尼亚、白俄罗斯和摩尔多瓦本币信用等级稍低,为 BB_i 附近;乌克兰主权信用等级最低,为 $B_i -$,也是"一带一路"地区信用等级最低的地方;地区平均信用水平处于投资级以上范围(图 1-6)。

三、风险概述

(一)东南亚 9 国

表 1-3 东南亚 9 国评级结果

国别	本币	外币	展望
新加坡	AAA_i	AAA_i	稳定
马来西亚	$AA_i -$	$AA_i -$	稳定
泰国	$A_i +$	$A_i +$	稳定
印度尼西亚	$A_i +$	$A_i +$	稳定
菲律宾	A_i	A_i	稳定
越南	$A_i -$	$A_i -$	稳定
缅甸	$BB_i +$	$BB_i +$	稳定

国别	本币	外币	展望
柬埔寨	BB_i	BB_i	稳定
老挝	BB_i	BB_i	稳定

在东南亚 9 国中，新加坡因其稳定的政治经济环境和发达的综合经济实力达到主权信用等级的最高等级 AAA_i，也是"一带一路"沿线国家中主权信用风险最低的国家；马来西亚发展水平也较高，成为本区域内主权风险仅次于新加坡的国家；泰国和印度尼西亚处在经济发展的蓬勃时期，公共债务压力较小，偿债能力较强，主权信用等级达到 A_i+；缅甸、柬埔寨和老挝是本地区发展水平较低，主权信用风险偏高的国家（表 1－3）。

表 1－4　东南亚地区主权评级关键指标

关键指标	2012 年	2013 年	2014 年	2015 年	2016 年	本地区国家[d]	"一带一路"整体[a]
名义 GDP（十亿美元）	267.6	276.6	278.7	270.0	282.2	275.0	404.1
人均 GDP（美元）	16,362.0	17,273.1	18,022.6	18,774.5	19,439.5	17,974.3	21,749.0
GDP 增速（%，实际）	6.3	6.1	5.6	5.4	5.3	5.7	3.0
通货膨胀率（%）	3.8	4.2	3.8	2.5	2.6	3.4	5.5
国内信贷增长率（%）	18.2	20.0	16.3	13.5	14.8	16.6	15.9
M2 增长率（%）	19.9	16.9	14.8	11.4	12.0	15.0	11.4
各级政府财政平衡/GDP（%）	-2.8	-3.2	-2.4	-2.4	-3.0	-2.8	-2.9
各级政府利息支出/GDP（%）	1.7	1.7	1.7	1.7	1.7	1.7	2.3
各级政府初级财政平衡/GDP（%）	-1.4	-1.2	-0.9	-0.6	-1.4	-1.1	0.2
公共债务/GDP（%）	51.2	50.3	49.9	52.5	53.2	51.4	46.0
总外债/GDP（%）	54.0	53.1	54.4	57.0	56.7	55.0	72.8
短期外债/总外债（%）	25.7	26.2	24.4	22.7	21.2	24.0	20.9
经常项目盈余/GDP（%）	1.6	1.2	1.1	-0.4	0.0	0.7	-0.9
国际储备/总外债（%）	72.5	72.4	59.5	60.7	63.5	65.7	128.0

注：d 表示东南亚 9 国近 5 年均值；a 表示"一带一路" 57 国近 5 年均值。
资料来源：联合评级主权数据库。

东南亚地区大部分国家政局较为稳定，社会秩序和经济发展环境较好。近年来该地区经济增速发展较快，5 年 GDP 平均增速为 5.7%，高于"一带一路"沿线 57 个国家 3.0% 的平均增长速度。金融发展水平较高，银行经营整体较为稳健，为经济发展提供了较好的支撑作用。财政实力普遍接近"一带一路"沿线国家水平，财政赤字率不高，公共债务水平适中，较为充裕的外汇储备和经常项目的普遍盈余对债务偿还的保障力度较大。该地区国家的主权信用风险整体较低，除3个国家外，整体信用级别都较高，这也是近年来"一带一路"沿线地区最有投资吸引力的地区（表1-4）。

（二）南亚5国

表1-5 南亚5国评级结果

国别	本币	外币	展望
印度	A_i+	A_i+	稳定
孟加拉国	BBB_i-	BBB_i-	稳定
巴基斯坦	BB_i+	BB_i+	稳定
斯里兰卡	BB_i+	BB_i+	稳定
尼泊尔	BB_i-	BB_i-	稳定

南亚5国中，除印度外，大部分国家信用风险水平接近。印度凭借其强劲的发展动力，一枝独秀，成为该地区主权信用风险最低的国家，主权信用等级达到A_i+；孟加拉国因其充足的外汇储备，稳定的偿债能力，信用风险等级排在该地区第二位，信用风险等级为BBB_i-；巴基斯坦、斯里兰卡和尼泊尔在该地区发展偏落后，都面临一定的主权信用风险（表1-5）。

表1-6 南亚地区主权评级关键指标

关键指标	2012 年	2013 年	2014 年	2015 年	2016 年	本地区国家[d]	"一带一路"整体[a]
名义GDP（十亿美元）	378.9	388.8	425.5	443.0	465.9	420.4	404.1
人均GDP（美元）	4,827.6	5,065.7	5,358.2	5,625.1	5,924.8	5,360.3	2,1749.0
GDP增速（%，实际）	5.8	4.4	5.8	5.5	5.3	5.4	3.0
通货膨胀率（%）	8.9	8.0	6.7	4.7	5.1	6.7	5.5
国内信贷增长率（%）	16.4	13.7	11.6	15.4	15.9	14.6	15.9
M2增长率（%）	16.8	16.8	15.7	15.8	14.5	15.9	11.4
各级政府财政平衡/GDP（%）	-4.3	-4.0	-3.2	-3.9	-4.3	-4.0	-2.9
公共债务/GDP（%）	50.5	51.8	51.6	53.4	54.2	52.3	46.0
总外债/GDP（%）	28.9	29.4	28.4	28.3	28.2	28.6	72.8
短期外债/总外债（%）	11.5	13.0	13.0	13.2	13.0	12.8	20.9
经常项目盈余/GDP（%）	-1.2	-0.1	-0.5	1.4	-0.2	-0.1	-0.9
国际储备/总外债（%）	54.7	56.9	65.2	76.6	80.2	66.7	128.0

注：d表示南亚6国近5年均值；a表示"一带一路"57国近5年均值。
资料来源：联合评级主权数据库。

南亚地区人口众多，人均收入水平较低，整体经济发展实力偏低。虽然近年来经济增速较高，但较高的通货膨胀、宏观经济发展结构的不均衡是该地区中长期经济发展的掣肘。金融实力不强，大部分国家的银行资产质量状况堪忧，银行对实体经济的支持有限。财政赤字高于"一带一路"沿线国家的平均水平，政府偿债承压；同时，该地区大部分国家政治风险较大，社会安全面临恐怖主义威胁。该地区投资级级别的只有2个国家，整体主权信用水平较低（表1-6）。

（三）中亚及西亚8国

表1-7 中亚及西亚8国评级结果

国别	本币	外币	展望
哈萨克斯坦	A_i	A_i	稳定
阿塞拜疆	BBB_i	BBB_i	稳定
乌兹别克斯坦	BBB_i	BBB_i	稳定
吉尔吉斯斯坦	BB_i	BB_i	稳定
亚美尼亚	BB_i+	BB_i+	稳定
格鲁吉亚	BB_i+	BB_i+	稳定
塔吉克斯坦	BB_i-	BB_i-	稳定
蒙古国	B_i	B_i	稳定

中亚及西亚8国中，包括7个从苏联独立出来的哈萨克斯坦、乌兹别克斯坦、吉尔吉斯斯坦、塔吉克斯坦、阿塞拜疆、亚美尼亚和格鲁吉亚，以及蒙古国。哈萨克斯坦因其石油天然气出口优势，经济整体水平在该地区表现突出，主权信用风险达到A_i；其他6个苏联国家信用级别集中在BBB_i和BB_i级别，略有差别；蒙古国债务高企，财政赤字严重，是该区域主权信用风险最高的国家（表1-7）。

表1-8 中亚及西亚地区主权评级关键指标

关键指标	2012年	2013年	2014年	2015年	2016年	本地区国家[d]	"一带一路"整体[a]
名义GDP（十亿美元）	156.0	149.9	135.2	119.7	110.7	134.3	404.1
人均GDP（美元）	12,250.8	12,834.0	13,554.1	13,512.2	13,682.1	13,166.6	21,749.0
GDP增速（%，实际）	4.5	6.4	5.2	2.7	1.7	4.1	3.0
通货膨胀率（%）	8.4	9.9	8.3	7.7	7.3	8.3	5.5
各级政府财政平衡/GDP（%）	-1.9	-0.8	-1.6	-1.6	-3.6	-1.9	-2.9
公共债务/GDP（%）	23.1	23.0	26.8	32.7	42.5	29.6	46.0
总外债/GDP（%）	45.4	49.9	60.9	63.6	80.6	60.1	72.8

关键指标	2012 年	2013 年	2014 年	2015 年	2016 年	本地区国家^d	"一带一路"整体^a
经常项目盈余/GDP（%）	-6.4	-4.8	-3.1	-5.3	-4.7	-4.9	-0.9

注：d 表示中亚、西亚 9 国近 5 年均值；a 表示"一带一路"57 国近 5 年均值。
资料来源：联合评级主权数据库。

中亚及西亚 6 国，因共同的政治变革和相似的经济改革历程，经济发展都不同程度地表现出对俄罗斯经贸环境的影响。该地区整体经济发展规模较小，经济发展程度一般。对依赖度较高，通货膨胀严重。各国政府治理能力偏低，金融水平不高，银行资产中的美元化现象较高，经常项目逆差问题严重。投资级级别的占比较少，大部分国家都面临程度不同的主权信用风险（表 1-8）。

（四）中东及非洲 10 国

表 1-9　中东及非洲 10 国评级结果

国别	本币	外币	展望
卡塔尔	AA$_i$ +	AA$_i$ +	稳定
沙特阿拉伯	AA$_i$	AA$_i$	稳定
科威特	AA$_i$	AA$_i$	稳定
阿拉伯联合酋长国	AA$_i$	AA$_i$	稳定
以色列	AA$_i$	AA$_i$	稳定
阿曼	A$_i$ +	A$_i$ +	稳定
巴林	A$_i$	A$_i$	稳定
土耳其	BBB$_i$ -	BB$_i$	负面
约旦	BB$_i$	BB$_i$	稳定
埃及	BB$_i$ -	BB$_i$ -	稳定

在中东及非洲地区 10 国中，卡塔尔、沙特阿拉伯、科威特、阿拉伯联合酋长国、阿曼、巴林，综合经济实力较强，债务偿付能力较强，均获得了较高的主权信用等级；以色列因较高的工业化程度和较强的经济实力得到了 AA$_i$ 的主权信用等级；而土耳其、约旦、埃及三国均面临较大的政治危机，国内安全和政治局势存在较大的未知因素，制约了其偿债能力的稳定性，因此，这三国主权信用等级相对偏低（表 1-9）。

表 1-10　中东及非洲地区主权评级关键指标

关键指标	2012 年	2013 年	2014 年	2015 年	2016 年	本地区国家^d	"一带一路"整体^a
名义 GDP（十亿美元）	239.2	251.4	255.0	228.7	221.4	239.1	404.1

续表

关键指标	2012 年	2013 年	2014 年	2015 年	2016 年	本地区国家d	"一带一路"整体a
人均 GDP（美元）	37,638.5	38,228.2	38,568.3	39,150.1	39,308.7	38,578.8	21,749.0
GDP 增速（%，实际）	3.2	2.1	2.6	0.2	1.0	1.9	3.0
通货膨胀率（%）	7.0	10.6	5.6	6.5	6.9	7.3	5.5
国内信贷增长率（%）	−38.8	15.5	19.4	116.2	18.2	26.1	15.9
M2 增长率（%）	9.3	11.4	9.0	7.4	6.1	8.6	11.4
各级政府财政平衡/GDP（%）	0.4	−0.4	−2.7	−8.8	−10.1	−4.3	−2.9
公共债务/GDP（%）	47.8	49.8	50.2	56.8	66.2	54.2	46.0
总外债/GDP（%）	115.9	119.5	108.5	106.0	89.2	107.8	72.8
短期外债/总外债（%）	34.8	34.0	33.0	36.5	26.4	33.0	20.9
经常项目盈余/GDP（%）	6.2	5.1	3.6	−3.6	−5.6	1.1	−0.9
国际储备/总外债（%）	110.4	105.1	103.4	125.8	74.9	103.9	128.0

注：d 表示中东及非洲 14 国近 5 年均值；a 表示"一带一路"57 国近 5 年均值。

资料来源：联合评级主权数据库。

中东及非洲地区 10 国中，作为海外合作委员会以及石油输出国组织（OPEC）成员国就有 6 个大产油国——卡塔尔、沙特阿拉伯、科威特、阿拉伯联合酋长国、阿曼、巴林，它们依靠原油出口累积的巨大财富为各国国家的债务偿还提供了稳定的保障。该地区人均 GDP 水平较高，整体经济实力较强；受石油价格下跌的影响，近几年经济增速是沿线 5 大地区中倒居第 2，5 年 GDP 平均增速为 1.9%。同时，该地区大部分国家面临较高的通货膨胀问题，失业率较高，信贷增速快，金融体系不稳定；大部分国家近 2 年来财政由盈余转为赤字，财政赤字率较高，外债水平较高，5 年来外债总额占 GDP 比重高达 107.8%，短期外债居高，5 年短期外债占外债总额的比重均值为 33.0%，是沿线五大地区之首。但是各产油国因石油财富而累积的丰富外汇储备和主权财富基金使大部分国家的债务偿还能力都较强，但单一的经济结构使其该地区国家表现出较强的经济脆弱性，受外部影响较大。该地区除 2 个国家外，其余都是投资级主权信用级别，其中高级别的占比较多，整体信用风险可控（表 1 - 10）。

（五）中欧及东欧 18 国

表 1 - 11　中欧及东欧 18 国评级结果

国别	本币	外币	展望
捷克	AA$_i$	AA$_i$	稳定
爱沙尼亚	AA$_i$ −	AA$_i$ −	稳定

续表

国别	本币	外币	展望
波兰	AA_i-	AA_i-	稳定
斯洛伐克	AA_i-	AA_i-	稳定
立陶宛	A_i+	A_i+	稳定
俄罗斯	A_i+	A_i+	稳定
斯洛文尼亚	A_i+	A_i+	稳定
匈牙利	A_i+	A_i+	稳定
拉脱维亚	A_i+	A_i+	稳定
保加利亚	A_i	A_i	稳定
罗马尼亚	A_i	A_i	稳定
克罗地亚	BBB_i+	BBB_i+	正面
马其顿	BBB_i-	BBB_i-	稳定
塞尔维亚	BBB_i-	BBB_i-	稳定
白俄罗斯	BB_i+	BB_i-	稳定
阿尔巴尼亚	BB_i+	BB_i+	稳定
摩尔多瓦	BB_i-	BB_i-	稳定
乌克兰	B_i-	B_i-	稳定

中东欧地区包括 11 个欧盟成员国，即捷克、爱沙尼亚、波兰、斯洛伐克、立陶宛、斯洛文尼亚、匈牙利、拉脱维亚、保加利亚、罗马尼亚、克罗地亚；3 个欧盟候选国，阿尔巴尼亚、马其顿、塞尔维亚；以及俄罗斯、白俄罗斯、乌克兰、摩尔多瓦 4 国。该地区欧盟国家主权信用等级相对较高，均处在 BBB$_i$ 以上等级，其中捷克等级达到 AA$_i$；欧盟候选国主权信用等级相对较低；以俄罗斯为重要战略伙伴的白俄罗斯、摩尔多瓦等级也不高；乌克兰则排名最后，等级为 B$_i$ －（表 1 – 11）。

表 1 – 12 中欧及东欧地区主权评级关键指标

关键指标	2012 年	2013 年	2014 年	2015 年	2016 年	本地区国家[d]	"一带一路"整体[a]
名义 GDP（十亿美元）	714.8	779.4	798.8	679.7	685.9	731.7	404.1
人均 GDP（美元）	19,086.1	19,915.7	20,758.7	21,361.2	22,173.8	20,659.1	21,749.0
GDP 增速（%，实际）	0.8	1.4	1.5	1.5	2.2	1.5	3.0
通货膨胀率（%）	6.4	3.2	2.5	4.5	2.0	3.7	5.5
国内信贷增长率（%）	5.7	6.1	3.8	8.9	5.4	6.0	15.9
M2 增长率（%）	9.3	8.1	6.6	8.5	8.9	8.3	11.4
各级政府财政平衡/ GDP（%）	－2.7	－3.1	－2.5	－1.7	－1.2	－2.2	－2.9

关键指标	2012 年	2013 年	2014 年	2015 年	2016 年	本地区国家[d]	"一带一路"整体[a]
各级政府利息支出/GDP（%）	2.0	2.0	2.0	1.9	1.8	1.9	2.3
各级政府初级财政平衡/GDP（%）	−0.8	−1.2	−0.5	0.1	0.6	−0.3	0.2
公共债务/GDP（%）	41.0	43.0	47.3	49.3	48.8	45.9	46.0
总外债/GDP（%）	77.2	76.0	72.6	80.0	78.8	76.9	72.8
经常项目盈余/GDP（%）	−3.3	−2.1	−1.6	−0.9	−0.5	−1.7	−0.9
国际储备/总外债（%）	40.1	37.6	36.4	38.5	40.7	38.7	128.0

注：d 表示中欧和东欧 19 国近 5 年均值；a 表示"一带一路"57 国近 5 年均值。
资料来源：联合评级主权数据库。

中东欧地区大部分地区的政治稳定性较高，经济发展程度相对较高。同时，大部分国家的经济对外依存度较高，易受外部不确定性因素的影响，近年来 GDP 增速在"一带一路"沿线区域中属于最低的，近 5 年均值为 1.5% 远低于沿线 57 个国家 3.0% 的发展速度。外资银行占比较高，银行系统的稳定性较低，不利于形成对该地区各国实体经济发展的有力支撑。财政实力适中，大部分已是欧元成员国或观察国，其中 5 个是采用欧元货币体系，有利于债务的偿还。外债总额占 GDP 的比值相对较高。部分国家还面临欧美国家的经济制裁，但区域内国家绝大部分都在投资级信用等级，整体信用风险不大（表 1 − 12）。

四、"一带一路"沿线 5 大地区主要指标比较

表 1 − 13　"一带一路"沿线 5 大地区主要指标比较

	东南亚	南亚	中亚及西亚	中东及非洲	中欧及东欧	"一带一路"整体[a]
国家数（个）	9	6	9	14	19	57
						近 5 年均值
名义 GDP（十亿美元）	275.0	420.4	134.3	239.1	731.7	404.2
人均 GDP（美元）	17,974.3	5,360.3	13,166.6	38,578.8	20,659.1	21,749.0
GDP 增速（%，实际）	5.8	5.4	4.1	1.9	1.5	3.0
通货膨胀率（%）	3.4	6.7	8.3	7.3	3.7	5.5
国内信贷增长率（%）	16.6	14.6	23.0	26.1	6.0	15.9
M2 增长率（%）	15.0	15.9	17.3	8.6	8.3	11.4
各级政府财政平衡/GDP（%）	−2.8	−4.0	−1.9	−4.3	−2.2	−2.9
各级政府利息支出/GDP（%）	1.7	4.2	0.4	4.1	1.9	2.3

	东南亚	南亚	中亚及西亚	中东及非洲	中欧及东欧	"一带一路"整体[a]
各级政府初级财政平衡/GDP（%）	-1.1	-1.0	-0.3	2.4	-0.4	0.2
公共债务/GDP（%）	51.4	52.3	29.6	54.2	45.9	46.0
总外债/GDP（%）	55.0	28.6	60.1	107.8	76.9	72.8
短期外债/总外债（%）	24.0	12.8	9.9	33.0	19.1	20.9
经常项目盈余/GDP（%）	0.7	-0.1	-4.9	1.1	-1.7	-0.9
国际储备/总外债（%）	65.7	66.7	464.6	103.9	38.7	128.0

注：a表示"一带一路"57国近5年均值。

资料来源：联合评级主权数据库。

附：联合主权信用评级符号和定义

联合评级主权信用评级等级符号及定义

联合评级主权信用评级等级包括主权信用长期本币等级及主权信用长期外币等级，并划分为三等十级，分别用 AAA_i、AA_i、A_i、BBB_i、BB_i、B_i、CCC_i、CC_i、C_i 和 D_i 表示，其中，除 AAA_i 级和 CCC_i 级（含）以下等级外，每个信用等级可用"＋"、"－"符号进行微调，表示略高或略低于基础等级。具体等级设置和含义如下：

表　联合评级主权信用等级符号和定义

等级	级别	含义
投资级	AAA_i	信用风险极低，按期偿付债务本息的能力强几乎不受可预见的不利情况影响。
	AA_i	信用风险很低，按期偿付债务本息的能力强基不会受到可预见的不利情况影响。
	A_i	信用风险较低，按期偿付债务本息的能力强有可受到环境和经济条件不利变化的影响。
	BBB_i	信用风险低，具备足够的能力按期偿付债务本息但易受环境和经济条件不利变化的影响。
投机级	BB_i	存在一定信用风险，尚可从商业部门或金融获取资偿付债务本息，但易受到不利环境和经济条件冲击。
	B_i	信用风险较高，保障债务安全的能力弱目前够偿还本息债务的保障能力依赖于良好商业和经济环境。
	CCC_i	信用风险较高，债务保障能力弱触发的迹象增多违约事件已经成为可能。
	CC_i	信用风险高，出现了多种违约事件先兆。
	C_i	信用风险很大，违约事件发生的可能性高。
违约级	D_i	已经违约，进入重组或清算程序。

Overview of Sovereign Credit Risks of Countries along "the Belt and Road"

In light of the values of providing professional services for the credit ratings market, and against the backdrop of "the Belt and Road" initiative(hereinafter "B&R"), United Credit Ratings Co.,Ltd. (hereinafter, "United Ratings"), based on the self-developed sovereign credit ratings model, assigns sovereign credit ratings to 50 countries in the five regions along the B&R with the aim to deliver a full-ranged and in-depth study of the sovereign credit risks of the countries along the B&R. The sum of the population and overall GDP of the 64 economies along the B&R, excluding China, account for 43% and 15% respectively of the world's total. The rating exercise this time covers 50 countries along the B&R, with the population and regional GDP accounting for 93% and 97% respectively of the 64 countries' total along the B&R. With good data availability, big economic volume and deep involvement in global trade, the 50 countries can well reflect the overall sovereign credit risk profile of the regions along the B&R.

The 50 countries covered in the sovereign credit rating exercise of United Ratings include Cambodia, Indonesia, Laos, Malaysia, Myanmar, the Philippines, Singapore, Thailand and Vietnam in Southeast Asia, with a total of 9 countries; Bangladesh, India, Nepal, Pakistan and Sri Lanka in South Asia, with a total of 5 countries; Armenia, Azerbaijan, Georgia, Kazakhstan, Kyrgyzstan, Mongolia, Tajikistan and Uzbekistan in Central and Western Asia, with a total of 8 countries; Bahrain, Egypt, Israel, Jordan, Kuwait, Oman, Qatar, Saudi Arabia, Turkey and the United Arab Emirates in the Middle East and Africa, with a total of 10 countries; Albania, Belarus, Bulgaria, Croatia, the Czech Republic, Estonia, Hungary, Latvia, Lithuania, Macedonia, Moldova, Poland, Romania, Russia, Serbia,

Slovakia, Slovenia and Ukraine in Central and Eastern Europe, with a total of 18 countries.

1. The Sovereign Credit Rating Results

In the B&R rating exercise, United Ratings analyzes the sovereign credit risks of each country from five dimensions—political environment, macro-economic situation, financial stability, fiscal strength and external liquidity. By combining the results of 28 quantitative indicators and professional opinions regarding the qualitative indicators, United Ratings has assigned ratings to the 50 countries (see Table 1-1).

Of the 50 rated countries, 44 countries are rated for the first time, and 6 countries are assigned follow-up ratings by United Ratings. As the time interval of ratings is short, except for Turkey, whose rating outlook is downgraded to negative from stable with its local and foreign currency ratings remaining unchanged, the local and foreign currency ratings of all other 5 countries with follow-up ratings have been maintained. Meanwhile, among the 50 rated countries, 2 countries exhibit differences in rating grade between local and foreign currency ratings—Turkey (local currency rating $BBB_i -$, and foreign currency rating BB_i) and Belarus (local currency rating $BB_i +$, and foreign currency rating $BB_i -$); 1 country is assigned a positive outlook—Croatia; 1 country is assigned a negative outlook—Turkey and all other countries are stable in outlook.

Table 1-1 The Sovereign Credit Ratings of the 50 Countries along the B&R

Region	Country	Local Currency	Foreign Currency	Outlook
Southeast Asia	Cambodia	BB_i	BB_i	Stable
	Indonesia	$A_i +$	$A_i +$	Stable
	Laos	BB_i	BB_i	Stable
	Malaysia	$AA_i -$	$AA_i -$	Stable
	Myanmar	$BB_i +$	$BB_i +$	Stable
	The Philippines	A_i	A_i	Stable
	Singapore	AAA_i	AAA_i	Stable
	Thailand	$A_i +$	$A_i +$	Stable
	Vietnam	$A_i -$	$A_i -$	Stable

continued

Region	Country	Local Currency	Foreign Currency	Outlook
South Asia	Bangladesh	BBB_i-	BBB_i-	Stable
	India	A_i+	A_i+	Stable
	Nepal	BB_i-	BB_i-	Stable
	Pakistan	BB_i+	BB_i+	Stable
	Sri Lanka	BB_i+	BB_i+	Stable
Central and Western Asia	Armenia	BB_i+	BB_i+	Stable
	Azerbaijan	BBB_i	BBB_i	Stable
	Georgia	BB_i+	BB_i+	Stable
	Kazakhstan	A_i	A_i	Stable
	Kyrgyzstan	BB_i	BB_i	Stable
	Mongolia	B_i	B_i	Stable
	Tajikistan	BB_i-	BB_i-	Stable
	Uzbekistan	BBB_i	BBB_i	Stable
Middle East and Africa	Bahrain	A_i	A_i	Stable
	Egypt	BB_i-	BB_i-	Stable
	Israel	AA_i	AA_i	Stable
	Jordan	BB_i	BB_i	Stable
	Kuwait	AA_i	AA_i	Stable
	Oman	A_i+	A_i+	Stable
	Qatar	AA_i+	AA_i+	Stable
	Saudi Arabia	AA_i	AA_i	Stable
	Turkey	BBB_i-	BB_i	Negative
	United Arab Emirates	AA_i	AA_i	Stable
Central and Eastern Europe	Belarus	BB_i+	BB_i-	Stable
	Bulgaria	A_i	A_i	Stable
	Croatia	BBB_i+	BBB_i+	Positive
	Czech Republic	AA_i	AA_i	Stable
	Estonia	AA_i-	AA_i-	Stable
	Hungary	A_i+	A_i+	Stable
	Latvia	A_i+	A_i+	Stable
	Lithuania	A_i+	A_i+	Stable
	Macedonia	BBB_i-	BBB_i-	Stable
	Moldova	BB_i-	BB_i-	Stable
	Poland	AA_i-	AA_i-	Stable
	Romania	A_i	A_i	Stable

continued

Region	Country	Local Currency	Foreign Currency	Outlook
Central and Eastern Europe	Russia	$A_i +$	$A_i +$	Stable
	Serbia	$BBB_i -$	$BBB_i -$	Stable
	Slovakia	$AA_i -$	$AA_i -$	Stable
	Slovenia	$A_i +$	$A_i +$	Stable
	Ukraine	$B_i -$	$B_i -$	Stable
	Albania	$BB_i +$	$BB_i +$	Stable

The differences between local and foreign currency rating grades of the 50 rated countries are marginal. The rating results reveal that except for Turkey and Belarus, who both display a slight difference between local and foreign currency ratings, all other countries have the same local and foreign currency rating grades. Detailed distribution of local currency rating results is shown in Table 1-2.

Table 1-2 Local Currency Rating Distribution of the 50 Countries along the B&R

Rating Result	Number of Countries	Country
AAA_i	1	Singapore
$AA_i +$	1	Qatar
AA_i	5	United Arab Emirates, Czech Republic, Kuwait, Saudi Arabia, Israel
$AA_i -$	4	Estonia, Poland, Malaysia, Slovakia
$A_i +$	9	Oman, Russia, Latvia, Lithuania, Slovenia, Thailand, Hungary, India, Indonesia
A_i	5	Bahrain, Kazakhstan, Bulgaria, the Philippines, Romania
$A_i -$	1	Vietnam
$BBB_i +$	1	Croatia
BBB_i	2	Azerbaijan, Uzbekistan
$BBB_i -$	4	Macedonia, Bangladesh, Serbia, Turkey
$BB_i +$	7	Albania, Pakistan, Belarus, Georgia, Myanmar, Sri Lanka, Armenia
BB_i	4	Cambodia, Laos, Kyrgyzstan, Jordan
$BB_i -$	4	Egypt, Moldova, Nepal, Tajikistan
B_i	1	Mongolia
$B_i -$	1	Ukraine
Total	50	

Meanwhile, among the 50 countries along the B&R, United Ratings selected 36 countries to release their country risk reports. Given that the gross population and overall GDP of the 36 countries account for about 94% and 92% respectively of the 50 countries' total, they can represent the overall sovereign credit profile of the total 50 countries along the B&R.

2. Regional Sovereign Credit Rating Distribution

As can be seen from the related research and rating results, the sovereign credit risks display a great disparity. Firstly, in terms of credit rating grades, there are Singapore with assigned sovereign rating of AAA_i as well as Ukraine, which just got out of a sovereign debt default and was rated at B_i-. Secondly, the distribution of credit ratings exhibits a certain degree of concentration. The number of countries with assigned ratings of A_i+ and BB_i+ totals 9 and 7 respectively, which are much more than that with other sovereign credit ratings, indirectly reflecting the wide sovereign credit risk disparity among the countries along the B&R.

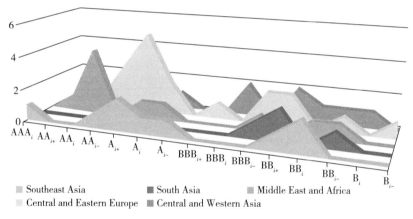

Figure 1-1　Regional Distribution of Local Currency Sovereign
Credit Rating Grade along the B&R

Source: Sovereign Credit Rating Database of United Credit Ratings Co., Ltd.

As can be seen from the three-dimensional distribution diagram (Figure 1-1), the credit levels of the 5 regions along the B&R differ greatly, and the sovereign credit risks are not evenly distributed among regions, showing relatively large regional differences. Southeast Asia and Central & Eastern Europe have relatively higher credit levels; whilst the credit levels of South Asia and Central & Western Asia are relatively low, showing higher credit risks. In addition, different countries' sovereign credit ratings are distinct from each other to a certain extent within the same region. To give an example, among the Southeast and South Asia, Singapore and India possess relatively high rating grades due to their prominent economic performances, some other countries however, with relatively low level of economic development, show comparatively high sovereign credit risks.

(1) Southeast Asia (9 Countries)

The rating results of the countries in Southeast Asia stretch over 11 notches from AAA_i to BB_i, indicating remarkable discrepancy of sovereign credit profiles. Among the countries in Southeast Asia, Singapore boasts the highest local and foreign sovereign credit ratings of AAA_i, whereas other countries are mainly rated between AA_i – to A_i and BB_i + to BB_i. While Malaysia, the Philippines and Vietnam register a relatively good sovereign credit profile with assigned rating level around A_i, Cambodia, Laos and Myanmar show comparatively weak overall strength.

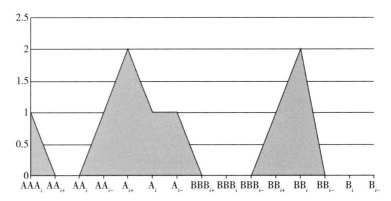

Figure 1-2 Sovereign Credit Rating Distribution of the 9 Countries in Southeast Asia

Source: Sovereign Credit Rating Database of United Credit Ratings Co. , Ltd.

(2) South Asia (5 Countries)

Among the 5 countries in South Asia, India boasts the highest sovereign credit rating of A_i + , whilst the other 4 countries are rated between BBB_i – and BB_i + , lagging behind India. Nepal is rated at BB_i – , showing the highest sovereign credit risk level within the region. On the whole, the sovereign credit rating level of South Asia is comparatively low.

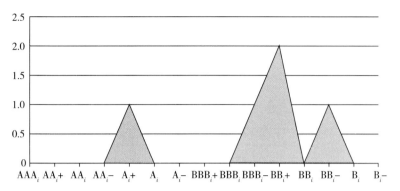

Figure 1-3   Sovereign Credit Rating Distribution of the 5 Countries in South Asia

Source: Sovereign Credit Rating Database of United Credit Ratings Co. , Ltd.

(3) Central and Western Asia (8 Countries)

The sovereign credit rating distribution in the region is dispersed, with Kazakhstan maintaining a relatively high sovereign credit level of A_i, whilst Mongolia demonstrating a relatively high sovereign credit risk at B_i. Overall, the regional sovereign credit level is comparatively low.

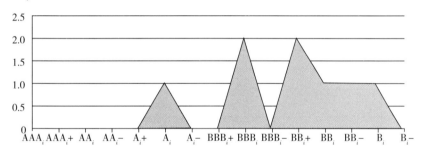

Figure 1-4   Sovereign Credit Rating Distribution of the 8
Countries in Central and Western Asia

Source: Sovereign Credit Rating Database of United Credit Ratings Co. , Ltd.

(4) The Middle East and Africa (10 Countries)

Among the 10 rated countries in the Middle East and Africa, 7 countries are assigned with relatively high level of sovereign credit grades between $AA_i +$ and A_i, including 6 large oil producers in the Middle East, namely the United Arab Emirates, Qatar, Kuwait, Saudi Arabia, Oman and Bahrain, as well as Israel. The other countries in the region, however, display certain gaps in rating grades with those of the Middle East countries, with Turkey's local currency rating being at $BBB_i -$, whereas Jordan and Egypt's rating grades distribute at BB_i level.

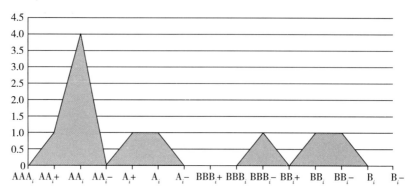

Figure 1-5　Sovereign Credit Rating Distribution of the 10
Countries in the Middle East and Africa

Source：Sovereign Credit Rating Database of United Credit Ratings Co. , Ltd.

（5）Central and Eastern Europe（18 Countries）

Of the 18 countries in the region, 14 countries are assigned rating grades between $AA_i +$ and BBB_i; expect Russia, all the other 13 countries are EU member states. Albania, Belarus and Moldova register a relatively low local currency sovereign credit level around BB_i, and Ukraine keeps the lowest rating grade of B_i. The average regional sovereign credit level is well above the investment grade.

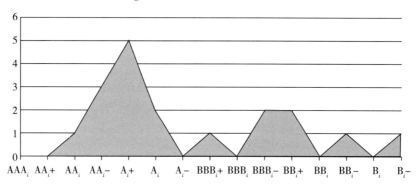

Figure 1-6　Sovereign Credit Rating Distribution of the 18
Countries in Central and Eastern Europe

Source：Sovereign Credit Rating Database of United Credit Ratings Co. , Ltd.

3. Risk Overview

（1）Southeast Asia（9 Countries）

Table 1-3　Rating Results of the 9 Countries in Southeast Asia

Country	Local Currency Rating	Foreign Currency Rating	Outlook
Singapore	AAA_i	AAA_i	Stable
Malaysia	AA_i-	AA_i-	Stable
Thailand	A_i+	A_i+	Stable
Indonesia	A_i+	A_i+	Stable
The Philippines	A_i	A_i	Stable
Vietnam	A_i-	A_i-	Stable
Myanmar	BB_i+	BB_i+	Stable
Cambodia	BB_i	BB_i	Stable
Laos	BB_i	BB_i	Stable

In the 9 countries of Southeast Asia, Singapore boasts the highest level of sovereign credit rating for its stable political and economic environment and strong economic strength. It is also the country with the lowest sovereign credit risk among the countries along the B&R. Malaysia has a relatively high level of development and the second lowest sovereign risks, only behind Singapore. Thailand and Indonesia are in the booming period of economic development, and both are assigned the sovereign credit rating of A_i+ for the relatively low public pressure and strong solvency; Myanmar, Cambodia and Laos have comparatively low level of development, exhibiting higher sovereign credit risks.

Table 1-4　Key Indicators for Assessing Sovereign Credit
Ratings of the Countries in Southeast Asia

Key Indicators	2012	2013	2014	2015	2016	Five-year Average	B&R Country Average[a]
Nominal GDP（$ bn）	267.6	276.6	278.7	270.0	282.2	275.0	404.1
GDP per head（$ at PPP）	16,362.0	17,273.1	18,022.6	18,774.5	19,439.5	17,974.3	21,749.0
GDP（% real change pa）	6.3	6.1	5.6	5.4	5.3	5.7	3.0
Consumer prices（% change pa；av）	3.8	4.2	3.8	2.5	2.6	3.4	5.5
Domestic credit growth（%）	18.2	20.0	16.3	13.5	14.8	16.6	15.9

continued

Key Indicators	2012	2013	2014	2015	2016	Five-year Average	B&R Country Average[a]
M2（% pa）	19. 9	16. 9	14. 8	11. 4	12. 0	15. 0	11. 4
Budget balance（% of GDP）	−2. 8	−3. 2	−2. 4	−2. 4	−3. 0	−2. 8	−2. 9
Debt interest payments（% of GDP）	1. 7	1. 7	1. 7	1. 7	1. 7	1. 7	2. 3
Primary balance（% of GDP）	−1. 4	−1. 2	−0. 9	−0. 6	−1. 4	−1. 1	0. 2
Public debt（% of GDP）	51. 2	50. 3	49. 9	52. 5	53. 2	51. 4	46. 0
Total debt/GDP（%）	54. 0	53. 1	54. 4	57. 0	56. 7	55. 0	72. 8
Short term debt/Total debt（%）	25. 7	26. 2	24. 4	22. 7	21. 2	24. 0	20. 9
Current account balance/GDP（%）	1. 6	1. 2	1. 1	−0. 4	0. 0	0. 7	−0. 9
International reserves/total debt（%）	72. 5	72. 4	59. 5	60. 7	63. 5	65. 7	128. 0

Note："*a*" *stands for the recent five-year average of the* 57 *countries along the B&R.*
Source：*Sovereign Credit Rating Database of United Credit Ratings Co.* , *Ltd.*

Most countries in Southeast Asia achieve political stability and build relatively good social and economic development environment. In recent years, the region has maintained a rapid economic growth with a five-year average GDP growth of 5. 7% , higher than the average growth rate of 3. 0% of the 57 countries along the Belt and Road. Comparatively high-level financial development and soundness of the banking sector underpin the economic growth. The fiscal strength of the countries within the region are generally close to the average of the countries along the Belt and Road, with most countries registering moderate fiscal deficit ratio and public debt burden. Ample foreign exchange reserves and favorable current account balance ensure repayment of debt. On the whole, since the sovereign credit risk of the countries within the region is relative low, the overall ratings are high, making it one of the most attractive area for investment along the Belt and Road.

（2）South Asia（5 Countries）

Table 1-5　Rating Results of the 5 Countries in South Asia

Country	Local Currency Rating	Foreign Currency Rating	Outlook
India	A_i +	A_i +	Stable
Bangladesh	BBB_i −	BBB_i −	Stable
Pakistan	BB_i +	BB_i +	Stable
Sri Lanka	BB_i +	BB_i +	Stable
Nepal	BB_i −	BB_i −	Stable

Among the 5 countries in South Asia, except for India, the other countries pose a similar level of sovereign credit risk. India, with its strong driving force for economic development, outshines other countries within the region and represents the lowest sovereign credit risk with a rating grade of A_i +. Bangladesh poses the second highest sovereign credit rating of BBB_i − due to its abundant foreign exchange reserves and stable solvency. Pakistan, Sri Lanka and Nepal is the less-developed countries of the region and are facing sovereign credit risks to different degrees.

Table 1-6　Key Indicators for Assessing Sovereign Credit Ratings of the Countries in Southeast Asia

Key Indicators	2012	2013	2014	2015	2016	Five-year Average	B&R Country Average[a]
Nominal GDP（$ bn）	378.9	388.8	425.5	443.0	465.9	420.4	404.1
GDP per head（$ at PPP）	4,827.6	5,065.7	5,358.2	5,625.1	5,924.8	5,360.3	21,749.0
GDP（% real change pa）	5.8	4.4	5.8	5.5	5.3	5.4	3.0
Consumer prices（% change pa; av）	8.9	8.0	6.7	4.7	5.1	6.7	5.5
Domestic credit growth（%）	16.4	13.7	11.6	15.4	15.9	14.6	15.9
M2（% pa）	16.8	16.8	15.7	15.8	14.5	15.9	11.4
Budget balance（% of GDP）	−4.3	−4.0	−3.2	−3.9	−4.3	−4.0	−2.9
Public debt（% of GDP）	50.5	51.8	51.6	53.4	54.2	52.3	46.0
Total debt/GDP（%）	28.9	29.4	28.4	28.3	28.2	28.6	72.8
Short term debt/Total debt（%）	11.5	13.0	13.0	13.2	13.0	12.8	20.9
Current account balance/GDP（%）	−1.2	−0.1	−0.5	1.4	−0.2	−0.1	−0.9

continued

Key Indicators	2012	2013	2014	2015	2016	Five-year Average	B&R Country Average[a]
International reserves/ total debt（%）	54. 7	56. 9	65. 2	76. 6	80. 2	66. 7	128. 0

Note："a" stands for the recent five-year average of the 57 countries along the B&R.

Source：Sovereign Credit Rating Database of United Credit Ratings Co. , Ltd.

South Asia has a large population and relatively low per capita income. Although the economy of the region has been growing at a fairly fast pace in recent years, the mounting rate of inflation and unbalanced macroeconomic structure continue to pose constraints on long-term economic development potential. The overall financial strength is rather weak, with asset quality of the banking sector in most countries remains worrying, providing little support for the real economy. The fiscal deficit ratio in most countries within the South Asia region is higher than the average level of the countries along the B&R, posing pressure on the debt repayment capability of governments. Meanwhile, most countries in South Asia have political stability risks and face social security issues like terrorism. The overall sovereign credit level is relatively low with only 2 countries being rated above the investment-grade.

（3）Central and Western Asia（8 Countries）

Table 1-7   Rating Results of the 8 Countries in Central and Western Asia

Country	Local Currency Rating	Foreign Currency Rating	Outlook
Kazakhstan	A_i	A_i	Stable
Azerbaijan	BBB_i	BBB_i	Stable
Uzbekistan	BBB_i	BBB_i	Stable
Kyrgyzstan	BB_i	BB_i	Stable
Armenia	BB_i +	BB_i +	Stable
Georgia	BB_i +	BB_i +	Stable
Tajikistan	BB_i −	BB_i −	Stable
Mongolia	B_i	B_i	Stable

Among the 8 countries that United Ratings has assigned credit ratings in Central and Western region, except for Mongolia, all the other 7 are former Soviet Union countries, including Kazakhstan, Uzbekistan, Kyrgyzstan, Turkmenistan, Azerbaijan, Armenia and Georgia. Kazakhstan boasts the highest sovereign credit rating of A_i due to its outstanding economic performance in the region driven by large oil and gas export. The assigned ratings of the other 6 former Soviet Union countries vary slightly from BBB_i to BB_i, with Mongolia being rated at B_i based on its rising public debt and severe fiscal deficit, demonstrating the highest sovereign credit risk.

Table 1-8   Key Indicators for Assessing Sovereign Credit Ratings of the Countries in Central &Western Asia

Key Indicators	2012	2013	2014	2015	2016	Five-year Average	B&R Country Average[a]
Nominal GDP ($ bn)	156. 0	149. 9	135. 2	119. 7	110. 7	134. 3	404. 1
GDP per head ($ at PPP)	12,250. 8	12,834. 0	13,554. 1	13,512. 2	13,682. 1	13,166. 6	21,749. 0
GDP (% real change pa)	4. 5	6. 4	5. 2	2. 7	1. 7	4. 1	3. 0
Consumer prices (% change pa; av)	8. 4	9. 9	8. 3	7. 7	7. 3	8. 3	5. 5
Budget balance (% of GDP)	-1. 9	-0. 8	-1. 6	-1. 6	-3. 6	-1. 9	-2. 9
Public debt (% of GDP)	23. 1	23. 0	26. 8	32. 7	42. 5	29. 6	46. 0
Total debt/GDP (%)	45. 4	49. 9	60. 9	63. 6	80. 6	60. 1	72. 8
Current account balance/ GDP (%)	-6. 4	-4. 8	-3. 1	-5. 3	-4. 7	-4. 9	-0. 9

Note: "a" stands for the five-year average of the 57 countries along the B&R.
Source: Sovereign Credit Rating Database of United Credit Ratings Co. , Ltd.

Due to similar political transformation and economic reform processes, countries in Central and Western Asia show a different degree of economic attachment to Russia. The overall size of economy is small, and economic development level of the region is relatively low. With only a minority of countries being rated above the investment grade, most countries demonstrate sovereign credit risks in varying degrees and suffer from problems of high reliance on external environment, severe inflation, inadequate governing capacity, relatively low level of financial development, dollarization of assets in the banking sector, and a great current account deficit, etc.

(4) The Middle East and Africa (10 Countries)

Table 1-9   Rating Results of the 10 Countries in the Middle East and Africa

Country	Local Currency Rating	Foreign Currency Rating	Outlook
Qatar	$AA_i +$	$AA_i +$	Stable
Saudi Arabia	AA_i	AA_i	Stable

continued

Country	Local Currency Rating	Foreign Currency Rating	Outlook
Kuwait	AA_i	AA_i	Stable
United Arab Emirates	AA_i	AA_i	Stable
Israel	AA_i	AA_i	Stable
Oman	$A_i +$	$A_i +$	Stable
Bahrain	A_i	A_i	Stable
Turkey	$BBB_i -$	BB_i	Negative
Jordan	BB_i	BB_i	Stable
Egypt	$BB_i -$	$BB_i -$	Stable

Of the 10 countries in the Middle East and Africa, Qatar, Saudi Arabia, Kuwait, the United Arab Emirates, Oman and Bahrain possess relatively high sovereign credit rating grades for their comparatively strong economic strength and debt solvency. Israel has received the sovereign credit rating of AA_i due to its relatively high level of industrialization and strong overall economic strength. Turkey, Jordan and Egypt have a lower sovereign credit rating within the region, given that they all face domestic political crisis, and great uncertainties exist regarding domestic security and political situation, restricting the stability of their debt solvency.

Table 1-10　Key Indicators for Assessing Sovereign Credit Ratings of the Countries in the Middle East & Africa

Key Indicators	2012	2013	2014	2015	2016	Five-year Average	B&R Country Average[a]
Nominal GDP ($ bn)	239.2	251.4	255.0	228.7	221.4	239.1	404.1
GDP per head ($ at PPP)	37,638.5	38,228.2	38,568.3	39,150.1	39,308.7	38,578.8	21,749.0
GDP (% real change pa)	3.2	2.1	2.6	0.2	1.0	1.9	3.0
Consumer prices (% change pa; av)	7.0	10.6	5.6	6.5	6.9	7.3	5.5
Domestic credit growth (%)	− 38.8	15.5	19.4	116.2	18.2	26.1	15.9
M2 (% pa)	9.3	11.4	9.0	7.4	6.1	8.6	11.4
Budget balance (% of GDP)	0.4	− 0.4	− 2.7	− 8.8	− 10.1	− 4.3	− 2.9
Public debt (% of GDP)	47.8	49.8	50.2	56.8	66.2	54.2	46.0
Total debt/GDP (%)	115.9	119.5	108.5	106.0	89.2	107.8	72.8
Short term debt/ Total debt (%)	34.8	34.0	33.0	36.5	26.4	33.0	20.9

continued

Key Indicators	2012	2013	2014	2015	2016	Five-year Average	B&R Country Average[a]
Current account balance/ GDP（%）	6. 2	5. 1	3. 6	− 3. 6	− 5. 6	1. 1	− 0. 9
International reserves/ total debt（%）	110. 4	105. 1	103. 4	125. 8	74. 9	103. 9	128. 0

Note："*a*" *stands for the recent five – year average of the 57 countries along the B&R.*
Source：*Sovereign Credit Rating Database of United Ratings.*

Among the 10 countries in the Middle East and Africa, the United Arab Emirates, Qatar, Kuwait, Saudi Arabia, Oman and Bahrain, as large oil producers and GCC & OPEC members, have accumulated great wealth through oil exports, which can fully guarantee the debt repayment capability of those countries. The region registers a relatively high level of per capita GDP and strong economic strength. Impacted by oil price decrease, the economic growth of the region drops to the second from the bottom among the 5 regions along the B&R, with the recent five-year average GDP growth rate of 1. 9%. In addition, most countries in the region face constraints such as mounting inflation, high unemployment rate, rapid domestic credit growth and financial instability. In the past two years, most countries' fiscal balance has turned from surplus to deficit and show a relatively high fiscal deficit to GDP ratio. The overall foreign debt and short-term foreign debt level are both high, with five-year average of total foreign debt to GDP ratio being as high as 107. 8%, and five-year average shot-term foreign debt to total debt ratio of 33. 0%, the highest among the 5 regions along the B&R. Ample foreign reserves and sovereign wealth funds gained from oil exports can fully guarantee the solvency of the oil-producing countries. However, the single economic structure of oil-producing countries exacerbates the vulnerability of their economy. Accordingly, the overall sovereign credit risk is manageable, and except for 2 countries, all the other countries within the region are rated at investment grades, with high rating grades accounting for a larger proportion.

（5）Central and Eastern Europe（18 Countries）

Table 1-11　Rating Results of the 18 Countries in Central and Eastern Europe

Country	Local Currency Rating	Foreign Currency Rating	Outlook
Czech Republic	AA_i	AA_i	Stable
Estonia	AA_i-	AA_i-	Stable
Poland	AA_i-	AA_i-	Stable
Slovakia	AA_i-	AA_i-	Stable
Lithuania	A_i+	A_i+	Stable
Russia	A_i+	A_i+	Stable
Slovenia	A_i+	A_i+	Stable
Hungary	A_i+	A_i+	Stable
Latvia	A_i+	A_i+	Stable
Bulgaria	A_i	A_i	Stable
Romania	A_i	A_i	Stable
Croatia	BBB_i+	BBB_i+	Positive
Macedonia	BBB_i-	BBB_i-	Stable
Serbia	BBB_i-	BBB_i-	Stable
Belarus	BB_i+	BB_i-	Stable
Albania	BB_i+	BB_i+	Stable
Moldova	BB_i-	BB_i-	Stable
Ukraine	B_i-	B_i-	Stable

There are 11 EU member states in Central and Eastern Europe, namely the Czech Republic, Estonia, Poland, Slovakia, Lithuania, Slovenia, Hungary, Latvia, Bulgaria, Romania and Croatia; 3 candidates for EU membership, including Albania, Macedonia and Serbia, and other 4 non-EU countries, including Russia, Belarus, Ukraine and Moldova. The sovereign credit rating grades of the EU member states in the region are relatively high, with all countries being rated above BBB_i grade, and the Czech Republic reaching the highest grade of AA_i. The sovereign credit rating grades of the EU candidate countries, however, remain at relatively low levels. In addition, Belarus and Moldova, both taking Russia as important strategic partner, being rated at comparatively low levels, and Ukraine is at the bottom of the ranking with the rating grade of B_i-.

Table 1-12 Key Indicators for Assessing Sovereign Credit Ratings
of the Countries in Central and Eastern Europe

Key Indicators	2012	2013	2014	2015	2016	Five-year Average	B&R Country Average[a]
Nominal GDP ($ bn)	714.8	779.4	798.8	679.7	685.9	731.7	404.1
GDP per head ($ at PPP)	19,086.1	19,915.7	20,758.7	21,361.2	22,173.8	20,659.1	21,749.0
GDP (% real change pa)	0.8	1.4	1.5	1.5	2.2	1.5	3.0
Consumer prices (% change pa; av)	6.4	3.2	2.5	4.5	2.0	3.7	5.5
Domestic credit growth (%)	5.7	6.1	3.8	8.9	5.4	6.0	15.9
M2 (% pa)	9.3	8.1	6.6	8.5	8.9	8.3	11.4
Budget balance (% of GDP)	-2.7	-3.1	-2.5	-1.7	-1.2	-2.2	-2.9
Debt interest payments (% of GDP)	2.0	2.0	2.0	1.9	1.8	1.9	2.3
Primary balance (% of GDP)	-0.8	-1.2	-0.5	0.1	0.6	-0.3	0.2
Public debt (% of GDP)	41.0	43.0	47.3	49.3	48.8	45.9	46.0
Total debt/GDP (%)	77.2	76.0	72.6	80.0	78.8	76.9	72.8
Current account balance/ GDP (%)	-3.3	-2.1	-1.6	-0.9	-0.5	-1.7	-0.9
International reserves/ total debt (%)	40.1	37.6	36.4	38.5	40.7	38.7	128.0

Note: "*a*" *stands for the recent five-year average of the 57 countries along the B&R.*
Source: *Sovereign Credit Rating Database of United Credit Ratings Co., Ltd.*

Most of the countries in Central and Eastern Europe have higher political stability and a relatively high level of economic development. However, most countries show a high level of economic dependence and remain vulnerable to external uncertainties. In recent years, the overall GDP growth of the region remains the lowest among the regions along the B&R, recording a recent five-year average economic growth of 1.5%, lower than the average of 3.0% of the 57 countries along the B&R. Foreign banks generally accounted for a higher proportion in the banking system, which undermines the soundness and stability of the banking sector, and is not conducive to supporting the real economy of the region. With most countries already being the EU members or EU observer members, and 5 countries having adopted the EU currency system, the overall financial strength of the region is moderate, and remains conducive to the debt repayment. Although most countries in the region have a relatively high foreign debt to GDP ratio, and some countries even face economic sanctions by the EU and the United States, the overall sovereign credit risk is relatively low with most countries being rated above the investment grade.

Appendix:

	Southeast Asia	South Asia	Central & Eastern Asia	ME & Africa	Central & Eastern Europe	Overall B&R[a]
Number of Countries	9	6	9	14	19	57

The Recent Five-year Average

	Southeast Asia	South Asia	Central & Eastern Asia	ME & Africa	Central & Eastern Europe	Overall B&R[a]
Nominal GDP ($ bn)	275.0	420.4	134.3	239.1	731.7	404.2
GDP per head ($ at PPP)	17,974.3	5,360.3	13,166.6	38,578.8	20,659.1	21,749.0
GDP (% real change pa)	5.8	5.4	4.1	1.9	1.5	3.0
Consumer prices(% change pa; av)	3.4	6.7	8.3	7.3	3.7	5.5
Domestic credit growth (%)	16.6	14.6	23.0	26.1	6.0	15.9
M2 (% pa)	15.0	15.9	17.3	8.6	8.3	11.4
Budget balance (% of GDP)	−2.8	−4.0	−1.9	−4.3	−2.2	−2.9
Debt interest payments (% of GDP)	1.7	4.2	0.4	4.1	1.9	2.3
Primary balance (% of GDP)	−1.1	−1.0	−0.3	2.4	−0.4	0.2
Public debt (% of GDP)	51.4	52.3	29.6	54.2	45.9	46.0
Total debt/GDP (%)	55.0	28.6	60.1	107.8	76.9	72.8
Short term debt/ Total debt (%)	24.0	12.8	9.9	33.0	19.1	20.9
Current account balance/GDP (%)	0.7	−0.1	−4.9	1.1	−1.7	−0.9
International reserves/ total debt (%)	65.7	66.7	464.6	103.9	38.7	128.0

Note: "*a*" *stands for the recent five-year average of the 57 countries along the B&R.*

Source: *Sovereign Credit Rating Database of United Credit Ratings Co. , Ltd.*

第二部分

"一带一路"沿线之
——东南亚国家主权信用风险展望

东南亚国家主权信用风险综述·······························

"一带一路"沿线的东南亚地区共包括 11 个国家，分别是柬埔寨、印度尼西亚、老挝、马来西亚、缅甸、菲律宾、新加坡、泰国、越南、文莱和东帝汶。本次，我们对其中的 9 个国家进行了主权信用评级，具体评级结果如表 2-1 所示。

表 2-1　东南亚 9 国评级结果

国别	本币	外币	展望
柬埔寨	BB_i	BB_i	稳定
印度尼西亚	A_i +	A_i +	稳定
老挝	BB_i	BB_i	稳定
马来西亚	AA_i -	AA_i -	稳定
缅甸	BB_i +	BB_i +	稳定
菲律宾	A_i	A_i	稳定
新加坡	AAA_i	AAA_i	稳定
泰国	A_i +	A_i +	稳定
越南	A_i -	A_i -	稳定

东南亚地区主权信用风险跨度较大，从 AAA_i 到 BB_i，跨越 11 个等级；且区域内等级差异明显。除了新加坡本外币等级为 AAA_i，其他国家主要分布在 AA_i - 至 A_i - ，BB_i + 和 BB_i 之间，马来西亚、菲律宾和越南集中在 A_i 等级左右，柬埔寨、老挝、缅甸三国综合实力水平较低。东南亚 9 国的主权信用级别分布如图 2-1 所示。

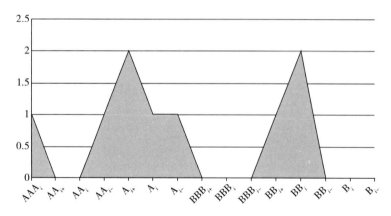

图2-1 东南亚9国主权信用等级分布

资料来源：联合评级主权数据库。

东南亚9国的主权信用评级关键指标如表2-2所示。

表2-2 东南亚地区主权评级关键指标

关键指标	2012年	2013年	2014年	2015年	2016年	本地区国家[d]	"一带一路"整体[a]
名义GDP（十亿美元）	267.6	276.6	278.7	270.0	282.2	275.0	404.1
人均GDP（美元）	16,362.0	17,273.1	18,022.6	18,774.5	19,439.5	17,974.3	21,749.0
GDP增速（%，实际）	6.3	6.1	5.6	5.4	5.3	5.7	3.0
通货膨胀率（%）	3.8	4.2	3.8	2.5	2.6	3.4	5.5
国内信贷增长率（%）	18.2	20.0	16.3	13.5	14.8	16.6	15.9
M2增长率（%）	19.9	16.9	14.8	11.4	12.0	15.0	11.4
各级政府财政平衡/GDP（%）	-2.8	-3.2	-2.4	-2.4	-3.0	-2.8	-2.9
各级政府利息支出/GDP（%）	1.7	1.7	1.7	1.7	1.7	1.7	2.3
各级政府初级财政平衡/GDP（%）	-1.4	-1.2	-0.9	-0.6	-1.4	-1.1	0.2
公共债务/GDP（%）	51.2	50.3	49.9	52.5	53.2	51.4	46.0
总外债/GDP（%）	54.0	53.1	54.4	57.0	56.7	55.0	72.8
短期外债/总外债（%）	25.7	26.2	24.4	22.7	21.2	24.0	20.9
经常项目盈余/GDP（%）	1.6	1.2	1.1	-0.4	0.0	0.7	-0.9
国际储备/总外债（%）	72.5	72.4	59.5	60.7	63.5	65.7	128.0

注：d表示东南亚9国近5年均值；a表示"一带一路"57国近5年均值。

资料来源：联合评级主权数据库。

东南亚地区大部分国家政局较为稳定，社会秩序和经济发展环境较好。近年来，得益于东南亚国家总体稳定的发展环境、大规模的基础设施投资以及产业结构调整等积极因素，本区域在吸引投资、发展制造业、提振贸易和内需方面获得了难得的机遇。东盟经济一体化程度加深以及来自中国投资的优化升级，为东南亚经济发展注入了强大动力。因此，该地区经济增速发展较快，近5年GDP平均增速为5.7%，高于"一带一路"沿线57个国家3.0%的平均增长速度；同时，通货膨胀得到了良好控制，尤其是经济发展水平比较落后的越南、老挝等国表现比尤为明显。近5年东南亚地区各国通胀均值为3.4%，低于"一带一路"整体5.5%的5年均值。此外，在强劲经济发展的利好条件下，金融发展水平提升较快，资产质量改善明显，银行经营整体较为稳健，为实体经济发展提供了较好的支撑作用。财政实力普遍接近"一带一路"沿线国家水平，财政赤字率不高，公共债务水平适中，较为充裕的外汇储备和经常项目的普遍盈余对债务偿还的保障力度较大。该地区国家的主权信用风险整体较低，除老挝、柬埔寨和缅甸3个国家外，整体信用级别都较高，也成为近年来"一带一路"沿线地区最有投资吸引力的地区。

Southeast Asia

There are 11 countries along the Belt and Road in Southeast Asia, including Cambodia, Indonesia, Laos, Malaysia, Myanmar, the Philippines, Singapore, Thailand, Vietnam, Brunei and Timor-Leste. United Ratings has assigned sovereign credit ratings to 9 countries, and the rating results are shown in Table 2-1 below.

Table 2-1   Rating Results of the 9 Countries in Southeast Asia

Country	Local Currency Rating	Foreign Currency Rating	Outlook
Cambodia	BB_i	BB_i	Stable
Indonesia	$A_i +$	$A_i +$	Stable
Laos	BB_i	BB_i	Stable
Malaysia	$AA_i -$	$AA_i -$	Stable
Myanmar	$BB_i +$	$BB_i +$	Stable
The Philippines	A_i	A_i	Stable
Singapore	AAA_i	AAA_i	Stable
Thailand	$A_i +$	$A_i +$	Stable
Vietnam	$A_i -$	$A_i -$	Stable

The rating results of the countries in Southeast Asia stretch over 11 notches from AAA_i to BB_i, indicating remarkable discrepancy of sovereign credit profiles. Among the countries in Southeast Asia, Singapore boasts the highest local and foreign sovereign credit ratings of AAA_i, whereas other countries are mainly rated between $AA_i -$ to A_i and $BB_i +$ to BB_i. While Malaysia, the Philippines and Vietnam register a relatively good sovereign credit profile with assigned rating level around A_i, Cambodia, Laos and Myanmar show comparatively weak overall strength. The sovereign credit rating distribution of the 9 countries within the region are shown in Figure 2-1 below.

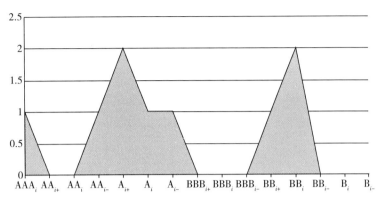

Figure 2-1　Sovereign Credit Rating Distribution of 9 Countries in Southeast Asia

Source：Sovereign Credit Rating Database of United Credit Ratings Co. , Ltd.

Key indicators for assessing sovereign credit ratings of the 9 countries in Southeast Asia are shown in Table 2-2 below.

Table 2-2　Key Indicators for Assessing Sovereign Credit Ratings of the Countries in Southeast Asia

Key Indicators	2012	2013	2014	2015	2016	Five-year Average[d]	B&R Country Average[a]
Nominal GDP（$ bn）	267. 6	276. 6	278. 7	270. 0	282. 2	275. 0	404. 1
GDP per head（$ at PPP）	16,362. 0	17,273. 1	18,022. 6	18,774. 5	19,439. 5	17,974. 3	21,749. 0
GDP（% real change pa）	6. 3	6. 1	5. 6	5. 4	5. 3	5. 7	3. 0
Consumer prices（% change pa；av）	3. 8	4. 2	3. 8	2. 5	2. 6	3. 4	5. 5
Domestic credit growth（%）	18. 2	20. 0	16. 3	13. 5	14. 8	16. 6	15. 9
M2（% pa）	19. 9	16. 9	14. 8	11. 4	12. 0	15. 0	11. 4
Budget balance（% of GDP）	− 2. 8	− 3. 2	− 2. 4	− 2. 4	− 3. 0	− 2. 8	− 2. 9
Debt interest payments（% of GDP）	1. 7	1. 7	1. 7	1. 7	1. 7	1. 7	2. 3
Primary balance（% of GDP）	− 1. 4	− 1. 2	− 0. 9	− 0. 6	− 1. 4	− 1. 1	0. 2
Public debt（% of GDP）	51. 2	50. 3	49. 9	52. 5	53. 2	51. 4	46. 0
Total debt/GDP（%）	54. 0	53. 1	54. 4	57. 0	56. 7	55. 0	72. 8
Short term debt/Total debt（%）	25. 7	26. 2	24. 4	22. 7	21. 2	24. 0	20. 9
Current account balance/GDP（%）	1. 6	1. 2	1. 1	− 0. 4	0. 0	0. 7	− 0. 9
International reserves/total debt（%）	72. 5	72. 4	59. 5	60. 7	63. 5	65. 7	128. 0

Note："d" stands for the recent five-year average of the 9 countries in Southeast Asia along the B&R；"a" stands for the recent five-year average of the 57 countries along the B&R.

Source：Sovereign Credit Rating Database of United Credit Ratings Co. , Ltd.

Most countries in Southeast Asia achieve political stability and build relatively good social and economic development environment. In recent years, benefited from such positive factors as the stable development environment, large infrastructure investment and industrial restructuring, the region has gained exceptional opportunities in attracting investments, developing the manufacturing industry, promoting trade and domestic demand, etc. The deepening of ASEAN economic integration and optimization and upgrading of investment from China have given a strong impetus to the economic development of Southeast Asia. Accordingly, the region has maintained a rapid economic growth with the recent five-year average GDP growth of 5.7%, higher than the average growth rate of 3.0% of the 57 countries along the B&R. Meanwhile, the inflation has been well curbed; and Vietnam and Laos, in particular, demonstrate an obvious decline of the inflation rate. The region records a recent five-year average inflation rate of 3.4%, lower than the five-year average of 5.5% of the 57 countries along the B&R. Under the advantageous conditions of strong economic growth, the region's financial development level has been enhanced, and the asset quality has been improved significantly. The banking sector as a whole remains sound, providing support for growth of the real economy. The fiscal strength of the countries within the region are generally close to the average of the countries along the B&R, with most countries registering moderate fiscal deficit ratio and public debt burden. Ample foreign exchange reserves and favorable current account balance ensure repayment of debt. On the whole, since the sovereign credit risk of countries within the region is relatively low, the overall ratings are high, making it the most attractive region for investment along the B&R.

柬埔寨王国

本次评级结果

长期本币信用等级：BB_i

长期外币信用等级：BB_i

评级展望：稳定

本次评级时间

2017 年 5 月 10 日

分析师：胡前方

评级观点

联合评级于 2017 年 5 月 10 日对柬埔寨王国（以下简称柬埔寨）的主权信用进行了评定，确认其长期本、外币主权信用的等级为 BB_i，评级展望为稳定。

柬埔寨近年来经济增长较快，但经济结构单一，过度依赖对欧美服装出口，经济的外部风险较高；信贷投放集中于房地产领域，银行业不良率上升，为此央行收紧货币政策，加大监管力度，预计中期银行业整合力度加大，银行稳健性有所提升；对美国和俄罗斯的债务存在争议；较高的经济增速和较低的财政赤字水平保障了政府公共债务能力；外债总额上升较快，公共外债占比较高但短期较少。鉴于其多边性的外部融资渠道与不断增长的外汇储备，外部偿债压力可控。2017—2018 年大选将为国内政治局势带来不稳定因素，需要进一步关注由此可能带来的连带风险。综上所述，联合评级认为柬埔寨政府本、外币主权信用均存在一定的风险。

评级依据

2015 年以来党派关系日趋紧张，2018 年大选的临近将会增加其政局的不稳定性

1953 年 11 月 9 日柬埔寨宣布独立，到 1993 年其先后经历了：1970 年的朗诺集团政变，西哈努克流亡中国；1975 年抗美斗争胜利；1993 年颁布新宪法改国名为柬埔寨王国，西哈努克重登王位。1993 年以来，柬埔寨恢复君主立宪制，实行多党派自由民主制，立法、司法和行政三权分立。

柬埔寨先后经历 5 次大选，2013 年第 5 届政府成立，洪森为首相。2015 年 10 月以来，执政党人民党与反对派救国党之间的和解破裂，将近 30 名反对派议员和支持者被囚禁。随着 2018 年大选临近，人民党继续强势打压救国党。2016 年 5 月，柬埔寨法院对救国党副主席根索卡性丑闻提出指控。同时，人民党还默许成立众多小党同救国党竞争，分流救国党支持者和外部势力对救国党的援助，政治局面的稳定性趋于下降。

街头政治和"颜色革命"日益活跃，社会安全存在一定的隐患

柬埔寨国内腐败问题一直较为严重，政府管理和服务效率低，全国医保体系不健全，医疗费用高昂，普通民众难以承担，贫富悬殊较大，民众怨言较多，抢劫、绑架等事件时有发生。反对党利用柬埔寨越南边境争端、越南非法移民、经济特许地等问题煽动民众反政府情绪。此外，近年来柬埔寨国内伊斯兰势力发展过快，恐怖主义影响日益增大。国内伊斯兰教徒和僧侣们参与政治活动，街头政治逐渐增多，"颜色革命"的风险日益增大，从而增大了柬埔寨社会安全的不稳定性。

近年来经济增长较快，但经济结构单一，过度依赖对欧美服装出口，经济的外部风险较高

近年来国内经济取得了较快增长，位列亚洲发展中国家经济增长最快的国家之一。2011—2015 年连续 5 年实际 GDP 增长率都保持在 7% 以上。2015 年，柬埔寨维持稳定的政治经济环境，积极融入区域、次区域的合作。加大基础设施建设，积极吸引私人投资参与国家建设。"四驾马车"（农业、以纺织和建筑为主导的工业、旅游业、外国直接投资）拉动经济稳步前行。2015—2016 年，柬埔寨国内生产总值分别达到 180.5 亿美元和 196.8 亿美元。但过度依赖对欧美服装出口，经济结构较为单一。2016 年受欧美经济增长低于预期以及服装出口增幅不大的影响，GDP 增速有所回落至6.8%。为了促进经济多样化、提高产业竞争力,柬埔寨政府出台了《2015—2025工业发展计划》,预计2017—2018年,GDP增速将加快,达到7% ~ 7.2%。通货膨胀率则从2015年的1.2%上升至2016年的3%。预计通货膨胀率在未来2年内将达到4%。温和的通货膨胀率有利于进一步刺激经济的快速增长。

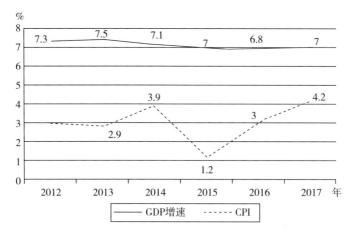

图2-2 柬埔寨GDP增速与CPI(%)

注:2017年数据为预测值。

资料来源:联合评级主权数据库,EIU数据库。

信贷投放集中于房地产领域,银行业不良率上升,金融风险上升;央行收紧货币政策,预计中期银行业整合力度加大,银行稳健性有所提升

近年来,柬埔寨国内信贷增速虽然缓慢下降但仍然保持了较高水平的增长速度,这引发了对部分银行过度信贷的担忧。加之本国货币兑美元汇率波动较大,国内存在流动性恶化问题。由于国内经济活跃,银行增加对外融资需求,柬埔寨信贷增速一度阶段性提高,2015年7月曾达到32%的峰值,之后趋于减缓,到2016年12月末信贷增速为20.7%。同时,信贷增长中,投放于房地产贷款占比过高。2016年11月,房贷和房地产建筑领域的信贷投放年增长率达到27.8%,该领域贷款总额达到国内信贷总规模的1/5,信贷投放在房地产行业集中度较高。同时,银行业不良贷款升高。根据柬埔寨央行2017年1月的数据,截至2016年末,银行业不良贷款率达到3.5%,比上一年度增加了1.6个百分点。

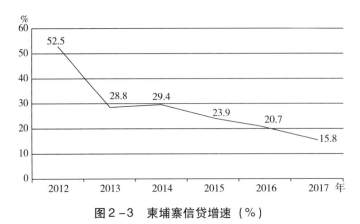

图 2-3 柬埔寨信贷增速（%）

注：2017 年数据为预测值。

资料来源：联合评级主权数据库，EIU 数据库。

面对部分银行可能过度信贷，不良贷款升高，国内流动性恶化等问题，央行于 2016 年 3 月提高银行最低资本要求。这是自 2008 年金融危机后首次提高最低资本需求，将有助于央行加强对银行业的监管，控制过度释放的信贷规模。该项要求规定银行到 2018 年 3 月前达到最低监管要求，2016 年 10 月央行开展流动性担保业务，将有助于提高本国货币的流动性。预计中期银行业资本整合力度加大，银行稳健性有所提升。

大选年的到来，财政赤字面临扩大

柬埔寨政府财政收支平衡一直处于赤字阶段，但随着近年来政府实施公共财政改革，加强税收和海关管理，财政收入大幅增长，同时控制财政支出增势，使财政收支状况逐步改善。财政赤字占 GDP 的比重从 2013 年的 7.1% 下降至 2016 年的 0.9%，改善力度较大。

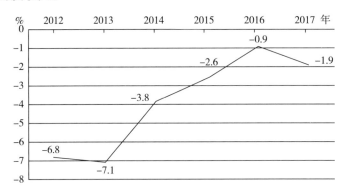

图 2-4 柬埔寨财政平衡（%）

注：2017 年数据为预测值。

资料来源：联合评级主权数据库，EIU 数据库。

随着大选年的到来，财政支出将面临扩大趋势；同时，对低收入以及小型企业减税政策的实施，政府税收收入也将面临下降；分阶段实现的东盟免税区建设达成的区域免税协议将对关税收入产生负面影响，关税收入也将面临减少。预计此后2年财政赤字将有所扩大。2017—2018年将分别达到1.9%和2.5%。

对美国和俄罗斯的债务存在争议；较高的经济增速和较低的财政赤字水平保障了政府公共债务能力

柬埔寨政府公共债务资金主要来自官方援助贷款，这些贷款来源稳定且利率较低，政府偿债压力较小。其公共债务压力主要来自对俄罗斯和美国的大量欠款。根据IMF报告，截至2016年11月，柬埔寨对美国和俄罗斯的欠款已达到GDP的4%。然而，由于对美债务是前政府所为，现任政府并不愿意承认对美国将近5亿美元旧债的合法性，该笔债务实际压力存在争议。另外，首相洪森2016年5月访问俄罗斯，但并没有就原苏联时期债务达成任何和解协议。预计与俄罗斯欠款最终会达成某种程度的和解，实际还债量将小于目前名义债务额。同时，良好的经济增长局面以及较低的财政赤字水平将为政府提供稳定的外部融资，进而保障政府偿债能力。短期内，政府偿债能力压力较小。

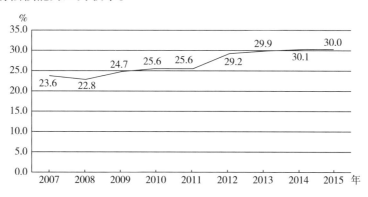

图2-5 柬埔寨政府公共债务占GDP比重

资料来源：联合评级主权数据库，EIU数据库。

经常账户逆差规模依然较大

从2012年开始柬埔寨经常项目逆差明显扩大，到2013年占GDP的比重为10.4%，达到近10年来的最高水平。2016年经常项目逆差仍有18亿美元，占GDP比重的9.1%。进口需求增加和外部需求疲软是导致其逆差规模较大的原因，随着产业升级和基础设施建设的扩大，进口需求保持高涨，而出口低于预期，联合评级预计2017年柬埔寨仍将保持较大规模的逆差，将占到GDP比重的9.3%。

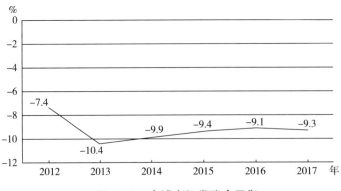

图 2-6　柬埔寨经常账户平衡

注：2017 年数据为预测值。

资料来源：联合评级主权数据库，EIU 数据库。

外债总额上升较快，公共外债占比较高但短期较少。鉴于其多边性的外部融资渠道与不断增长的外汇储备，外部偿债压力可控

柬埔寨发展资金匮乏，政府严重依赖双边和多边贷款支出预算支出，导致外债逐年增加。截至 2016 年底，柬埔寨外债总额为 105.29 亿美元，其中公共中长期外债为 63.43 亿美元，短期债务约为 14.18 亿美元；总外债约占 GDP 的 53.5%，公共外债占比超过 60%，短期债务占比为 13.5%。总外债中公共外债占比较高且短期外债占比较少。面对不断增高的外债水平，柬埔寨政府将控制外债总量，要求外债总额不得超过 GDP 的 40%，出口总额的 1.5 倍，政府财政收入的 2.5 倍。2016 年末，柬埔寨未偿还外债占 GDP 总值的 22.5%、占出口总额的 31.6%、占政府财政收入的 138.2%。未来 5 年，柬埔寨政府计划对外贷款 52.5 亿美元，预计 2017 年总外债水平继续走高，约占到 GDP 的 56.0%。

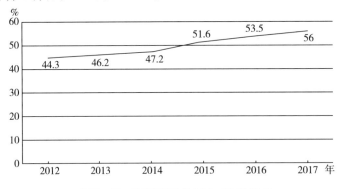

图 2-7　柬埔寨总外债占 GDP 比重

注：2017 年数据为预测值。

资料来源：联合评级主权数据库，EIU 数据库。

柬埔寨外汇储备连续 5 年持续增长，从 2012 年 49.4 亿美元增加至 2016 年的 91.22 亿美元，年均增加将近两成。同时，柬埔寨融资渠道广泛。在其外债结构中，中国累计提供 36 亿美元贷款，占柬埔寨外债总额的 43.32%，中国成为其最大的债权国。日本提供贷款 9 亿美元排名第 2，韩国提供贷款 5.1 亿美元，成为其第 3 债权国。多边渠道贷款主要有亚洲开发银行贷款 20.01 亿美元，世界银行贷款 7.94 亿美元。综上所述，虽然外债总额持续上升，未偿还比重加大，但由于多边融资渠道与充足的外汇储备，柬埔寨外债尚不存在偿付困难。

展望

柬埔寨近年来经济增长较快，但经济结构单一，出口外向型经济的外部风险较高；信贷投放集中于房地产领域，银行业不良率上升，银行业风险上升；即将到来的大选将为国内政治局势带来不稳定因素，同时推高政府赤字水平；但政府赤字水平较低，公共债务压力较小；外部融资渠道通畅，外汇储备逐年攀升，外部偿债压力可控。因此，联合评级对未来 1~2 年柬埔寨本、外币主权信用评级的展望为稳定。

表 2 - 3　柬埔寨主权信用评级关键数据表

指标	2012 年	2013 年	2014 年	2015 年	2016 年	2017 年[f]	东南亚[d]	"一带一路"[a]
名义 GDP（十亿美元）	14.0	15.5	16.8	18.1	19.7	21.2	275.0	404.1
人均 GDP（美元，PPP）	2,847.0	3,058.0	3,279.0	3,490.0	3,717.0	4,006.0	17,974.3	21,749.0
实际 GDP 增长率（%）	7.3	7.5	7.1	7.0	6.8	7.0	5.8	3.0
通货膨胀率（%）	2.9	2.9	3.9	1.2	3.0	4.2	3.4	5.5
国内信贷增长率（%）	52.5	28.8	29.4	23.9	20.7	15.8	16.6	15.9
M2 增长率（%）	39.4	16.0	29.6	15.1	19.4	15.7	15.0	11.4
各级政府财政平衡/GDP（%）	-6.8	-7.1	-3.8	-2.6	-0.9	-1.9	-2.8	-2.9
各级政府利息支付/GDP（%）	0.4	0.4	0.5	0.6	0.7	0.8	1.7	2.3
各级政府初级财政平衡/GDP（%）	-6.4	-6.7	-3.3	-2.0	-0.2	-1.1	-1.1	0.2
公共债务/GDP（%）	29.2	29.9	30.1	30.0	—	—	51.4	46.0
总债务/GDP（%）	44.8	46.2	47.2	51.6	53.5	56.0	55.0	72.8
短期债务/总外债（%）	13.4	13.5	13.7	14.4	13.5	13.5	24.0	20.9
经常项目余额/GDP（%）	-7.4	-10.4	-9.9	-9.4	-9.1	-9.3	0.7	-0.9
国际储备/总外债（%）	78.6	70.0	77.1	79.2	86.6	78.7	65.7	128.0

注：f 表示预测值；d 表示东南亚 9 国历史 5 年均值；a 表示"一带一路"57 个国家近 5 年均值。

资料来源：联合评级主权数据库，EIU 数据库。

Highlights of the Sovereign Rating
on the Kingdom of Cambodia

Sovereign Rating

Long-term Local Currency：BB_i

Long-term Foreign Currency：BB_i

Outlook：Stable

Ratings completed on May 10th, 2017

Analyst：Hu Qianfang

Rating Rationale

United Ratings assigned sovereign credit ratings on the Kingdom of Cambodia（hereinafter，"Cambodia"）on May 10th, 2017 and has decided to confirm its long-term local and foreign currency ratings at BB_i, with a stable outlook.

Although Cambodia has benefited from fast-growing economy in recent years，the single economic structure and over-reliance on garment exports to Europe and America have increased its external economic risk. As the central bank of Cambodia has tightened its monetary policy and strengthened regulation to fight against the credit concentration on real estates and the soaring ratio of NPLs in the banking sector，an intensive consolidation of the banking sector in the medium term is highly probable to improve the banking solidity. Disputes on debts to the U.S. and Russia remain to be a primary concern at present，and rapid economic growth and lower budget deficit could guarantee the public solvency of the government. Total foreign debt grows in a rapid pace and long-term public foreign debt takes up a larger proportion. In light of diversified financing sources and increased foreign exchange reserves, debt service pressure is still manageable. The forthcoming election in 2017 – 2018 might bring about uncertainties over domestic politics, whose ensuing risk deserves further attention. In conclusion, United Ratings believes that the government of Cambodia has a certain sovereign risk in both local and foreign currency.

Outlook

Cambodia has experienced a rapid economic growth in recent years. However, the single economic structure and export-oriented economy have exposed it to higher external risk. The credit concentration on real estates and the soaring ratio of NPLs have increased the banking risk. Meanwhile, the forthcoming election is likely to bring about uncertainties over domestic politics and boost budget deficits at the same time. Budget deficits remain low and public debt is less stressful. Besides, diversified financing sources and sufficient foreign exchange reserves guarantee the external solvency. As such, United Ratings has decided to confirm the outlook on Cambodia's local and foreign currency credit ratings as stable for the coming 1 – 2 years.

印度尼西亚共和国

本次评级结果

长期本币信用等级：A_i+

长期外币信用等级：A_i+

评级展望：稳定

上次评级结果

长期本币信用等级：A_i+

长期外币信用等级：A_i+

评级展望：稳定

本次评级时间

2017 年 4 月 28 日

分析师：陈家林

评级观点

联合评级于 2017 年 4 月 28 日对印度尼西亚共和国（以下简称印度尼西亚）的本、外币主权信用进行了跟踪评级，决定维持其长期本、外币主权信用等级 A_i+，评级展望稳定。

本届政府推出的一系列经济改革措施已经取得了一定成效，营商环境得到改善；受内需拉动和大宗商品与油气价格回升刺激，经济增长势头较好，但对外部需求和资本输入依赖度较高，经济增长存在一定的脆弱性；财政赤字较低，债务规模减小；银行业资本金充足；外债规模合理，大量外国资本流入，有助于缓解其短期偿债压力。综上所述，印度尼西亚政府具有较强的本、外币偿债能力，且保持基本稳定，主权信用风险较低。

级别维持理由

总统佐科正在巩固在人民代表会议中的权力基础，但在打击腐败和推行主要结构性改革方面的努力成效有限。极端主义和恐怖主义一直是社会安全的困扰因素

2014 年 10 月通过直选获胜就任的总统佐科·维多多会顺利执政至期满。佐科政府提出建设海洋强国战略，以维护国家安全、发展经济及反腐倡廉为施政重点，致力于解决长期困扰印度尼西亚发展的基础设施条件较差的问题，吸引外资刺激经济发展，加强对政府官员的监督，努力创建廉洁政府。在其任命的主要部长的协助下，佐科已经顺利推动他承诺的一些经济改革事项。但是，制度性改革推进困难，尤其是涉及反腐败和提高政府效率的改革举措，可能难以突破既得利益阶层的羁绊。下一次大选将于 2019 年举行，届时将同时选举总统和国会。同时举行总统和国会选举将逐渐削弱传统党派，如专业集团党和民主斗争党的政治垄断，帮助年轻政治家树立他们自己的政治威信。总统佐科预计会参加竞选，联合评级预计其获胜连任的可能性很大，政局的稳定性有望延续。

印度尼西亚是世界上穆斯林人口最多的国家，伊斯兰极端主义得到印度尼西亚底层穆斯林的部分支持。极端主义组织在印度尼西亚一直存在，以"伊斯兰之家""东印尼圣战组织"为代表的本土恐怖组织纷纷向"伊斯兰国"表示效忠，并于 2016 年 1 月组织发起了雅加达恐怖袭击案。印度尼西亚政府对于打击极端主义和恐怖主义不遗余力，并且与马来西亚通过外交合作共同打击伊斯兰极端主义，先后击毙和逮捕了一批恐怖分子，安全形势有所好转。但受限于国际环境和国家整体态势，短期内很难完全解决，反恐形势严峻。

地缘政治形势比较稳定，但难民问题隐患较大

佐科的对外政策较其前任苏西洛总统的"交千友不树敌"的策略更加务实。佐科的外交重点不是将印度尼西亚打造成地区外交的领袖，而是更加注重深化与亚洲主要国家的商业与战略关系。佐科一再强调商业外交，显示他需要外交政策更加直接地服务其国内经济重点。他也强调印度尼西亚作为区域"海上轴心"的地位，重点保护其海上资源、扩建港口基础设施和加强海军力量。其上述立场表明印度尼西亚不太注重担当东盟领袖的角色。

虽然佐科有意深化与区域大国的商业关系，但其贸易政策却背道而驰，令印度尼西亚与其传统的区域贸易伙伴（如澳大利亚）的关系紧张，令人担忧。佐科吸引投资的政策重点与其某些政治盟友的民族主义态度发生分歧，而其上任后出台的一些保护主义政策也与其推动缔结区域贸易协定的愿望相左。同时，由于地缘位置关系，印度尼西亚有大量过境去往澳大利亚的难民。由于澳大利亚移民政策的收紧，导致印度尼西亚面临如何安置难民遣返可能引发的社会安全问题。

经济增速仍低于亚洲地区平均水平，政府致力于提高基础设施和境外投资、发展制造业来促进本国经济发展

2016年，虽然受全球大宗商品价格回暖的影响，GDP出现5.0%的增速发展；但是，这一增速远低于亚洲新兴经济体6.4%的平均预期水平。多年来，消费是印度尼西亚经济增长的最大动力，2012—2016年私人消费占GDP支出的比例平均在5.22%，我们预计中期内，实际GDP的平均增长率为5.0%，而同期私人消费将保持年均5.3%的增长。随着新建道路、港口和发电站等工程的上马提速，投资的增长比率也将达到年均4.9%。如果印度尼西亚可以吸引大量的外国直接投资并提供配套基础设施，它也有机会扩大其制造业出口量。但这样做的效果在中期之后才会显现。

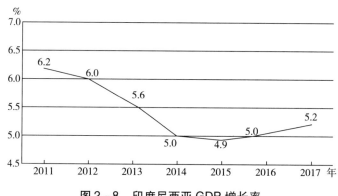

图2-8 印度尼西亚GDP增长率

注：2017年数据为预测值。

资料来源：联合评级主权数据库，EIU数据库。

在大力提高投资比例的同时，佐科政府的策略之一就是通过改善法规环境来吸引外国投资者。自2015年以来政府已经出台了14个改革方案。迄今为止，已经公布的措施简化了大型基础设施项目的审批和采购程序；缩短了营业执照的审批时间；临时降低了固定资产价值重置税率；降低了能源价格；改变了最低工资的计算方式。然而，大型投资依然受制于官僚主义，执行也被拖延，这些问题难以在近期内解决。

相比而言，一些城郊地区的房地产和卫生等小型项目已经获得更多的成功。外国投资在许多领域仍然受收到保护主义的限制，尤其是在零售、农业和自然资源领域。

通货膨胀下降，但失业率仍高于地区平均水平，劳动力市场僵化

2017—2018年全球大宗商品价格的回升和印尼盾的小幅走弱将意味着同期的消费者价格上涨速度与2016年（年平均为3.5%）相比会更快，有可能超过印度尼西亚央行设定的3%~5%的上限。2018年印尼盾会进一步疲软，通胀将更加明显。预期的大宗商品价格回升将有力推动生产者价格通胀，中期内年均上涨6.9%。长期来看，基础设施的改善将有助于降低高企的运输和物流成本，而这个成本又是一些商品高通胀的主要因素。我们预计中期的消费者价格将平均上涨4.6%。

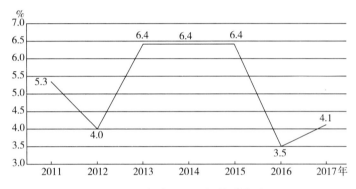

图2-9 印度尼西亚通货膨胀率

注：2017年数据为预测值。

资料来源：联合评级主权数据库，EIU数据库。

印度尼西亚的失业率从2011年的7.5%降到2016年的5.6%，预计2017年将进一步下降到5.2%，2018年小幅上涨到5.7%。预计未来印度尼西亚人口还将稳定增长，如果对劳工法律和秩序不加以改变，则短期内劳动力市场僵化的状况很难改变。

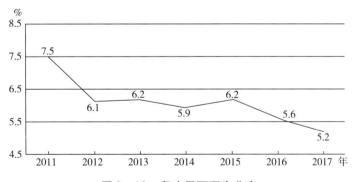

图2-10 印度尼西亚失业率

注：2017年数据为预测值。

资料来源：联合评级主权数据库，EIU数据库。

多年来印度尼西亚信贷保持了快速扩张，但为抑制通货膨胀采取的逐渐紧缩信贷政策的出台，有可能使银行不良贷款率上升；银行业整体资本充足，表现稳健

多年来，印度尼西亚一直执行快速信贷扩张政策。2010—2013年印度尼西亚的信贷平均年增长率为23%，央行为抑制信贷规模扩张过快的势头出台了逐渐紧缩信贷的政策，使得信贷增长速度骤降至2014—2015年的10%，到2016年10月更是进一步放缓至7.4%。截至2016年12月，国内信贷规模从2012年的3,388万亿印尼盾迅速上升至5,342万亿印尼盾。央行和金融服务总署一直积极采取宏观审慎措施降低银行业系统风险，类似调整预计未来将继续。

在紧缩货币政策之下，不良贷款率出现上升，尤其是在矿业这样受到很大冲击的行业；矿业和建筑业的不良贷款率上升显著，分别达到行业总贷款规模的3.4%和5.4%。大宗商品价格的进一步下跌将使这些行业进一步承压。但是，总体不良率依然较低，2016年10月为3.2%。然而，商业银行的外部净资产头寸仍然是负数，表明银行业依然依赖外部融资，面临融资成本转移和融资可用性的风险。

尽管银行业在利润率和资产质量方面承受压力，但银行业整体资本充足：2016年10月，商业银行的资本充足率达到23.2%，远高于监管要求的8%。今后一两年内印度尼西亚银行业整体将保持稳定发展。央行2015年通过6次降息放松信贷条件的政策效果在2016年开始显现，信贷扩张幅度会上涨至10%左右。由于印尼盾的贬值压力和通货膨胀上涨压力，央行或在2016年下半年开始重新采取紧缩的货币政策。同时，大宗商品价格回升将有助于改善借贷企业的偿还能力。银行业强劲的资本缓冲和改善贷款质量的努力有助于其加强经营稳健性。

财政赤字和初级财政平衡占GDP比重较低，但结构性财政问题较为严重

印度尼西亚的财政赤字状况不是很严重，2012—2016年的赤字总体水平在2.1%左右，低于亚洲其他国家。同期，各级政府初级财政平衡也处于赤字状态，赤字的平均水平为0.94%，预计今后2年有望改善，赤字将分别下降至0.9%和0.8%。但是，政府面临许多结构性财政问题，如逃税现象严重、支出分配无效率和资本支出的执行不力等问题。此外，补贴支出占财政预算支出比重过大。改善财政结构性问题是佐科政府面临的一个重大挑战。

印度尼西亚政府通过拓宽税基增加财政收入。提高财政收入来满足支出的要求对于政府而言是一个不小的挑战。2016年6月，由于税收赦免法案获得通过，政府

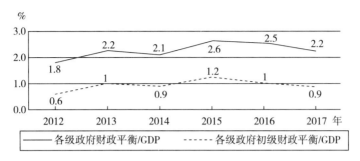

图2-11 印度尼西亚财政赤字和初级财政赤字

注：2017年数据为预测值。

资料来源：联合评级主权数据库，EIU数据库。

财政收入问题得到暂时缓解。此法案旨在增加从非油气行业获得的财政收入，吸引海外资金回流，扩大税基控制短期预算赤字。截至2017年3月31日此法案到期，印度尼西亚政府共计筹得财政收入135万亿印尼盾（折合99亿美元）；虽然没有达到165万亿印尼盾的预期目标，但仍然是一笔可观的意外收入。不过，这只是一次性收入。未来几年，如果政府不对税收制度采取有效的结构性改革措施，印度尼西亚政府仍然难以摆脱财政困难的局面。预计中期内财政缺口与GDP的比率为年均2.4%。

政府公共债务虽有所上升但规模仍不大，其中外债占比偏高

由于财政赤字水平受到宪法的限制，印度尼西亚公共债务占GDP的比率近年来一路攀升，从2012年的22.0%上涨到2016年的30.6%，达到3796万亿印尼盾，预计2017年将小幅增加到30.8%，但总体债务水平不高。在政府债务中，外债比率偏高，2015年外债占比为57.2%。

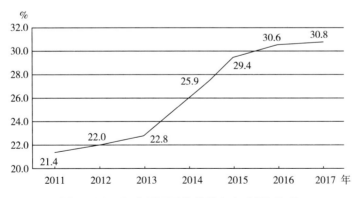

图2-12 印度尼西亚公共债务占GDP比重

注：2017年数据为预测值。

资料来源：联合评级主权数据库，EIU数据库。

短期内经常账户赤字将持续，短期内难以逆转

2012 年印度尼西亚出现经常项目逆差以来，一直延续至今。虽然经常账户赤字与 GDP 比率近年来也呈现缩小趋势，从 2013 年的 3.2% 减少到 2016 年的 1.8%。但由于中国是印度尼西亚的商品主要出口地，中国经济的需求疲软对印度尼西亚的国际收支带来较大的负面影响，预计 2017—2018 年将维持在此水平。中期内，印度尼西亚将继续保持小幅经常账户赤字，预计平均为 GDP 的 1.5%。赤字的主要原因是由于初级收入差额较大，小幅下降到 2021 年的 153 亿美元。贸易盈余尚不足以抵销其相当规模的初级收入赤字，赤字规模将从 2016 年的 297 亿美元扩大至 2021 年的 374 亿美元。

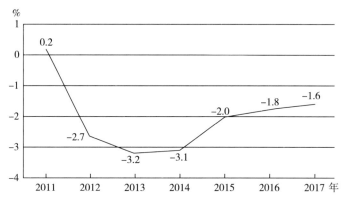

图 2－13　印度尼西亚经常账户赤字占 GDP 比重

注：2017 年数据为预测值。

资料来源：联合评级主权数据库，EIU 数据库。

汇率贬值进一步加重了外债负担，公共外债规模在上升，短期外债占比较高。但大量外部资本的流入增加，能抵挡其短期偿付风险

印度尼西亚的财政和经常账户双赤字，使印尼盾贬值的压力一直较大。2015 年印尼盾兑美元贬值了 11% 左右，这进一步加剧了其外债负担。2016 年外债总额 3,165 亿美元，外债与 GDP 的比重为 33.9%，债务率为 173.0%。其中，公共外债 1,637 亿美元，占外债总额的 51.7%，预计未来 2 年还会上升。近年来，大量国际资本流入印度尼西亚，次要收益平衡从 2012 年的 40.9 亿美元增加到 2015 年的 55.1 亿美元，2016 年减少到 44.3 亿美元，预计今、明两年将回升到 49.5 亿美元和 54.3 亿美元。外部资本的大量流入有助于印度尼西亚抵挡短期偿付风险。

近年来，印度尼西亚外债结构出现一些恶化，外债占比不断攀高。从 2010 年短期外债占外债的比重不足 10% 上升至 2014 年的 15.7%，其上升的原因主要是私人部门对外经贸活动的增加，导致对短期融资需求的增加。印度尼西亚的外汇储备相对薄弱，对外债的保障程度有限。2015年外汇储备为1,033亿美元，2016年小幅增长到1,135亿美元，外汇储备占总外部融资需求的101.5%，远远低于东盟国家的167.4%中位数水平。

图2-14 印度尼西亚外债状况

注：2017年数据为预测值。

资料来源：联合评级主权数据库，EIU数据库。

展望

短期内，印度尼西亚政局有望持续稳定，多项改革措施的推进已经显现初步成效。经济将维持稳健增长势头，金融风险整体可控，财政赤字率逐步下降，债务规模适度，政府债务负担趋于稳定。经常项目逆差状态将会维持，较高的外部融资压力难以显著改善。因此，联合评级对未来1~2年印度尼西亚本、外币主权信用评级展望均维持稳定。

表2-4 印度尼西亚主权信用评级关键数据表

指标	2012年	2013年	2014年	2015年	2016年	2017年[f]	东南亚[d]	"一带一路"[a]
名义GDP（十亿美元）	917.7	912.1	890.6	861.1	932.3	1,042.0	275.0	404.1
人均GDP（美元，PPP）	9,445	10,025	10,617	11,125	11,725	12,500	17,974.3	21,749.0
实际GDP增长率（%）	6.0	5.6	5.0	4.9	5.0	5.2	5.8	3.0
通货膨胀率（%）	4.0	6.4	6.4	6.4	3.5	4.1	3.4	5.5
国内信贷增长率（%）	21.7	18.6	11.5	9.1	9.3	11.1	16.6	15.9
M2增长率（%）	15.0	12.8	11.9	9.0	10.0	10.7	15.0	11.4

续表

指标	2012 年	2013 年	2014 年	2015 年	2016 年	2017 年^f	东南亚^d	"一带一路"^a
各级政府财政平衡/GDP（%）	-1.8	-2.2	-2.1	-2.6	-2.5	-2.2	-2.8	-2.9
各级政府利息支付/GDP（%）	1.2	1.2	1.3	1.4	1.5	1.3	1.7	2.3
各级政府初级财政平衡/GDP（%）	-0.6	-1.0	-0.9	-1.2	-1.0	-0.9	-1.1	0.2
公共债务/GDP（%）	22.0	22.8	25.9	29.4	30.6	30.8	51.4	46.0
总外债/GDP（%）	27.5	29.1	32.9	35.8	33.9	30.5	55.0	72.8
短期外债/总外债（%）	17.5	17.3	15.7	12.6	13.3	13.8	24.0	20.9
经常项目余额/GDP（%）	-2.7	-3.2	-3.1	-2.0	-1.8	-1.6	0.7	-0.9
国际储备/总外债（%）	44.7	37.4	38.2	34.3	36.7	36.6	65.7	128.0

注：f 表示预测值；d 表示东南亚 9 国近 5 年均值；a 表示"一带一路"57 国近 5 年均值。

资料来源：联合评级主权数据库，EIU 数据库。

Highlights of the Sovereign Rating
on the Republic of Indonesia

Updated Rating

Long-term Local Currency：A_i +

Long-term Foreign Currency：A_i +

Outlook：Stable

Previous Rating

Long-term Local Currency：A_i +

Long-term Foreign Currency：A_i +

Outlook：Stable

Ratings updated on April 28th, 2017

Analyst：Chen Jialin

Rating Rationale

United Ratings updated the local and foreign currency sovereign credit ratings of the Republic of Indonesia (hereinafter, "Indonesia") on April 28th, 2017, and has decided to maintain its long-term local and foreign currency ratings of A_i + , with a stable outlook.

The government has promoted a series of economic reform measures, largely improving business environment. Economic growth, which is driven by strong domestic demand and stimulated by the price rebound of commodities and gas, shows a powerful potential in recent years. However, it remains vulnerable due to over reliance on external demand and capital inflow. Both budget deficit and public debt scale maintain at a lower level. Adequate banking capital, reasonable scale of external debt and sizable inflow of foreign capital are contributing to easing the short-term debt pressure. In conclusion, the government of Indonesia has a strong debt service ability both in local and foreign currency. Its sovereign credit risk remains low.

Outlook

In the short term, the political situation in Indonesia is expected to remain stable. Various reform measures have come into force and achieved initial success. Economic growth will remain stable and financial risks are under control overall. The budget deficit gradually narrows down and the debt scale is reasonable. The government debt pressure is moderate, and the current account deficit is expected to continue. The stressful situation of external financing is difficult to improve. As such, United Ratings has decided to maintain a stable outlook on Indonesia's local and foreign currency credit ratings for the next 1 – 2 years.

马来西亚联邦

本次评级结果

长期本币信用等级：AA_i -

长期外币信用等级：AA_i -

评级展望：稳定

本次评级时间

2017 年 4 月 8 日

分析师：胡前方

评级观点

联合评级已经于 2017 年 4 月 8 日对马来西亚联邦（以下简称马来西亚）的本、外币主权信用级别进行了初次评定，决定给予马来西亚长期本、外币信用 AA_i - 的级别，展望为稳定。

马来西亚是东南亚新兴经济体中经济发展水平较高，发展质量较好的国家之一。在全球原油和大宗商品价格低位徘徊的背景下，依赖出口贸易的马来西亚经济承受了来自国际资本外逃，国际储备减少，中国经济增速放缓，美元走强林吉特被动贬值等多重外部压力，外部环境的不确定性对马来西亚的经济增长前景构成下行风险。不过，马来西亚经济基础较好，国内政治局势稳定，金融体系稳健性较高，银行业资本状况良好，抵御外部风险的能力较强。政府债务压力存在但处在可控范围内，政策灵活性较高，到期偿付债务的能力很强。综上所述，联合评级认为马来西亚具有很强的本、外币债务偿还能力，主权信用风险很低。

评级依据

以巫统为首的执政党联盟国民阵线（以下简称国阵）长期执政，政局稳定性较高；种族关系紧张，短期内社会安全不受影响

由于历史原因，马来西亚政治体制沿袭英国的西敏寺制度，由国会最大党或联盟领袖担任政府总理。自马来西亚独立由全国大选产生第一任政府总理以来，总理席位一直由巫统联盟把持。政治权利在党派立场上保持了持续的稳定性。现任总理为巫统"国阵"领袖纳吉布，任期为2013—2018年。虽然近年来，巫统因纳吉布的贪污问题受到群众指责，但其执政历史悠久，政治实力雄厚，同时反对党力量薄弱，巫统长期执政局面短期内仍不可动摇，政治局面仍将保持稳定。预计2017年总理纳吉布极有可能提前解散国会，在任期结束前为大选铺平道路。以巫统为首的"国阵"联盟继续执政的基本局面不会改变。

马来人至上的种族信条为国内种族关系埋下了隐患，国内种族关系紧张局面长期存在；穆斯林人口数量庞大，存在一定的恐怖主义威胁，预计短期内社会安全状况总体上依然能够保持较好的局面；但长期来看，恐怖主义威胁将持续存在，需警惕极端主义思想在国内蔓延。

全球贸易增速缓慢，外部环境的不确定性对经济增长构成下行风险

马来西亚是外向型经济为主的东盟国家，对外依存度极高，国际经济形势变化会对其经济发展产生直接影响，外部环境的不确定性对经济增长构成下行风险。2008年受国际金融危机的影响，马来西亚国内经济增长放缓，出口下降，通货膨胀率大幅上升，2009年经济出现负增长。同年，纳吉布上台，在其领导下政府采取了多项刺激经济和内需增长的措施来应对危机。并且为摆脱经济严重依赖出口的局面，政府大力发展旅游业以及知识经济服务业。经济随后逐步摆脱金融危机影响企稳回升，2014年达到6.0%的增速。但从2014年中开始，国际原油出现断崖式下跌，马来西亚是亚洲地区主要的石油和天然气生产国之一，国际原油价格下跌使马来西亚能源出口利益受损，马来西亚经济增长再度蒙上阴影。自2016年以来，马来西亚最大的贸易伙伴中国也进入经济增速放缓阶段。同时，国际政治特别是东南亚地区不安定因素的增多，为马来西亚经济增长带来了诸多不确定。2016年全年增速为

4.2%。2016年下半年国际原油价格出现小幅增长，预计马来西亚2017年GDP增速预计能够小幅上升至4.3%。

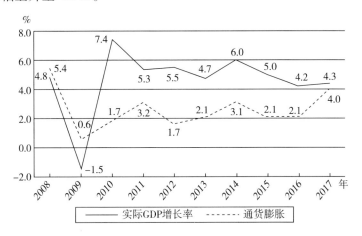

图2－15 马来西亚GDP增长率及通货膨胀率

注：2017年为预测数据。

资料来源：联合评级主权数据库，EIU数据库。

央行货币政策灵活，资本实力增强、流动性增强，银行系统整体状况趋好

马来西亚因为拥有较多的伊斯兰人口，在其金融体系中发展了伊斯兰特色金融系统。并且在所有发展伊斯兰金融系统的国家中，马来西亚的伊斯兰金融体系发展最为迅速，逐步成为全球伊斯兰金融中心。总体来说，马来西亚的金融系统具备健全的国际化信贷体系，同时又兼具自身特色。

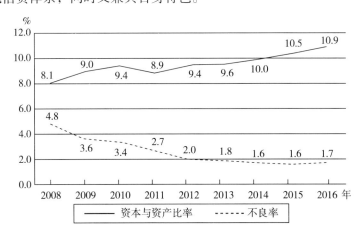

图2－16 马来西亚银行业资产质量

资料来源：联合评级主权数据库。

2008年金融危机以后，在全球经济缓慢复苏的大背景下，马来西亚银行业存贷利差从2009年的3.0%下降至2015年的1.5%，银行体系的存贷利差逐年收窄，盈利能力大幅下降，银行利润逐年下降。但在央行的多项货币政策引导和监管努力下，国内银行业不良贷款率逐年下降，资本与资产比率逐年攀升。截至 2017 年 2 月，马来西亚银行业一级资本比率为 13.1%，高于巴塞尔Ⅲ框架下银行资本监管要求，银行资本实力较强；不良贷款占比仅为 1.2%，资本质量较好；银行存贷比为 88.7%，贷款主要靠储蓄支撑，使银行业对资本市场借贷成本变化的抵抗力较强。同时，鉴于银行业在该国的政治重要性，政府为银行业提供融资背书，银行业系统性风险较低。

经济结构决定了持续的财政赤字状况难以改变

马来西亚政府长期面临赤字局面，初级财政平衡和财政平衡均常年保持赤字，两者基本保持了相同的走势，表明政府利息支出压力较为稳定。2015 年马来西亚政府通过大幅削减政府支出，加大购买国货力度，大力发展旅游业，降低企业税收等多项开源节流措施，将其赤字水平降到自 2008 年金融危机以来的最低水平，实现财政赤字率 3.2%，初级财政赤字率 1.1%。但受中国经济增速放缓和美元走势强劲等外部因素的影响，进出口贸易受损和货币大幅贬值加深了政府财政收入的压力，2016 年赤字恶化，初级财政赤字小幅上升至 1.4%，财政赤字上升至 3.4%。随着 2016 年国际原油价格小幅上升，以及马来西亚对政府支出削减力度加大，预计 2017 年财政赤字将小幅下降至 3.1%，初级财政赤字小幅下降至 1.1%。

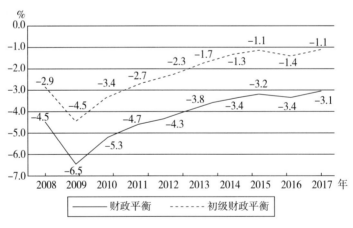

图 2-17 马来西亚财政平衡

注：2017 年为预测数据。
资料来源：联合评级主权数据库，EIU 数据库。

公共债务保持稳定，政府债务压力基本保持可控

长期财政赤字压力下，政府公共债务规模一路走高。2015 年政府公共债务占GDP 比例达到 54.5%，已经逼近马来西亚政府设定的 55% 的上限值。根据马来西亚政府最新数据显示，截至 2016 年 6 月，马来西亚政府公共债务占 GDP 比例已达到 53.2%，其中 95.9% 来自国内。本币债务是马来西亚政府公共债务的主要来源，本币债务不仅拥有较高的流动性和较低的借贷成本，并且能够降低外汇兑换风险。预计政府公共债务比例将在未来 2 到 3 年内突破 55% 的上限值。但整体来看，由于林吉特贬值压力持续，国内债务成本可能会一再下降，政府债务负担基本保持可控。

图 2－18　马来西亚公共债务比 GDP

注：2017 年为预测数据。

资料来源：联合评级主权数据库，EIU 数据库。

经常账户顺差收窄，本国货币走弱

马来西亚长年的贸易顺差主要来源于商品贸易顺差。马来西亚是亚洲石油和天然气的主要生产商之一，能源出口是马来西亚的传统增长优势。然而国际油价持续在低位徘徊，国际大宗商品价格疲软打击了马来西亚的出口优势。此外，中国经济增长面临增速放缓，美国经济缓慢复苏，马来西亚外部需求进入疲软期，出口收入持续承受外部压力。2015 年经常账户盈余占 GDP 比例为 3.0%，较 2014 年下降了 1.4 个百分点；2016 年出口优势进一步收缩，经常账户顺差继续收窄，全年经常账户盈余占 GDP 比例下降至 2.1% 左右；2016 年下半年国际能源价格小幅上涨并有缓慢复苏的迹象，预计 2017 年经常账户顺差小幅提升至 2.8%。

美联储加息导致美元持续走强，新兴市场国家货币均承受了一定的压力，马来西亚林吉特首当其冲。自 2014 年 6 月，林吉特兑美元汇率累计贬值 37.9%。截至 2017 年 3 月，林吉特兑美元汇率上升至 4.4265。国内货币的持续贬值压力会引发国外投资者担忧，资本市场和外汇市场同时承压，加剧国内资本外流，直接导致外部融资成本上升。预计 2017 年美联储加息步伐不会停止，美元强劲势头持续，林吉特将承受更大的贬值压力，需警惕资本外流压力以及外部融资成本的攀升。

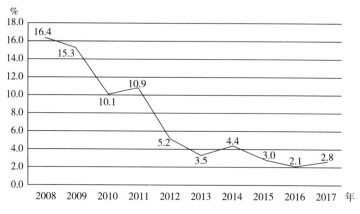

图 2-19　马来西亚经常账户平衡

注：2017 年为预测数据。

资料来源：联合评级主权数据库，EIU 数据库。

外债规模一路走高，短期外债占比较高，短期集中偿债风险有待关注

近年来，马来西亚外债规模不断走高。2016 年外债总额占 GDP 比值达到 65.5%，比 2008 年金融危机前外债占比提高了 23.3 个百分点。其中，短期债务占比大幅上升，2016 年短期债务约为 747.5 亿美元，约占总外债的 38.5%，比危机前上升了 11.1 个百分点。而外汇储备量自 2012 年以来连续下降，2016 年外汇储备额约为 945 亿美元，比 2012 年外汇储备额减少了 32.4%，短期外债额约占外汇总额比约为 80.3%，占国际储备比约为 79.1%。截至 2017 年 4 月 14 日，马来西亚央行国际储备额约为 957 亿美元，这一储备量可以满足 8.2 个月的国内消费进口，可以覆盖短期外债的 1.1 倍。马来西亚短期偿债压力可能有集中的趋势。

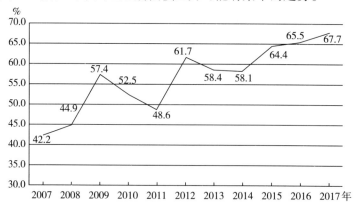

图 2-20　马来西亚总外债比 GDP

注：2017 年为预测数据。

资料来源：联合评级主权数据库，EIU 数据库。

展望

马来西亚在东盟国家中属于经济发展较快、经济发展水平较高的国家。国内政治局势稳定；虽然面临一定的恐怖主义威胁，但整体社会稳定性较高，社会维持安全局势的可能性较大。在全球经济增速放缓的大背景下，外向型经济体系需承受外部不确定性风险，但马来西亚国家宏观经济和政治结构稳定性较高，金融系统具备较大的黏性。综上考虑，联合评级认为未来1~2年内马来西亚本、外币主权信用评级展望为稳定。

表 2-5 马来西亚主权信用评级关键数据表

指标	2012 年	2013 年	2014 年	2015 年	2016 年	2017 年[f]	东南亚[d]	“一带一路”[a]
名义 GDP（十亿美元）	314.4	323.3	338.1	296.3	296.4	291.5	275.0	404.1
人均 GDP（美元）	23,079.6	24,175.9	25,696.0	26,865.9	27,983.4	29,470.0	17,974.3	21,749.0
GDP 增速（%，实际）	5.5	4.7	6.0	5.0	4.2	4.3	5.8	3.0
通货膨胀率（%）	1.7	2.1	3.1	2.1	2.1	4.0	3.4	5.5
国内信贷增长率（%）	11.2	11.6	10.5	7.9	6.5	8.7	16.6	15.9
M2 增长率（%）	9.6	8.6	6.9	2.8	3.0	6.4	15.0	11.4
各级政府财政平衡/GDP（%）	-4.3	-3.8	-3.4	-3.2	-3.4	-3.1	-2.8	-2.9
各级政府利息支出/GDP（%）	2.0	2.0	2.0	2.1	2.0	2.0	1.7	2.3
各级政府初级财政平衡/GDP（%）	-2.3	-1.7	-1.3	-1.1	-1.4	-1.1	-1.1	0.2
公共债务/GDP（%）	51.6	53.0	52.7	54.5	52.7	54.7	51.4	46.0
总外债/GDP（%）	61.7	58.4	58.1	64.4	65.5	67.7	55.0	72.8
短期外债/总外债（%）	47.8	42.2	40.4	40.1	38.5	40.1	24.0	20.9
经常项目盈余/GDP（%）	5.2	3.5	4.4	3.0	2.1	2.8	0.7	-0.9
国际储备/总外债（%）	72.1	71.4	59.0	49.9	48.7	47.4	65.7	128.0

注：f 表示预测值；d 表示东南亚 9 国历史 5 年均值；a 表示“一带一路”57 国近 5 年均值。
资料来源：联合评级主权数据库，EIU 数据库。

Highlights of the Sovereign Rating
on the Federation of Malaysia

Sovereign Rating

Long-term Local Currency：AA_i –

Long-term Foreign Currency：AA_i –

Outlook：Stable

Ratings completed on April 8th, 2017

Analyst：Hu Qianfang

Rating Rationale

United Ratings assigned "AA_i –" on both local and foreign currency sovereign credit ratings of the Federation of Malaysia (hereinafter, "Malaysia") on April 8th, 2017 with a stable outlook.

As one of the emerging economies in Southeast Asia, the economic performance of Malaysia is relatively good. Influenced by the lower price of crude oil and commodities, Malaysia's export-oriented economy has suffered from various difficulties such as outflows of international capital, shrinking international reserves, economic slowdown and passive depreciation of Ringgit against the USD, etc. External uncertainties have posed downside risks to Malaysia's economic prospect. However, the preferable economic basis, stable political conditions, robust financial system as well as well-capitalized banking sector enable Malaysia strongly protected against external risks. The pressure of government debt cannot be overlooked but is still manageable. Its policies are flexible and debt repayment ability is strong. In conclusion, United Ratings believes that Malaysia has a strong solvency both in local and foreign currency, and that its sovereign credit risk is low.

Outlook

Malaysia is a country with fast and relatively high level of economic development among ASEAN members. The domestic political condition is relatively stable. Although terrorism has posed certain threat to the social stability of Malaysia, it is still likely to maintain a safe and secure society in the near future. In the context of global economic slowdown, Malaysia's export-oriented economy is confronted with certain risks derived from external uncertainties. Benefited from robust economic and political stability, the financial system has greater resilience. As such, United Ratings has decided to assign a stable outlook on Malaysia's local and foreign currency credit ratings for the next 1 – 2 years.

缅甸联邦共和国

本次评级结果

长期本币信用等级：$BB_i +$

长期外币信用等级：$BB_i +$

评级展望：稳定

本次评级时间

2017 年 4 月 17 日

分析师：丁翔

评级观点

联合评级于 2017 年 4 月 17 日对缅甸联邦共和国（以下简称缅甸）的主权信用进行了评定，确认其长期本、外币主权信用的等级为 $BB_i +$，评级展望为稳定。

缅甸全国民主联盟在选举中以较大优势获胜并顺利上台标志着缅甸民主化进程稳步前行，但军队在缅甸政治生活中仍然扮演着重要角色。缅甸的民族矛盾问题突出，部分尚未签订和平协议的少数民族武装力量对政局稳定形成威胁，宗教矛盾成为隐忧。缅甸的经济有望继续维持高速成长，但对天然气出口的依赖以及出口市场和外国投资来源的集中度较高导致了缅甸经济的结构性脆弱。金融监管体系逐步建立，银行业的规范化管理有所进展；外国银行的准入推动了缅甸银行业的发展，但国有银行占据主导地位。财政赤字水平将小幅上升，公共债务占 GDP 的比重将出现小幅下降，偿债的压力将略有缓解。经常性账户赤字呈上升趋势，但外国投资增长更快，外汇储备将有所增加。外债总额近年来有所下降，未来2年可能回升。综上所述，联合评级认为缅甸的本、外币主权债务面临一定的信用风险。

评级依据

民主联盟在选举中以较大优势获胜并顺利上台标志着缅甸民主化进程稳步前行，军队在缅甸政治生活中仍然扮演着重要角色

2015年11月，缅甸举行了军人统治结束后的第二次大选，昂山素季领导的最大反对力量全国民主同盟（以下简称民盟）在议会选举中以压倒性优势胜出。2016年2月，新议会选举来自民盟的庭觉为总统，来自军队的敏瑞和来自民盟的亨利班提育为副总统。民盟领导人昂山素季因丈夫和孩子加入了英国国籍，按宪法规定不能出任总统和副总统，但随后被任命为外交部、总统府部、教育部、电力与能源部四部部长，并被授予为她特设的"国务资政"头衔，成为缅甸实际上的最高执政者。

在2010年军人直接统治结束后的第一次大选中，因缅甸国内最大的反对力量民盟被禁止参加，由原军政府控制的巩固和发展委员会改制而成的巩固和发展党赢得大选，被认为是变相的军人统治，所以本届政府也被视为第一个真正的民选政府。即便如此，通过主导制宪，军队仍保证了其在缅甸的政治生活中继续占据着重要地位。根据缅甸宪法规定，军人在议会中自动占有1/4的席位，一位副总统必须由军队推选，内阁的国防、安全、边境管理职务必须由军人担任。同时，宪法第四十条还授予了军队在出现危害人民生命财产安全的紧急状况时采取预防、制止和保护措施的权力。可以说，缅甸现有政体是军队和反对派相互妥协的结果，但它的成功推进拓宽了政府的代表性，强化了政府的合法性，因此，在一定程度上可以视为政治体制迈向更加稳定的开始。

民族矛盾重重，部分尚未签订和平协议的少数民族武装力量对政局稳定形成威胁；宗教矛盾成为隐忧，局部武装冲突的风险依然存在

缅甸共有135个民族，除缅族外的少数民族占到总人口的35%，民族矛盾长期存在，历届政府都未能妥善解决民族问题，政府军与少数民族武装力量间的冲突持续至今。2010年政治转型后，巩发党政府全力推动全国停火协议，但在15支少数民族武装力量中只有8支与政府签订了和平协议。政府军与克钦独立军、北掸邦军、若开军、德昂民族解放军、果敢同盟军等武装力量的冲突还在持续。

民盟新政府上台后宣布将民族和解视为其他一切工作的基础，成立了"民族和解与和平中心"，昂山素季任主席。2016 年 8 月，昂山素季主持召开"二十一世纪彬龙会议"，希望就和解问题与各民族达成共识，并与所有少数民族武装力量签订停火协议。但因军队要求正在交战的若开军、德昂民族解放军、果敢同盟军停火方可参加会议的前提条件遭到拒绝，会议没有实现与所有少数民族武装力量签订停火协议的目标；其他与会各方在会上只是表达了各自的立场，未形成任何共识。会后的 11 月，缅北克钦独立军、德昂民族解放军、若开军、果敢同盟军 4 支民族武装力量组成了"缅北联合阵线"，突袭掸邦政府军控制地区，严重破坏了缅甸国内本就脆弱的民族和解氛围。

民主化进程带来的另一个不稳定因素是宗教矛盾可能升级，特别是占主导地位的佛教和少数派穆斯林之间。2015 年，上任总统签署了四项《种族与宗教保护法案》，宣布实施一夫一妻制、禁止改变宗教信仰和不同宗教之间通婚。少数派的穆斯林普遍认为这些法案是针对他们的歧视，表示强烈反对；而佛教信徒，特别是激进的缅甸种族佛教保护联合会则表示强烈支持，双方的冲突因此加剧。2016 年，在佛教最高组织国家僧团大导师委员会宣布和缅甸种族佛教保护联合会划清界限后，形势略有好转，但依然对缅甸的政治稳定构成隐忧。

地缘政治形势改善，但民主化后与欧美国家关系的改善是否会对原有外交格局形成冲击值得关注

民选政府上台后，与因军人统治而长期对缅甸实施制裁的欧美国家的关系得到了改善，欧美国家不仅取消了制裁，而且增加或开始向缅甸政府提供援助，缅甸的地缘政治形势有所改善。但缅甸部分势力借此阻碍原来议定的与中国合作的多个项目，如果这种情况持续发展，是否会对长期以来良好的中缅关系造成负面影响值得关注。

经济有望继续维持高速成长，对天然气出口的依赖以及出口市场和外国投资来源的集中度较高导致缅甸经济的结构性脆弱

得益于国内投资环境的改善、欧美国家制裁的解除以及本币贬值带来的出口竞争力增强，缅甸经济在过去几年维持着 7% 以上的高速增长。

未来几年，随着金融行业的自由化和外国直接投资的增长，缅甸一些新兴行业，特别是得益于缅甸实际劳动力成本相对于周边国家非常低的劳动密集行业，包括制

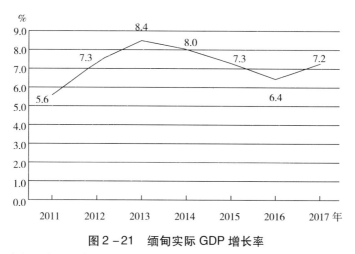

图 2-21 缅甸实际 GDP 增长率

注：2017 年数据为预测值。

资料来源：联合评级主权数据库，EIU 数据库。

造业和旅游业有望保持快速增长。另外，随着周边国家需求的上升，缅甸的天然气出口也将维持较快增长的局面。在这些因素的共同作用下，未来 2 年，我们预期缅甸经济将继续保持较高的增长水平。此外，近年来固定资产投资对缅甸 GDP 增长较大，2012—2016 年固定资产投资维持了 10% 以上的增速，占 GDP 的比重从 2012 年的 29.9% 上升到 2016 年的 35.0%，未来 2 年，将继续保持高速增长，预计到 2018 年将达到 GDP 的 38.5%。

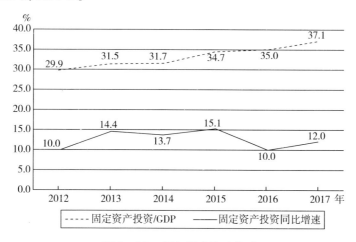

图 2-22 缅甸固定资产投资

注：2017 年数据为预测值。

资料来源：联合评级主权数据库，EIU 数据库。

由于某些结构性缺陷，缅甸经济存在一定的脆弱性。首先，经济对于天然气出口的依赖性较强，占到了出口总额的 30%；其次，对中国的出口占出口总额的 20%

以上，集中度较高；最后，外国直接投资的集中度也很高，大约有50%来自于新加坡。

较高的通货膨胀率和不断贬值的缅甸元，对宏观经济的稳定构成威胁

近年来，缅甸元对于其他主要货币持续贬值，已经从2012年的852缅甸元兑1美元贬至2016年的1,235缅甸元兑1美元，5年之间，本币的贬值幅度达到了45%左右。未来2年，预计本币将维持继续贬值的趋势，但速度会有所减缓。

图2-23　缅甸汇率变化

注：2017年数据为预测值。

资料来源：联合评级主权数据库，EIU数据库。

持续的本币贬值导致缅甸的通货膨胀率较快上升。未来2年，随着本币继续走低、国内需求上升和部分财政赤字货币化，通货膨胀率将继续维持在10%左右的高位。

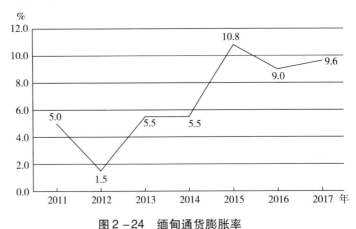

图2-24　缅甸通货膨胀率

注：2017年数据为预测值。

资料来源：联合评级主权数据库，EIU数据库。

较快的经济增长带来了缅甸就业水平的持续改善，2011—2016年，缅甸的失业率已经从5.5%下降到4.8%，未来2年，失业率有望继续维持下降趋势。

图2-25 缅甸失业率

注：2017年数据为预测值。

资料来源：联合评级主权数据库，EIU数据库。

金融监管体系逐步建立，银行业的规范化管理有所进展；外国银行的准入推动了缅甸银行业的发展，但国有银行仍占主导地位

受经济发展水平较低的制约，缅甸的金融行业同样处于较低的发展水平。2013年相关法律以及民盟政府对于央行独立性的规定使缅甸央行开始迈向真正自主管理金融行业的目标；2016年初议会通过的《银行和金融机构法》在建立更好的监管框架的同时，也为银行和其他金融机构提供了更大的经营空间。目前，缅甸的银行已经可以完全按照央行的要求提取法定存款准备金。

从2015年起，缅甸央行先后批准了13家外国银行在缅甸从业。虽然它们暂时还不被允许可从事零售业务，但相对规范的管理还是推动了缅甸银行业的发展，同时，也加剧了缅甸银行业的竞争。此外，缅甸央行于2016年9月还首次发行了2,100亿缅甸元的本币债券，丰富了资本市场的产品，促进了市场功能的更好发展。但至少在2017—2018年，国有银行仍占有主导地位，并且外资银行由于业务的限制，对国内银行的冲击有限。

财政赤字水平将小幅上升，公共债务占GDP的比重将出现小幅下降，偿债的压力将略有缓解

为了解决快速增长的经济与落后的基础设施之间的矛盾，缅甸政府需要安排较大规模的基础设施建设预算，因此，未来2年，财政赤字将保持小幅增长的趋势，预计其占 GDP 比重将从 3.1% 上升至 3.5%。

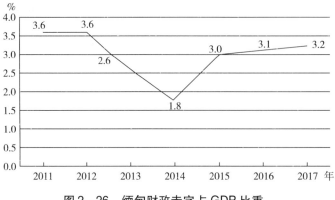

图 2-26　缅甸财政赤字占 GDP 比重

注：2017 年数据为预测值。

资料来源：联合评级主权数据库，EIU 数据库。

虽然财政赤字水平将有所上升，但因为部分财政赤字货币化政策，以及相当数额的外国政府持有债务减免，缅甸公共债务的比例有望出现小幅下降，从 2016 年占 GDP 比重的 32.0% 下降至 2018 年的 30.1%，偿债的压力略有缓解。

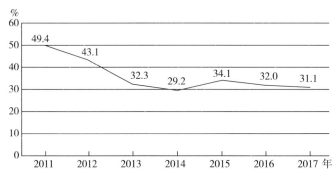

图 2-27　缅甸公共债务占 GDP 比重

注：2017 年数据为预测值。

资料来源：联合评级主权数据库，EIU 数据库。

经常性账户赤字呈上升趋势，但外国投资增长更快，外汇储备将从前期的下降转为小幅上升，但仅能覆盖 3 个多月的进口支出

虽然缅甸的经常性账户赤字在 2016 年略有缩小，从 2015 年占 GDP 比重的 6.3% 降至 5.1%，但因为国内需求上升引起的商品进口增加以及投资增长带来了设备进口上涨，未来 2 年，经常性账户赤字将保持继续上升势头，2017 年和 2018 年赤字占 GDP 比重将分别扩大到 6.9% 和 7.0% 的水平。

近年来，随着缅甸民族和解的进展和投资环境的改善，外国投资呈较快的增长

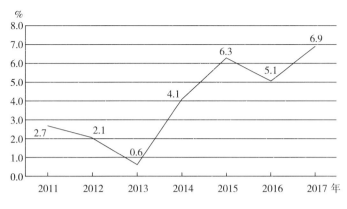

图 2 - 28　缅甸经常性账户赤字占 GDP 比重

注：2017 年数据为预测值。

资料来源：联合评级主权数据库，EIU 数据库。

趋势，未来 2 年，因为对能源和基础建设的外国直接投资规模较大，外资的流入将进一步加快，总体上可以弥补经常性账户的缺口。加上外部融资渠道的拓宽，缅甸的外汇储备也将从前期的下降转为小幅上升，有望从 2016 年的 48 亿美元增长到 2018 年的 64 亿美元，但仅能覆盖 3 个多月的进口支出。

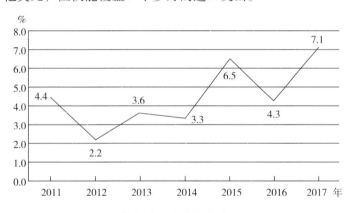

图 2 - 29　缅甸外国直接投资占 GDP 比重

注：2017 年数据为预测值。

资料来源：联合评级主权数据库，EIU 数据库。

外债占比先降后升，未来 2 年将继续保持上升态势，但短期债务较为平稳

自缅甸民主化进程取得实质性进展以来，欧美国家对缅甸的债务采取了比较大规模的减免。2012 年，日本就一次性免除了缅甸历年所欠的 38 亿美元债务。同时，日本还同意为缅甸需向世界银行偿还的 17 亿美元贷款提供过桥贷款。另外，"巴黎俱乐部" 7 国也承诺减免缅甸所欠贷款。因此，缅甸的外债总额在 2012—2014 年间有所降低，从占 GDP 的 12.9% 降至 9.5%，但随着国内需求的上升，特别是基础建设规模的扩大，以及外部融资渠道的扩充，外债从 2015 年起又重回上升轨道，2015 年占 GDP 的 10.2% 和 2016 年的 12.0%。我们预计该指标在 2017 年将达到 13.4%。但短期外债规模较为平稳，占总外债的比重有望保持下降的趋势。

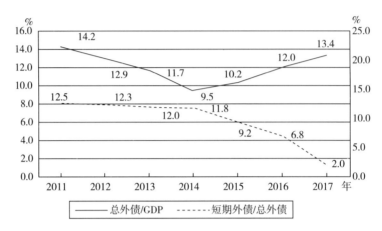

图 2-30　缅甸外债情况

注：2017 年数据为预测值。

资料来源：联合评级主权数据库，EIU 数据库。

展望

综上所述，2015 年民盟政府上台意味着缅甸在长期军人统治后终于迎来了真正的民选政府。虽然军人在国家政治生活中还扮演着重要角色，民主代议制政体已经在缅甸基本确立。但缅甸国内的民族和宗教矛盾还将在相当长的时期内存在，有可能影响缅甸政局的稳定。未来 2 年，缅甸的经济预计将维持较高的增长速度，金融监管体系将进一步完善。财政赤字可能会小幅上升，但公共债务的占比将有所下降，所以偿债的压力将略有缓解。经常性账户的赤字将继续上升，但缺口可以由增长更快的外国直接投资弥补，外汇储备将出现上升。外债规模将从近年来的下降趋势转为上升，但短期外债规模较为平稳，外部融资环境显著改善。

有鉴于此，联合评级对未来 1～2 年缅甸的本、外币主权信用评级的展望为稳定。

表 2-6　缅甸主权信用评级关键数据表

指标	2012 年	2013 年	2014 年	2015 年	2016 年	2017 年[f]	东南亚[d]	"一带一路"[a]
名义 GDP（十亿美元）	61.0	62.1	66.3	62.6	68.0	72.3	275.0	404.1
人均 GDP（美元，PPP）	1,161	1,173	1,241	1,162	1,251	1,319	17,974.3	21,749.0

续表

指标	2012 年	2013 年	2014 年	2015 年	2016 年	2017 年[f]	东南亚[d]	"一带一路"[a]
实际 GDP 增长率（%）	7.3	8.4	8.0	7.3	6.4	7.2	5.8	3.0
通货膨胀率（%）	1.5	5.5	5.5	10.8	9.0	9.6	3.4	5.5
国内信贷增长率（%）	-8.9	33.3	21.7	28.1	29.5	25.0	16.6	15.9
M2 增长率（%）	32.7	31.4	21.0	30.7	17.4	21.5	15.0	11.4
各级政府财政平衡/GDP（%）	-3.6	-2.6	-1.8	-3	-3.1	-3.2	-2.8	-2.9
公共债务/GDP（%）	43.1	32.3	29.2	34.1	32	31.1	51.4	46.0
总外债/GDP（%）	12.9	11.7	9.5	10.2	12.0	13.4	55.0	72.8
短期债务/总外债（%）	12.3	12.0	11.8	9.2	6.8	2.0	24.0	20.9
经常项目余额/GDP（%）	-2.1	-0.6	-4.1	-6.3	-5.1	-6.9	0.7	-0.9
国际储备/总外债（%）	89.0	118.1	32.3	59.6	58.1	57.4	65.7	128.0

注：f 表示预测值；d 表示东南亚 9 国近 5 年均值；a 表示"一带一路"57 国近 5 年均值。

资料来源：联合评级主权数据库，EIU 数据库。

Highlights of the Sovereign Rating
on the Republic of the Union of Myanmar

Sovereign Rating

Long-term Local Currency: BB_i +

Long-term Foreign Currency: BB_i +

Outlook: Stable

Ratings completed on April 17th, 2017

Analyst: Ding Xiang

Rating Rationale

United Ratings assigned "BB_i +" on both local and foreign currency sovereign credit ratings of the Republic of the Union of Myanmar (hereinafter, "Myanmar") on April 17th, 2017 with a stable outlook.

The National League for Democracy's (NLD) overwhelming victory at the election and successful ruling indicate that the process of democratization of Myanmar is making steady progress. The military plays a crucial role in politics as always. Moreover, ethnic contradictions are acute, and some of the ethnic armed forces that have not yet signed a peace agreement pose a threat to political stability. Religious problems remain to be the security concern. Myanmar's economy is expected to grow at a rapid pace, but its over-reliance on natural gas export and intensive concentration on export market and foreign investment sources highlight the structural fragility of Myanmar's economy. A financial regulatory system has been established and improved step by step and some progress has been made in standardizing management of the banking sector. Market access of foreign banks has promoted the development of the banking industry, but state-owned banks still play a dominant role. The budget deficit will slightly increase and the ratio of public debt to GDP will slightly decline, relieving the pressure of debt service to a certain extent. Its current account deficit keeps rising and foreign exchange reserves increase somewhat thanks to the fast-growing foreign investment inflows. The total foreign debt has declined in recent years but it is likely to rebound in two years. To conclude, United Ratings believes that Myanmar's sovereign debts have certain credit risks both in local and foreign currency.

Outlook

In conclusion, the ruling of NLD since 2015 means that Myanmar finally ushered in a truly elected government after the termination of long-standing military governance. The representative democracy has been primarily established even if the military plays an important role in domestic politics. Ethnic and religious tensions will be long-lasting issues in the future which will probably inflict negative effect on Myanmar's political stability. In the next two years, the economy is expected to grow at a rapid pace and financial regulation will be further improved. The government budget deficit is likely to upswing but the public debt ratio has declined on the contrary. The pressure of debt service has been relieved. Its current account deficit will be further enlarged, but the gap will be filled by faster-growing foreign investment. The foreign exchange reserves will increase, so will the foreign debt. The scale of short-term foreign debt is reasonable, and the external financing environment has been improved significantly. As such, United Ratings has decided to assign a stable outlook on Myanmar's local and foreign currency credit ratings for the next $1 - 2$ years.

菲律宾共和国

本次评级结果

长期本币信用等级：A_i

长期外币信用等级：A_i

评级展望：稳定

本次评级时间

2017 年 4 月 4 日

分析师：王倩

评级观点

联合评级于 2017 年 4 月 4 日对菲律宾共和国（以下简称菲律宾）的主权信用进行了评定，确认其长期本、外币主权信用的等级为 A_i，评级展望为稳定。

2016 年 6 月，杜特尔特当选总统，政局企稳，但其强硬的执政风格及施政政策带来的风险还有待观察。得益于强劲的私人消费及政府推动大型 PPP 基础设施建设，经济继续保持较快增速；银行业资本、盈利状况均表现良好，金融体系总体较为稳健。在政府加大基础设施建设、福利支出等背景下，财政赤字有所扩大，但中期内仍将维持在 3% 以下的较低水平。财政收入稳定增加令公共债务水平较低，且中期内呈下降趋势。受益于服务贸易及外劳汇款稳定流入，经常账户持续盈余；外债负担较轻，国际储备对外债覆盖率较高，但由于经常项目顺差收窄以及美联储加息资金外流导致本币币值承压，政府外债偿付能力或受一定的影响。综上所述，联合评级认为菲律宾具有较强的本、外币债务偿付能力，主权信用风险较低。

评级依据

2016 年 6 月杜特尔特当选总统，政局企稳，但其强硬的执政风格及施政政策带来的风险有待观察

菲律宾 1946 年独立后建立了与美国高度类似的三权分立的总统制政治体制并逐渐形成多党制的政党制度。

2016 年 5 月菲律宾总统大选中，来自民主党—人民力量的罗德里戈·杜特尔特以近 40％的得票率获胜当选总统，接替阿基诺三世执政，实现政权的顺利交接。上任以来，杜特尔特铁腕出击打击贩毒和腐败，2016 年以来在国内掀起"反毒品战争"，已有 7000 多名毒品嫌犯被警方或民间"义警"击毙或杀死。尽管禁毒运动在一定程度上遏制了毒品犯罪，但广泛存在的"法外处决"现象，加上杜特尔特任达沃市市长期间被指证组织"敢死队"私刑杀人，引发国内外及国际组织的极大争议。2017 年 3 月，菲律宾下议院反对党（自由党）议员以杜特尔特禁毒手段违法为由，对杜特尔特发起弹劾。此举惹恼了执政党阵营，随即以叛国等罪名对反对党内声望最高，现任副总统莱妮·罗布雷多发起弹劾，菲律宾建国以来首次出现正、副元首同时面临弹劾程序的局面。以目前杜特尔特在众议院盟友绝对优势的情况来看，其被弹劾下台的可能性不高，此举多出于政党互相牵制的政治戏码，但正、副总统上任不到一年就同时面临弹劾，将占用众议院资源，在一定程度上影响政局稳定，削弱投资信心。

此外，菲律宾社会安全形势较差，绝对贫困人口多导致犯罪率较高；南部棉兰老岛活跃的最大反政府武装摩洛伊斯兰解放阵线，与政府冲突 40 余年，是亚洲地区致死人数最多的分离主义组织之一。2014 年，允许"摩伊解"建立自治程度更高的新自治区，停止武装斗争的《邦萨摩洛基本法》在国会未通过。2016 年 11 月，杜特尔特签署行政令建立邦萨摩洛过渡委员会，重启和解谈判，但预计中期内，摩伊解与政府和解较难在短时间内达成，中期内菲律宾仍面临潜在恐怖主义的风险。

近年来中菲就南海争端问题不断升级，新政府上台后有微调的态势但有限

自"9·11"事件后，菲美军事合作加强。2014 年，双方签订 10 年期的《强化防务合作协议》。菲律宾与东南亚邻国也保持了较为紧密的联系，在禁毒、反恐领域开展了广泛合作。但与此同时，中菲由于在黄岩岛、仁爱礁等海域时不时出现对峙和摩擦以及菲律宾单方面提出的国际制裁，使中菲关系跌入低谷。虽然杜特尔特上台后，对中方进行了正式会晤和文流，在对华政策和南海政策上有所调整，但是掣肘于国际国内复杂的政治局面，其调整的空间和力度预计将有限。

得益于私人消费和投资拉动，菲律宾经济继续稳定增长，但势头所有放缓

近年来，受益于人口红利及结构性改革，菲律宾经济内生力不断改善，无论在面对外部冲击还是国内政治动荡的形势下均表现出较强的弹性。2012年以来，菲律宾经济实现了高速增长。2012年和2013年实际GDP增速分别达到6.6%和7.0%。由于2015年上半年农业歉收、工业产出疲软，经济增速在2014年与2015年稍有回落，分别为6.2%与5.9%，但仍然是亚洲经济发展最快的经济体之一。

2016年菲律宾经济增速为6.9%，较上年大幅上升1个百分点。强劲的国内需求是2016年经济保持高速增长的主要因素，私人消费增速高达6.9%。但随着投资水平回落，预计菲律宾经济增速2017年将小幅下降至6.6%，但仍保持亚洲内最高的经济增速之一。中期内，稳定的海外劳工汇款将支撑私人消费保持强劲，预计未来2~3年内私人消费年均增速将达到6.2%。杜特尔特上台后，政府惩治腐败，推动大型PPP项目将会拉动外国投资继续增长。另外，菲律宾服务外包行业（BPO）也将保持稳定增长。综上，未来2~3年内经济年均增速将达到6.2%左右，增速小幅放缓。

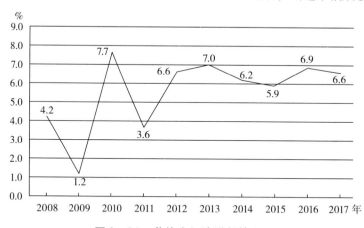

图2-31　菲律宾经济增长情况

注：2017年数据为预测值。

资料来源：联合评级主权数据库，EIU数据库。

2014年菲律宾通货膨胀率一度走高至4.2%，后菲律宾央行及时采取紧缩政策，加上全球能源价格走低，近两年菲律宾通货膨胀率稳定在2%以下的温和水平，2017年由于美联储加息、比索走弱、石油价格上涨等原因，通货膨胀或由2016年的1.8%提高到3.3%的水平。

长期来看,虽然菲律宾经济发展仍面临基础设施等"瓶颈"问题,但其长期经济潜力较好。

银行资本、盈利状况都表现良好,金融体系总体较为稳健

由于菲律宾金融体系以银行业为主导,自全球金融危机以来,菲律宾央行加大了监管力度,银行业系统性风险降低,整体呈现出较快稳健的发展。近年来银行业总资产呈上升趋势。从2015年3月至2016年6月,菲律宾金融机构的平均资本充足率为15.5%,远超菲律宾央行规定的10%和巴塞尔协议8%的标准,资本充足率较高。资产质量方面,不良贷款率继续下降,2016年9月为2.0%。2015年第4季度,银行业风险加权资本占总资产比重为15.5%,较上年的16.4%有所下降,但仍高于巴塞尔协议Ⅲ的标准。同期,银行业资产收益率为10%,盈利性较好。这些金融稳定性指标表示菲律宾的金融体系大体维持了健康。但同时,美联储持续加息带动的资金回流也会使菲律宾国内金融体系承压。

财政赤字在连续3年收窄的背景下,有较大幅度上升,但中期赤字规模低于3%

菲律宾财政收入的90%左右来自于税收。阿罗约时期菲律宾税收改革后,菲政府财政增收显著,2011—2015年初级财政一直保持盈余状态;政府财政赤字规模也较小,2014年和2015年占GDP比重分别为0.6%和0.9%。

图 2-32 菲律宾政府财政情况

注:2017年数据为预测值。

资料来源:联合评级主权数据库,EIU数据库。

杜特尔特上台后,将未来6年的财政赤字目标由此前的2%提高到3%。2016年,菲律宾政府在基础设施、教育及治安方面的支出大幅上升12%,此外2016年

11 月的税改方案还提出了降低企业与个人所得税的改革措施。因此，2016 年财政赤字率上升至 2.4%。

中期内，根据杜特尔特政府政策纲领及民粹主义的倾向，未来基础设施和社会服务支出将有进一步扩大的趋势，以继续维持其民意基础，预计中期内赤字占 GDP 比重或将增加，但仍维持在 3% 的政策目标之下。初级财政赤字规模在 0.3% ~0.4%。

公共债务水平较低且中期内呈下降趋势，短期偿债压力不大

由于近年来财政状况较为稳定，政府公债水平持续下降。菲律宾公共债务占 GDP 比重由 2009 年的 54.9% 降至 2016 年的 42.2%，债务水平低于 60% 的国际警戒线，同期债务利息水平占 GDP 比重平均为 2.8%，债务利息负担较轻，债务结构中短期债务占比少，绝大多数为中长期债务。由于政府财政赤字率较低以及国有企业表现改善，预计中期内公共债务占 GDP 比重有望进一步下降，到 2018 年降至 40.9% 的水平。

图 2 -33　菲律宾公共债务占 GDP 比重

注：2017 年数据为预测值。

资料来源：联合评级主权数据库，EIU 数据库。

受益于服务贸易顺差及外劳汇款稳定流入，经常账户持续盈余，但盈余水平或收窄

得益于庞大稳定的外劳转移汇款，菲律宾经常账户在金融危机之后一直保持了持续顺差状态。2013 年经常项目顺差达 114 亿美元，占 GDP 比重 4.2%，为近年高点。2014 年以来，由于全球经济疲软，菲律宾主要的出口市场，如中国、美国、欧盟等对其出口的以电子产品为主的商品需求下降；另外，由于阿基诺三世及杜特尔特政府加大基础设施建设的导向，国内对资本性货物和中间性货物的进口量增加，导致贸易逆差持续扩大，虽然服务贸易，包括 BPO、旅游业等保持顺差，外劳汇款等转移收入仍维持了经常项目的盈余状态，但顺差在逐渐收窄。2016 年，菲律宾经常账户盈余占 GDP 的比重降至 0.2%，是 2008 年以来的最低水平。

中期内，受益于 BPO 行业及旅游业的收入，服务贸易账户顺差仍将继续增长；同时，菲律宾海外劳工多聚集在中东地区，油价回暖有望拉动外劳汇款流入的增加，贡献二级账户盈余。综上因素，中期内预计菲律宾经常账户盈余占 GDP 比重将保持在年均 0.3% 左右。

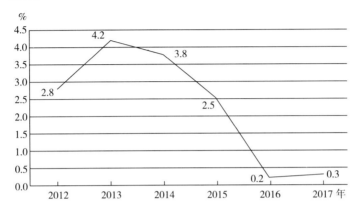

图 2-34 菲律宾经常账户平衡占 GDP 比重

注：2017 年数据为预测值。

资料来源：联合评级主权数据库，EIU 数据库。

外债负担较轻且以中长期债务为主，国际储备对外债覆盖程度高

菲律宾外债负担较轻。2012—2016 年，外债规模由 694 亿美元上升至 779 亿美元，外债占 GDP 比重由 27.8% 下降到 25.6%。总外债中公共外债占比约 50.1%。菲律宾的外债以中长期债务为主，短期外债占比多年来均在 25% 以下，2016 年短期债务占比仅为 17.4%。

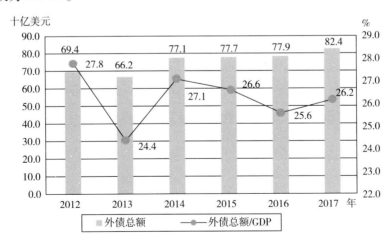

图 2-35 菲律宾外债情况

注：2017 年数据为预测值。

资料来源：联合评级主权数据库，EIU 数据库。

同时，国际储备保持稳定，2016年菲律宾国际储备为807亿美元，对总外债的覆盖率高达103.7%，相当于短期外债的5.6倍；国际储备对外债有较强的保障。但由于经常项目顺差收窄以及美联储加息资金外流导致本币币值承压，政府外债偿付能力或有小幅下行。

展望

综上，2016年杜特尔特当选总统后菲律宾政局企稳，经济继续保持较快增速，金融体系总体稳健。财政赤字有所扩大，但中期内仍将维持在3%以下的较低水平。财政收入稳定增加令公共债务水平较低，且中期内呈下降趋势。经常账户持续盈余；外债负担较轻，国际储备对外债覆盖率较高，菲律宾政府偿债能力较强。因此，联合评级对未来1~2年菲律宾本、外币主权信用评级展望为稳定。

表2-7　菲律宾主权信用评级关键数据表

指标	2012年	2013年	2014年	2015年	2016年	2017年f	东南亚d	"一带一路"a
GDP（十亿美元）	249.8	271.4	284.3	292.0	303.9	314.4	275.0	404.1
人均GDP（美元）	6,143.7	6,577.9	6,996.1	7,375.1	7,862.8	8,450.0	17,974.3	21,749.0
GDP增长率（%，实际）	6.6	7.0	6.2	5.9	6.9	6.6	5.7	3.0
通货膨胀率（%）	3.2	3.0	4.2	1.3	1.8	3.3	3.4	5.5
国内信贷增长率（%）	6.5	11.4	17.8	11.4	16.7	18.8	16.6	15.9
M2增长率（%）	9.4	33.5	10.5	9.1	13.3	4.2	15.0	11.4
各级政府财政平衡/GDP	-2.3	-1.4	-0.6	-0.9	-2.4	-2.4	-2.8	-2.9
各级政府利息支付/GDP	3.0	2.8	2.5	2.3	2.1	2.0	1.7	2.3
公共债务/GDP（%）	27.8	24.4	27.1	26.6	25.6	26.2	51.4	46.0
总外债/GDP（%）	27.8	24.4	27.1	26.6	25.6	26.2	55.0	72.8
经常项目余额/GDP（%）	2.8	4.2	3.8	2.5	0.2	0.3	0.7	-0.9
国际储备/总外债（%）	120.8	125.7	103.2	103.8	103.6	100.4	65.7	128.0

注：f表示预测值；d表示东南亚9国近5年均值；a表示"一带一路"57国近5年均值。
资料来源：联合评级主权数据库，EIU数据库。

Highlights of the Sovereign Rating
on the Republic of the Philippines

Sovereign Credit Rating

Long-term Local Currency: A_i

Long-term Foreign Currency: A_i

Outlook: Stable

Ratings completed on April 4th, 2017

Analyst: Wang Qian

Rating Rationale

United Ratings assigned "A_i" on both local and foreign currency sovereign credit ratings of the Republic of the Philippines (hereinafter, "Philippines") on April 4th, 2017 with a stable outlook.

Since Duterte was elected the President in 2016, the political situation tends to stabilize. However, the risks of his tough governing style and strong policies deserve further evaluation. Driven by strong private consumption and government-supported PPP infrastructure construction, the economy of the Philippines continues to grow rapidly. The banking capital and profitability conditions prove to be satisfactory and the financial system remains robust overall. In the context of the government's increasing infrastructure and welfare spending, budget deficit has widened, yet it still remains below 3% in the medium term. The steady increase of budget revenue has decreased public debt to a lower level and made it further downward in the medium term. Benefited from steady inflows of service trade and remittance from foreign workers, the current account remains in surplus. Its foreign debt burden is moderate, and international reserves have a relatively high coverage of foreign debt. However, as the current account surplus narrows down, and the Fed rate rise leads to capital outflow, the local currency is now under pressure of depreciation, and government's foreign debt service ability might be affected. In conclusion, United Ratings believes that the Philippines has a relatively high capability of repaying local and foreign debt, and its sovereign credit risk is relatively low.

Outlook

To sum up, Duterte's successful election as president helps stabilize the political situation of the Philippines. Its economy maintains a rapid growth and financial system remains robust. The budget deficit has widened yet still remains below 3%. The steady increase of budget revenue has decreased public debt to a lower level and made it further downward. Its current account remains in surplus. The foreign debt burden is moderate and international reserves have a relatively high coverage of foreign debt. The government of the Philippines has a relatively strong solvency. Therefore, United Ratings has decided to assign a stable outlook on the Philippines' local and foreign currency sovereign credit ratings for the next 1 – 2 years.

新加坡共和国

本次评级结果

长期本币信用等级：AAA_i

长期外币信用等级：AAA_i

评级展望：稳定

上次评级结果

长期本币信用等级：AAA_i

长期外币信用等级：AAA_i

评级展望：稳定

本次评级时间

2017 年 4 月 9 日

分析师：王倩

评级观点

联合评级决定维持新加坡共和国（以下简称新加坡）长期本、外币主权信用等级 AAA_i，评级展望稳定。

2015 年大选人民行动党高票蝉联执政，执政地位稳固，通过回应民众诉求政策有效性改善。短期内经济保持高水平温和增长，中期依然保持强劲实力；扩张性财政政策之下出现赤字，但政府无外债，强大的金融资产将保证国内债务偿还。作为国际金融中心之一，新加坡金融体系成熟稳健，开放度高，监管环境完善，抵御风险的能力较强，近期银行业资产质量和盈利水平承压，但不会对银行系统安全造成威胁。此外，新加坡经常项目大规模盈余，外汇储备充足，庞大的主权财富基金对偿付能力形成强大支撑。综上，联合评级认为新加坡对本、外币债务具有极强的偿付能力，主权信用风险极低。

级别维持理由

人民行动党执政地位稳固，近期政策有效性改善，围绕接班人的党内角力不会影响政府有效性及运作

在人民行动党的领导下，新加坡政局仍将维持高度的稳定性。2015年大选人民行动党高票蝉联执政，有力扭转了两届大选得票率不断下滑的趋势。这一结果折射出新加坡民众对执政党在经济、民生方面取得的治理成就的认可，说明执政党此前通过一系列政策回应民众在就业、工资、住房、医疗、移民等方面的诉求，成效明显。同时，反对党与人民行动党实力仍较为悬殊，中期内难以对新加坡固有的政治格局形成挑战。

新加坡下届大选将于2020年举行，现任新加坡总理李显龙由于近年来健康状况不佳，曾表示在2020年大选后交棒，因此，接班人人选将是人民行动党中期内面临的主要问题，但联合评级认为，由于新加坡政治成熟度高，围绕接班人产生的党内角力将不会对政府的有效性及运作产生影响。

得益于宗教多元化与族群包容和谐政策，社会安全环境继续维持稳定

作为伊斯兰人口占15%的多民族国家，新加坡从未发生过伊斯兰恐怖袭击，这主要得益于多年来政府推行的多元化和族群融合政策。在特朗普政府颁布"伊斯兰禁令"的背景下，大多信奉伊斯兰教的马来裔新加坡人受到一定的影响，但政府表态会继续维护国家统一及宗教和谐共处，保护少数族裔利益的立场。预计新加坡的安全形势将继续维持稳定。

短期内经济增速有所放缓，但中长期经济增长潜力依然大

根据新加坡贸工部数据，2016年前3季度，新加坡经济持续疲弱，3季度经济甚至出现了同比下跌1.9%；自2016年4季度开始，受益于电子和生物医学领域带动的制造业复苏与国际能源价格回暖，新加坡经济止跌回升，带动2016全年经济增速至2.0%。消费价格指数（CPI）2016年全年下跌0.5%，已连续2年处于通货紧缩状态。

进入 2017 年，受益于全球贸易回升以及国际能源价格的持续上涨，新加坡经济延续了上年 4 季度以来的回升态势。但中期内也面临外部挑战。一方面，特朗普上台以来贸易保护倾向加剧，将给全球贸易前景蒙上阴影，对以出口导向的新加坡经济不利。另一方面，新加坡主要出口市场中国经济持续放缓，将伤及新加坡国内制造商和油气钻机生产商。作为回应，新加坡政府预计将加大投资力度，以抵消外部需求疲软对经济的冲击。随着政府收紧移民政策，外国劳工数量缩减，工资水平将有所提高，经济也将得到私人消费的更多支撑。综上，预计新加坡 2017 年经济仍将保持 1% ~3% 温和增长的水平。在国际油价缓慢回升的背景下，CPI 将延续 2016 年底的上升态势，通缩压力逐渐减小。目前新加坡政府正采取切实政策，协助员工重返劳动力市场，但在经济低速徘徊的背景下，预计中期内新加坡失业率将小幅下降，维持在 2.0% 左右。

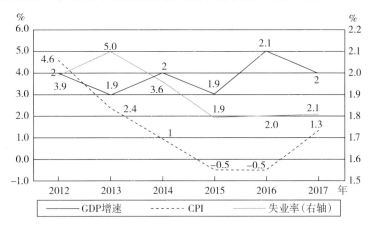

图 2 - 36　新加坡宏观经济情况

注：2017 年数据为预测值。

资料来源：联合评级主权数据库，EIU 数据库。

2017 年 2 月，新加坡未来经济委员会提出了该国未来 10 年的经济发展策略，希望通过经济多元化，推动高端制造业、应用医疗服务、物流、航空及金融服务的发展，保证经济增速每年保持在 2% ~3% 。

作为国际金融中心之一，金融体系成熟稳健，开放度高，监管环境完善，抵御风险的能力较强

新加坡金融管理局（央行）高度重视国内金融体系的稳定和安全，对新加坡境内注册的银行的最低资本充足率、最低核心资本率和一级资本充足率要求均高于巴塞尔协议Ⅲ规定的标准。2017 年 4 月的最新数据显示，2016 年 9 月新加坡银行资本充足率为 16.9% ，较前一季度提升 0.3 个百分点；2016 年底新加坡不良贷款率为

1.1%，较上年提高 0.2 个百分点。近来由于石油和天然气领域疲软，新加坡银行业的资产质量和盈利均将继续承压，但由于受到新加坡政府的强力支撑，整体风险属于可控范围，不会对银行系统安全造成威胁。油价的复苏如果可持续，就能带动产油活动重新启动和油田服务的利用率提高，减缓不良贷款形成的速度。

非银行金融部门方面，新加坡证券市场开放度和国际化程度高，市场相对成熟。虽然新加坡交易所规模较小，但外国企业比重大，股票具有良好的流动性，拥有大量的机构投资者，以及二级市场供增发融资较为成熟活跃。此外，充足的国际储备、灵活的货币政策和完善的监管环境也使新加坡金融体系面临的风险较低，抵御风险的能力较强。

扩张性财政政策下短期内出现赤字，但稳健的财政体制和财政盈余增长机制保证政府有极强的偿债能力

短期内新加坡政府财政支出将继续扩大。根据新加坡政府 2017—2018 年预算案，政府将继续推行扩张性的财政政策，包括推动积极的工业战略、加大对住房和儿童福利机构的建设支出、推进个人所得税退税政策等。综上，2017—2018 财年新加坡政府支出预计将较上财年增长 5.2%，总收入上升仅 1.1%，预计财年末赤字占 GDP 比重约 1.0%。2018—2019 财年，为抵消外部需求不振的冲击，新加坡政府投资支出预计将持续走高，财政收支仍将处于赤字状态。中长期内，随着经济环境的好转，政府降低财政刺激力度，加上公司税优惠政策结束等将增加政府相关税收入，将推动财政重回盈余状态。

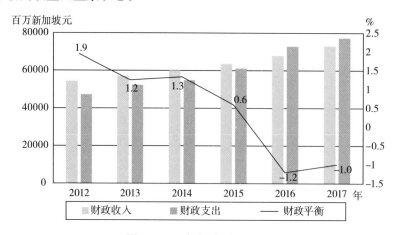

图 2-37　新加坡财政状况

注：2017 年数据为预测值。

资料来源：联合评级主权数据库，EIU 数据库。

2016年，新加坡政府债务余额为4,631.7亿新加坡元，占GDP比重约为112.9%。虽然政府债务规模较大，但从债务结构来看，政府无外债，全部为对内债务，且95%的政府债务集中在股票和债券融资，而新加坡法律规定，政府发行债券融资获得的资金仅能用于投资，不能用于财政支出，且投资回报应足以覆盖政府债务的利息支出，因此风险偿债小。从期限来看，一年期及以下内债占政府债务总额仅为8%左右，短期内偿付压力很小。

此外，2016年新加坡主权财富基金规模与国内生产总值之比保持在180%以上，为政府债务偿还提供了充足的保障。

稳定的大规模经常项目盈余将继续保障其外债偿付能力

新加坡对外贸易多年持续巨额顺差，创汇能力强。短期内，全球宏观经济低迷对新加坡主导出口产业的负面影响难以消除，尤其是新加坡两大主要贸易伙伴中国、美国需求持续放缓，对新加坡电子产品等制造业制成品出口持续造成冲击。未来3年，预计新加坡出口还将出现年均1.4%左右的下滑。但同时，2016年新加坡进口规模也将同步萎缩；综合看来，新加坡仍将保持大规模的国际贸易顺差，其经常账户余额占GDP比重2016年保持在19.0%，高居世界前列。外汇储备充足，2016年外汇储备高达2,466.0亿美元，能覆盖6.8个月左右的进口用汇需求。

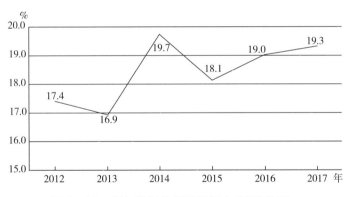

图2-38 新加坡经常项目平衡占GDP比重

注：2017年数据为预测值。

资料来源：联合评级主权数据库，EIU数据库。

新加坡外部债务规模较大，截至2016年末外债余额为4,674.0亿美元，占GDP的比重达到157.4%，大部分为短期外债。但同时应看到，新加坡作为国际金融中心之一，其外债绝对数额及外部融资需求大是正常的。新加坡外债中绝大多数为公司间债务，属于子、母公司间抵销性债务，实际债务负担不重；加上新加坡国际投资头寸净资产高达国内生产总值的 2 倍多，也将保证其强大的外币偿债能力。

政府无外债，主权外债偿付能力极强

新加坡政府自 1995 年以来就没有外债，中央银行的外债也一直处于很低水平。新加坡外部债务很大，同时其对外资产规模也很大，近 5 年其对外净资产规模一直高于外债总额。此外，很强的创汇能力、稳定增长的外汇储备均对新加坡主权外债形成了非常好的保障。

展望

短期内，人民行动党的执政地位稳固，新加坡民众长期以来对执政党取得的治理成就高度认可。中期内经济温和稳定增长，中长期经济依然保持强劲实力。政府无外债，充足的净金融资产及外汇储备将保障了其强大的偿付能力。因此，联合评级对未来 1~2 年新加坡本、外币主权信用评级展望维持稳定。

表 2 - 8　新加坡主权信用评级关键数据表

指标	2012 年	2013 年	2014 年	2015 年	2016 年	2017 年[f]	东南亚[d]	"一带一路"[a]
GDP（十亿美元）	289.2	302.5	308.2	296.8	297.0	303.1	275.0	404.1
人均 GDP（美元）	77,299.0	81,521.9	83,980.9	86,741.4	88,481.6	91,120.0	17,974.3	21,749.0
GDP 增长率（%，实际）	3.9	5.0	3.6	1.9	2.0	2.1	5.7	3.0
通货膨胀率（%）	4.6	2.4	1.0	-0.5	-0.5	1.3	3.4	5.5
信贷总量/GDP（%）	144.4	155.1	161.3	158.8	174.0	178.0	—	——
国内信贷增长率（%）	12.4	22.1	17.3	-1.1	13.8	15.0	16.6	15.9
M2 增长率（%）	7.2	4.3	3.3	1.5	8.0	9.0	15.0	11.4
各级政府财政平衡/GDP（%）	1.9	1.2	1.3	0.6	-1.2	-1.0	-2.8	-2.9
公共债务/GDP（%）	106.5	103.1	99.2	103.2	112.9	116.5	51.4	46.0
总外债/GDP（%）	150.2	152.8	155.7	156.8	157.4	152.7	55.0	72.8
经常项目余额/GDP（%）	17.4	16.9	19.7	18.1	19.0	19.3	0.7	-0.9
国际储备/总外债（%）	59.7	59.1	53.5	53.2	52.8	54.3	65.7	128.0

注：f 表示预测值；d 表示东南亚 9 国近 5 年均值；a 表示"一带一路"57 国近 5 年均值。
资料来源：联合评级主权数据库，EIU 数据库。

Highlights of the Sovereign Rating
on the Republic of Singapore

Updated Rating

Long-term Local Currency: AAA_i

Long-term Foreign Currency: AAA_i

Outlook: Stable

Previous Rating

Long-term Local Currency: AAA_i

Long-term Foreign Currency: AAA_i

Outlook: Stable

Ratings updated on April 9th, 2017

Analyst: Wang Qian

Rating Rationale

United Ratings has decided to maintain the long-term local and foreign currency sovereign credit ratings of the Republic of Singapore (hereinafter, "Singapore") of AAA_i, with a stable outlook.

The People's Action Party won a strong mandate in the 2015 parliamentary election and continues to enjoy a high level of political stability. Policy effectiveness has been improved through positive response to public appeals. In the short term, the economy maintains a high level of moderate growth, and is expected to remain strong in the medium term. Budget deficit emerges under expansionary fiscal policy, but the government has no foreign debt. Ample financial assets guarantee the repayment of domestic debt. As one of international financial centers, Singapore is renowned for its mature and open financial system, integrate regulatory environment and strong anti-risk capability. Recently, the banking sector is faced with pressures of the quality of credit assets and lowered profitability, but the overall risk level is insufficient to pose a threat to the safety of the banking system. In addition, the current account surplus, sufficient foreign exchange reserves and massive sovereign wealth fund provide strong guarantee to Singapore's ability to repay debt. To sum up, United Ratings believes that Singapore has a very strong ability of servicing local and foreign currency debts, and its sovereign credit risk is very low.

Outlook

In the short term, the reigning position of the People's Action Party remains stable. The governance achievements of the PAP have been highly recognized by the Singaporean citizens. The economic growth slowed down in the short term yet remains strong in the medium term. The government has no foreign debt, and sufficient financial assets and foreign exchange reserves will guarantee its very strong solvency. In conclusion, United Ratings has decided to maintain a stable outlook on the local and foreign currency sovereign credit ratings for the next 1 − 2 years.

泰王国

本次评级结果

长期本币信用等级：$A_i +$

长期外币信用等级：$A_i +$

评级展望：稳定

本次评级时间

2017 年 4 月 13 日

分析师：胡前方

评级观点

联合评级于 2017 年 4 月 13 日对泰王国（以下简称泰国）的主权信用进行了评定，确认其长期本、外币主权信用的等级为 $A_i +$，评级展望为稳定。

泰国政权当前由军政府把持，一定程度上压制了党派矛盾，特别是红衫军、黄衫军两派之间的积怨，政局相对稳定，新国王的顺利继位使社会安全稳定得到保障；经济增长缓慢复苏，就业稳定，通货膨胀处于低位；银行业保持了较好的流动性，稳健性较高；政府虽然面临财政赤字，但赤字水平不高，且以本币为主的公共债务压力较小；外债规模较低，结构合理，高企的外汇储备和持续的经常账户盈余，对外债具备完全的覆盖能力，对外部风险的抵抗能力较强。虽然未来大选会对政局和经济带来不确定因素，但以经济增长为首要目标的发展方针短期内不会动摇。综上所述，联合评级认为泰国具有较强的本、外币债务偿还能力，主权信用风险较低。

评级依据

新国王顺利继位，社会稳定得到保障；军政府管制下，当前国内政治局势较为稳定

泰国是君主立宪制，实行两院制议会。国王是国家元首和军队最高统帅，是国家主权和统一的象征。政府总理由国会选举经国王任命产生，任期 4 年，参议院任期 6 年，下议院任期 4 年。国王普密蓬·阿杜德于 1946 年继位，于 2016 年 10 月 13 日去世，在位 70 年，深受民众爱戴。随后其子玛哈·哇集拉隆功继任王位。"二战"后的泰国政权长期由军人集团把持，更迭频繁。进入 21 世纪以后，军队力量逐步淡出政坛，但随后的历任总理都面临着腐败、贿选、违宪、军事政变等问题，民主示威活动频繁，军事势力强大，政权分裂时有发生。2014 年总理英拉因滥用职权被解除总理职务，泰国军方陆军司令巴育将军宣布军事政变，中止 2007 年宪法，并由军政府接管国家权力。2015 年 3 月 31 日，经泰王准予军方掌控政府，巴育政府正式获得国王背书。2016 年 8 月巴育政府举行全民公投，泰国新宪法草案及附加问题均获得通过。

新国王的顺利继位为当前泰国国内政局和社会稳定提供了一定的保障；当前军政府执政在一定程度上压制了原来的党派矛盾，特别是红衫军、黄衫军两派之间的积怨，国内政治局势较为稳定。预计大选最快将于 2018 年进行，此次大选对泰国局势影响的不确定性较高。在军政府压制下的党派矛盾有可能再次爆发，军政府借新宪法趁机扩大权力带来的问题也会对未来泰国政局走势产生不确定影响。但这些因素在短期内不会对目前国内的稳定局势造成冲击。此外，泰国南部北大年、陶公、也拉三府的反政府武装组织在当地长期进行一些恐怖袭击活动。国内局部地区安全和稳定存在动荡因素。

经济增长受内外部因素影响表现出较大的波动性；受大选后政局形势和经济政策不确定影响，经济缓慢复苏节奏可能被打断

集中依靠旅游业繁荣带动经济增长，对外部需求依赖度高是泰国经济的主要特征。受全球金融危机的影响，泰国国内经济增速自危机后表现出了较大的波动性，除了 2011 年受洪水灾害影响，主要源于外部需求和国内政局形势的变化。旅游业繁荣带动的个人消费增长是经济增长的持续动力。危机后除了 2009 年出现了 0.7% 的负增长，基本保持了正增长，并在 2010 年和 2012 年分别出现了 7.5% 和 7.2% 的增长高峰。2014 年受政治动荡和全球经济复苏乏力的影响，经济增速回落至 0.9%。2015 年军政府获得国王背书，政局趋向稳定，并确立经济增长为政府的首要责任，依靠旅游业的持续繁荣当年经济增长恢复至 3.0%；2016 年，军政府加大基础设施建设投入，并通过减免进口税等减税措施来提高私人部门投资，经济增速提升至 3.2%。伴随着军政府对铁路交通设施投资力度的加大，以及对农民和中小企业的扶持政策的实施，预计 2017 年经济增速有望进一步提高至 3.5%。

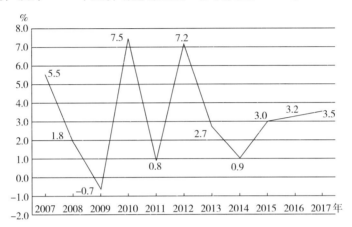

图 2－39　泰国实际 GDP 增速

注：2017 年数据为预测值。

资料来源：联合评级主权数据库，EIU 数据库。

从短期来看，经济增长正在缓慢复苏。但未来大选的启动可能引起政局动荡对经济增长构成不稳定因素，同时，维系经济增长的现任军政府加大公共支出的经济政策是否能够保持连续性也存在较大的不确定性，短期经济缓慢复苏的节奏可能被打断；较低的通货膨胀和稳定的就业局面，有利于经济的持续发展。从中长期来看，集中依赖出口和旅游业繁荣的经济增长模式面临持续的潜在风险。

货币政策将维持宽松，银行业整体流动性较好，需警惕不良贷款风险

2008 年全球金融危机后，国内信贷增速经历了一个快速上升过程，并在 2011 年达到 16% 的历史最高增速。然而受到自然灾害、国内政局动荡、国际油价下跌等因素影响，国内信贷增速在随后的 5 年内保持了下降趋势，2016 年国内信贷增速为 3.6%。当前国内通货膨胀水平缓慢上升，经济增速缓慢复苏，低利率环境将支撑国内信贷复苏。预计 2017 年央行将维持当前宽松的货币政策，信贷增速有望提高至 7.0%。

泰国商业银行长期保持正数的对外净资产使银行业长期保持了较好的流动性和较高的资本能力。2016 年泰国商业银行外汇现金净头寸为 64.1 亿美元，银行业存

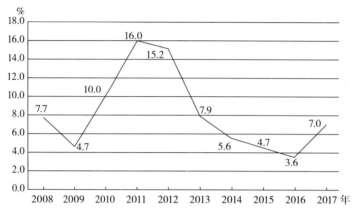

图 2-40　泰国国内信贷增速

注：2017 年数据为预测值。

资料来源：联合评级主权数据库，EIU 数据库。

款总额为3,446 亿美元，同期贷款总额为3,189 亿美元，存贷比高达108%，国内贷款需求完全被存款覆盖，对外部融资市场的动荡具备一定的抵抗能力；同时 2016 年银行业资本与资产比率为 10.16%，不良贷款率为 2.88%，均高于巴塞尔Ⅲ银行资本监管要求。根据 2016 年政府基础建设投资融资方针，基建融资首选国内资金，这将为银行业的不良贷款带来压力。根据泰央行的最新数据，2017 年 3 月底，银行业不良贷款率上升至 2.94%，需要警惕不良贷款上升的风险。

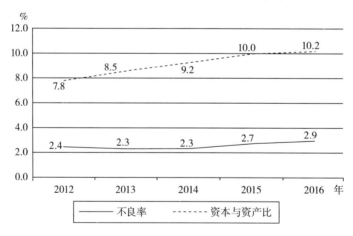

图 2-41　泰国银行业资产质量

资料来源：联合评级主权数据库。

财政政策灵活，政府长期面临财政赤字局面

泰政府财政平衡表现出了较大波动，财政支出增速大于收入增速，长期面临财政赤字局面。受 2008 年金融危机的影响，2009 年出口市场大幅收缩，财政收入受

挫，当年财政赤字率为4.2%，比2008年扩大了3.2%，也是近10年来的最大赤字率；2012年因灾后重建财政支出占GDP比扩大至21.7%，比上年上升了3.2%，是近10年来财政支出最高水平，当年赤字率达到3.7%；2015年政局趋向稳定，政府收入比上年增加了0.9%，使财政平衡实现0.4%的历史最小赤字。财政粘性较大，赤字扩大的次年均能实现赤字缓解；政府财政政策较为宽松灵活。2016年随着军政府加大基础设施建设投资，政府财政支出约占GDP的20.8%，比2015年提高了2个百分点；另外，军政府加大对农民和中小企业的扶持力度，推出减免税政策，使财政收入比上年减少了0.3%，财政收入水平仅有18.1%，全年赤字率上升至2.7%，比2015年提高了2.3%，财政赤字加剧。随着国际油价上升，出口市场回暖，同时政府对基建的投入，都将带动企业和私人投资提升，预计2017年政府财政支出将小幅下降至20.4%，全年财政赤字率将小幅下降至2.3%。

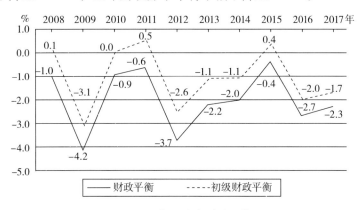

图2－42 泰国政府财政平衡

注：2017年数据为预测值。

资料来源：联合评级主权数据库，EIU数据库。

公共债务水平波动不大，本币债务占主导地位，政府债务压力保持稳定

泰政府公共债务压力长期保持在占GDP41%左右的水平，政府公共债务压力稳定。受金融危机影响，2009年政府公共债务占GDP比从2008年的35.7%攀升至41.1%。此后，公共债务占GDP比值虽然有小幅波动，但基本保持在41%左右的水平。截至2016年12月底，公共债务总额为5.92万亿泰铢，占GDP比例为41.2%。其中，政府直接债务总额为4.5万亿泰铢，非金总融国企债务总额为0.98万亿泰铢，特殊金融机构担保债务0.47万亿泰铢，剩余为其他政府部门债务。另外，公共债务中本币债务占比高达93.96%，本币债务占据主导地位。政府公共债务压力保持稳定。

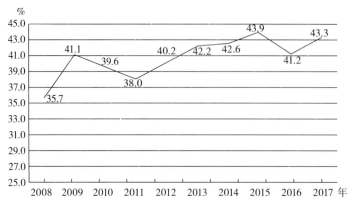

图 2－43　泰国政府公共债务占 GDP 比重

注：2017 年数据为预测值。

资料来源：联合评级主权数据库，EIU 数据库。

进口需求有望摆脱疲软，经常账户盈余扩大

泰国推行贸易自由化，商品贸易发达，对外依存度较高。金融危机以后，泰国经常账户平衡基本保持盈余状态，仅在 2012 年和 2013 年出现了 0.4% 和 1.2% 的赤字。2016 年经常账户盈余占 GDP 比重高达 11.4%。从结构来看，当前的经常账户盈余反映的是进口需求的持续疲软和出口的缓慢复苏。得益于旅游业的强劲发展，服务贸易连续 5 年保持盈余，且盈余状态持续扩大，2016 年服务贸易盈余约占 GDP 的 5.8%，比上年扩大了 1 个百分点。同时，商品贸易平衡在金融危机后经历了盈余逐步减少至平衡后再次扩大的过程，2016 年商品贸易实现 GDP 的 9.1% 的盈余，比上一年增加了 2.4 个百分点；服务贸易和商品贸易的双盈余支撑了经常账户的长期盈余状态。预计 2017 年经常账户持续盈余并小幅上升至 GDP 的 11.7%。

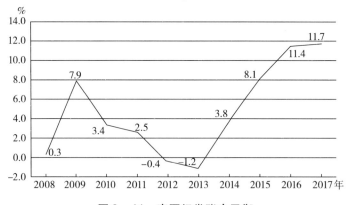

图 2－44　泰国经常账户平衡

注：2017 年数据为预测值。

资料来源：联合评级主权数据库，EIU 数据库。

军政府有意加大吸引外资力度，外债规模较低，短期内偿债压力不大

2016 年泰国外债总额约为 1,314 亿美元，比 2015 年减少了约 1 个百分点，其中长期债务大约为 786 亿美元，约占总外债的 59.8%。总体规模不大，外债占 GDP 比重只占 32.1%。泰国外汇储备量持续增长，2016 年外汇储备量达到 1662 亿美元左右，约比 2015 年增加了 10%，对总外债的覆盖率达到 131.7%。此外，军政府为刺激国内需求，有意加大吸引外资力度，一方面降低外资引入监管政策门槛，另一方面加强地区合作，积极推动东盟一体化建设，吸引东盟邻国投资。值得注意的是，泰国对来自中国的投资流入依赖增强，中国经济增速放缓以及人民币进入下行通道，很有可能会挫伤泰国的外资流入。近年来，相对于迅速崛起的其他东盟国家，泰国对外商的吸引力已经远不如从前。全球资本市场的不确定性以及投资环境的动荡，为泰国的资本投资带来了不确定因素。尽管如此，泰国外债占比较低，经常账户盈余和较为充足的外汇储备对其外部债务具备完全的覆盖能力，外债压力不大。

展望

当前泰国由军政府执政，政局相对稳定，新国王的顺利继位使得社会安全稳定得到保障；经济增长缓慢复苏，就业稳定，通货膨胀处于低位；货币政策将继续维持宽松以达到促增长的目标，银行业保持了较好的流动性，稳健性较高；政府虽然面临财政赤字，但赤字水平不高，且以本币为主的公共债务压力较小；经常账户盈余状态将持续，高企的外汇储备对外债具备完全的覆盖能力，对外部风险的抵抗能力较强。虽然未来大选会对政局和经济带来不确定因素，但整体经济发展势头良好。有鉴于此，联合评级对未来 1~2 年泰国本、外币主权信用评级展望为稳定。

表 2-9 泰国主权信用评级关键数据表

指标	2012 年	2013 年	2014 年	2015 年	2016 年	2017 年[f]	东南亚[d]	"一带一路"[a]
名义 GDP（十亿美元）	397.5	420.4	406.6	399.4	407.0	429.3	275.0	404.1
人均 GDP（美元）	14,858.5	15,457.5	15,865.8	16,509.6	17,220.8	18,200.0	17,974.3	21,749.0
GDP 增速（%，实际）	7.2	2.7	0.9	3.0	3.2	3.5	5.8	3.0
通货膨胀率（%）	3.0	2.2	1.9	-0.9	0.2	1.3	3.4	5.5
国内信贷增长率（%）	15.2	7.9	5.6	4.7	3.6	7.0	16.6	15.9

指标	2012 年	2013 年	2014 年	2015 年	2016 年	2017 年[f]	东南亚[d]	"一带一路"[a]
M2 增长率（%）	10.4	7.3	4.7	4.4	4.2	7.2	15.0	11.4
各级政府财政平衡/ GDP（%）	−3.7	−2.2	−2.0	−0.4	−2.7	−2.3	−2.8	−2.9
各级政府利息支出/ GDP（%）	1.1	1.1	1.0	0.8	0.6	0.6	1.7	2.3
各级政府初级财政平衡/ GDP（%）	−2.6	−1.1	−1.1	0.4	−2.0	−1.7	−1.1	0.2
公共债务/GDP（%）	40.2	42.2	42.6	43.9	41.2	43.3	51.4	46.0
总外债/GDP（%）	33.8	32.7	33.3	32.5	32.1	31.7	55.0	72.8
短期外债/总外债（%）	43.3	45.1	41.5	39.5	39.4	41.8	24.0	20.9
经常项目盈余/GDP（%）	−0.4	−1.2	3.8	8.1	11.4	11.7	0.7	−0.9
国际储备/总外债（%）	135.3	121.8	116.1	120.7	131.7	135.8	65.7	128.0

注：f 表示预测值；d 表示东南亚 9 国历史 5 年均值；a 表示"一带一路"57 国 5 年近均值。

资料来源：联合评级主权数据库，EIU 数据库。

Highlights of the Sovereign Rating
on the Kingdom of Thailand

Sovereign Rating

Long-term Local Currency：A_i +

Long-term Foreign Currency：A_i +

Outlook：Stable

Ratings completed on April 13th, 2017

Analyst：Hu Qianfang

Rating Rationale

United Ratings assigned "A_i +" on both local and foreign currency sovereign credit ratings of the Kingdom of Thailand (hereinafter, "Thailand") on April 13th, 2017 with a stable outlook.

The political power of Thailand is now controlled by the military government which, to some extent, soothes the partisan conflict, especially the rancor between the red shirts and yellow shirts. The relatively stable political situation and smooth succession of the new King ensured a relatively stable social security situation. The economic growth is under slow recovery with a stable employment situation and low inflation. The banking sector is of good liquidity and remains robust. Although the government is facing budget deficit, the deficit level is relatively low, and the public debt burden is within limit with local currency debt accounting for a great majority of the total. The scale of foreign debt is low with a reasonable structure. Abundant foreign exchange reserves and sustained current account surplus provide full coverage of foreign debt as well as strong protection against external risks. The forthcoming election might bring about uncertainties over political situation and economic activities, but the Thai government's development approach targeting at economic growth will not be shaken in short term. In conclusion, United Ratings believes that Thailand has strong solvency both in local and foreign currency, and its sovereign risk is fairly low.

Outlook

The military government's ruling helps stabilize the political situation in Thailand. The smooth succession of the new King guarantees the social stability. The economic growth slowly recovers, and the employment situation is stable and inflation stays at a comparatively low level. Monetary policies will remain loose to promote economic growth, and the banking sector maintains good liquidity and remains robust. Although the budget deficit is an issue that the government is confronted with, it remains low. The public debt burden is not heavy with local currency debt accounting for the dominating part. The current account surplus is expected to continue, and abundant foreign exchange reserves have a full coverage of foreign debt, which strengthens the government's anti-risk capability. The economy of Thailand maintains a positive growth momentum. As such, United Ratings has decided to assign a stable outlook on Thailand's local and foreign currency sovereign credit ratings for the next 1 – 2 years.

越南社会主义共和国

本次评级结果

长期本币信用等级：A_i −

长期外币信用等级：A_i −

评级展望：稳定

本次评级时间

2017 年 4 月 2 日

分析师：胡前方

评级观点

联合评级于 2017 年 4 月 2 日对越南社会主义共和国（以下简称越南）的本、外币主权信用级别进行了初次评定，决定给予越南长期本、外币信用 A_i − 的级别，评级展望为稳定。

越南社会主义共和国，是由越南共产党一党执政的社会主义国家。2016 年 7 月越共"十四大"召开，新一届越共政府领导层产生，政治权力实现顺利交接。越南政治权力集中，社会环境稳定；内需拉动经济较快增长，财政政策灵活性较强，坚持深化经济改革政策，国内经济增长潜力较大。政府虽然面临公共债务压力，但国内外商直接投资流入强劲，并且有计划地引导外资投向；营商环境仍保持良好，外汇储备基本稳定，短期内，外债压力较小。综上所述，联合评级认为越南具有较强的本、外币债务偿还能力，主权信用风险较低。

评级依据

一党执政，政治权力集中，国内政局保持稳定；社会矛盾存在，但基本稳定局面不受威胁

越南实行越南共产党（以下简称越共）一党执政，党政意见高度统一，政治权力高度集中。国会是最高国家权力机关，每届任期5年。历届国会越共党员占比均超过90%。2016年越南举行全国大选，阮富仲成为越共中央总书记，陈大光当选国家主席，阮春福当选国家总理，阮氏金银当选国会主席，国内党政权力实现顺利交接。下一次选举将于2021年举行。

越共一党执政下，坚持革新开放政策，大力发展经济，政治体制为政治经济发展奠定了稳步提升的基础，为探索发展路径和政策实施提供了更宽松的政治环境和更高效的执行手段。但党内派别利益冲突和腐败问题对政局稳定构成威胁，特别是腐败有可能涉及高层领导人。另外，政府对台塑污染事件的处理方式引起民众不满，受污染省份爆发大规模示威，为社会安全带来不稳定因素。国内对民众言论管制较强硬，特别是对网络言论，禁止网民讨论时事新闻，加重了民众的不满情绪。越南国内社会矛盾存在，但在越南当前一党执政的体制下，基本稳定局面不受威胁。

积极开放的外交策略使越南国际地位稳步提升；新形势下面临更加复杂的国际环境，不确定性有所上升

自越南革新开放以来，越南积极主动与世界各国建立联系，重视与大国的外交关系，积极寻求与周边邻国的共同发展。在外交事务上取得了一系列重大成果。截至2016年底，越南已经与全球172个国家建立了外交关系，同220多个国家和地区展开经贸合作，并与世界180多个政党建立了联系。同时，越南是东盟（ASEAN）、亚太经合组织（APEC）、亚欧会议（ASEM）、世界贸易组织（WTO）、联合国（UN）等国际组织的重要成员。越南即将于2017年承办亚太经合组织（APEC）2017年峰会。积极开放的外交策略使越南的国际地位稳步提升。

随着2016年下半年中国和菲律宾"南海争端"事件的爆发以及特朗普当选美国总统后国际政治局势的变化，越南将面临更加严峻的地区形势和国际环境，外交能力受到考验。一方面，越南经济和社会发展对地区安全有客观的依赖，使越南对中国的形势不得不谨慎判断；另一方面，基于依赖贸易进出口的经济增长模式，越南当局一直在积极参与全球贸易自由化活动，然而特朗普的贸易保护主义倾向明显，并在上任之初就叫停了 TPP 项目。在这一新的国际形势下，越南将面临更加复杂的国际环境，预计当局将采取积极稳健的外交策略，寻求与中国和与美国外交关系的平衡点。

内需拉动经济较快增长，经济增长潜力较大

革新开放后，越南国内生产力逐步得到解放，经济增长保持了较高水平。即使历经 1998 年和 2008 年两次金融危机的冲击，经济也都能较快恢复高水平的增速。2008 年金融危机后，在全球经济面临衰退的形势下，越南经济平均增速依然保持在 6.0% 左右的水平，彰显了国内经济强劲的增长潜力。国内需求旺盛，工资收入的增长和信贷条件的放宽，使个人消费成为经济增长的主引擎；同时，旅游业的繁荣和消费的需求，国内基础设施建设加快，固定投资逐年增长，对经济增长的贡献逐年增强。2016 年越南经济增长率为 6.2%，预计 2017 年经济将实现 6.6% 的增长。从长期来看，内需拉动经济较快增长，经济增长潜力较大。

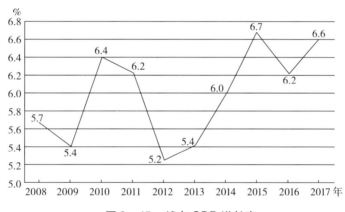

图 2－45 越南 GDP 增长率

注：2017 年数据为预测值。

资料来源：联合评级主权数据库，EIU 数据库。

多年来，通货膨胀居高不下，2015 年以来大幅下降但仍面临一定的压力

国内自 2000 年进入通货膨胀后，物价水平不断攀升，2015 年政府主动对公共服务行业价格进行干预，当年通货膨胀从 2014 年的 4.1% 大幅下降至 0.6%，但这种行政干预无法持久，2016 年通货膨胀水平上升至 2.7%。在当前内需强劲、消费快速增长，越南盾存在下行压力的背景下，预计 2017 年将进一步上升至 4.0%，经济面临通货膨胀压力。

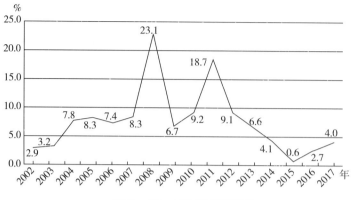

图2-46 越南通货膨胀率

注：2017年数据为预测值。

资料来源：联合评级主权数据库，EIU数据库。

经济结构改革缓慢，国企私有化进程并未取得实质性进展

国有企业在越南经济中占据主导地位。但随着革新开放政策的实施，国有企业效率低下，技术落后，监管不透明，对国家财政的严重依赖等问题日益突出，严重制约了越南内部经济发展和生产力的进一步解放。国有企业私有化进程在这样的背景下成为越南政府推进改革的重要一步，虽然国有企业数量已经从最初的1.2万家减少到2015年的5600多家，但实质成效较低。国有企业技术落后，效率低下的局面并没有得到改善，反而成为银行不良贷款的主要负债主体，纳税能力与其拥有的人力和物力规模极不对称，对政府财政产生了一定的负面影响。

在越南政府最新出台的2016—2020年阶段发展政策中，国企改革是经济结构调整的重点之一。针对国企改革进程中遇到的问题，政府明确提出了需要继续推进信用机构改革和坏账处理，督促加快国企改制改革，推动国有资产证券化，确保公正透明，避免国有资产流失等措施。国企改制改革进程依然面临考验，经济结构改革缓慢。

宽松的货币政策使信贷投放速度过快，坏账问题仍然突出，流动性指标恶化，金融体系依然脆弱

越南央行为越南国家银行，国内货币政策宽松，信贷规模快速增长。2000年以来，越南国内信贷增速都保持在10%以上的水平，信贷投放速度高于GDP增速。2015年国内信贷增速达到20.1%，而GDP增速仅为6.7%。信贷投放量逐年攀升，2009年以后，信贷与GDP比率始终高于100%，2016年达到142.5%，预计2017年将进一步上升至151.3%。同时，银行业受政府干预，独立性不强，资本回报率低，坏账问题突出。官方不良资产率为2.6%，坏账率达到12.5%，其中国有银行坏账

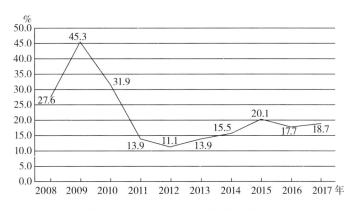

图2-47 越南国内信贷增长率

注：2017年数据为预测值。

资料来源：联合评级主权数据库，EIU数据库。

率较高，达到13.7%。坏账处理机构越南金融机构资产管理公司（VAMC）对坏账处理方式较初级，解决坏账的动力不足，不良资产剥离速度缓慢，坏账问题得不到实质性解决，金融体系依然脆弱，抗风险能力低。

财政常年保持赤字状况，赤字率长期居高不下，偿债基础脆弱

近年来，越南在基础设施和社会保障方面的大量支出，使政府支出超过收入增长。2015年财政赤字率为4.6%左右。短期内，随着政府基础建设投资加大，公共福利成本提高，以及国企改革的进一步深入，财政支出规模预计不会减少；对进口减税政策将造成财政收入的减少，但经济增长和消费的活跃将带来潜在财政收入；预计2017年赤字将维持在2016年4.3%的水平。政府近期设立2020年财政赤字控制在4.0%以下的目标，偿债基础脆弱。

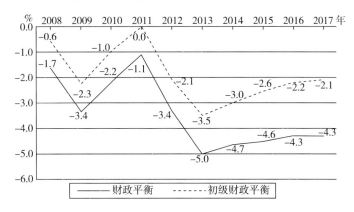

图2-48 越南财政平衡

注：2017年数据为预测值。

资料来源：联合评级主权数据库，EIU数据库。

公共债务规模高企，面临一定的债务压力

长期赤字局面导致越南国内公共债务在 2012 年后迅速扩大。2002 年公共债务占 GDP 比重约为 38.2%，2012 年公共债务占 GDP 比重约为 50%，2016 年该指标则迅速上升至 58.5%，已经逼近国会设定的 65% 的红线。国有预算资金使用效率低下，国有资本投资严重亏损，政府大力发债筹集资金，对国有企业过度担保等多重原因共同导致了公共债务的迅速增长。高企的政府债务水平有可能挫伤投资者的信心，对政府融资造成不利影响。预计 2017 年债务水平小幅下降至 56%，债务压力依然存在。

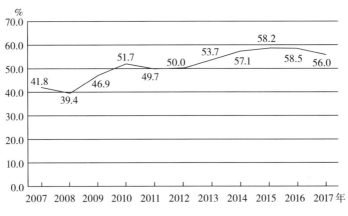

图 2－49　越南公共债务占 GDP 比率

注：2017 年数据为预测值。

资料来源：联合评级主权数据库，EIU 数据库。

全球贸易疲软，贸易保护主义抬头，经常项目账户盈余将走向赤字

越南外贸市场活跃，对全球贸易活动具有较强的依赖性。革新开放以来，越南进出口贸易快速发展，保持了较高速度的增长，但进出口体量相差较大，经历了较长时期的贸易赤字。2008 年金融危机后，凭借自身强劲的增长潜力，进出口贸易纷纷复苏并保持了较快速度增长。到 2011 年，出口额超过进口额，越南经常账户余额首次出现 0.2% 的盈余，2012 年经常账户盈余大幅扩大至 6.1%，随后 2 年均保持了贸易顺差局势。但随着全球经济进入缓慢复苏阶段，全球贸易疲软态势显现，越南进出口贸易顺差收窄，2016 年越南经常账户实现 1.7% 的盈余。随着全球经济缓慢复苏成为常态，贸易保护主义势力抬头等因素的影响，越南经常账户盈余状态无法长期维持，预计 2017 年将再次进入经常账户赤字时期。

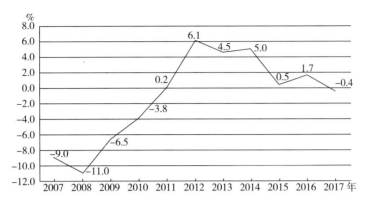

图 2－50 越南经常账户平衡

注：2017 年数据为预测值。

资料来源：联合评级主权数据库，EIU 数据库。

外商直接投资流入强劲；中长期外债占比较大，外汇储备基本稳定，短期外债压力可控

2008 年金融危机之后，越南以其经济增长潜力和政策优势吸引了众多外商投资，外商直接投资额保持连续增长，2016 年投资总额高达 120 亿美元，占 GDP 的 6.0%。外商投资流入强劲。国内融资需求旺盛，外商投资环境逐步改善。越南在世界银行最新发布的营商环境报告中排名第 82，较 2015 年上升了 9 位。越南营商环境在保护少数投资者、纳税、跨境贸易这 3 个方面有明显的改善和提升，但新开办企业方面难度增加。从短期来看，越南整体营商环境将继续保持良好势态。

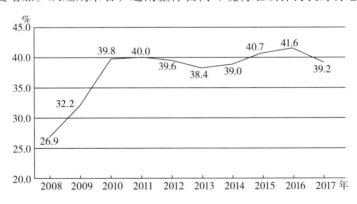

图 2－51 越南总外债占 GDP 比率

注：2017 年数据为预测值。

资料来源：联合评级主权数据库，EIU 数据库。

越南总外债水平较高，且外债中长期债务占比较大。2016 年总外债比 GDP 约为 41.6%，短期债务占全部外债比例为 11.9%。2016 年越南外汇储备创下历史高峰，达到

377 亿美元，外汇储备能够覆盖全部短期外债的 394.4%。短期内，外债压力不大。

展望

预计未来 1～2 年内，革新开放政策将持续对经济发挥积极作用。银行业改革和国企私有化进程都将进入攻坚阶段，财政赤字水平缓慢疏解，公共债务负担水平短期内不会有很大的波动。外商直接投资保持稳定流入，营商环境良好，外债压力较小。因此，联合评级认为未来 1～2 年内越南本、外币主权信用评级展望为稳定。

表 2－10　越南主权信用评级关键数据表

指标	2012 年	2013 年	2014 年	2015 年	2016 年	2017 年f	东南亚d	"一带一路"a
名义 GDP（十亿美元）	155.6	170.5	185.8	191.4	201.4	222.8	275.0	404.1
人均 GDP（美元，PPP）	4,916.3	5,206.4	5,553.2	5,922.3	6,310.0	6,810.0	17,974.3	21,749.0
实际 GDP 增长率（%）	5.2	5.4	6.0	6.7	6.2	6.6	5.8	3.0
通货膨胀率（%）	9.1	6.6	4.1	0.6	2.7	4.0	3.4	5.5
国内信贷增长率（%）	11.1	13.9	15.5	20.1	17.7	18.7	16.6	15.9
M2 增长率（%）	24.5	21.4	19.7	14.9	20.9	18.0	15.0	11.4
各级政府财政平衡/GDP（%）	-3.4	-5.0	-4.7	-4.6	-4.3	-4.3	-2.8	-2.9
各级政府利息支出/GDP（%）	1.2	1.5	1.7	2.0	2.1	2.2	1.7	2.3
各级政府初级财政平衡/GDP（%）	-2.1	-3.5	-3.0	-2.6	-2.2	-2.1	-1.1	0.2
公共债务/GDP（%）	50.0	53.7	57.1	58.2	58.5	56.0	51.4	46.0
总外债/GDP（%）	39.6	38.4	39.0	40.7	41.6	39.2	55.0	72.8
短期外债/总外债（%）	20.1	18.6	18.8	15.4	11.9	11.4	24.0	20.9
经常项目盈余/GDP（%）	6.1	4.5	5.0	0.5	1.7	-0.4	0.7	-0.9
国际储备/总外债（%）	42.4	40.2	47.7	36.8	45.5	47.8	65.7	128.0

注：f 表示预测值；d 表示东南亚 9 国近 5 年均值；a 表示"一带一路" 57 国近 5 年均值。
资料来源：联合评级主权数据库，EIU 数据库。

Highlights of the Sovereign Rating
on the Socialist Republic of Vietnam

Sovereign Credit Rating

Long-term Local Currency: A_i –

Long-term Foreign Currency: A_i –

Outlook: Stable

Ratings completed on April 2nd, 2017

Analyst: Hu Qianfang

Rating Rationale

United Ratings assigned "A_i –" on both local and foreign currency sovereign credit ratings of the Socialist Republic of Vietnam (hereinafter, "Vietnam") on April 2nd, 2017 with a stable outlook.

Vietnam is a socialist state ruled by the Communist Party of Vietnam (CPV). In July 2016, Vietnam convened the 14th congress of the CPV, in which the new CPV leadership was appointed to realize a smooth transfer of political power. In Vietnam, the political power is concentrated, and social condition is stable. Domestic demands lead to rapid economic growth, and fiscal policies exhibit great flexibility. Persistence in deepening economic reforms creates a large potential for economic growth. Although the government is facing a heavy public debt burden, ample foreign direct investment (FDI) inflows remain stable, guiding the foreign investment in a planned way. The business environment remains benign and foreign exchange reserves are fairly stable. In the short term, its foreign debt repayment pressure is low. In conclusion, United Ratings believes that Vietnam has a relatively strong debt repayment capability both in local and foreign currency, and its sovereign credit risk is low.

Outlook

It is predicted that the reform and opening-up policy will continue to play an active role in the Vietnamese economy. Banking reforms and privatization of state-owned enterprises will enter a crucial stage. The budget deficit will be gradually reduced and public debt scale will not fluctuate that much. The foreign direct investment remains stable, the business environment is friendly, and foreign debt burden is moderate. Therefore, United Ratings has decided to assign a stable outlook on Vietnam's local and foreign currency sovereign credit ratings for the next 1 − 2 years.

第三部分

"一带一路"沿线之

——南亚国家主权信用风险展望

南亚国家主权信用风险综述······························

"一带一路"沿线的南亚地区共包括 7 个国家，分别是孟加拉国、印度、尼泊尔、巴基斯坦、斯里兰卡、不丹和马尔代夫。本次，我们对其中的 5 个国家进行了主权信用评级，具体评级结果如表 3 - 1 所示。

表 3 - 1　南亚 5 国评级结果

国别	本币	外币	展望
孟加拉国	BBB_i-	BBB_i-	稳定
印度	A_i+	A_i+	稳定
尼泊尔	BB_i-	BB_i-	稳定
巴基斯坦	BB_i+	BB_i+	稳定
斯里兰卡	BB_i+	BB_i+	稳定

南亚 5 国中印度主权信用等级最高，为 A_i+ ，其他国家分布在 BBB_i- 至 BB_i+ ，与印度存在一定差距；尼泊尔等级为 BB_i- ，是该地区主权信用风险最高的国家。整体而言，南亚地区主权信用级别偏低。南亚 5 国的主权信用级别分布如图 3 - 1 所示。

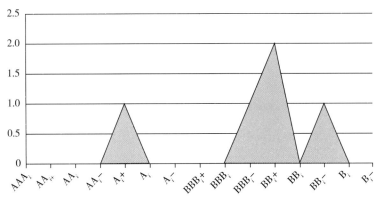

图 3 - 1　南亚 5 国主权信用等级分布

资料来源：联合评级主权数据库。

南亚5国的主权信用评级关键指标如表3－2所示。

表3－2　南亚地区主权评级关键指标

关键指标	2012年	2013年	2014年	2015年	2016年	本地区国家[d]	"一带一路"整体[a]
名义GDP（十亿美元）	378.9	388.8	425.5	443.0	465.9	420.4	404.1
人均GDP（美元）	4,827.6	5,065.7	5,358.2	5,625.1	5,924.8	5,360.3	21,749.0
GDP增速（%，实际）	5.8	4.4	5.8	5.5	5.3	5.4	3.0
通货膨胀率（%）	8.9	8.0	6.7	4.7	5.1	6.7	5.5
国内信贷增长率（%）	16.4	13.7	11.6	15.4	15.9	14.6	15.9
M2增长率（%）	16.8	16.8	15.7	15.8	14.5	15.9	11.4
各级政府财政平衡/GDP（%）	−4.3	−4.0	−3.2	−3.9	−4.3	−4.0	−2.9
公共债务/GDP（%）	50.5	51.8	51.6	53.4	54.2	52.3	46.0
总外债/GDP（%）	28.9	29.4	28.4	28.3	28.2	28.6	72.8
短期外债/总外债（%）	11.5	13.0	13.0	13.2	13.0	12.8	20.9
经常项目盈余/GDP（%）	−1.2	−0.1	−0.5	1.4	−0.2	−0.1	−0.9
国际储备/总外债（%）	54.7	56.9	65.2	76.6	80.2	66.7	128.0

注：d表示南亚6国近5年均值；a表示"一带一路"57国近5年均值。

资料来源：联合评级主权数据库。

本次评级的南亚地区国家主要包括以印度为首的南亚次大陆4个国家以及斯里兰卡。总体来看，南亚地区人口众多，人均GDP较低，整体经济发展水平较落后。数据显示，南亚地区国家近5年人均GDP均值仅为5,360.3美元，在"一带一路"5个区域中排名垫底。虽然近5年来，得益于各国结构性改革持续推进等原因，南亚地区平均5.4%的经济增速高于"一带一路"整体3.0%的水平，但较高的通货膨胀、宏观经济发展结构不均衡是该地区经济发展的掣肘，中长期内难以有较大改善。金融实力不强，大部分国家的银行资产质量状况堪忧，银行对实体经济的支持有限。财政赤字均值高于"一带一路"沿线国家的平均水平，令政府偿债能力承压。同时，该地区大部分国家政治风险较大，尤其以恐怖主义风险突出，社会安全普遍受到恐怖主义的威胁。区域内各国分布众多宗教极端组织及恐怖组织，围绕宗教教派冲突、克什米尔归属等问题频繁发生恐怖暴力事件，此外，走私贩毒等活动在该地区普遍存在，也成为影响地区安全较为突出的风险。该地区达到投资级别的只有印度和孟加拉国2个国家，整体主权信用风险偏高。

South Asia

There are 7 countries along the Belt and Road in South Asia, including Bangladesh, India, Nepal, Pakistan, Sri Lanka, Bhutan and Maldives. United Ratings has assigned sovereign credit ratings to 5 countries, and the rating results are shown in Table 3-1 below.

Table 3-1　Rating Results of the 5 Countries in South Asia

Country	Local Currency Rating	Foreign Currency Rating	Outlook
Bangladesh	BBB_i-	BBB_i-	Stable
India	A_i+	A_i+	Stable
Nepal	BB_i-	BB_i-	Stable
Pakistan	BB_i+	BB_i+	Stable
Sri Lanka	BB_i+	BB_i+	Stable

Among the 5 countries in South Asia, India boasts the highest sovereign credit rating of A_i+, whilst the other 4 countries are rated between BBB_i-and BB_i+, lagging behind India. Nepal is rated at BB_i, showing the highest sovereign credit risk level within the region. On the whole, the sovereign credit rating level of South Asia is comparatively low. The rating distribution of the 5 countries within the region are shown in Figure 3-1 below.

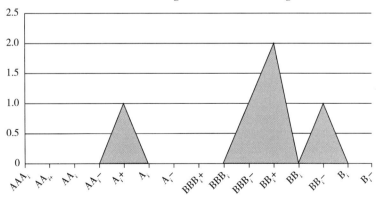

Figure 3-1　Sovereign Credit Rating Distribution of the 5 Countries in South Asia

Source：Sovereign Credit Rating Database of United Credit Ratings Co., Ltd.

Key indicators for assessing sovereign credit ratings of the 5 countries in South Asia are shown in Table 3-2 below.

Table 3-2   Key Indicators for Assessing Sovereign Credit Ratings of the Countries in South Asia

Key Indicators	2012	2013	2014	2015	2016	Five-year Average[d]	B&R Country Average[a]
Nominal GDP（$ bn）	378.9	388.8	425.5	443.0	465.9	420.4	404.1
GDP per head（$ at PPP）	4,827.6	5,065.7	5,358.2	5,625.1	5,924.8	5,360.3	21,749.0
GDP（% real change pa）	5.8	4.4	5.8	5.5	5.3	5.4	3.0
Consumer prices（% change pa; av）	8.9	8.0	6.7	4.7	5.1	6.7	5.5
Domestic credit growth（%）	16.4	13.7	11.6	15.4	15.9	14.6	15.9
M2（% pa）	16.8	16.8	15.7	15.8	14.5	15.9	11.4
Budget balance（% of GDP）	−4.3	−4.0	−3.2	−3.9	−4.3	−4.0	−2.9
Public debt（% of GDP）	50.5	51.8	51.6	53.4	54.2	52.3	46.0
Total debt/GDP（%）	28.9	29.4	28.4	28.3	28.2	28.6	72.8
Short term debt/ Total debt（%）	11.5	13.0	13.0	13.2	13.0	12.8	20.9
Current account balance/ GDP（%）	−1.2	−0.1	−0.5	1.4	−0.2	−0.1	−0.9
International reserves/ total debt（%）	54.7	56.9	65.2	76.6	80.2	66.7	128.0

Note："d" stands for the recent five-year average of the 6 countries in South Asia along the B&R；"a" stands for the recent five-year average of the 57 countries along the B&R.

Source：Sovereign Credit Rating Database of United Credit Ratings Co.，Ltd.

The rated countries in South Asia mainly include the 4 countries in the Indian subcontinent and Sri Lanka. With a large population and relatively low per capita income, the region's overall economic development level is relatively low. Statistics show that the recent five-year average per capita GDP of the South Asia region is US $5360.3, the lowest among those of the five regions along the B&R. In recent years, benefited from the sustained advancement of structural reforms, the economy of the region has been growing at a fairly fast pace of 5.4%, higher than the overall B&R average of 3.0%, however, the mounting rate of inflation and unbalanced macroeconomic structure continue to pose a constraint on the long-term economic development potential, and may be difficult to change in the medium term. The overall financial strength is rather weak, with the asset quality of the banking sector in most countries remains worrying, providing little support for the real economy. The fiscal deficit ratio in most countries within the region is higher than the average level of the countries along the B&R, posing pressure on the debt repayment capability of governments. Meanwhile, most countries in South Asia face political stability risk and social security issues like terrorism. The social security is generally threatened by terrorism. Within the region, there are many religious extremist organizations and terrorist organizations, and terrorist attacks and violent accidents frequently occur around such issues as religious conflicts and Kashmir dispute. In addition, smuggling and drug trafficking prevail within the region, remaining one of the most prominent security issues. Accordingly, the overall sovereign credit level is relatively low with only 2 countries being rated above the investment grade.

孟加拉人民共和国

本次评级结果

长期本币信用等级：BBB_i-

长期外币信用等级：BBB_i-

评级展望：稳定

本次评级时间

2017 年 4 月 25 日

分析师：王倩　吴优

评级观点

联合评级于 2017 年 4 月 25 日对孟加拉人民共和国（以下简称孟加拉国）的主权信用进行了评定，确认其长期本、外币主权信用的等级为 BBB_i-，评级展望为稳定。

孟加拉国人民联盟在 2014 年大选中以压倒性优势胜出，之后政局及政策保持了相对稳定；恐怖主义升温及选举周期前的示威抗议是社会安全的主要风险。经济增速保持低水平较快增长；基础设施落后、营商环境较差等瓶颈制约长期经济潜力。扩大税基的税制改革进展较慢，孟加拉国政府财政仍呈现赤字，但政府债务水平较低，2012 年以来公共债务占 GDP 比重维持在 30% 以下。外债水平适中，充裕的外汇储备和便利的国际融资为其偿债提供了支持。综上所述，联合评级认为孟加拉国具备足够的本、外币偿债能力，主权信用风险低。

评级依据

2014 年孟加拉人民联盟以压倒性优势胜选之后政局及政策保持稳定；恐怖主义升温及选举周期前的示威抗议是影响稳定的主要风险

孟加拉国自 1991 年实行议会民主制，开始政治民主化进程。孟加拉国党派众多，但 1991 年以来基本由孟加拉人民联盟（AL）与民族主义党（BNP）轮流单独或与其他小党联合执政。

近年来，由于两大主要政党持续的政治斗争，孟加拉国政局相对动荡，2014 年议会选举后政局企稳。2011 年在执政党人民联盟的主导下，孟加拉国议会通过宪法修正案废除了看守政府制度，从而引发反对党联盟的激烈反对，不断发动集会和罢工等行动要求废除该修正案，担心看守政府的缺失会影响大选的公正性。2014 年议会大选民族主义党及其反对党联盟以公正性缺失为由拒绝参选；但人民联盟仍以压倒性优势胜出，自 2009 年以来连续 2 次赢得大选。下届议会大选将于 2019 年举行，由于反对党 BNP 2014 年抵制大选使其政治存在性减弱，加上近年来孟加拉人民联盟在地方层面积累的政治资源及其任内相对稳定的经济发展，预计 2019 年选举中其蝉联获胜的可能性较大，政策一贯性得以延续。

近年来孟加拉国恐怖主义事件频发，已成为威胁国内安全和局势稳定的主要风险。穆斯林人口占孟加拉国总人口的 90% 以上，加上 2014 年政府处决多名宗教政党党首后相关抗议不断，安全局势持续转差。继 2016 年 7 月孟加拉国首都达卡发生大型恐怖袭击事件后，2017 年 3 月孟加拉国警方再次遭自杀式炸弹袭击。虽然政府否认伊斯兰国极端组织对国内的渗透，但在内外因素共同作用下，国内极端主义势力的活动将社会安全置于隐患中，预计在 2017—2021 年，恐怖袭击事件将时有发生，对外国投资直接产生负面影响。孟加拉政府正积极致力于打击恐怖组织，维护社会稳定。此外，随着 2019 年大选临近，围绕提高工资水平等劳资矛盾的抗议、示威集会等活动增多，也是社会稳定的潜在风险因素，但整体而言造成大规模动荡引发政治失序的可能性较低。

经济增速保持稳定较快增长，通胀率仍处高位；基础设施落后、营商环境较差等瓶颈制约长期经济潜力

近 10 年来，孟加拉国经济持续稳定增长，国内生产总值年均增长率维持在 6%

以上。2016 年，孟加拉实际经济增速达 7.1%，主要原因是进口额大幅收缩，但这一增速或将难以复制。未来 2～3 年内，预计孟加拉国经济年均增速在 6.4% 左右。受益于农业产出增加的家庭收入增长将继续支持私人消费。此外，固定投资也将以年均 8.4% 的速度增加。

尽管中期内农业只占该国 GDP 总额的 13.8%，但仍是孟加拉国最大的就业来源以及半数人口的主要收入来源。中期内，经济增长将主要由工业和服务业拉动，且工业增速超过服务业增速，占 GDP 比重由目前的 28.8% 上升至 2020—2021 年的 31.5%。工业部门中，以成衣制造业为主的制造业贡献了大部分增长。由于基建需求巨大，出口增长被更快的资本性货物进口增速抵消，中期内孟加拉国对外部门将继续对经济增长形成拖累。

长期来看，尽管孟加拉国近年来保持了较快的经济增速，但基础设施落后、能源短缺、政府财政吃紧及国内安全形势不佳等将持续构成其提升经济实力和财务创造能力的瓶颈。此外，孟加拉国总体通胀水平将保持在 5.3%～5.6%。由于依赖能源进口且供给端储存成本较高，加上国际能源价格回暖，新一轮的通胀压力进一步显现。

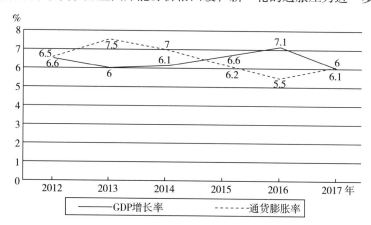

图 3 - 2　孟加拉国宏观经济情况

注：2017 年数据为预测值。

资料来源：联合评级主权数据库，EIU 数据库。

银行业资本充足率保持稳定，资产质量分化，国有银行不良贷款率明显高于私人银行

根据孟加拉国央行数据，目前孟加拉国内共有 56 家银行，与其经济规模相比数量较多。银行业资产充足率保持稳定。2016 年 9 月，孟加拉国银行业资产充足率平均保持在 10.3%，说明银行拥有充足的资金应对偿付问题。信贷增长趋势与名义经济增速较适合，说明未积累资产泡沫。但国有银行不良贷款仍是孟加拉国银行业的主要问题。银行数据显示，截至 2016 年末，不良贷款占总贷款的比率已从 9 月末的 10.3% 下降至 9.2%，但总体仍较高；且国有银行不良贷款率较私有银行差别较多，国有银行高达 25.7%，而私人银行较少，为 5.9%。随着国际贸易增速恢复，外部需求回暖令孟加拉国出口导向型行业的利润增加，降低了外部债务风险。

实行适度宽松的货币政策，扶植中小型企业和出口导向型企业

为保持孟加拉国较高的经济增速，孟加拉国央行于 2016—2017 年实行了宽松货币政策。自 2016 年 1 月，孟加拉国银行分别将回购和逆回购利率降至 6.75% 和 4.75%，之后一直保持此利率水平，同时，央行加强监管，使信贷资金不流向非生产性和高风险行业，从而扶持本土企业和出口导向型企业。央行也将继续扶持农业，降低中小企的融资成本。

总体来说，孟加拉是否能保持银行业乃至金融业的稳定，在很大程度上取决于政府是否能采取有效措施推动商业银行支持中小型企业融资，以及是否能够严格控制不良贷款率继续攀升。

由于扩大税基的税制改革进展较慢，政府财政赤字走高

2016 年孟加拉国政府财政赤字率为 5.0%，由于扩大税基的税制改革进展较慢，财政收入增加有限，或这一比率将在 2020—2021 年缩减至 4.6%。预计 2017 年财政赤字将进一步走高至 5.3%，且中期内财政仍处于赤字状态。这与孟加拉政府面临的极大挑战息息相关：首先，孟加拉国基础设施建设薄弱，亟须政府加大对水利及能源基础设施建设的投资力度；其次，政府致力于提高基础教育与医疗，相应的花费也会显著提升。政府试图扩大税基，使税收稳步增长，但囿于实际税收状况始终低于政府预期，并不足以减少财政赤字。

与此同时，孟加拉国本币塔卡相对于美元持续贬值，贬值压力大部分来自于较高的通胀率和贸易逆差。但塔卡的贬值会相对有序，这与孟加拉国稳步增长的经济状况以及政府对外汇市场的适当干预有关。

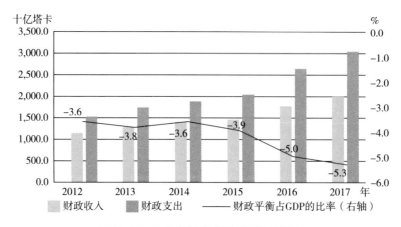

图3-3 孟加拉国各级政府财政状况

注：2017年数据为预测值。

资料来源：联合评级主权数据库，EIU数据库。

政府债务担较轻，偿债资金的稳定有助于债务风险的降低

孟加拉国政府债务水平较低，2012年以来公共债务占GDP比重维持在30%以下。受财政赤字扩大的影响，2016年孟加拉国公共债务占GDP比重由上年的26.7%小幅上升至26.9%，但仍属较低水平。且孟加拉政府一半以上的债务为以双、多边低息援助贷款为主，并主要服务于电力、交通等有助于经济持续发展的基础设施建设，所带来的经济红利将有助于化解政府债务上升风险。

图3-4 孟加拉公共债务负担

注：2017年数据为预测值。

资料来源：联合评级主权数据库，EIU数据库。

得益于庞大的外劳汇款，经常账户保持盈余

受益于庞大稳定的外国劳工汇款，商品、服务贸易以及一级账户逆差被抵销，孟加拉国经常账户得以维持盈余状态，2016年经常账户盈余占GDP比重约0.2%；

在低成本制造业继续从中国转移，同时在国际贸易恢复的背景下，2017年孟加拉国出口有望回暖；加上劳工汇款持续稳定流入，预计中期内孟加拉经常账户仍将维持占GDP0.3%左右的盈余规模。

外债水平适中，外汇储备对外债覆盖高，充裕的外汇储备和便利的国际融资对其偿债提供支持

2016年，孟加拉国外债总额达到419亿美元，占当年GDP的18.9%。预计在2018年，其外债总额将有可能达到470亿美元。截至2016年末，孟加拉国的外汇储备达到322亿美元，对外债的覆盖率达到77.1%，覆盖程度较高，其中短期外债占总外债比重为15.9%，短期偿付压力可控。孟加拉国稳定经济增长，充裕的外汇储备，加上IMF以及中国、日本、印度给予孟加拉优惠性融资，并且相对可控的偿债率（3.8%）都显示孟加拉国偿债能力在短期内保持稳定。

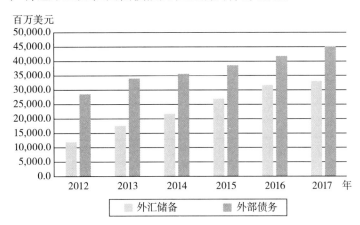

图3-5 孟加拉外汇储备与外债情况

注：2017年数据为预测值。

资料来源：联合评级主权数据库，EIU数据库。

展望

综上所述，孟加拉经济增速保持低水平稳定增长，但基础设施落后、营商环境较差等瓶颈制约长期经济潜力。政府财政仍处赤字，但公共债务水平较低。此外，经常账户盈余、较充裕的外汇储备及外部支持将保证其具备足够的偿债能力。因此，联合评级对未来1~2年孟加拉的本、外币主权信用评级展望为稳定。

表 3-3　孟加拉主权信用评级关键数据表

指标	2012 年	2013 年	2014 年	2015 年	2016 年	2017 年[f]	南亚[d]	"一带一路"[a]
GDP（十亿美元）	133.4	150.0	172.9	195.1	221.4	250.3	420.4	404.1
人均 GDP（美元）	2,765.0	2,942.1	3,137.7	3,339.0	3,580.8	3,840.0	5,360.3	21,749.0
GDP 增长率（%，实际）	6.5	6.0	6.1	6.6	7.1	6.0	5.4	3.0
通货膨胀率（%）	6.6	7.5	7.0	6.2	5.5	6.1	6.7	5.5
国内信贷增长率（%）	12.8	9.6	15.7	12.6	16.1	14.0	14.6	15.9
M2 增长率（%）	19.0	15.6	13.3	13.1	13.8	14.4	15.9	11.4
各级政府财政平衡/GDP(%)	-3.6	-3.8	-3.6	-3.9	-5.0	-5.3	-4.0	-2.9
各级政府利息支出/GDP(%)	0.2	0.2	0.2	0.2	0.3	0.3	4.2	2.3
公共债务/GDP（%）	28.4	28.4	27.6	26.7	26.9	27.8	52.3	46.0
经常项目余额/GDP（%）	1.9	1.4	0.4	1.4	0.2	0.3	-0.1	-0.9
总外债/GDP（%）	21.4	22.7	20.6	19.8	18.9	18.0	28.6	72.8
短期外债/总外债（%）	6.9	11.0	11.6	17.2	15.9	14.9	12.8	20.9
国际储备/总外债（%）	44.6	53.2	62.6	71.2	77.1	74.7	66.7	128.0

注：f 表示预测值；d 表示南亚 6 国近 5 年均值；a 表示"一带一路"57 国近 5 年均值。

资料来源：联合评级主权数据库，EIU 数据库。

Highlights of the Sovereign Rating
on the People's Republic of Bangladesh

Sovereign Rating

Long-term Local Currency: BBB_i –

Long-term Foreign Currency: BBB_i –

Outlook: Stable

Ratings completed on April 25th ,2017

Analysts: Wang Qian, Wu You

Rating Rationale

United Ratings assigned "BBB_i – " on both local and foreign currency sovereign credit ratings of the People's Republic of Bangladesh (hereinafter, "Bangladesh") on April 25th, 2017 with a stable outlook.

The overwhelming victory of the Awami League (AL) in the 2014 election helps stabilize the political situation and facilitate policy implementation in Bangladesh. Rise of terrorism and large-scale protests before election constitute the major risks to social security. Bangladesh maintains a low-level yet rapid economic growth, but its long-term economic potential is restricted by bottlenecks such as unfavorable business environment and poor infrastructure, etc. The tax reform aiming at enlarging the tax base is making slow progress. The Bangladeshi government finance is still in deficit, but the level of government debt remains low. The pubic debt to GDP ratio stays steadily below 30%. Moderate foreign debt, ample foreign exchange reserves as well as convenient international financing provide support to its debt service capacity. In conclusion, United Ratings believes that Bangladesh is quite capable of repaying debt in both local and foreign currency. The sovereign credit risk remains low.

Outlook

In conclusion, Bangladesh maintains a low-level yet rapid economic growth, but the economic potential is restricted by unfavorable business environment and poor infrastructure. The Bangladeshi government finance is still in deficit but the level of government debt remains low. Besides, the current account surplus, sufficient foreign exchange reserves as well as external support will guarantee its debt repayment capability. Therefore, United Ratings has decided to assign a stable outlook on Bangladesh's local and foreign currency sovereign credit ratings for the next 1 − 2 years.

印度共和国

本次评级结果

长期本币信用等级：$A_i +$

长期外币信用等级：$A_i +$

评级展望：稳定

上次评级结果

长期本币信用等级：$A_i +$

长期外币信用等级：$A_i +$

评级展望：稳定

本次评级时间

2017 年 4 月 28 日

分析师：胡前方　吴优

评级观点

联合评级于 2017 年 4 月 28 日对印度共和国（以下简称印度）的主权信用进行了跟踪评级，确认维持其长期本、外币主权信用的等级 $A_i +$，评级展望稳定。

印度执政党在下议院占据多数席位，保证了政治局面的基本稳定，但在上议院席位劣势对政府关键性改革构成阻力；结构性改革带动经济高速增长，人口红利优势明显，中长期发展动力强劲；货币政策委员会的成立为货币政策制定探索新道路，货币政策维持宽松，通货膨胀目标适中；政府赤字收窄，债务稳步下降；经常账户赤字收窄，外汇储备稳步增长。综上所述，联合评级认为印度具有较强的本、外币债务偿还能力，主权信用风险较低。

评级依据

执政党占据下议院主要席位，国内政局基本稳定；不同区域安全形势不同，种族宗教冲突和恐怖主义对社会秩序造成一定冲击

1950 年印度共和国成立，实行联邦制民主，采取英式两院议会民主制。总统由联邦议会（上议院）及邦议会组成的选举团选出，依照以总理为首的部长会议的建议行使职权，任期 5 年。总统名义上是国家元首和武装部队统帅，但没有实权。现任总统普拉那布·慕克吉于 2012 年 7 月当选；以总理为首的部长会议是政府最高行政机关，总理由总统任命的人民院（下议院）多数党议会党领袖担任。2014 年 5 月，反对党人民党以压倒性优势赢得大选，纳伦德拉·莫迪当选为联邦总理。下届大选将于 2019 年 5 月进行。

印度国内政治体制长期稳定，国内民主环境较好；政权基本集中在国内两个主要政党（现任执政党人民党和印度国家大会党）手中，并以两大党联合小党派组成联合政府的形式执政。当前执政党在人民院占据多数席位，将保证国内政治局面的基本稳定；但在上议院席位不足，导致政府改革方案受阻，关键改革无法得到立法支持，加之部分区域贪污普遍，执政党民意下滑。即将在古吉拉特邦、北方邦和旁遮普邦进行的 2017 年州议会大选将是对执政党民意的一次重要检验。

印度国内犯罪率较低，总体治安环境较好；国内多民族，多宗教的现实使不同地域治安情况差别很大。大城市刑事案件时有发生；印度东北部种族和宗教冲突最为激烈；莫迪上台后，"印度教至上"观念有所抬头，阶层矛盾激化，左翼极端势力、恐怖主义对民众安全和社会秩序均造成一定的冲击。

外交影响力逐步上升；印孟边界争端已妥善解决，克什米尔地区主权争夺造成的印巴冲突暂时可控

凭借经济实力的优秀表现，印度的国际和地区影响力逐步上升。在南亚逐步成为领导力量，并建立起更加紧密的经济和政治关系。与中国保持竞争关系，与日本、越南等地区伙伴关系紧密，与美国保持战略利益关系。国内大量的犹太族为印度发展海湾国家关系提供了种族基础。印度外交形势较好，外交影响力逐步上升。

2015年6月，印度与孟加拉国签署了陆地边界协议，解决了两国长达41年的边界争端问题。但印巴关于克什米尔地区归属问题仍无进展，克什米尔争端悬而未决也是印巴关系中的核心问题，双方在该地区多次发生武力冲突。印度凭借地缘优势在对巴基斯坦保持高压的同时，也在寻找对话解决途径。联合评级预计此紧张关系将一直持续至2021年，冲突升级的风险可控。

经济继续保持高速增长，人口红利优势明显，中长期增长潜力向好

2015年印度经济增速出现新高，在新兴经济体和全球范围内都很突出。2015年印度名义GDP为2,088.2亿美元，实际GDP增长率为7.9%，这一水平高于全球平均增速3.1%，高于亚洲新兴经济体的平均增速6.5%。2016年印度实际GDP增长率为7.2%，也高于地区和全球同一时期发展速度。其中，由于能源进口成本下降、农业增产预期和公务员薪资大幅上调将保持国内消费需求旺盛，消费依然是经济增长的第1大引擎，人口红利优势明显。联合评级认为，随着央行放松货币政策，政府升级国内基础设施建设和放宽外资准入等措施，也将带动公共投资和外国直接投资的增加，预计2017年印度的经济增长率将维持在7.2%。银行和企业的资产负债表逐步改善，将为固定投资增长提供良好的环境，并为经济的扩张提供可持续基础。

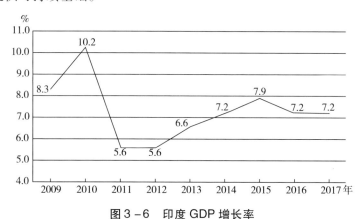

图3-6 印度GDP增长率

注：2017年数据为预测值。

资料来源：联合评级主权数据库，EIU数据库。

国内信贷增长缓慢，银行业承受不良资产风险上升的压力

根据印度央行2016年财报显示，银行业不良资产率在2016年9月底达到9.1%，比3月底高1.3个百分点，预计2018年3月底，不良资产率将达到10.1%。然而根据当前企业资产负债表状况，工业部门企业信贷需求仍然处于压制状态，国内信贷规模持续走低。同时，资产重组计划因逐年攀升的不良资产压力收效甚微。预计2017财年不良资产占比将高于央行预期，银行系统持续承受不良贷款的压力。

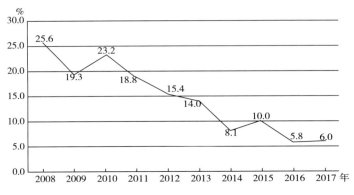

图3-7　印度信贷增速

注：2017年数据为预测值。

资料来源：联合评级主权数据库，EIU数据库。

财政长期处于赤字状态，但中期内财政赤字有望缓慢下降

自2003年财政职责和预算管理法案通过以来，政府已为自己设定了减少赤字的目标，但这些目标均被推迟。短期内，由于降低企业税负、增加公务员工资和公共投资加大等举措均会加大财政负担。2015年、2016年的财政赤字占GDP分别3.9%、3.5%，初级财政赤字占GDP分别为0.7%、0.2%。政府债务利息支出占GDP比例基本保持稳定。

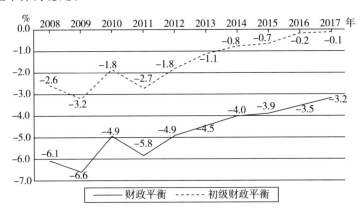

图3-8　印度政府财政平衡

注：2017年数据为预测值。

资料来源：联合评级主权数据库，EIU数据库。

根据2017年2月发布的预算，印政府计划在2017—2018年减少的财政赤字约为 GDP 的 3.2%，到 2018—2019 年及以后的年度中，减少的财政赤字为 GDP 的 3%。当然，基础设施支出，对农村地区的支持以及对公共产品不断上升的需求，以及政治压力和即将到来的议会选举，都给政府增加支出带来了很大的压力。但是，经济向好、财政缓慢改善使政府财政状况有望改善，中期压力将得到逐渐缓解，财政赤字中期将收窄。

公共债务规模占比呈下降趋势，中期政府负担将有所缓解

得益于经济快速增长，政府财政收入规模保持稳定增长，较好地缓解了政府的债务压力，公共债务规模占比呈稳步下降趋势。2008 年公共债务负担约占 GDP 的 59.8%，而 2015 年政府公共债务占比下降至 GDP 的 51.8%，年均下降 1 个百分点。2016 年公共债务小幅上升至 52.0%，预计 2017 年政府公共债务占 GDP 的比将小幅下降至 51.6%，公共债务波动不大。同时，公共债务中长期债务占比高达 91.0%，政府短期债务压力较小。国内经济强劲的增长动力和财政状况的持续改善将提高投资者信心，政府中期融资压力较小，债务负担有所缓释。

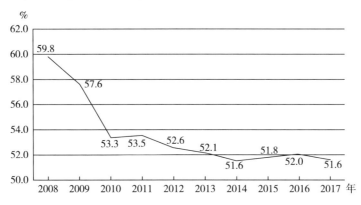

图 3-9　印度政府公共债务占比

注：2017 年数据为预测值。

资料来源：联合评级主权数据库，EIU 数据库。

经常账户赤字大幅缩小，赤字维持在较低水平

经常账户常年赤字，并在 2012 年赤字水平达到 GDP 的 5%，为历史最高赤字水平。2012 年国际商品价格大幅下跌，2013 年印度进口市场大幅收缩，增长率为 −8.1%，首次出现负增长，经常账户逆差因此大幅缩小，赤字率锐减为 2.6%。国际商品价格持续低位徘徊对印度赤字扩大起到压制作用，虽然全球油价出现部分回升，但相对 2012 年的周期峰值来说仍然处于低位，印度能源进口账单规模仍然处于低位，这将有助于印度赤字水平维持在当前较低水平。2016 年经常账户赤字为

0.5%，随着国际油价小幅上升，预计 2017 年经常账户赤字率小幅上升至 GDP 的
1.1%，经常账户赤字仍将维持在较低水平。

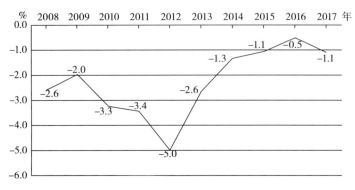

图 3 - 10　印度经常项目平衡

注：2017 年数据为预测值。

资料来源：联合评级主权数据库，EIU 数据库。

外汇储备稳步增长，总外债占比不高且多为长期债务，短期偿债压力不大

近年来，得益于政治局势的稳定性和经济增长的强劲动力，外商直接投资流入
稳定，加之服务出口和工人工资汇款，外汇储备稳步增长。2016 年印度外汇储备达
到 3411 亿美元，比 2015 增长了 2 个百分点。2016 年印度总外债占 GDP 比重约为
20.9%，比上年减少了 2.1 个百分点，总外债占比不高。且总外债中，长期债务占
比高达 82.9%，短期债务占比较小。2016 年国际储备对总外债覆盖率达到 78.6%。
外汇储备的稳步增长为外债偿还提供了保障，总外债中多为长期债务，短债占比较
小，短期偿债压力较小。

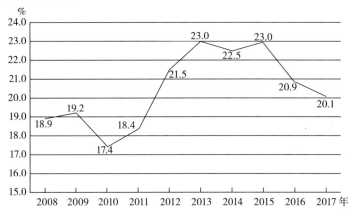

图 3 - 11　印度总外债占 GDP 比

注：2017 年数据为预测值。

资料来源：联合评级主权数据库，EIU 数据库。

展望

印度人民党在下议院的席位优势对国内政治局势稳定提供一定保障；结构性改革释放国内增长潜力，虽然关键改革在上议院受到阻挠，但执政党政策制定与治理水平依旧强势，中长期增长潜力良好；国际和区域影响力不断攀升；财政平衡处在赤字状态，但中期有缩减趋势；外汇储备稳定增长，外债规模较低，政府偿债压力较小。因此，联合评级对未来1~2年印度本、外币主权信用评级展望为稳定。

表3-4 印度主权信用评级关键数据表

指标	2012年	2013年	2014年	2015年	2016年	2017年f	南亚d	"一带一路"a
名义GDP（十亿美元）	1827.5	1857.1	2034.0	2088.2	2186.0	2379.0	420.4	404.1
人均GDP（美元，PPP）	4,918.1	5,249.0	5,654.5	6,144.8	6,590.0	7,140.0	5,360.3	21,749.0
实际GDP增长率（%）	5.6	6.6	7.2	7.9	7.2	7.2	5.4	3.0
通货膨胀率（%）	9.4	9.9	6.6	4.9	4.9	4.5	6.7	5.5
国内信贷增长率（%）	15.4	14.0	8.1	10.0	5.8	6.0	14.6	15.9
M2增长率（%）	11.2	14.8	10.7	10.7	6.6	11.5	15.9	11.4
各级政府财政平衡/GDP（%）	-4.9	-4.5	-4.0	-3.9	-3.5	-3.2	-4.0	-2.9
各级政府利息支出/GDP（%）	3.1	3.3	3.2	3.2	3.3	3.1	4.2	2.3
各级政府初级财政平衡/GDP（%）	-1.8	-1.1	-0.8	-0.7	-0.2	-0.1	-1.0	0.2
公共债务/GDP（%）	52.6	52.1	51.6	51.8	52.0	51.6	52.3	46.0
总外债/GDP（%）	21.5	23.0	22.5	23.0	20.9	20.1	28.6	72.8
短期外债/总外债（%）	23.8	21.7	18.7	17.0	17.6	18.5	12.8	20.9
经常项目盈余/GDP（%）	-5.0	-2.6	-1.3	-1.1	-0.5	-1.1	-0.1	-0.9
国际储备/总外债（%）	75.9	69.3	70.6	73.3	78.6	80.1	66.7	128.0

注：f表示预测值；d表示中东欧19国近5年均值；a表示"一带一路"57国近5年均值。
资料来源：联合评级主权数据库，EIU数据库。

Highlights of the Sovereign Rating
on the Republic of India

Updated Rating

Long-term Local Currency：A_i +

Long-term Foreign Currency：A_i +

Outlook：Stable

Previous Rating

Long-term Local Currency：A_i +

Long-term Foreign Currency：A_i +

Outlook：Stable

Ratings updated on April 28th, 2017

Analyst：Hu Qianfang, Wu You

Rating Rationale

United Ratings assigned A_i + on both local and foreign currency sovereign credit ratings of the Republic of India (hereinafter, "India") on April 28th, 2017 with a stable outlook.

The majority of seats that the Bharatiya Janata Party (BJP) takes in the lower house ensures stability of the political situation in India, but a minority of seats in the upper house largely hinders the government's implementation of critical reforms. The economic growth is driven by structural reforms and is expected to have a stronger performance in the medium and long term by taking advantage of demographic dividend. Monetary policy committee was founded to explore new ways of policy making, and monetary policy remains accommodative with reasonable inflation targeting. The government budget deficit further narrows down and the public debt steadily declined. The current account deficit narrows down and foreign exchange reserves continues to rise steadily. To sum up, United Ratings believes that India is quite capable of debt repayment both in local and foreign currency, and the sovereign credit risk remains relatively low.

Outlook

The advantage of the Bharatiya Janata Party (BJP) gained in the lower house of Parliament helps ensure the domestic political stability of India to a certain extent, and structural reforms contribute to the releasing of economic growth potential. The ruling party remains strong in the policy making as well as in the political governance to ensure a positive growth potential in the medium term, even if the implementation of key reforms is suspended by the upper house. Moreover, India is functioning with an increasing regional and global influence. The fiscal situation remains in deficit with a declining trend in the medium term. The steady growth of foreign exchange reserves and the small-scale external debt help relieve the debt burden of the government. As such, United Ratings has decided to maintain a stable outlook on India's local and foreign currency sovereign credit ratings for the next 1-2 years.

巴基斯坦伊斯兰共和国

本次评级结果

长期本币信用等级：BB_i+

长期外币信用等级：BB_i+

评级展望：稳定

本次评级时间

2017 年 5 月 6 日

分析师：王倩　吴优

评级观点

联合评级于2017年5月6日对巴基斯坦伊斯兰共和国（以下简称巴基斯坦）的主权信用进行了评定，确认其长期本、外币主权信用的等级为 BB_i+，评级展望为稳定。

谢里夫政府执政以来政局企稳，但政治博弈持续、国内恐怖主义安全威胁等持续构成政治稳定的潜在风险。受益于"中巴经济走廊"能源项目、较为宽松的货币政策和国际油价低位等内、外部利好，经济获得了低水平快速增长，但长期经济潜力仍掣肘于结构性问题瓶颈。在 IMF 中期贷款各项改革目标下政府实行财政稳固计划，财政赤字有所好转，但中期内支出压力较大。经常账户逆差持续扩大，外汇储备对外债覆盖率较低，但预计短期内融资风险可控，巴基斯坦将继续得以在国际资本市场成功发行债券融资。但长期来看，其双赤字的不利情况或将提高其融资成本及融资难度。综上所述，联合评级认为巴基斯坦本、外币债务面临一定的信用风险。

评级依据

谢里夫政府执政基础较为稳固，但执政压力增大

巴基斯坦受多元化因素的影响，政治体制复杂，在国家实行联邦制的前提下，司法、政府和军队权力三权分立又相互影响。军队干政历史久远，近年来军政博弈有所加剧。同时巴基斯坦实行多党制，现有政党200余个，逐渐形成了三党分立的局面，朝野斗争趋紧，执政党巴基斯坦穆斯林联盟自2013年议会胜选以来，占据了国民议会（下议院）的大部分席位，执政基础较为稳固。

总理谢里夫为巩固执政地位，展现柔性姿态，通过利益分享拉拢其他政党的支持。但由于联邦和各省关系复杂，冲突分歧较多，将制约政府推动改革及基础设施项目建设的步伐。目前，执政党依赖人口最多、最富有的旁遮普省对其全力支持；而反对党则谴责穆盟对旁遮普省的倚重，并试图在其他省份激起选民对执政党的不满。预计国家和省政府之间的争端会给"中巴经济走廊"中能源项目的推进施加一定的压力和影响。虽然谢里夫执政压力增大，但预计2018年选举中其蝉联获胜的可能性较大，政策一贯性将得以延续。

恐怖主义威胁较高和暴力活动猖獗，使社会安全面临较大的冲击

近年来，受阿富汗战争的影响，巴基斯坦作为反恐前沿国家安全形势一直不佳。尽管政府已针对卡拉奇和联邦管辖部落区域的暴力和恐怖主义进行武装镇压并削弱了武装分子力量，但中期内预计巴基斯坦安全形势依然严峻，易遭受恐怖袭击等事件的威胁。此外，巴基斯坦俾路支地区还存在部分分裂势力，对公路等基础设施进行破坏，也是引发安全事件的潜在风险，目前巴国政府制订了长期计划致力于改善安全环境，但预计巴基斯坦安全形势较难在短期内有根本性转变。

得益于国内外政经形势，巴基斯坦经济持续复苏，但中长期发展潜力仍掣肘于经济发展的结构性改革瓶颈问题

在谢里夫政府整固财政、较为宽松的货币政策和国际油价低位等内外因素的支持下，巴基斯坦从2013年的经济困境中逐渐走出，经济表现明显改善。2015年、2016年的实际GDP增速分别达到4.7%和5.7%。

中期内，受益于"一带一路""中巴经济走廊"建设的契机，巴基斯坦国内能源项目将以较快速度发展。此外，巴基斯坦庞大的人口及国内市场和较快的经济增速也将吸引大量除中国外其他国家直接投资流入。因此，预计中期内巴基斯坦主要经济指标将持续向好，拉动未来2～3年平均经济增速维持4.7%的较快增长。随着国有企业私有化进程的推进，掣肘经济多年的电力短缺等问题也有望得到改善。

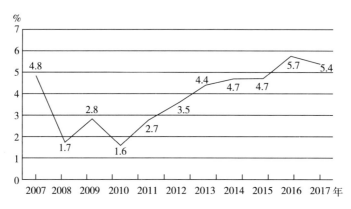

图3－12　巴基斯坦名义 GDP 增速

注：2017年数据为预测值。

资料来源：联合评级主权数据库，EIU数据库。

但另一方面，巴基斯坦也受制于一系列结构性问题的瓶颈，基础设施状况不佳，对人力资本投资不足，妇女进入劳动力市场限制等将持续制约巴基斯坦从"人口红利"中获益。此外，政府财政赤字增加、国际贸易形势低迷等因素也将拖累巴基斯坦经济表现，限制其长期经济潜力的释放。

劳动力增长快，实际失业率较高，"中巴经济走廊"建设持续推进有望提升就业

虽然巴基斯坦富余劳动力较多，但由于劳动力人口文化水平普遍较低和缺乏执业技能，长期以来失业率一直较高，2016年登记失业率为6.2%。但根据巴统计局发布的劳动力普查报告，实际失业率有被低估的问题，失业率实际应接近9%，实际失业人口高达530万人。此外，巴基斯坦是世界上劳动力增长最快的国家之一，每年新增劳动力150万人，且未来或显著增加。因此如何创造就业机会已成为政府亟须解决的重要问题之一。

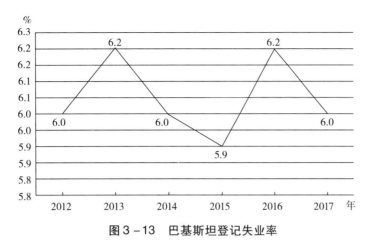

图3-13 巴基斯坦登记失业率

注：2017年数据为预测值。

资料来源：联合评级主权数据库，EIU数据库。

中期内，随着"中巴经济走廊"建设持续推进，预计巴基斯坦失业人口有望在2年内减少232万人左右，失业率或呈下降趋势。

不良贷款居高不下导致金融体系较为脆弱，难以对实体经济形成有力支撑

根据巴基斯坦央行的数据，2016年第4季度末，巴基斯坦银行业总资产约15.8万亿巴基斯坦卢比（约1,510万亿美元），较上年同期的1,410亿美元有所增加。资本充足率为16.2%，较第三季度末的16.8%有小幅下降，高于官方规定的10.65%的最低值，显示银行部门资产具备一定的弹性。

但不良贷款率仍处于高位。巴基斯坦央行数据显示，由于宽松货币政策之下企业信贷增速加快，巴国银行业不良贷款率由2014年底的12.3%下降至2016年底的10.1%，但整体上仍处高位；且电子、纺织和皮革等重要行业不良贷款率较高，尤其是纺织行业不良贷款率占总不良贷款比重高达30%，预计国际贸易条件转好也无法足以降低行业不良贷款。此外，巴基斯坦银行业尚未建立起足够的信贷风险评估系统，潜在银行坏账累积可能未被充分披露。银行盈利指标也有转差，2016年底银行业税后利润约1,900亿巴基斯坦卢比（约18亿美元），较2015年同期的1,990亿巴基斯坦卢比有所下降。

同时，由于有相当部分的银行资产将用于偿还政府债务，银行部门对主权风险的暴露程度较高，加剧了其潜在风险。

在IMF中期贷款改革目标监督下，巴国政府实行财政稳固计划，财政赤字有所好转，但中期内支出压力较大将加大财政稳固计划实施难度

巴基斯坦公共财政长年赤字。在IMF中期贷款改革目标督促下，政府推行了以扩大税基、推进私有化、削减财政支出等为主的财政稳固计划，加上全球油价在2015年底前的低位运行，巴国的财政赤字状况有所缓和；财政赤字占GDP比重由2013年8.2%的高位降至2016年的4.6%。初级财政在2016年首次实现了盈余，初级财政平衡与GDP的比值为0.1%，财政状况有所好转。

但中期内，由于国内安全局势动荡，政府军费相关支出将持续走高。同时，"中巴经济走廊"能源项目建设的推进也将占用部分财政资源。另外，目前巴基斯坦电力改革成效不佳，民用电价过低无法覆盖发电费用，提升电价困难重重，因此来自配电企业的税收无法保证，均将阻碍政府财政整固的步伐。

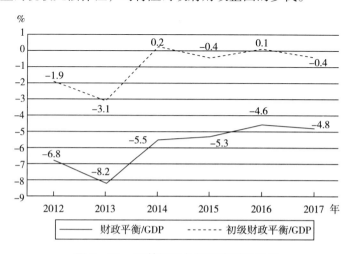

图3-14 巴基斯坦各级政府财政状况

注：2017年数据为预测值。

资料来源：联合评级主权数据库，EIU数据库。

预计中期内巴国政府财政仍将处于赤字状态，未来2~3个财年财政赤字占GDP比重预计将维持在4.9%左右的水平，仍高于3%的国际警戒线。初级财政在2016年取得小幅盈余之后，2017年又将重回赤字状态，预计赤字占GDP比重约0.4%。

公共债务逐年上升，中期内大幅下降的可能性较小

由于填补财政赤字及基础设施建设的支出，巴基斯坦公共债务水平持续上升。2016年末，巴基斯坦公共债务规模为17.3万亿卢比，较2012年上升了约65.2%。2016年公共债务占GDP比重由2012年的52.3%上升到58.5%。中期内，随着巴国政府财政，财政状况转好将在一定程度上降低政府债务负担，但"中巴经济走廊"相关能源项目持续推进等基础设施建设需求，政府投资将走高，预计中期内政府债务负担大幅下降的可能性较小，中期内仍将维持在58%左右的较高水平。

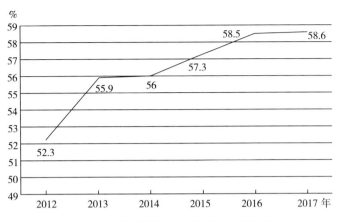

图3-15 巴基斯坦公共债务占GDP比重

注：2017年数据为预测值。

资料来源：联合评级主权数据库，EIU数据库。

国际油价回暖，出口下滑及基建带动的资本性货物进口需求上升连累经常账户逆差持续扩大

受累于贸易账户赤字，巴基斯坦经常账户长年逆差。2016年，经常账户逆差达49亿美元，占GDP比重为1.7%，较上年上升1.1个百分点。国际油价回暖拉动进口石油价格上升，加上"中巴经济走廊"相关基础设施建设资本性货物进口需求走高，进口同比大幅上升14.8%；而另一方面，巴基斯坦纺织、成衣等主要出口部门近年来持续受到南亚、东南亚邻国的竞争份额挤压，加上国内电力短缺等限制了出口竞争力，2014年以来出口持续下滑，2016年出口下滑4.8%。由此，经常账户逆差有所扩大。

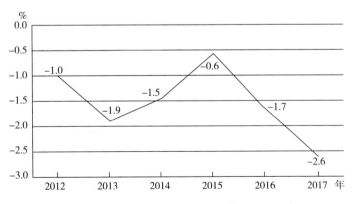

图3-16 巴基斯坦经常项目平衡占GDP比重

注：2017年数据为预测值。

资料来源：联合评级主权数据库，EIU数据库。

中期内，巴基斯坦外劳主要目的地海湾国家经济前景黯淡，预计将对外劳汇款造成负面影响。随着"中巴经济走廊"能源项目的推进，中国公司利润陆续汇回，将拖累一级账户重回逆差。综上所述，预计中期巴基斯坦经常账户逆差将继续扩大。

外汇储备稳步上升，外债规模较大尤其是公共外债占比较大；虽短期内偿债风险可控但仍存在不确定风险

巴基斯坦外债规模较大且逐年上升，2016 年外债总额约 705 亿美元，同比增长 7.6%；外债负担率有所下降，外债占 GDP 比重由 2012 年的 27.7% 下降至 2016 年的 24.9%。中长期公共债务占比较大，约保持在 70%；在国家出现偿付问题的情况下极有可能进行债务重组。此外短期债务预计将持续攀升，由 2016 年的 45 亿美元上升至 2017 年的 55 亿美元。

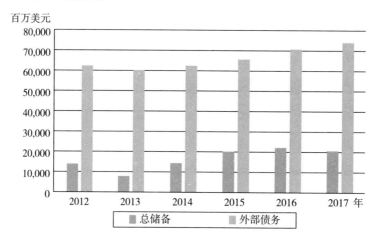

图 3-17　巴基斯坦外汇储备与外债情况

注：2017 年数据为预测值。

资料来源：联合评级主权数据库，EIU 数据库。

外汇储备持续增长，2016 年巴基斯坦外汇储备约 221 亿美元，创历史新高。外汇储备对总外债的覆盖率为 31.3%，较近年有所上升但仍处于较低水平。另外由于经常账户逆差扩大，巴基斯坦外部融资需求较大，2016 年外部融资需求约 127 亿美元，但预计短期内融资风险可控，巴基斯坦将继续得以在国际资本市场成功发行债券融资。但从长期来看，其双赤字的不利情况或将提高其融资成本和融资难度。

展望

巴基斯坦政局企稳，但政治博弈持续以及国内恐怖主义等安全威胁持续构成政治稳定的潜在风险；经济迅速恢复，但长期经济潜力仍掣肘于结构性问题瓶颈；在IMF督促下财政状况转稳，但中期支出压力较大将加大财政整固难度；经常账户逆差扩大，外汇储备对外债覆盖率较低，但外部融资渠道较为畅通将在短期内保证其偿付能力的稳定。因此，联合评级对未来1~2年巴基斯坦的本、外币主权信用评级展望为稳定。

表3-5 巴基斯坦主权信用评级关键数据表

指标	2012年	2013年	2014年	2015年	2016年	2017年ᶠ	南亚ᵈ	"一带一路"ᵃ
GDP（十亿美元）	224.4	231.2	244.4	271.0	283.7	309.6	420.4	404.1
人均GDP（美元）	4,461.4	4,632.4	4,833.5	5,011.2	5,259.6	5,560.0	5,360.3	21,749.0
GDP增长率（%）	3.5	4.4	4.7	4.7	5.7	5.4	5.4	3.0
通货膨胀率（%）	9.7	7.7	7.2	2.5	3.8	4.6	6.7	5.5
信贷总量/GDP（%）	46.3	49.0	52.2	51.6	54.4	54.6	—	—
国内信贷增长率（%）	17.8	20.7	8.1	11.5	13.8	14.9	14.6	15.9
M2增长率（%）	17.0	14.7	10.6	13.0	15.6	15.6	15.9	11.4
各级政府财政平衡/GDP（%）	-6.8	-8.2	-5.5	-5.3	-4.6	-4.8	-4.0	-2.9
各级政府利息支付/GDP（%）	4.9	5.1	5.8	4.9	4.7	4.4	4.2	2.3
各级政府初级财政平衡/GDP（%）	-1.9	-3.1	0.2	-0.4	0.1	-0.4	-1.0	0.2
各级政府总债务/GDP（%）	52.3	55.9	56.0	57.3	58.5	58.6	52.3	46.0
经常项目余额/GDP（%）	-1.0	-1.9	-1.5	-0.6	-1.7	-2.6	-0.1	-0.9
总外债/GDP（%）	27.7	26.0	25.5	24.2	24.9	23.8	28.6	72.8
短期外债/总外债（%）	6.1	9.2	8.9	6.3	6.4	7.5	12.8	20.0
国际储备/总外债（%）	22.2	13.0	23.0	30.6	31.3	27.8	66.7	128.0

注：f表示预测值；d表示南亚6国近5年均值；a表示"一带一路"57国近5年均值。
资料来源：联合评级主权数据库，EIU数据库。

Highlights of the Sovereign Rating
on the Islamic Republic of Pakistan

Sovereign Rating

Long-term Local Currency： BB_i +

Long-term Foreign Currency： BB_i +

Outlook： Stable

Ratings completed on May 6th, 2017

Analysts： Wang Qian, Wu You

Rating Rationale

United Ratings assigned "BB_i +" on both local and foreign currency sovereign credit ratings of the Islamic Republic of Pakistan (hereinafter, "Pakistan") on May 6th, 2017 with a stable outlook.

The political situation of Pakistan has stabilized since the Sharif government came into power, but its political stability remains susceptible to the potential risks of continuous political games and domestic terrorist threats. Benefited from internal and external bullish factors such as the "China-Pakistan Economic Corridor" energy projects, relatively loose monetary policy and low price of global gas, Pakistan achieves a low-level yet rapid economic growth. However, its long-term economic growth potential is still constrained by structural bottlenecks. Under the IMF medium-term loan reform goals, the government of Pakistan has decided to carry out fiscal consolidation program to improve the deficit situation, but the expenditure burden remains heavy in the medium term. Moreover, the current account deficit is expected to be widened and its foreign debt can barely be covered by the foreign exchange reserves. It is predicted that Pakistan is able to finance itself through successful bond issuance in the international capital market, but in the long run, the unfavorable situation of double deficits is likely to raise the financing cost and the financing difficulty. As such, United Ratings believes that Pakistan has certain sovereign credit risks both in local and foreign currency debt repayment.

Outlook

Although the political situation of Pakistan tends to stabilize, the continuous political games and domestic terrorism have posed successive threats to its social security situation. The economy of Pakistan is recovering with a rapid pace, but the economic potential is restricted by structural bottlenecks. Under the supervision of IMF, the government's fiscal condition tends to stabilize, but the government's considerable expenditure in the medium term will raise the difficulty of consolidating the fiscal situation. Benefits of smooth external financing, outweighing the threats of the widened deficit of the current account and low coverage of foreign exchange reserves to the foreign debt, become the dominant factor ensuring the solvency of Pakistan in the short run. Therefore, United Ratings has decided to assign a stable outlook on Pakistan's local and foreign currency sovereign credit ratings for the next $1-2$ years.

第四部分

"一带一路"沿线之

——中亚和西亚国家主权信用风险展望

中亚和西亚国家主权信用风险综述··················

"一带一路"沿线的中亚和西亚地区共包括 11 个国家，分别是蒙古、哈萨克斯坦、乌兹别克斯坦、吉尔吉斯斯坦、土库曼斯坦、塔吉克斯坦、阿富汗、伊朗、阿塞拜疆、亚美尼亚和格鲁吉亚。本次，我们对其中的 8 个国家进行主权信用的评级，具体的评级结果如表 4 - 1 所示。

表 4 - 1 中亚及西亚 8 国评级结果

国别	本币	外币	展望
哈萨克斯坦	A_i	A_i	稳定
阿塞拜疆	BBB_i	BBB_i	稳定
乌兹别克斯坦	BBB_i	BBB_i	稳定
吉尔吉斯斯坦	BB_i	BB_i	稳定
亚美尼亚	BB_i+	BB_i+	稳定
格鲁吉亚	BB_i+	BB_i+	稳定
塔吉克斯坦	BB_i-	BB_i-	稳定
蒙古	B_i	B_i	稳定

在本次评级涉及的中亚及西亚 8 国中，包括蒙古国以及 7 个从苏联独立出来的国家：哈萨克斯坦、乌兹别克斯坦、吉尔吉斯斯坦、塔吉克斯坦、阿塞拜疆、亚美尼亚和格鲁吉亚。其中，哈萨克斯坦因石油天然气出口的优势，经济整体水平在该地区表现突出，主权信用风险的级别为 A_i；其他 6 个苏联国家信用级别集中在 BBB_i 和 BB_i 级别，略有差别；蒙古国债务高企，财政赤字严重，主权信用风险级别为 B_i，是该区域主权信用风险最高的国家。中亚 8 国的主权信用级别分布如图 4 - 1 所示：

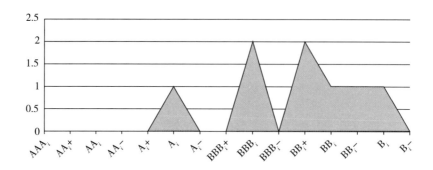

图4-1　中亚及西亚8国主权信用等级分布图

资料来源：联合评级主权数据库。

中亚8国的主权信用评级关键指标如下表所示：

表4-2　中亚及西亚地区主权评级关键指标

关键指标	2012年	2013年	2014年	2015年	2016年	本地区国家[d]	"一带一路"整体[a]
名义GDP（十亿美元）	156.0	149.9	135.2	119.7	110.7	134.3	404.1
人均GDP（美元）	12,250.8	12,834.0	13,554.1	13,512.2	13,682.1	13,166.6	21,749.0
GDP增速（%，实际）	4.5	6.4	5.2	2.7	1.7	4.1	3.0
通货膨胀率（%）	8.4	9.9	8.3	7.7	7.3	8.3	5.5
各级政府财政平衡/GDP（%）	-1.9	-0.8	-1.6	-1.6	-3.6	-1.9	-2.9
公共债务/GDP（%）	23.1	23.0	26.8	32.7	42.5	29.6	46.0
总外债/GDP（%）	45.4	49.9	60.9	63.6	80.6	60.1	72.8
经常项目盈余/GDP（%）	-6.4	-4.8	-3.1	-5.3	-4.7	-4.9	-0.9

注：d表示中亚、西亚9国近5年均值；a表示"一带一路"57国近5年均值。

资料来源：联合评级主权数据库。

中亚及西亚8国整体经济发展规模较小，经济发展程度一般。近5年人均GDP为13,166.6美元，较"一带一路"整体21,749美元的均值偏低。因共同的政治变革和相似的经济改革历程，经济发展都不同程度地表现出对俄罗斯经贸环境的影响。近年来，由于俄罗斯经济衰退，中国经济增速放缓以及能源价格下跌等因素，GDP增速自2013年以来持续下滑，2017年该区域经济增速仅为1.7%，但由于2012—2013年的高增速，五年GDP增速均值仍高于"一带一路"整体。各国货币贬值较为严重，通胀率近年虽得到一定的控制，但整体仍较高，近5年8.3%的均值远高于"一带一路"整体5.5%的水平。该区域经济市场化和开放度较低，经济对外部的依赖性较强，资源禀赋和经济结构较为单一。各国政府治理能力偏低，金融水平不高，银行资产中的美元化现象较高。近年来，由于本币贬值和外部需求放缓，贸易总额大幅下降，导致经常项目逆差问题严重，经常项目逆差占 GDP 比重远高于"一带一路"整体水平。此外，投资级级别的占比较少，此次评级该区域 8 个国家中只有 3 个国家位于投资级别，大部分国家都面临程度不同的主权信用风险。

Central and Western Asia

There are 11 countries along the B&R in Central and Western Asia, including Mongolia, Kazakhstan, Uzbekistan, Kyrgyzstan, Turkmenistan, Tajikistan, Afghanistan, Iran, Azerbaijan, Armenia and Georgia. United Ratings has assigned sovereign credit ratings to 8 countries, and the rating results are shown in Table 4-1 below.

Table 4-1   Rating Results of the 8 Countries in Central and Western Asia

Country	Local Currency Rating	Foreign Currency Rating	Outlook
Kazakhstan	A_i	A_i	Stable
Azerbaijan	BBB_i	BBB_i	Stable
Uzbekistan	BBB_i	BBB_i	Stable
Kyrgyzstan	BB_i	BB_i	Stable
Armenia	BB_i+	BB_i+	Stable
Georgia	BB_i+	BB_i+	Stable
Tajikistan	BB_i-	BB_i-	Stable
Mongolia	B_i	B_i	Stable

Among the 8 rated countries in Central and Western Asia, except Mongolia, all the other 7 are former Soviet Union countries, including Kazakhstan, Uzbekistan, Kyrgyzstan, Turkmenistan, Azerbaijan, Armenia and Georgia. Kazakhstan boasts the highest sovereign credit rating of A_i due to its outstanding economic performance in the region driven by large oil and gas exports. The assigned ratings of the other 6 former Soviet Union countries vary slightly from BBB_i to BB_i, with Mongolia being rated at B_i based on its rising public debt and severe fiscal deficit, demonstrating the highest sovereign credit risk. The sovereign credit rating distribution of the 8 countries within the region are shown in Figure 4-1 below.

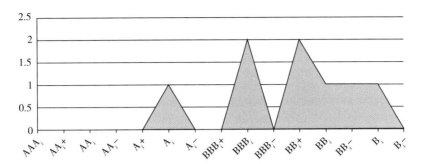

Figure 4-1   Sovereign Credit Rating Distribution of the 8
Countries in Central and Western Asia

Source: Sovereign Credit Rating Database of United Credit Ratings Co., Ltd.

Key indicators for assessing sovereign credit ratings of the 8 countries in Central and Western Asia are shown in Table 4-2 below.

**Table 4-2   Key Indicators for Assessing Sovereign Credit Ratings
of the Countries in Central &Western Asia**

Key Indicators	2012	2013	2014	2015	2016	Five-year Average[d]	B&R Country Average[a]
Nominal GDP ($ bn)	156.0	149.9	135.2	119.7	110.7	134.3	404.1
GDP per head ($ at PPP)	12,250.8	12,834.0	13,554.1	13,512.2	13,682.1	13,166.6	21,749.0
GDP (% real change pa)	4.5	6.4	5.2	2.7	1.7	4.1	3.0
Consumer prices (% change pa; av)	8.4	9.9	8.3	7.7	7.3	8.3	5.5
Budget balance (% of GDP)	-1.9	-0.8	-1.6	-1.6	-3.6	-1.9	-2.9
Public debt (% of GDP)	23.1	23.0	26.8	32.7	42.5	29.6	46.0
Total debt/GDP (%)	45.4	49.9	60.9	63.6	80.6	60.1	72.8
Current account balance/ GDP (%)	-6.4	-4.8	-3.1	-5.3	-4.7	-4.9	-0.9

Note: "d" stands for the recent five-year average of the 9 countries in Central and Western Asia along the B&R; "a" stands for the recent five-year average of the 57 countries along the B&R.

Source: Sovereign Credit Rating Database of United Credit Ratings Co., Ltd.

The economic size of the 8 countries in Central and Western Asia is small, and the overall regional economic development level is relatively low. The recent five-year per capita GDP is US $13,166.6, lower than the overall B&R average of US $21,749. Due to similar political transformation and economic reform processes, the countries in Central and Western Asia show a different degree of economic attachment to Russia. In recent years, impacted by the economic recession of Russia, economic slowdown of China and drop in energy prices, the regional growth of GDP has been declining since 2013, and down to 1.7% in 2017. However, due to the high economic growth rate in 2012 – 2013, the recent five-year average growth rate of the region is still higher than the overall B&R average. In recent years, although the mounting inflation rate has been curbed to some extent, the overall average of 8.3% is still much higher than the B&R average of 5.5%. The level of marketization and openness of the region is relatively low, and the economy shows a high dependence on external conditions with its single economic structure and resource endowments. With only a minority of countries (3 out of 8) being rated above the investment grade, most countries within the region demonstrate sovereign credit risks to varying degrees and suffer from problems of inadequate governing capacity, relatively low level of financial development, dollarization of assets in the banking sector, etc., and large current account deficit due to trade drop caused by local currency depreciation and slackening external demand. The current deficit to GDP ratio is much higher than that of the average B&R level.

格鲁吉亚

本次评级结果

长期本币信用等级：$BB_i +$

长期外币信用等级：$BB_i +$

评级展望：稳定

本次评级时间

2017 年 4 月 13 日

分析师：王倩

评级观点

联合评级于 2017 年 4 月 13 日对格鲁吉亚的主权信用进行了评定，确认其长期本、外币主权信用的等级为 $BB_i +$，评级展望为稳定。

2016 年格鲁吉亚议会选举后政局相对稳定，政治民主化趋势加强；俄格战争后，围绕格鲁吉亚阿布哈兹和南奥塞梯问题俄格关系恶化，地缘政治风险犹存，但格鲁吉亚再次爆发战争的可能性较低。格鲁吉亚政府持续推动改善投资营商环境，制定"格鲁吉亚 2020"经济社会发展规划。短期内经济温和增长，长期经济潜力的释放有赖于结构性问题的进一步解决；财政赤字走高推升政府债务水平，但经常账户逆差收窄，外国投资保持稳定增速，多、双边国际组织及国际债权人也为其提供一定的外部支持。综上所述，联合评级认为格鲁吉亚本、外币债务面临一定的信用风险。

评级依据

2016 年 10 月议会选举执政党连任，政策稳定性延续，民主化进一步加强

格鲁吉亚 2010 年通过宪法修正案，由总统制三权分立制改行议会总统制，2013 年底总统选举后生效，总统的权力事实上被削弱。2016 年 10 月，格鲁吉亚举行议会选举，经过两轮投票，执政党"格鲁吉亚梦想—民主格鲁吉亚"党（GD-DG）赢得议会 150 个席位中的 115 席；最大的反对党联合民族运动（UNM）党获得 27 个席位。2016 年 11 月，格鲁吉亚总统任命克维里卡什维利为新一届政府总理。但反对党联合民族运动党之后发生分裂，27 名议员中的 21 位另组成"欧洲格鲁吉亚党"，6 人继续留在党内，其党首为"玫瑰革命"后上台的原总统萨卡什维利。统一联合运动党的分裂将加速改变格鲁吉亚政坛多年来由原总理伊万尼什维利创建的 GD - DG 及原总统萨克什维利 UNM 两党主导的局面，有利于政治民主化的进一步成熟和发展。鉴于两党在社会发展政策方面达成了较高共识，预计未来政策的连续性不会受到影响。由于格鲁吉亚贫富分化现象较为明显，民众对生活水平的不满可能会导致 2017 年地方选举前爆发零星暴力事件，但不至于影响整体社会稳定。

俄格战争后，围绕格鲁吉亚阿布哈兹和南奥塞梯问题俄格关系恶化，地缘政治风险犹存，但再次开战可能性较低

格鲁吉亚位处地缘政治要塞，2003 年"玫瑰革命"后，政治路线转向亲西方，"去俄化"政策明显，与俄罗斯关系疏离。但受到俄罗斯政治、经济、军事上的强力钳制以及北约、欧盟内部意见分歧的影响，格鲁吉亚一直以来寻求加入欧盟和北约未果。

2008 年为争夺原格鲁吉亚自治州南奥塞梯控制权俄格爆发战争，由于战争失败并导致南奥塞梯和阿布哈兹事实独立，格鲁吉亚宣布与俄罗斯断交并退出独联体，俄格关系陷入冰点。尽管 2012 年伊万尼什维利出任总理后寻求改善与俄罗斯的关系，承诺放弃武力解决问题；但两国关系短期内难以有实质性改善。2016 年 11 月，俄罗斯与阿布哈兹签署协议计划建立阿布哈兹—俄罗斯联军；2017 年 3 月俄罗斯签署决议将部分南奥塞梯军队并入俄军；2017 年 4 月南奥塞梯在总统大选期间以安全为由关闭与格鲁吉亚的边境。格鲁吉亚政府将这些行为解读为对格鲁吉亚的国家侵略。因此，预计在中期内，格鲁吉亚与俄罗斯关系不会出现实质性转机；而俄罗斯中期内出于用阿布哈兹与南奥塞梯作为筹码牵制欧盟、美国的意图，也不会将其并入俄罗斯。地缘政治复杂形势将持续，但由于俄格双方放弃武力解决承诺及欧盟、美国的约束，再次爆发大规模公开战争的可能性较小。

短期内经济缓慢增长，长期经济增长潜力较好，但脆弱性仍较为突出

格鲁吉亚经济体量有限，但经过多年改革，法律和营商环境较好。根据世界银行《2016年营商环境报告》，格鲁吉亚营商环境在全球189个国家和地区中排名第24位。2003年"玫瑰革命"后，格鲁吉亚政局趋于稳定，经济取得恢复性较快增长。2008年俄格战争爆发，受战争及之后全球金融危机、反对派持续示威抗议活动的影响，2009年格鲁吉亚经济下滑3.9%，达到2003年以来的最低点。之后随着俄格关系的缓和及格鲁吉亚积极向欧盟靠拢，经济形势逐渐好转。

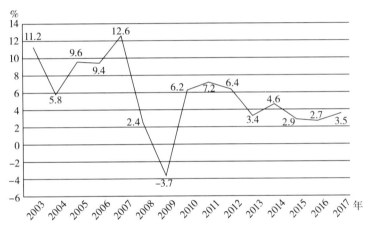

图4-2 格鲁吉亚经济增长情况

注：2017年数据为预测值。

资料来源：联合评级主权数据库。

根据格鲁吉亚统计局数据，2016年格鲁吉亚经济增长约2.7%，较上年小幅下降0.1个百分点，为自2009年以来的最低增速。主要原因是俄罗斯经济低迷，实际工资下降导致向格鲁吉亚外劳汇款减少；商品出口持续低迷也拖累了经济增长的步伐。另外，由于格鲁吉亚CPI均值由2015年的4.0%下降至2016年的2.1%，加上持续增长的工资水平得以维持私人消费的增长；由建筑业拉动的公共支出及投资显著增长。此外，由于私有化进程加快吸收外资力度及较友好的外资环境，外国投资一直是格鲁吉亚经济发展的主要动力，2016年格鲁吉亚吸引外国投资16.5亿美元，同比增长5%，均对经济增长做出了贡献。

进入2017年，格鲁吉亚主要贸易伙伴俄罗斯经济回暖将增加汇款收入，带动家庭需求回升，改善出口表现，收窄商品贸易逆差；宽松的财政政策以及格鲁吉亚拉里逐步企稳也将刺激消费增长，2017年1—2月，格鲁吉亚GDP同比出现4.8%的增长，预计2017年格鲁吉亚增速将加快至3.5%的水平。中长期内，在政府持续推进"格鲁吉亚2020"经济社会发展规划，不断优化投资和营商环境推动下，经济预计将保持较高增速，潜力较好；但同时经济发展依赖投资，制造业疲弱，出口附加值低竞争力较差，高失业率等问题将凸显其经济发展的脆弱性。

失业率明显高于欧盟，但近年来呈稳定下降趋势

由于国内行业吸纳就业能力不足，人才结构不合理等原因，格鲁吉亚失业率一直较高，2009年官方失业率一度高达16.9%。近年来在政府促进包容性增长，发展民营经济、改善投资环境等改革的推动下，失业率稳定下降，2015年官方公布失业率为12.0%，但仍高于同期欧盟平均8%左右的均值。政府在"格鲁吉亚2020"发展规划中提出中长期内将失业率控制在12%以下的目标，预计在各项政策的推动下，中期内格鲁吉亚失业率将继续处于下行通道。

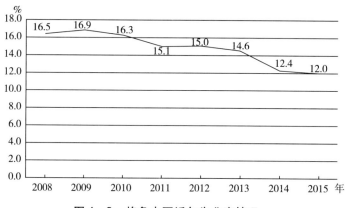

图4-3　格鲁吉亚近年失业率情况

资料来源：联合评级主权数据库。

银行业整体表现较为稳定，但格鲁吉亚拉里贬值令银行体系流动性及资产质量承压

格鲁吉亚独立之初政局一度动荡导致金融市场不稳定。2003年以后，在西方国家和IMF等国际机构的帮助下，格鲁吉亚逐渐改善金融环境，金融政策宽松，银行业发展较快。

银行业盈利指标改善。2016年底，格鲁吉亚金融部门资产收益率（ROA）为2.9%，较上年同期上升0.2个百分点，非利息收入占比为33%，同比上升2.2个百分点,收入结构继续优化。但受累于近 2 年格鲁吉亚拉里兑美元持续大幅贬值,格鲁吉亚银行业资本充足率和流动性承压,截至 2016 年底,格鲁吉亚银行业流动资产占总资产比重由上年同期的 23.4% 下降至 22.8%;流动资产对短期负债的覆盖率由 56.6% 下降至 51.5%。逾期 90 天以上的不良贷款率由 2015 年底的 2.7% 上升至 3.5%。资本充足率由 17.5% 下降至 15.0%。

2017 年随着俄罗斯经济回暖,格鲁吉亚拉里或将逐步企稳,部分缓解银行业风险。

受选举周期、福利支出及税制改革影响,政府财政赤字上升,中期内赤字规模或逐步收缩

由于福利、医疗等领域支出加快,自 2008 年以来,格鲁吉亚财政赤字一直呈扩大趋势,2015 年各级政府财政赤字占 GDP 比重为 3.6%。2016 年,由于议会选举周期加大相关政府支出;加上减税改革令公司利润税收入由 9.8 亿拉里大幅降至 5.2 亿拉里,财政赤字进一步扩大至 4.1%,高于格鲁吉亚政府规划中 3% 的赤字目标。中期内,随着行政支出的逐步降低及经济增速回升,预计赤字规模将逐步收缩。

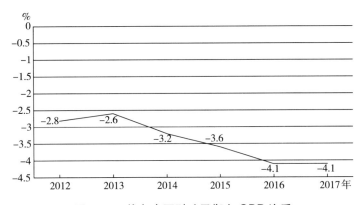

图 4-4 格鲁吉亚财政平衡占 GDP 比重

注:2017 年数据为预测值。

资料来源:联合评级主权数据库。

公共债务规模持续升高,与 IMF 等国际组织与外部债权人的良好关系将保持政府偿债能力基本稳定

格鲁吉亚公共债务规模持续上升,从 2007 年的 19.4 亿美元提高至 2016 年的 59.1 亿美元,公债占 GDP 的比重从 2007 年的 19.1% 大幅上升到 2016 年的 44.9%。目前格鲁吉亚政府债务中约 80% 为外债,近两年,拉里的大幅贬值令格鲁吉亚各级政府债务上升,中期内随着经济回暖,本币企稳及财政改善预计债务负担率将逐步改善。

格鲁吉亚融资需求主要通过为多边、双边国际组织低息援助性贷款及基础设施项目合作国的融资贷款解决，多为固定利息贷款且期限较长；由于其推进经济改革，与各国际组织及债权人维持了良好关系，预计中期内政府偿债能力将保持稳定。

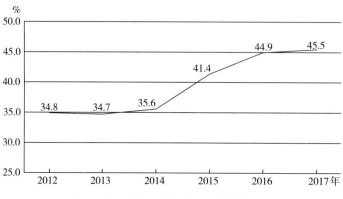

图 4-5 格鲁吉亚公债占 GDP 比重

注：2017 年数据为预测值。

资料来源：联合评级主权数据库。

经常账户持续逆差，但逆差规模有所收窄

2014 年以来，格鲁吉亚经常账户逆差占 GDP 比重一直高于 10%。2016 年，美元计价的商品出口同比下降 4.1%，进口仅收缩 0.6%；但同时二级账户汇款流入回升，总体来看，2016 年格鲁吉亚经常账户赤字由 2015 年的 18 亿美元收窄至 16 亿美元，占 GDP 比重下降 0.7 个百分点至 12.0%。中期内随着俄罗斯经济复苏，至格鲁吉亚的汇款收入将恢复，此外旅游收入也将增加。但同时，由于国内私人需求及投资规模加大，预计进口也将增加。总体来看，经常账户赤字呈收窄趋势，但总体仍维持高位。

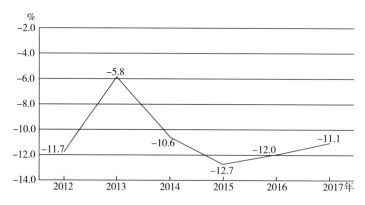

图 4-6 格鲁吉亚经常账户平衡占 GDP 比重

注：2017 年数据为预测值。

资料来源：联合评级主权数据库。

外债负担重且公共外债规模持续上升，但外部较为稳定的融资便利为其债务偿还提供了支持

近两年格鲁吉亚拉里大幅贬值等因素令格鲁吉亚外债占 GDP 比重由 2014 年的 83.6% 上升至 2016 年的 114.8%；外债总规模由 2012 年的 133 亿美元上升至 2016 年的 155 亿美元。2016 年去除对外债权的净外债约 94.8 亿美元，净外债占 GDP 比重约为 66.1%；其中公共部门净外债占 GDP 比重约为 26.6%。

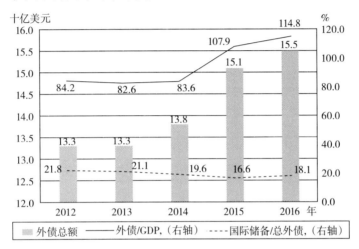

图 4-7 格鲁吉亚外债状况

资料来源：联合评级主权数据库。

2016 年格鲁吉亚外汇储备约 28 亿美元，外汇储备与总债务的比值约 29.5%，对外债覆盖能力较差。但另一方面，格鲁吉亚吸收外国直接投资能力强，2016 年 FDI 流入 16.4 亿美元且稳定增长，在很大程度上弥补了经常账户赤字。此外，政府外债多为多边及双边固定利率低息贷款，与国际债权人关系较为良好，将在短期内为政府外债偿付能力提供支持。

展望

综上所述，2016 年格鲁吉亚议会选举后政局相对稳定，民主化趋势加强；政府持续推动改善投资营商环境，经济潜力较好；经常账户逆差呈现收窄，拉里汇率企稳，多、双边国际组织及国际债权人的支持有助于维持政府较为稳定的偿债能力。因此，联合评级对未来 1~2 年格鲁吉亚本、外币主权信用评级的展望为稳定。

表 4 - 3　格鲁吉亚主权信用评级关键数据表

指标	2012 年	2013 年	2014 年	2015 年	2016 年	2017 年[f]	中亚西亚[d]	"一带一路"[a]
GDP（十亿美元）	15.8	16.1	16.5	14.0	13.5	14.9	134.3	404.1
人均 GDP（美元）	4,130.5	4,266.6	4,428.3	3,761.9	3,842.4	3,715.4	13,166.6	21,749.0
GDP 增长率（%，实际）	6.4	3.4	4.6	2.8	2.7	3.5	4.1	3.0
通货膨胀率（%）	-0.9	-0.5	3.1	4.0	2.1	5.6	8.3	5.5
各级政府财政平衡/GDP(%)	-2.8	-2.6	-3.2	-3.6	-4.1	-4.1	-1.9	-2.9
公共债务/GDP（%）	34.8	34.7	35.6	41.4	44.9	45.5	29.6	46.0
总外债/GDP（%）	84.2	82.6	83.6	107.9	114.8	—	60.1	72.8
经常项目余额/GDP（%）	-11.7	-5.8	-10.6	-12.7	-12.0	-11.1	-4.9	-0.9

注：f 表示预测值；d 表示中亚、西亚 9 国近 5 年均值；a 表示"一带一路"57 国近 5 年均值。

资料来源：联合评级主权数据库。

Highlights of the Sovereign Rating on Georgia

Sovereign Credit Rating

Long-term Local Currency: BB_i +

Long-term Foreign Currency: BB_i +

Outlook: Stable

Ratings completed on April 13th,2017

Analyst: Wang Qian

Rating Rationale

United Ratings assigned BB_i + on both local and foreign currency sovereign credit ratings of Georgia on April 13th, 2017 with a stable outlook.

The political situation of Georgia tends to stabilize with the strengthening of political democracy since the parliamentary election of Georgia in 2016. After the Russia-Georgia war, the bilateral relationship further deteriorated as a result of the conflicts on the Abkhazia and South Ossetia issues. Geopolitical risk remains prominent. However, it is almost impossible for the outbreak of another war in Georgia. In order to improve the business environment in Georgia, the government has formulated a plan named "Georgia 2020" to promote social and economic development. In the short term, the economy of Georgia is expected to grow at a moderate pace, yet the long-term potential will not be released until the structural problem finds its solution. In addition, a rise in budget deficit further boosts the government debt, while the current account deficit narrows down, and the foreign investment grows steadily. Besides, Georgia also receives external support from multilateral and bilateral international organizations and creditors, ensuring its debt solvency. As such, United Ratings believes that Georgia is facing certain sovereign credit risks both in local and foreign currency debt repayment.

Outlook

In conclusion, the parliamentary election of Georgia in 2016 helps stabilize the political situation and strengthen the political democracy in Georgia. Benefited from the government's efforts to improve the business environment, the economy shows a relatively good potential. The current account deficit narrows down and the exchange rate tends to stabilize, and the support from multinational and bilateral international organizations and creditors contributes to sustaining a stable debt repayment. Therefore, United Ratings has decided to assign a stable outlook on Georgia's local and foreign currency sovereign credit ratings for the next 1 – 2 years.

哈萨克斯坦共和国

本次评级结果

长期本币信用等级：A_i

长期外币信用等级：A_i

评级展望：稳定

本次评级时间

2017 年 4 月 25 日

分析师：陈诣辉　丁翔

评级观点

联合评级于 2017 年 4 月 25 日对哈萨克斯坦共和国（以下简称哈萨克斯坦）的主权信用进行了评定，确认其长期本、外币主权信用的等级为 A_i，评级展望为稳定。

近年来哈萨克斯坦政局稳定，总统纳扎尔巴耶夫牢固控制政权；随着石油价格的回暖，2017 年起哈萨克斯坦的经济增速有所反弹；但囿于资源型经济结构，其经济受国际市场的影响较大。近年来，哈萨克斯坦本币坚戈兑美元汇率的贬值趋势，以及 2016 年超两位数的通货膨胀在 2017 年有望得以控制。较低的监管水平对哈萨克斯坦的金融业形成潜在威胁，银行业面临集中度过高的风险。银行系统较差的资产质量在一定程度上加大了财政支出负担，影响了该国的经济表现。财政收支常年略有赤字，随着国际石油价格的回升，政府债务负担可能会有所缓解。经常账户出现小幅赤字；国际储备较为充足，但国际储备的质量有所下降。外债规模较大，但中央政府外债规模占比较小。综上所述，联合评级认为哈萨克斯坦具有较强的本、外币债务偿还能力，主权信用风险较低。

评级依据

哈萨克斯坦是中亚地区最稳定的国家之一。总统纳扎尔巴耶夫对全局掌控牢固，短期内政局运行稳定

自从 1991 年哈萨克斯坦独立以来，努尔苏丹·纳扎尔巴耶夫一直担任总统，20 多年来没有发生过权力转移。纳扎尔巴耶夫声称他希望他能服满任期至 2020 年。从目前纳扎尔巴耶夫对政局的牢固掌握来看，他服务至期满的可能性很大。目前，也有一些不确定性因素困扰着未来新总统的继承。2017 年 3 月初，哈萨克斯坦议会通过了宪法修正案，提高了内阁和议会的权力，降低了总统的权力。这是为纳扎尔巴耶夫之后的权力分配所做的法律制度准备。但在纳扎尔巴耶夫交出总统权力前，这些宪法修正案不会产生实际影响，短期内哈萨克斯坦的政局有望保持稳定。

哈萨克斯坦安全形势较为稳定，但恐怖袭击的隐患犹存

独立 20 多年来，哈萨克斯坦安全形势良好，极端宗教势力的影响不大。2011 年和 2012 年曾是哈萨克斯坦的恐怖袭击高发期，但由于政府反应及时，恐怖袭击得到了有效控制。近年来，随着经济发展速度的减缓，哈萨克斯坦的社会抗议活动有所增多，恐怖袭击也时有发生。2016 年 6 月，哈萨克斯坦发出了恐怖威胁黄色预警。2017 年 1 月，由于安全形势的好转，哈萨克斯坦取消了黄色预警，但恐怖袭击的隐患仍然存在。

随着石油价格的回暖，2017 年起哈萨克斯坦的经济增速有所反弹；但受限于资源型经济结构的限制，其经济受国际市场的影响较大

石油和其他大宗商品的生产是哈萨克斯坦经济最主要的组成部分。石油收入占该国 GDP 的 15%、出口总量的 50% 和政府收入的 35%。2014—2015 年，由于国际石油价格的下跌及包括中国、俄罗斯等主要贸易伙伴需求的下降，哈萨克斯坦的经济增速大幅下滑。哈萨克斯坦的经济增长率从 2014 年的 4.3% 下降为 2015 年的 1.0%。2016 年，哈萨克斯坦的经济增长率仍为 1.0%，实际工资则下降了 5%。

随着国际油价的回暖和庞大的卡沙干油田加快生产，哈萨克斯坦将迎来更大规模的投资，这势必会带来出口的增长和私人消费的逐步恢复。预计从2017年开始，哈萨克斯坦经济将恢复温和的增长速度，2017—2020年，GDP年均增速有望达到2.5%。

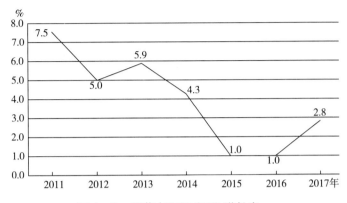

图4-8 哈萨克斯坦GDP增长率

注：2017年数据为预测值。

资料来源：联合评级主权数据库，EIU数据库。

近年来哈萨克斯坦本币坚戈兑美元汇率的贬值趋势，以及2016年超两位数的通货膨胀在2017年有望得以控制

2014年2月，哈萨克斯坦央行宣布将本币坚戈贬值20%。2015年8月，哈萨克斯坦中央银行宣布实行浮动汇率。随后的汇率调整缓解了积累的外部压力。2016年，哈萨克斯坦坚戈继续出现了明显的贬值。2017年，随着石油价格的上升，坚戈的币值可能会保持稳定。

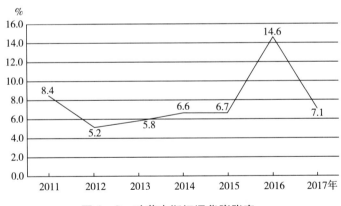

图4-9 哈萨克斯坦通货膨胀率

注：2017年数据为预测值。

资料来源：联合评级主权数据库，EIU数据库。

2015年8月，哈萨克斯坦国家银行设定了6%~8%的通货膨胀目标，通胀目标政策的执行逐步取得实效。2017年1月，哈萨克斯坦的通货膨胀率已从2016年的

14.6%下降到 7.9%。预计 2017 年，哈萨克斯坦的通货膨胀问题将逐步得到控制，通胀水平将下降至 7.1% 左右。

银行业面临集中度过高的风险，银行系统较差的资产质量在一定程度上可能会加大财政支出负担

2008 年金融危机后，4 家最大金融机构的违约曾迫使政府救助以避免系统性崩溃。此后，虽然监管当局采取了一些改革措施，但未能从根本上解决问题，金融领域的腐败仍然普遍存在。2016 年 12 月，有媒体报道，哈萨克斯坦最大的贷款银行 Qazkom 遭遇流动性危机，虽然该银行予以否认，但不久后就宣布与哈萨克斯坦人民银行合并重组，而这将造就占哈萨克斯坦银行业 40% 资产的"巨无霸"，使银行业面临集中度过高的风险。

受累于 2008 年的金融危机，哈萨克斯坦银行业的不良贷款率持续上升，到 2014 年一度高达 19.5%。根据哈萨克斯坦的官方数据，近年来银行业的不良资产率有所下降，截至 2016 年初降到低于 8% 的水平。但这一数据遭到多方面的质疑。国际货币基金组织甚至呼吁哈萨克斯坦重建可靠的汇报体系以反映真实的不良贷款率。

哈萨克斯坦政府于 2017 年 2 月修改了预算，主要是为了对不良资产基金进行再注资，使不良资产基金能购买国内银行系统的巨额不良贷款。哈萨克斯坦中央银行报告不良贷款率从 2016 年 1 月 1 日的 8% 下降到了 2017 年 1 月 1 日的 6.7%，但不良贷款率的下降主要是由于核销或将不良贷款出售给特殊目的实体（SPVs），按照当地会计准则，这些特殊目的实体不纳入合并会计报表。调整了表外贷款、重组贷款和 2015 年从哈萨克斯坦商业银行剥离到阿列姆银行的贷款之后，哈萨克斯坦银行系统的不良贷款率将比官方报告的数值高 4 倍。这势必会加重哈萨克斯坦的财政支出负担。

财政收支常年稳定在略有赤字的状态，随着石油价格的回升，政府债务负担可能会有所缓解

2016 年，由于国际市场石油价格的回升，哈萨克斯坦的财政赤字占 GDP 的比重从 2015 年的 1.5% 缩小到 0.3%。但 2017—2018 年，哈萨克斯坦财政赤字占 GDP 的比重将扩大到 0.9% 和 1.3%。

传统上，哈萨克斯坦的公共债务保持着较低的水平，但近年来政府出资购买银行不良资产的行为推高了哈萨克斯坦政府的公共债务。从 2012—2016 年，哈萨克斯坦的公共债务占 GDP 的比重从 13.2% 上涨至 27.3%，但依然处于较低水平。未来 2

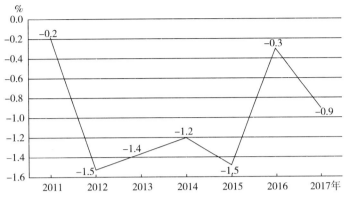

图4-10 哈萨克斯坦财政盈余/GDP

注：2017年数据为预测值。

资料来源：联合评级主权数据库，EIU数据库。

年，随着注资额的下降，公共债务的占比将小幅下降。

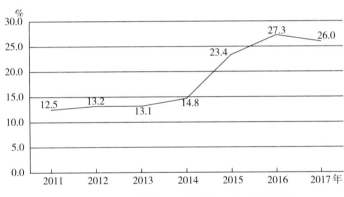

图4-11 哈萨克斯坦公共债务占GDP比重

注：2017年数据为预测值。

资料来源：联合评级主权数据库，EIU数据库。

经常账户出现小幅赤字；国际储备较为充足，但国际储备的质量有所下降

得益于丰富的石油出口收入，哈萨克斯坦长期保持经常账户的盈余，但自2014年底起国际石油价格的下降造成了哈萨克斯坦经常性账户出现赤字，2015年和2016年赤字占GDP的比分别为2.9%和6.8%。未来2年，随着石油价格的回升，赤字占比将有所下降，但难以实现盈余。

2014年之前经常账户的盈余和资本流入的增加使哈萨克斯坦积累了丰富的外汇储备。2015年，由于石油价格的下降，哈萨克斯坦的国际储备出现了下降，但2016年随着石油价格的回升，国际储备恢复增长，未来2年这一趋势有望继续。

2016年，哈萨克斯坦国家银行的国际储备质量有所下降，外汇银行存款所占比

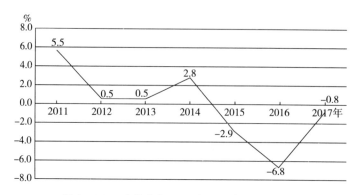

图 4 - 12　哈萨克斯坦经常性账户盈余/GDP

注：2017 年数据为预测值。

资料来源：联合评级主权数据库，EIU 数据库。

重从 2015 年的 30% 下降到 20%。此外，哈萨克斯坦国家银行与一些国内银行开展了 30 亿美元的货币互换，以支持这些银行的本币流动性，将这些银行的外部资产转入哈萨克斯坦国家银行，这进一步降低了国际储备的质量。

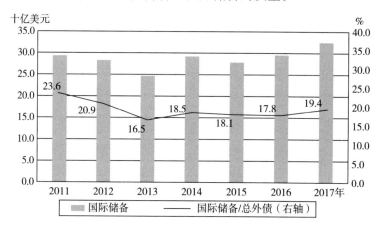

图 4 - 13　哈萨克斯坦国际储备

注：2017 年数据为预测值。

资料来源：联合评级主权数据库，EIU 数据库。

外债规模较大，但中央政府外债规模占比较小，使得政府外债偿付风险较小

哈萨克斯坦的外债规模较大，2014 年，哈萨克斯坦的总外债达到 1,577 亿美元，占 GDP 的 72.2%；2015 年，总外债缩小到 1,543 亿美元，占 GDP 的 86.0%，2016 年，总外债增加到 1,661 亿美元，占 GDP 的 131.9%。

虽然哈萨克斯坦的总外债规模较大，但政府外债规模占比较小。2016 年，哈萨克斯坦的政府外债（包含准主权债务）为 366 亿美元，占全部外债的 22.05%，占 GDP 的 29%，总体来看，政府外债偿付风险较小。

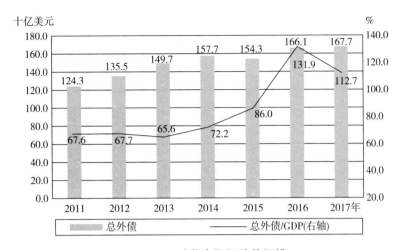

图4-14 哈萨克斯坦外债规模

注：2017年数据为预测值。

资料来源：联合评级主权数据库，EIU数据库。

展望

综上所述，短期内哈萨克斯坦政局不会出现较大的波动，社会治安将保持稳定。随着石油价格的提高和"一带一路"建设的推进，哈萨克斯坦的出口和经济增速都会得到改善。哈萨克斯坦拥有丰富的外汇储备和国家主权基金，其债务偿债能力较强。鉴于此，联合评级对未来1~2年哈萨克斯坦本、外币主权信用评级的展望为稳定。

表4-4 哈萨克斯坦主权信用评级关键数据表

指标	2012年	2013年	2014年	2015年	2016年	2017年[f]	中亚西亚[d]	"一带一路"[a]
名义GDP（十亿美元）	200.1	228.3	218.5	179.3	126.0	148.8	134.3	404.1
人均GDP（美元，PPP）	21,498.6	22,846.9	24,400.8	24,241.4	24,480.0	25,450.0	13,166.6	21,749.0
实际GDP增长率（%）	5.0	5.9	4.3	1.0	1.0	2.8	4.1	3.0
通货膨胀率（%）	5.2	5.8	6.6	6.7	14.6	7.1	8.3	5.5
国内信贷增长率（%）	12.4	10.4	3.8	23.0	5.2	15.5	23.0	15.9
M2增长率（%）	7.3	1.5	-8.2	7.9	46.4	18.2	17.3	11.4
各级政府财政平衡/GDP（%）	-1.5	-1.4	-1.2	-1.5	-0.3	-0.9	-1.9	-2.9
各级政府利息支付/GDP（%）	0.4	0.5	0.6	0.7	1.2	2.4	0.4	2.3
各级政府初级财政平衡/GDP（%）	-1.1	-0.8	-0.6	-0.7	0.9	1.5	-0.3	0.2

续表

指标	2012 年	2013 年	2014 年	2015 年	2016 年	2017 年[f]	中亚西亚[d]	"一带一路"[a]
公共债务/GDP（％）	13.2	13.1	14.8	23.4	27.3	26.0	29.6	46.0
总外债/GDP（％）	67.7	65.6	72.2	86.0	161.1	112.7	60.1	72.8
短期外债/总外债（％）	6.7	6.3	6.2	4.2	4.5	5.8	9.9	20.9
经常项目余额/GDP（％）	0.5	0.5	2.8	-2.9	-6.8	-0.8	-4.9	-0.9
国际储备/总外债（％）	20.9	16.5	18.5	18.1	17.8	19.4	464.6	128.0

注：f 表示预测值；d 表示中亚西亚 9 国近 5 年均值；a 表示"一带一路" 57 国近 5 年均值。

资料来源：联合评级主权数据库，EIU 数据库。

Highlights of the Sovereign Rating
on the Republic of Kazakhstan

Sovereign Credit Rating

Long-term Local Currency: A_i

Long-term Foreign Currency: A_i

Outlook: Stable

Ratings completed on April 25th, 2017

Analysts: Chen Yihui, Ding Xiang

Rating Rationale

United Ratings assigned "A_i" on both local and foreign currency sovereign credit ratings of the Republic of Kazakhstan (hereinafter, "Kazakhstan") on April 25th, 2017 with a stable outlook.

The political situation of Kazakhstan has stabilized in recent years, with the regime firmly controlled by President Nazarbayev. The rising oil price has led to a strong rebound in Kazakhstan's economic growth since 2017. However, restricted by the resource-based economic structure, the economic performance of Kazakhstan remains vulnerable to the fluctuation of the international market. It is predicted that the continuous depreciation trend of the Kazakhstani Tenge against the U. S. dollar as well as the double-digit inflation rate in

2016 are expected to be curbed in 2017. On the contrary, the potential threat that the regulatory deficiency poses to the banking sector increases the likelihood of excessively high banking industry concentration. Moreover, the poor assets quality in the banking system are likely to increase the fiscal expenditure, generating negative impact on Kazakhstan's economic performance. The fiscal balance remains in deficit all year around, and the burden of government debt has been relieved as the oil price gradually rises up. The current account is in small deficit, while international reserves are sufficient in stock but inferior in quality. There is a large scale of foreign debt, of which the central government only takes up a small proportion. As such, United Ratings believes that Kazakhstan is quite capable of debt repayment both in local and foreign currency, and the sovereign credit risk is relatively low.

Outlook

In conclusion, there is small likelihood for the outbreak of major turmoil in Kazakhstan's political situation, and the social security situation remains stable in the short term. Benefited from rising oil price and the Belt and Road initiative, the export and economic growth of Kazakhstan have been significantly improved. Besides, the ample foreign exchange reserves and national sovereign fund of Kazakhstan will further guarantee its debt repayment capability. As such, United Ratings assigned a stable outlook on Kazakhstan's local and foreign sovereign credit ratings for the next 1 − 2 years.

吉尔吉斯共和国

本次评级结果

长期本币信用等级：BB_i

长期外币信用等级：BB_i

评级展望：稳定

本次评级时间

2017 年 4 月 29 日

分析师：陈诣辉　胡前方

评级观点

联合评级于 2017 年 4 月 29 日对吉尔吉斯共和国（以下简称吉尔吉斯斯坦）的主权信用进行了评定，确认其长期本、外币主权信用的等级为 BB_i，评级展望为稳定。

随着俄罗斯经济恢复温和增长，吉尔吉斯斯坦的经济保持稳定增长，境外汇款的增加拉动家庭消费复苏，通货膨胀压力有所缓解，国际机构提供的持续的财政援助缓解了偿债压力。但大选结果的不确定加剧了该国政局的不稳定，高度依赖黄金和侨汇的经济结构具有脆弱性，财政赤字扩大，外汇储备较低，债务负担持续增加。综上所述，从中长期来看吉尔吉斯斯坦政府的本、外币债务都面临一定的信用风险。

评级依据

由于制度薄弱、地区分裂及对精英阶层腐败的愤怒，大选的即将来临加剧了其政局的不稳

吉尔吉斯斯坦是议会—总统制国家，其政治制度和治理结构处在不断变革之中，治理框架在一定程度上欠稳定。2005 年 3 月的"郁金香革命"和 2010 年 4 月的"二次革命"导致时任总统的下台与流亡。2010 年 10 月，吉尔吉斯斯坦新宪法确立了占主导地位的议会制度。2016 年由议会通过的《预算法》提高了财政政策的可预测性。2016 年 12 月，全民公投批准的宪法修正案将更多的权力从总统转移给议会和总理。宪法修正案削弱了总统解散议会或要求提前选举的权力，也限制了民间社团和反对派的活动。

在 2011 年 10 月总统大选中，阿尔马兹别克·阿塔姆巴耶夫当选总统，实现吉尔吉斯斯坦 1991 年独立以来权力的首次和平交接。总统阿塔姆巴耶夫和他所在的政党吉尔吉斯斯坦社会民主党采取了一系列垄断政治体系的行动，增加了社会不稳定和地区分裂的风险。2017 年 2 月，祖国社会党领导人奥穆尔别克·泰凯巴耶夫因涉嫌腐败而被逮捕，泰凯巴耶夫的权力基础主要来自于吉尔吉斯斯坦南部地区。这引发了首都比什凯克和南部地区的抗议活动，增加了动乱和政治暴力的风险。2017 年 3 月，萨得尔·贾帕罗夫——一位反对派政治家及原总统库尔曼别克·巴基耶夫的顾问——被逮捕引发了更多的抗议，加剧了政治紧张局势。

2017 年 11 月，吉尔吉斯斯坦将再次迎来总统大选，现任总统阿塔姆巴耶夫宣称他将不会寻求连任。原总理捷米尔·萨里耶夫、进步党领导人巴吉特·托罗巴耶夫、共和国—故乡党领导人奥穆尔别克·巴巴诺夫则宣布参加此次总统选举。大选结果的不确定也加剧了该国政局的不稳。此外，受民族矛盾及阿富汗动荡外溢的影响，社会安全隐患犹存。

经济增长的波动性大，经济规模小且结构单一，易受外部因素影响，经济的脆弱性较明显

截至 2016 年末，吉尔吉斯斯坦的 GDP 规模仅有 64 亿美元，经济体量较小，按购买力平价计算的人均 GDP 为 3,400 美元，经济发展水平仍较低。

近年来经济保持了较快增长，2015—2016 年有所回落。2015 年，吉尔吉斯斯坦实际 GDP 增长 3.5%，黄金产量下降 8.5%。黄金行业是吉尔吉斯斯坦经济的重要组成部分，占当年工业总产值的 25% 及占出口总值的 42%。2015 年，侨汇收入下降了 25%；2014 年侨汇收入占 GDP 的比重约为 29%。2016 年，吉尔吉斯斯坦实际 GDP 增长 3.8%，这主要是由于库姆托尔金矿的产量增加以及 2016 年第四季度来自俄罗斯的侨汇收入增长所致。

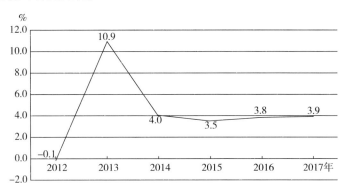

图 4-15 吉尔吉斯斯坦 GDP 增长率

注：2017 年数据为预测值。

资料来源：联合评级主权数据库。

由于 2015—2016 年本币索姆贬值导致家庭收入水平的显著下降，私人消费复苏步伐有限。2017—2018 年，吉尔吉斯斯坦 GDP 将年均增长 3.8%。随着俄罗斯经济恢复温和增长，吉尔吉斯斯坦的家庭收入将增加。中期内，吉尔吉斯斯坦政府面临的主要挑战是降低高企的贫困率，应对地区经济衰退和家庭收入下降、合理开发自然资源的潜力等。

吉尔吉斯斯坦政府与加拿大赛特拉黄金有限公司关于库姆托尔金矿所有权多年来存在纷争。自 2015 年底以来，双方的关系显著恶化。2016 年，赛特拉公司的办公室被吉尔吉斯斯坦当局突袭，赛特拉公司因环境污染而罚款。直到 2016 年 6 月 27 日，赛特拉公司才得到 2016 年采矿计划的批准。如果吉尔吉斯斯坦民众认为库姆托尔金矿并没有给国家带来足够的利益，就有可能爆发社会抗议。联合评级预计，未来 2 年库姆托尔金矿产量的增速不会维持 2016 年的速度。吉尔吉斯斯坦政府与最大外国投资者之间的长期不和会给外国投资者情绪带来负面影响。制度和商业环境不佳将持续对外商形成限制。

吉尔吉斯斯坦通货膨胀率得到了控制

近几年吉尔吉斯斯坦通货膨胀率一直在走高。2015 年初，本币索姆兑美元的弱化推动了通货膨胀；但是，2016年由于商品和食品价格的下降、国内需求疲软、本币升值，通货膨胀压力有所缓解，通货膨胀率只有0.4%，是1991年独立以来的最低值。2017年，尽管更多的汇款将增加货币供给，但需求仍然相对疲软。石油等部分商品价格的温和反弹将增加进口价格压力。预计2017年吉尔吉斯斯坦通货膨胀率将达到3.5%。2018年，由于中国经济放缓导致商品和工业品成本的下降，预计吉尔吉斯斯坦通货膨胀率将下降到3.3%。

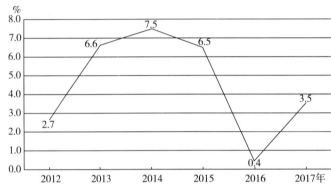

图4-16 吉尔吉斯斯坦通货膨胀率

注：2017年数据为预测值。

资料来源：联合评级主权数据库。

吉尔吉斯斯坦经济的高度美元化，银行系统具有较大的波动性

吉尔吉斯斯坦经济的高度美元化，很难通过货币政策来控制利率和通货膨胀。吉尔吉斯斯坦国家银行已采取措施使经济去美元化。2016年2月，吉尔吉斯斯坦国家银行禁止新增的美元住房抵押贷款和消费贷款。政府也降低了外汇存款的利率。这些措施在降低外汇贷款比重上起到了一些作用，但到，截至2016年12月，外汇贷款占全部贷款的比重仍高达44.5%。由于外汇存款占银行存款的较大比重，银行资产易受到汇率变动的影响，银行经营具有较大的波动性。

财政赤字扩大，公债负担持续增加

2016年，疲软的家庭消费抑制了吉尔吉斯斯坦税收收入，全年税收收入仅增加了1.9%。因此，2016年赤字（不含社会基金）占GDP的比重从2015年的1.5%扩大到4.7%。

公共债务负担持续增加，截至2016年底，吉尔吉斯斯坦的债务占GDP的比重从2014年的52.3%上升到72.1%，高于同期同级别国家52%的中位数。这主要是因为2015年吉尔吉斯斯坦本币索姆大幅贬值，提高了以美元计价债务的价值，公共债务负担加重。

吉尔吉斯斯坦的经常账户赤字有所下降，外汇储备较低

2015 年，经常账户赤字占 GDP 比重从 2014 年的 17.4% 下降为 15.1%，这主要是由于国内需求的疲软显著降低了进口成本。2016 年，更低的个人可支配收入、侨汇汇款减少和国内企业更困难的经营环境抑制了进口需求，经常账户赤字占 GDP 比重下降到 13.3%。2017 年，随着本币索姆的升值，进口商品的价格将下降，经常账户赤字占 GDP 比重将下降到 7.9%。2018 年，进口价格的下降将进一步削减赤字，经常账户赤字占 GDP 比重将下降到 7%。

货币贬值加重了外债负担，援助和多边贷款有助于偿债压力的缓解

近年来，由于吉尔吉斯斯坦本币索姆兑美元的大幅贬值。从 2014 年 12 月到 2015 年 12 月，本币索姆贬值 22.4%，加重了吉尔吉斯斯坦的外债负担。

但来自中国、俄罗斯等国家的经济援助以及国际货币基金组织（IMF）的优惠贷款有助于缓解吉尔吉斯的偿债压力。

展望

综上所述，在 2015 年 10 月议会选举中，吉尔吉斯斯坦社会民主党继续保持议会执政联盟的第一大党地位，政策延续性得以维持。经济增长速度提高，基础设施投资增加，政府债务的增加将受到限制。巩固财政的努力或令政府债务负担有所减轻，物价和汇率稳定性会得到持续改善；援助和多边贷款有助于缓解偿债压力。鉴于此，联合评级对未来 1～2 年吉尔吉斯斯坦本、外币主权信用评级的展望为稳定。

表 4-5　吉尔吉斯斯坦主权信用评级关键数据表

指标	2012 年	2013 年	2014 年	2015 年	2016 年	2017 年[f]	中亚西亚[d]	"一带一路"[a]
名义 GDP（十亿美元）	6.6	7.3	7.5	6.6	6.4	—	134.3	404.1
人均 GDP（美元，PPP）	—	—	—	—	3,400.0	—	13,166.6	21,749.0
实际 GDP 增长率（%）	-0.1	10.9	4.0	3.5	3.8	3.9	4.1	3.0
通货膨胀率（%）	2.7	6.6	7.5	6.5	0.4	3.5	8.3	5.5
各级政府财政平衡/GDP（%）				-1.5	-4.7	-4.1	-1.9	-2.9
各级政府总债务/GDP（%）			52.3	70.8	72.1	—	29.6	46.0
经常项目余额/GDP（%）	-15.5	-13.8	-17.4	-15.1	-13.3	-7.9	-4.9	-0.9

注：f 表示预测值；d 表示中亚西亚 9 国近 5 年均值；a 表示"一带一路"57 国近 5 年均值。
资料来源：联合评级主权数据库。

Highlights of the Sovereign Rating
on the Republic of Kyrgyzstan

Sovereign Credit Rating

Long-term Local Currency：BB_i

Long-term Foreign Currency：BB_i

Outlook：Stable

Ratings completed on April 29th,2017

Analysts：Chen Yihui，Hu Qianfang

Rating Rationale

United Ratings assigned "BB_i" on both local and foreign currency sovereign credit ratings of the Republic of Kyrgyzstan (hereinafter,"Kyrgyzstan") on April 29th, 2017 with a stable outlook.

Driven by the moderate recovery of the Russian economy, Kyrgyzstan maintains a steady economic growth. The increase of foreign remittance leads to a revival of the household consumption, easing the inflationary pressure to some extent. Besides, international institutions also offer continuous assistance, helping to relieve the debt service burden. However, the uncertainty over the election will aggravate the political instability of Kyrgyzstan, and its economic structure that is highly dependent on gold and remittances tends to be vulnerable. The budget deficit widens, and the foreign exchange reserves remain limited and the debt burden continues to increase. As such, the Kyrgyzstani government is confronted with certain sovereign credit risks both in local and foreign currencies in the medium and long run.

Outlook

In conclusion, the Kyrgyzstan Social Democratic Party was reappointed during the parliamentary election in October 2015, maintaining its position as the largest party in the parliamentary coalition and keeping the policy consistent in the medium term. In addition, the acceleration in the economic growth and the increase in the infrastructure investment will curb the increase in the government debt. Efforts to consolidate the government finance are committed to easing the burden of government debt and stabilizing the commodity price and exchange rate. Assistance and multilateral loans contribute to relieving the burden of debt repayment. As such, United Ratings assigned a stable outlook on Kyrgyzstan's local and foreign currency sovereign credit ratings for the next 1 – 2 years.

蒙古国

本次评级结果

长期本币信用等级：B_i

长期外币信用等级：B_i

评级展望：稳定

本次评级时间

2017 年 4 月 17 日

分析师：王倩

评级观点

联合评级于 2017 年 4 月 17 日对蒙古国（以下简称蒙古）的主权信用进行了评定，确认其长期本、外币主权信用的等级为 B_i，评级展望为稳定。

2016 年人民党单独组阁执政，政策连续性及政局稳定性改善，为经济发展及投资恢复创造了较有利的政治环境，社会秩序基本稳定。经济低迷矿业不振导致银行资产质量问题凸显；政府财政赤字高企，经常账户持续逆差，债务负担沉重。2017年 IMF "一揽子"纾困贷款及中国延期本币互换协议等援助性措施可令蒙古短期内免于违约，奥尤陶勒盖铜金矿二期项目通过及投产将提振矿业投资及出口，缓解偿债压力。综上所述，联合评级认为蒙古对本、外币债务的保障能力较弱，主权信用风险较高。

评级依据

亲商的蒙古人民党 2016 年单独组阁执政，政局稳定性及政策连续性改善，社会秩序基本稳定

蒙古 1992 年在东剧变浪潮中完成政治转型，由蒙古人民革命党一党专政转为总统议会制和多党制的宪政民主制度，改名"蒙古国"，政治机制运行步入正常轨道。

2016 年 6 月，蒙古举行大呼拉尔（议会）大选，蒙古人民党以压倒性优势夺得议会 76 个席位中的 65 个，时隔 4 年后再次成为执政党。7 月末执政党完成组阁，新一届国家政府成立。不同于上届民主党政府多党联合执政，由于获票超过半数，人民党实现单独组阁，避免了上届政府任期内由于多党利益协调不畅，党派斗争激烈，为迎合国内民粹倾向外资、法律政策频繁调整的现象。未来 3 年，蒙古具备了维持政策法律连续性的条件，为经济发展创造了较为有利的政治环境。但是，由于现任总统额勒贝格道尔吉来自民主党，其与人民党政府政见分歧难以避免。蒙古国将于 2017 年 6 月举行总统选举，从目前形势来看，民主党候选人继续当选的可能性较大，预计中期内其矛盾将持续。但是，由于蒙古具有党际间政治协商的传统，民主党总统与人民党政府的矛盾将不会扩大化引发政治失序，中期内政治局势将保持平稳。

另外，蒙古政府治理水平有待提高，腐败问题较为突出，或在中期内制约政策推动的效率。根据世界银行的国家治理水平评估，蒙古的"腐败控制"一项 2015 年得分仅 38 分[①]，蒙古政商两届角色的重叠是腐败频发的主要原因，也因此导致反腐行动收效甚微。2015 年 10 月蒙古通过特赦法案，因涉嫌为腐败官员逃避法律责任，曾被监管各国贪腐的国际组织"透明国际"多次呼吁废除，但并未实现，因此预计蒙古腐败状况中期内不会有根本性改观。

自 2008 年议会选举爆发示威暴乱以来，即使在严峻经济危机，生活水平降低的情况下，蒙古也未发生过大规模动乱，近年来社会秩序一直保持稳定。

蒙古寻求"多支点"及"第三邻国"的外交策略，但排华情绪仍有所上升，2016 年底达赖访蒙后积极修补与中国关系

传统上，蒙古的外交围绕中、俄展开。蒙古与中国于 2014 年建立了全面战略伙

---

① 0~100 分制，得分越多治理腐败水平越高。

伴关系，中国目前是蒙古最大的贸易伙伴。近年来，反华情绪有所上升，尤其是在涉及采矿的抗议活动中，存在一定的示威者针对中国公民的风险。2016 年 11 月，蒙古与中国关系由于达赖喇嘛访问蒙古出现波折，之后蒙古重新承认"一个中国"立场，与中国关系回暖，2017 年中国向陷入危机的蒙古通过双边本币互换等途径提供援助。在蒙古"多支点"和"第三邻国"外交政策的背景下，近年来，在保证同中俄两国关系平稳发展的同时，蒙古积极引入第三方力量，与美国、日本、欧盟、韩国、印度等国家和国际组织的关系逐步提升。地缘政治形势保持相对稳定。

经济高度依赖矿产品出口和对华贸易，单一的经济结构易受到经济周期及外部环境冲击，2016 年 GDP 出现负增长

蒙古能源矿产资源禀赋丰富，经济以畜牧业和采矿业为主导，产业结构单一。矿业是蒙古经济发展的重要支柱产业，占工业产值近 70%。矿产品出口占出口总额比重约 80%，超过 80% 的外资都投入矿业领域。近年来蒙古出口贸易 80% 以上面对中国。而矿业具有强周期性的特征，2010—2012 年，在国际市场矿产品价格不断升温，中国经济崛起需求走高拉动下，蒙古经济出现了前所未有的迅猛发展，2011年增速达到创纪录的 17.3%，成为全球经济增速最快的经济体之一。但是受国际市场大宗商品价格持续走低，加上国内通过新投资法对外国投资实行严格限制导致国内投资政策转差，以及中国需求放缓的内、外部因素影响，2013 年以来蒙古经济形势经历了断崖式下跌。受中国经济放缓以及国内投资政策不稳的影响，2014 年 GDP增速从两位数降至 7.9%，2015 年为 2.4%，2016 年则出现了负数，为 -0.4%。

经济结构单一，严重依赖矿业的经济特征使蒙古经济内生动力不足，易受经济周期和外部环境的影响。此外，外资主要流动在出口和贸易行业，在经济不景气和投资环境发生变动时，有很大概率发生资本外逃现象，加剧经济风险。

奥尤陶勒盖铜金矿二期项目开工将提振外国投资，经济有望小幅回暖；但内外需求不振等因素仍将制约经济发展潜力，影响债务偿还基础

2016 年，由于低迷的投资信心，尤其是矿业投资仍未从前两年不确定的投资环境中完全恢复，国内需求继续呈下降趋势。2016 年 5 月蒙古南部最大矿产投资项目，也是其经济最大驱动力之一——奥尤陶勒盖铜金矿二期 53 亿美元扩张计划获得通过，有望在中期内提振投资，拉动经济增长，但效果需要时间显现。公共支出将受到整固财政的限制而收缩，私人消费也将在不确定的经济前景下下滑，2016 年蒙

古国经济增速为 -0.4% 。

在国际大宗商品价格低位阻滞作用及国内需求尚未恢复的背景下，2016年蒙古通胀压力回落，全年 CPI 均值仅为 0.5% ；未来 1~2 年内随着大宗商品价格及国内矿业投资回暖，国内货币供应量的增加，通货膨胀可能走高至 6% 左右。

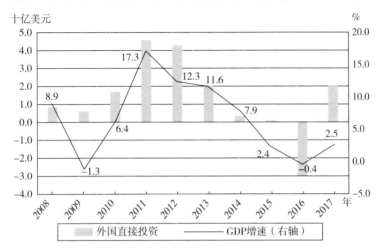

图 4-17 蒙古国外国直接投资与经济增长情况

注：2017 年数据为预测值。

资料来源：联合评级主权数据库，EIU 数据库。

中期内，随着奥尤陶勒盖铜金矿二期项目的投产，外国投资流入状况将得到提升；而受益于矿产品质量的改善，出口也有望回暖，加上 IMF 援助性贷款的到位，将提振蒙古经济恢复速度；但从长期来看，连续两年遭受极寒天气重创，中国市场需求持续疲软等内外部因素将影响蒙古经济增长潜力。

蒙古对银行业融资依赖程度高，国内经济低迷矿业出口不振导致银行资产质量及流动性风险较高

蒙古的金融行业以银行业为绝对主导，近两年的数据显示，蒙古银行业资产占金融行业总资产的 95.7% ，银行间接融资比例高达 83% 左右，蒙古对银行部门融资的依赖程度显著高于主要新兴经济体的平均水平。

2013 年以来，蒙古信贷增速总体呈现萎缩态势，显示总需求不振，经济和商业活动低迷及风险高企。同时，经济持续低迷导致银行体系资产质量和流动性风险均较高，尤其是矿产部门借款无法清偿的问题加剧。根据蒙古央行的数据，到 2017 年 3 月，蒙古银行业不良贷款为 8.2% ，较上年同期小幅下降 0.3 个百分点。银行系统一级资本充足率为 13.7% ，较规定的要求分别高 4.7 个百分点。银行流动比率为

39.7%，超过了蒙古央行规定的最低值。但 IMF 及蒙古国人民党政府上台伊始均曾指出，蒙古银行业统计数据有所夸大，透明度较差，实际的资本充足率和流动率预计应远低于蒙古官方公布数据。

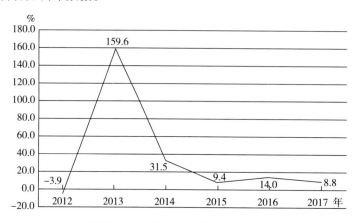

图 4-18　蒙古国信贷增速

注：2017 年数据为预测值。

资料来源：联合评级主权数据库，EIU 数据库。

中期内，随着国内投资环境的改善，国际大宗商品价格回暖和矿业的复苏，预计银行资产质量风险有望得到一定的缓解。

财政赤字继续远超《财政稳定法案》目标；中期内，矿业领域收入或有助于削减赤字，但表外负债隐忧未除

前几年蒙古矿业持续高增长令政府得以维持扩张性财政支出，赤字不断扩大。为整固财政，蒙古于 2013 年通过了《财政稳定法案》，规定财政赤字占 GDP 的比重不超过 2%。2015 年 1 月，蒙古国对该法案进行了修订，规定 2016 年政府赤字不超过 4% 的上限。然而，该修订案并未取得实质成效。2016 年，由于蒙古财政部推出的政府支持贷款补贴计划和农村贷款计划（Ipotek 抵押计划）占用了大量财政资源，政府财政支出年同比大幅上升 33.4%，而财政收入下滑了 2.1%，使财政赤字占 GDP 比重达到约 15.1%，远超规定限制。

2016 年 8 月人民党政府上台，表示为创造稳定的税收环境，将不会提高税率，且提到了多项发展项目预算削减。2016 年 11 月，大呼拉尔批准了 2017 年政府预算案，预算案提出 2017 年蒙古国财政赤字目标为 GDP 的 9.1%。同时，提出政府将改善矿业领域的基础设施，并通过开发建设、投资大型项目等增加财政收入，减少政府行政开支。中期内到 2018 年，随着矿产品出口增加，财政收入的增加将进一步推

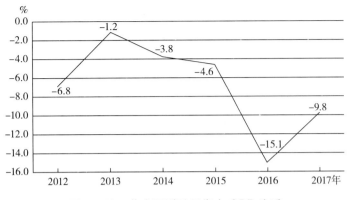

图4-19 蒙古国财政平衡占GDP比重

注：2017年数据为预测值。

资料来源：联合评级主权数据库，EIU数据库。

动财政赤字削减至6.4%。

但同时，蒙古政府拥有巨大的表外负债，如通过蒙古发展银行进行的公共基础设施建设融资等，如果将这些负债计算在内，蒙古政府的赤字规模将比官方公布的数据大得多。此外，如这些负债转列入政府预算，则中期内实际财政赤字或将有继续扩大的趋势。

政府债务负担依旧沉重，IMF等国际援助有望纾解蒙古国偿债压力

近年来，伴随着庞大的财政赤字，蒙古政府的债务水平逐年攀升，公共债务占GDP的比重由2011年的32.7%一路飙升至2016年的90.3%，远高于其目标水平。而同期亚太地区的中位数为44.3%，新兴经济体的中位数为47.3%。

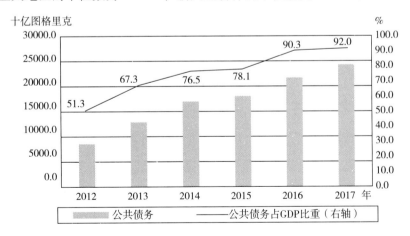

图4-20 蒙古国公共债务情况

注：2017年数据为预测值。

资料来源：联合评级主权数据库，EIU数据库。

蒙古公共债务中大多数为外部债务，2017年，蒙古开发银行发行的一笔5.8亿美元的债券将会到期，加之与中国人民银行之间货币互换协议要求的还款金额，该行在未来2年必须偿还17亿美元至18亿美元，同时在蒙古国本币图格里克贬值的压力下，预计政府债务水平将继续走高。但考虑到IMF对蒙古的援助贷款于2017年到位，加上来自中国等国的援助下措施，同时蒙古政府的持续紧缩财政和奥尤陶勒盖二期项目重启和扩建推动经济和外资增长，将在一定程度上缓解政府偿债压力。

经常项目持续逆差，资金外流和本币贬值，加大政府外币偿债能力风险

随着国际煤炭和铜价回暖，预计2017年蒙古出口额将在低基数上出现同比14.5%的较大回升。然而，由于蒙古国几乎所有的出口产品都面向中国，中期内中国需求持续放缓或令其出口增速再次回落。矿业投资持续低迷和石油进口价格处于低位，令蒙古国2016年进口额下滑；但随着2017—2018年奥尤陶勒盖铜金矿及外国公司新一轮矿产行业投资的兴起，进口机械、燃料等资本性货物需求预计将走高，进口额将上行。因此，中期内蒙古国经常账户预计仍将处于逆差状态。

蒙古另一个造成国际收支逆差的原因是持续的外资流入减缓和外资出逃，2012年以来由于蒙古国内资源民族主义的兴起，对外资限制和投资环境不确定性导致大量外资撤离，2016年直接投资已由2011年时的47亿美元下滑至－30亿美元。同时，外部不平衡的加剧对蒙古国外汇储备和汇率造成冲击，图格里克兑美元汇率2016年大幅下跌20%，随着IMF援助2017年初的到位以及投资信心的回升，预计2017—2018年图格里克币值将出现较快回升。

中长期内，随着奥尤陶勒盖铜金矿扩建工程的投产，蒙古出口预计将逐渐回升，但同时，由于矿产品出口占蒙古出口产品的主导地位，且蒙古的出口绝大多数都面向中国，蒙古的贸易账户仍然对大宗商品周期及中国需求具有高度敏感性。在美联储加息、中国经济需求放缓的背景下，蒙古要保证外部平衡仍将面临较大难度。

国际储备下降，外债负担沉重，外部流动性风险凸显；IMF与中国等国家的"一揽子"援助贷款将缓解蒙古短期债务违约，但偿付风险依然较高

近年来，蒙古外债规模激增，外债负债率一路攀升。外债与GDP占比从2012年的125.2%一路猛升至2016年的191.0%，已大大超过100%的警戒水平。其中，短期外债规模不断扩大。从2012年的9.03亿美元，扩大到2015年的24.4亿美元，

2016 年略有下降，为 23.6 亿美元。而 2015 年短期外债占外汇储备的 155.1%，短期偿付能力面临较大压力。

图 4-21 蒙古国外债水平及国际储备情况

注：2017 年数据为预测值。

资料来源：联合评级主权数据库，EIU 数据库。

另外，国际储备持续缩水，2012 年以来，蒙古国际储备一直处于缩水状态。2016 年，蒙古国际储备仅为 12.8 亿美元，国际储备对外债的覆盖率仅有 6.0%，目前国际储备仅能覆盖 2.8 个月的进口用汇。这些指标均折射出蒙古国的外部流动性风险突出。从结构来看，蒙古国外债约有一半为公司间借款，随着奥尤陶勒盖二期项目带来的国内矿业投资的恢复，加上 IMF 的"一揽子"纾困贷款为其提供外部融资支持，其流动性风险有望得到一定程度的缓解，保证蒙古国政府一些大额年内到期的外国债务偿还，但总体外部流动性风险仍较为突出。

展望

综上所述，蒙古国新任政府上台后政局稳定性加强，奥尤陶勒盖铜金矿二期项目的重启及投产将提振矿业投资及经济发展，缓解政府财政压力；蒙古国债务负担依然沉重，但 IMF "一揽子"纾困贷款的到位将为蒙古国提供外部融资支持，加上国内矿业投资的回暖及财政紧缩政策，有望在一定程度上缓解本、外币偿债负担。因此，联合评级对未来 1~2 年蒙古国本、外币主权信用评级展望为稳定。

表 4-6 蒙古国主权信用评级关键数据表

指标	2012 年	2013 年	2014 年	2015 年	2016 年	2017 年[f]	中亚西亚[d]	"一带一路"[d]
GDP（十亿美元）	12.3	12.6	12.2	11.7	11.2	12.5	134.3	404.1
人均 GDP（美元）	9,984.1	11,129.1	12,011.8	12,217.2	12,130.0	12,470.0	13,166.6	21,749.0

指标	2012 年	2013 年	2014 年	2015 年	2016 年	2017 年[f]	中亚西亚[d]	"一带一路"[d]
GDP 增长率（%，实际）	12.3	11.6	7.9	2.4	-0.4	2.5	4.1	3.0
通货膨胀率（%）	15.0	8.6	13.0	5.8	0.5	4.4	8.3	5.5
国内信贷增长率（%）	-3.9	159.6	31.5	9.4	14.0	8.8	23.0	15.9
M2 增长率（%）	18.8	24.2	12.4	-5.5	16.5	14.3	17.3	11.4
各级政府财政平衡/GDP(%)	-6.8	-1.2	-3.8	-4.6	-15.1	-9.8	-1.9	-2.9
各级政府利息支付/GDP(%)	2.2	3.4	2.9	3.6	4.5	4.9	0.4	2.3
各级政府总债务/GDP(%)	51.3	67.3	76.5	78.1	90.3	92.0	29.6	46.0
总外债/GDP（%）	125.2	150.2	170.3	183.5	191.0	183.7	60.1	72.8
短期外债/总外债（%）	5.9	8.3	11.4	11.3	11.0	10.7	9.9	20.9
经常项目余额/GDP（%）	-43.8	-37.6	-15.8	-8.1	-3.6	-6.4	-4.9	-0.9
国际储备/总外债（%）	26.8	11.9	7.9	6.1	6.0	5.6	464.6	128.0

注：f 表示预测值；d 表示中亚西亚 9 国近 5 年均值；a 表示"一带一路" 57 国近 5 年均值。
资料来源：联合评级主权数据库，EIU 数据库。

Highlights of the Sovereign Rating on Mongolia

Sovereign Rating

Long-term Local Currency: B_i

Long-term Foreign Currency: B_i

Outlook: Stable

Ratings completed on April 17th, 2017

Analyst: Wang Qian

Rating Rationale

United Ratings assigned " B_i " on both local and foreign currency sovereign credit ratings of the People's Republic of Mongolia on April 17th, 2017 with a stable outlook.

The independent formation of the cabinet by the People's Party (PP) in 2016 has largely improved the policy continuity and political stability in Mongolia, creating a favorable political environment for the economic growth and investment recovery, and the social order remains basically stable. However, in the context of the economic downturn and mining sluggishness, the issue of non-performing banking assets has become increasingly tricky. The budget deficit hikes, and the current account deficit continues, making the debt burden even heavier. With the help of various aid measures such as a package bailout loan provided by the IMF in 2017 and China's deferred currency swap agreement, Mongolia can be exempt from default in the short term. Besides, the adoption and operation of Oyu Tolgoi Copper mine (OT) phase II project will boost the mining investment and export, relieving the debt service pressure. In conclusion, United Ratings believes that Mongolia has relatively weak debt service capability both in local and foreign currency, and the sovereign credit risk is relatively high.

Outlook

In conclusion, the political stability of Mongolia has been strengthened after the new government came into power. The restart and operation of Oyu Tolgoi Cooper Mine phase II project helps to boost the mining investment and economic growth, relieving the fiscal burden of the government. As Mongolia's debt burden remains heavy, a package bailout loans offered by the IMF provides the external financing support for Mongolia. Moreover, the rebound of domestic mining investment and the implementation of the tight fiscal policy are committed to relieving the pressure of local and foreign debt repayment. As such, United Ratings assigned a stable outlook on Mongolia's local and foreign currency sovereign credit ratings for the next 1 – 2 years.

乌兹别克斯坦共和国

本次评级结果

长期本币信用等级：BBB$_i$

长期外币信用等级：BBB$_i$

评级展望：稳定

本次评级时间

2017 年 4 月 3 日

分析师：陈诣辉　丁翔

评级观点

联合评级于 2017 年 4 月 3 日对乌兹别克斯坦共和国（以下简称乌兹别克斯坦）的主权信用进行了评定，确认其长期本、外币主权信用的等级为 BBB$_i$，评级展望为稳定。

2016 年 12 月，米尔济约耶夫成功当选为第二任总统，准备开始推行相关改革措施，但可能会遇到较大的阻力，使政治风险升高。俄罗斯和中国将继续是乌兹别克斯坦的主要政治和经济伙伴，俄罗斯和中国经济的放缓可能会对乌兹别克斯坦的经济造成负面影响。乌兹别克斯坦经济增速下降，单一经济结构增强其经济的脆弱性；结构性风险是影响该国经济发展的关键。乌兹别克斯坦的通货膨胀恶化风险较高，不利于经济的稳定发展。乌兹别克斯坦货币政策的执行受到汇率错位、黑市利率泛滥、金融中介水平较低和流动性不足等因素的制约。财政收入增速下降，支出增加，财政盈余下滑；公债规模有所上升，但依然处于较低水平。受商品出口和侨汇收入减少的影响，乌兹别克斯坦 2015—2016 年经常账户出现了小幅赤字；随着国际油价的回暖，未来 2 年有望实现盈余。国际储备继续下降，外部借款增加；公共外债占外债比重不大，短期外债占外汇比例较小。综上所述，联合评级认为乌兹别克斯坦对本、外币债务具有足够的偿还能力，主权信用风险低。

评级依据

米尔济约耶夫成功当选第二任总统，准备开始推行相关改革措施，但可能会遇到较大阻力，使政治风险升高

乌兹别克斯坦是总统制国家，自 1991 年独立以来，总统一直由伊斯兰·卡里莫夫担任。

2016 年 9 月，总统伊斯兰·卡里莫夫去世。2016 年 12 月，原总理沙夫卡特·米尔济约耶夫通过大选成为乌兹别克第 2 任总统，实现了政权的和平过渡。

当选之后，米尔济约耶夫表示将采取一系列的改革措施以促进经济的增长和吸引外资，包括在 2017 年允许乌兹别克斯坦本币苏姆的自由浮动。但从以往的经验来看，这些改革措施可能会遇到比较大的政治阻力，既包括可能来自精英内部利益集团的反对，也包括来自民众因通货膨胀率上升和生活水平下降而造成的反对情绪。

俄罗斯和中国将继续是乌兹别克斯坦的主要政治和经济伙伴，俄罗斯和中国经济的放缓可能会对乌兹别克斯坦的经济造成负面影响

在首任总统卡里莫夫主政期间，乌兹别克斯坦设法保持在俄罗斯、中国、美国和欧洲的外交平衡。第 2 任总统米尔济约耶夫将会延续外交平衡政策，避免过度依赖任何一方国际势力。

俄罗斯和中国将继续是乌兹别克斯坦的主要政治和经济伙伴。乌兹别克斯坦与俄罗斯建立了战略伙伴关系，支持俄罗斯在中亚地区的安全方案。

2013 年 9 月，中国国家主席习近平访问乌兹别克斯坦，提出共建丝绸之路经济带，并与总统卡里莫夫签署了 150 亿美元的投资协议。近年来，乌兹别克积斯坦极参与的"一带一路"战略，实现了出口的增加和经济结构的改善。然而，中国经济的放缓可能会对乌兹别克斯坦的经济造成负面影响。

围绕费尔干纳盆地的资源和边界划分，乌兹别克斯坦与邻国吉尔吉斯斯坦、塔吉克斯坦时常爆发紧张局势。2016 年 11 月，乌兹别克斯坦与吉尔吉斯斯坦签署了一份边界划界临时协议，大大缓和了两国关系。

经济增速下降，单一经济结构增强其经济的脆弱性；结构性风险是影响该国经济发展的关键

乌兹别克斯坦经济高度依赖基础商品，主要是天然气、棉花和黄金的出口。前些年，来自商品出口的巨额收入和汇款流入使政府回避了深层次的结构性改革。2015 年以后，因为受到了全球商品价格下跌、俄罗斯经济衰退和移民劳工汇款减少的冲击，乌兹别克斯坦经济增长速度放缓。官方的统计数据显示，2014 年和 2015 年 GDP 实际增长率分别为 8.1% 和 8.0%；而 2016 年为 7.8%。但是，从乌兹别克斯坦遇到的上述困难以及其他的经济指标来分析，2016 年乌兹别克斯坦真实的 GDP 增长率大约为 3.5%。

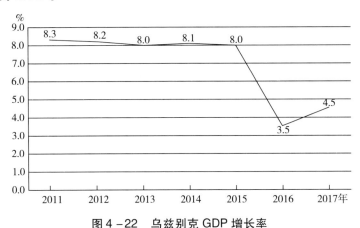

图 4 - 22　乌兹别克 GDP 增长率

注：2017 年数据为预测值。

资料来源：联合评级主权数据库，EIU 数据库。

未来 2 年，世界天然气、棉花和黄金价格的上升、俄罗斯经济的复苏、政府支出的持续增加、本币贬值导致非能源出口竞争力的提升等一系列因素将促进乌兹别克斯坦经济适度增长，GDP 预计将回升至 4.5%。

为改变经济的结构性问题，总统米尔济约耶夫于 2017 年 2 月发布了《2017—2021 发展规划》，主要包括：改善公共管理、确立法律至上、保持经济增长、推动经济自由化、改善社会保险体系等。但这只是一个纲领性文件，还需制订具体的实施计划。

通货膨胀恶化风险较高，不利于经济的稳定发展，失业率维持相对稳定

2016 年，官方公布的年度通货膨胀率从 2015 年的 5.6% 上升到 5.7%。然而，乌兹别克斯坦的真实通货膨胀率可能远高于官方公布的数据。根据测算，2015 年和 2016 年，乌兹别克斯坦的真实通货膨胀率大约为 10% 和 12%。2017 年，考虑到汇率改革，更高成本的进口将导致通货膨胀率的上升。2018 年，源自主要进口伙伴和重要进口商品的价格将有所下降。因此，2017 年和 2018 年，通货膨胀率预计将分别达到 18% 和 15%。

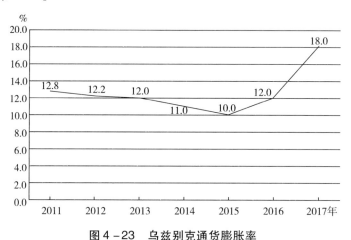

图 4-23　乌兹别克通货膨胀率

注：2017 年数据为预测值。

资料来源：联合评级主权数据库，EIU 数据库。

虽然乌兹别克斯坦面临经济增速下降，通货膨胀率升高等问题，但其失业率维持在相当稳定的水平，避免了社会动荡风险加剧。

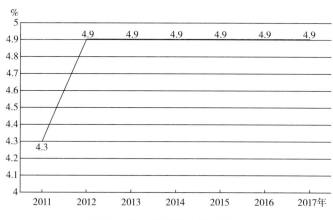

图 4-24　乌兹别克失业率

注：2017 年数据为预测值。

资料来源：联合评级主权数据库，EIU 数据库。

银行体系总体较弱，而且数据的可信任度较弱

乌兹别克斯坦官方银行业的指标相对稳健。国内资金占贷款存量的大部分，因此降低了 2017 年计划中的本币大幅贬值的风险敞口。

根据乌兹别克斯坦中央银行的数据，银行占据了整体金融体系的 90% 份额。乌兹别克斯坦的银行主要是国有银行或国家干预的银行，这些银行历来将大部分贷款放给国有企业。2016 年 8 月，乌兹别克斯坦中央银行声称银行系统的问题贷款占全部贷款的比重小于 1%——即使在更发达的经济体，这一数字也是难以实现的，因此，乌兹别克斯坦银行部门的数据质量引起了人们的普遍质疑。近几年，银行逐步将贷款分散到消费者和私人商业部门。2016 年，乌兹别克斯坦中央银行称，银行对实际部门的贷款增加了 25%，"投资贷款"增加了 20%；虽然实际利率为负，且本币币值持续走弱，但银行的存款增加了 25%。

乌兹别克斯坦货币政策的执行受到汇率错位、黑市利率泛滥、金融中介水平较低和流动性不足等因素的制约

2015 年初，乌兹别克斯坦中央银行将再融资利率从 10% 下调至 9%，并一直维持至今。2015 年发生了严重的区域货币动荡，表明再融资利率作为政策工具的效果有限。乌兹别克的实际利率可能为轻微的负值。对于短期本币存款公司，乌兹别克斯坦中央银行将法定准备金率设为 15%。然而，货币政策的执行受到汇率错位、黑市利率泛滥、金融中介的低水平和流动性低等因素的制约。

2017—2018 年，随着通货膨胀率的飙升，利率可能被迫提高，但实际利率很有可能依然保持较显著的负值。为了收紧货币，乌兹别克斯坦政府可能提高基准利率，同时，也可能减少对特定部门的定向贷款。

财政收入增速下降，支出增加，财政盈余下滑；公债规模有所上升，但依然处于较低水平

乌兹别克斯坦一直奉行比较审慎的财政政策，国家财政基本保持平衡，2011—2014 年，财政盈余占 GDP 的比重保持在 0.3%~0.5%。自 2015 年起，受俄罗斯经济衰退、国际能源和商品价格下跌的影响，财政收入开始下滑；同时，受向社会补贴和福利政策实施的影响，政府的财政支出却在增加。如此一来，虽然乌兹别克斯坦政府运用大量的预算外基金，包括主权基金来满足基础设施、工资和养老金的支出，但其财政盈余还是降到了历史低位，为 2015 年的占 GDP 比重 0.2% 和 2016 年的占 GDP 比重 0.1%。未来 2 年，随着国际能源和商品价格的恢复上升，乌兹别克斯坦的财政盈余有望回升到历史正常水平。

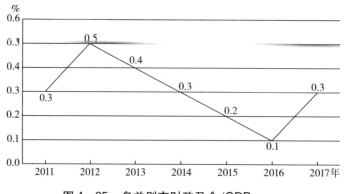

图 4-25 乌兹别克财政盈余/GDP

注：2017 年数据为预测值。

资料来源：联合评级主权数据库，EIU 数据库。

财政收入的下滑还导致了乌兹别克斯坦公共债务水平的上升，从此前的 8% 左右上升至最近两年的 13% 以上，但因为此前的基数很低，公共债务依然保持在较低水平，政府的偿债压力可控。

图 4-26 乌兹别克公共债务/GDP

注：2017 年数据为预测值。

资料来源：联合评级主权数据库，EIU 数据库。

乌兹别克斯坦政府计划将现行的爬行钉住汇率制度改为自由浮动汇率制度，但可能遇到较大的政治阻力

乌兹别克斯坦的汇率执行的是爬行钉住汇率制度，本币苏姆币值存在高估。近几年官方汇率与黑市汇率之间的差额显著扩大，黑市汇率比官方汇率低 50%。

2016 年，乌兹别克本币的贬值压力虽然有所缓和，但这已经是苏姆连续第三年面临较强的贬值压力。2017 年 3 月初，乌兹别克斯坦官方汇率是 1 美元兑 3,404 苏姆，比 2014 年初贬值了 35%。在此期间，政府收紧了外汇控制。尽管这避免了本币的无序贬值，但却阻碍了贸易和投资。

2016 年 11 月，乌兹别克政府表示将在 2017 年使本币苏姆自由浮动。本币苏姆汇率自由化将提高非能源出口部门的竞争力，消除严格管制外汇的必要性，减少贸易和外国投资的障碍，但汇率改革的主要风险在于本币贬值将导致通货膨胀上升，因此可能遇到较大的政治阻力。未来 2 年，苏姆的贬值步伐有可能进一步加快。

受商品出口和侨汇收入减少的影响，2015—2016 年经常账户出现了小幅赤字；随着国际油价的回暖，未来 2 年有望实现盈余

在过去 10 年间，该国的经常账户基本呈现小幅盈余。2015 年，由于能源价格的下滑，俄罗斯经济衰退导致的需求下降，包括天然气、棉花和黄金等价格不断下跌造成的出口减少，致使乌兹别克斯坦的经常账户出现负值。2016 年，天然气价格仍然疲软，加上移民劳工的汇款减少等因素，使乌兹别克斯坦的经常账户赤字跌至 GDP 的 1.1%。未来 2 年，随着天然气出口量和出口价格的上升，乌兹别克斯坦将恢复年度经常账户盈余。

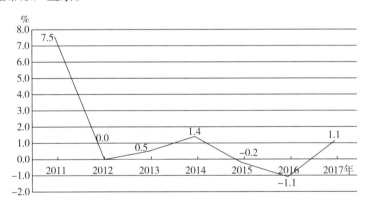

图 4-27　乌兹别克经常账户盈余/GDP

注：2017 年数据为预测值。
资料来源：联合评级主权数据库，EIU 数据库。

2010—2011 年，外商直接投资（FDI）净流入额达到 16 亿美元；2012—2014 年，外商直接投资（FDI）净流入额下降到 6 亿美元。2017—2018 年，由于货币自由化的推进，外商投资将增加，年度外商投资净额将达 16 亿美元。由于商业环境不佳，私有投资者对乌兹别克斯坦的投资兴趣不大。主要外国投资者与乌兹别克斯坦政府之间存在较大的矛盾。2015 年，乌兹别克斯坦主权财富基金持有 150 亿美元。截至 2016 年 9 月底，乌兹别克斯坦存在国际清算银行（BIS）报告的银行中的海外总资产已增加到 163.5 亿元。

外汇储备继续下降，外部债务占 GDP 比重较低，公共债务的违约风险不高

2014 年，为了应对地区经济危机的影响，乌兹别克斯坦的外部债务从 2013 年的 107 亿美元大幅上升到 133 亿美元。2015 年，乌兹别克斯坦的外部债务进一步增加到 148 亿美元，但外部债务占 GDP 的比重仅为 22.2%，低于同级别国家 40% 的水平。未来，为了应对地区经济下滑和推进工业现代化，乌兹别克斯坦的外部债务存量继续增加，截至 2017 年，乌兹别克斯坦的外部债务将增加到大约 156 亿美元，但占 GDP 的比重仍然相对较低，仅为 23.6%。

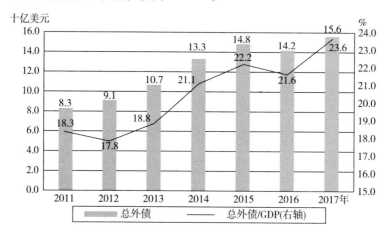

图 4-28 乌兹别克外债及占 GDP 比重

注：2017 年数据为预测值。

资料来源：联合评级主权数据库，EIU 数据库。

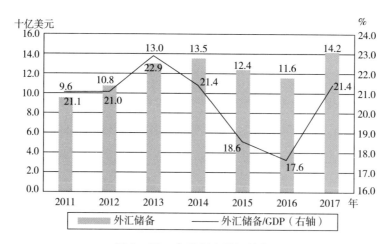

图 4-29 乌兹别克外汇储备

注：2017 年数据为预测值。

资料来源：联合评级主权数据库，EIU 数据库。

与外部融资需求、短期债务和进口额相比,乌兹别克斯坦的外汇储备充足,减小了流动性危机的风险,现有的储备估计超过外部融资需求的4倍以上。2016年,乌兹别克的外部公共债务和国内公共债务都有所增加,且未来2年都将进一步增加,但与国际同类国家相比,其公共债务仍将保持较低的水平。

展望

短期内,乌兹别克斯坦政局有望保持基本稳定,世界天然气、棉花和黄金价格的上升、俄罗斯经济的复苏、"一带一路"建设将促进乌兹别克斯坦经济增长,公共债务和外部债务占GDP比重较低,国际储备充足,公共债务的违约风险不高。因此,联合评级对未来1~2年乌兹别克斯坦本、外币主权信用评级展望为稳定。

表4-7 乌兹别克主权信用评级关键数据表

指标	2012年	2013年	2014年	2015年	2016年	2017年f	中亚西亚d	"一带一路"a
名义GDP(十亿美元)	51.2	56.8	63.2	66.7	65.7	66.3	134.3	404.1
人均GDP(美元,PPP)	4,793.9	5,162.7	5,585.7	5,990.0	6,190.0	6,520.0	13,166.6	21,749.0
实际GDP增长率(%)	8.2	8.0	8.1	8.0	3.5	4.5	4.1	3.0
通货膨胀率(%)	12.2	12.0	11.0	10.0	12.0	18.0	8.3	5.5
国内信贷增长率(%)	35.1	30.1	12.0	10.0	14.0	20.0	23.0	15.9
M2增长率(%)	31.0	28.7	22.0	20.0	24.0	30.0	17.3	11.4
各级政府财政平衡/GDP(%)	0.5	0.4	0.3	0.2	0.1	0.3	-1.9	-2.9
公共债务/GDP(%)	8.3	8.3	8.5	13.5	13.6	13.5	29.6	46.0
总外债/GDP(%)	17.8	18.8	21.1	22.2	21.6	23.6	60.1	72.8
短期外债/总外债(%)	6.7	3.9	3.7	4.5	3.6	3.3	9.9	20.9
经常项目余额/GDP(%)	0.0	0.5	1.4	-0.2	-1.1	1.1	-4.9	-0.9
国际储备/总外债(%)	175.5	159.3	126.2	101.1	83.6	94.9	464.6	128.0

注:f表示预测值;d表示中亚西亚9国近5年均值;a表示"一带一路"57国近5年均值。
资料来源:联合评级主权数据库,EIU数据库。

Highlights of the Sovereign Rating
on the Republic of Uzbekistan

Sovereign Rating

Long-term Local Currency: BBB_i

Long-term Foreign Currency: BBB_i

Outlook: Stable

Ratings completed on April 3rd, 2017

Analyst: Chen Yihui, Ding Xiang

Rating Rationale

United Ratings assigned "BBB_i" on both local and foreign currency sovereign credit ratings of the Republic of Uzbekistan (hereinafter, "Uzbekistan") on April 3rd, 2017 with a stable outlook.

Mirziyoyev, who was successfully elected the second president of Uzbekistan in December 2016, is preparing for the implementation of relevant reform measures. However, the strong opposition he encounters would aggravate the political risk within the country. As Russia and China remain to be the major political and economic partners of Uzbekistan, the economic slowdown of both countries is likely to generate negative impacts on Uzbekistan's economic performance. Once the economic growth of Uzbekistan slowed down, the economic fragility is likely to manifest as a consequence of its single economic structure. Therefore, the structural risk remains crucial to the economic development of Uzbekistan. Apart from the above, Uzbekistan also suffers from a high risk of inflation deterioration, which goes against the target of steady economic development. Moreover, the implementation of its monetary policy is restricted by such negative factors as exchange rate mismatch, black market rate overflow, inferior financial intermediaries and lack of capital liquidity, etc. As the growth of revenues slows down and the fiscal expenditure increases, the fiscal surplus will further narrow down, and the public debt scale will be slightly enlarged yet it remains at a low level. In 2015 – 2016, Uzbekistan had a small current account deficit, which is expected to reverse into surplus in the coming 2 years as the global oil prices recover. International reserves continue to decline and external financing increases. Public foreign debt takes a small proportion of the total foreign debt, so does the short-term foreign debt to the foreign exchanges. As such, United Ratings believes that Uzbekistan has sufficient solvency both in local and foreign currency, and the sovereign credit risk is low.

Outlook

In the short run, Uzbekistan is expected to sustain a stable political situation. The price rise in global gas, cottons and gold, together with the economic recovery of Russia and the Belt and Road initiative, is contributing to the economic growth of Uzbekistan. Besides, relatively low public debt ratio and foreign debt to GDP ratio as well as sufficient international reserves ensure a low default risk of the public debt. Therefore, United Ratings assigned a stable outlook on Uzbekistan's local and foreign currency sovereign credit ratings for the next 1 – 2 years.

第五部分

"一带一路" 沿线之

——中东和非洲国家主权信用风险展望

中东和非洲国家主权信用风险综述……………………

"一带一路"沿线的中东及非洲地区共包括 15 个国家，分别为阿拉伯联合酋长国、阿曼、埃及、巴勒斯坦、巴林、卡塔尔、科威特、黎巴嫩、沙特阿拉伯、土耳其、叙利亚、也门、伊拉克、以色列和约旦。本次，我们对其中的 10 个国家进行了评级，具体的评级结果如表 5 - 1 所示。

表 5 - 1　中东及非洲 10 国评级结果

国别	本币	外币	展望
卡塔尔	$AA_i +$	$AA_i +$	稳定
沙特阿拉伯	AA_i	AA_i	稳定
科威特	AA_i	AA_i	稳定
阿拉伯联合酋长国	AA_i	AA_i	稳定
以色列	AA_i	AA_i	稳定
阿曼	$A_i +$	$A_i +$	稳定
巴林	A_i	A_i	稳定
土耳其	$BBB_i -$	BB_i	负面
约旦	BB_i	BB_i	稳定
埃及	$BB_i -$	$BB_i -$	稳定

在参与本次评级的中东及非洲 10 国中，中东 6 个产油大国，阿联酋、卡塔尔、科威特、沙特、阿曼和巴林，加上以色列，7 国主权信用等级较高，集中在 $AA_i +$ 至 A_i；土耳其本币等级为 $BBB_i -$，约旦和埃及排名靠后，集中在 BB_i 等级，与中东国家存在一定的差距。卡塔尔、沙特阿拉伯、科威特、阿联酋、阿曼和巴林，综合经济实力较强，债务偿付能力较强，主权信用等级较高；以色列因较高的工业化程度和较强的经济实力得到了 AA_i 的主权信用等级；而土耳其、约旦和埃及，三国均面临较大的政治危机，国内安全和政治局势存在较大的未知因素，制约了其偿债能力的稳定性，因此这三国主权信用等级相对偏低。中东及非洲 10 国的地区主权信用本

币级别分布如图 5－1 所示。

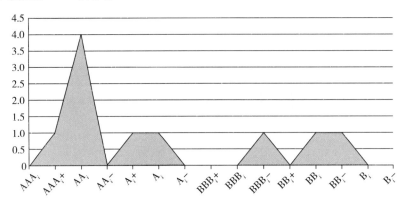

图 5－1　中东及非洲 10 国主权信用本币等级分布图

资料来源：联合评级主权数据库。

中东及非洲地区的主权信用评级关键指标如表 5－2 所示：

表 5－2　中东及非洲地区主权评级关键指标

关键指标	2012 年	2013 年	2014 年	2015 年	2016 年	本地区国家[d]	"一带一路" 整体[a]
名义 GDP（十亿美元）	239.2	251.4	255.0	228.7	221.4	239.1	404.1
人均 GDP（美元）	37,638.5	38,228.2	38,568.3	39,150.1	39,308.7	38,578.8	21,749.0
GDP 增速（%，实际）	3.2	2.1	2.6	0.2	1.0	1.9	3.0
通货膨胀率（%）	7.0	10.6	5.6	6.5	6.9	7.3	5.5
国内信贷增长率（%）	－38.8	15.5	19.4	116.2	18.2	26.1	15.9
M2 增长率（%）	9.3	11.4	9.0	7.4	6.1	8.6	11.4
各级政府财政平衡/GDP（%）	0.4	－0.4	－2.7	－8.8	－10.1	－4.3	－2.9
公共债务/GDP（%）	47.8	49.8	50.2	56.8	66.2	54.2	46.0
总外债/GDP（%）	115.9	119.5	108.5	106.0	89.2	107.8	72.8
短期外债/总外债（%）	34.8	34.0	33.0	36.5	26.4	33.0	20.9
经常项目盈余/GDP（%）	6.2	5.1	3.6	－3.6	－5.6	1.1	－0.9
国际储备/总外债（%）	110.4	105.1	103.4	125.8	74.9	103.9	128.0

注：d 表示中东及非洲 14 国近 5 年均值；a 表示"一带一路"57 国近 5 年均值。

资料来源：联合评级主权数据库。

中东及非洲地区 10 国中，作为海湾合作委员会以及石油输出国组织（OPEC）成员国就有 6 个大产油国——卡塔尔、沙特阿拉伯、科威特、阿联酋、阿曼和巴林，依靠原油出口累积的巨大财富为各国国家的债务偿还提供了稳定的保障。该地区人均 GDP 水平较高，整体经济实力较强；受石油价格下跌影响，近几年经济增速在沿线 5 大地区中倒居第二位，5 年 GDP 平均增速为 1.9%。同时，该地区大部分国家面临较高的通货膨胀问题，失业率较高，信贷增速快，金融体系不稳定；大部分国家近2年来财政由盈余转为赤字，财政赤字率较高，外债水平较高，5年来外债总额占GDP比重高达107.8%，短期外债居高，5年短期外债占外债总额的比重均值为33.0%，是沿线五大地区之首。但是各产油国因石油财富而累积的丰富外汇储备和主权财富基金使大部分国家的债务偿还能力都较强，但单一的经济结构使其该地区国家表现出较强的经济脆弱性，受外部影响较大。该地区除2个国家外，其余都是投资级主权信用级别，其中高级别的占比较多，整体信用风险可控。

The Middle East and Africa

There are 15 countries along the B&R in the Middle East and Africa region, including the United Arab Emirates, Oman, Egypt, Palestine, Bahrain, Qatar, Kuwait, Lebanon, Saudi Arabia, Turkey, Syria, Yemen, Iraq, Israel and Jordan. United Ratings has assigned sovereign credit ratings to 10 countries, and the rating results are shown in Table 5-1 below.

Table 5-1   Rating Results of the 10 Countries in the Middle East & Africa

Country	Local Currency Rating	Foreign Currency Rating	Outlook
Qatar	$AA_i +$	$AA_i +$	Stable
Saudi Arabia	AA_i	AA_i	Stable
Kuwait	AA_i	AA_i	Stable
United Arab Emirates	AA_i	AA_i	Stable
Israel	AA_i	AA_i	Stable
Oman	$A_i +$	$A_i +$	Stable
Bahrain	A_i	A_i	Stable
Turkey	$BBB_i -$	BB_i	Negative
Jordan	BB_i	BB_i	Stable
Egypt	$BB_i -$	$BB_i -$	Stable

Among the 10 rated countries in the Middle East and Africa, 7 countries are assigned with relatively high level of sovereign credit grades between $AA_i +$ and A_i, including 6 large oil producers in the Middle East, namely the United Arab Emirates, Qatar, Kuwait, Saudi Arabia, Oman and Bahrain, as well as Israel. The other countries in the region, however, display certain gaps in rating grades with those of the Middle East countries, with Turkey's local currency rating being at $BBB_i -$, whereas Jordan and Egypt's rating grades distribute at BB_i level, lagging behind. Qatar, Saudi Arabia, Kuwait, the United Arab Emirates, Oman, and Bahrain have comparatively high sovereign credit ratings due to their relatively strong economic strength and strong debt solvency. Israel is assigned sovereign credit ratings of AA_i based on its relatively high level of industrialization and strong economic strength. On the other hand, Turkey, Jordan and Egypt are rated at lower grades since the stability of their solvency are restricted by severe political crises and uncertainties of the domestic security and political situations. The local currency sovereign credit rating distribution of the 10 countries within the region are shown in Figure 5-1 below.

Key indicators for assessing sovereign credit ratings of the 10 countries in the Middle East and Africa are shown in Table 5-2 below.

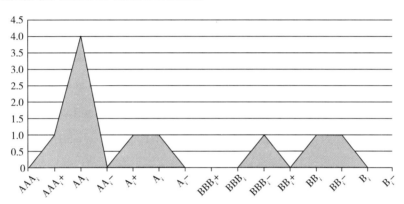

Figure 5-1　Local Currency Sovereign Credit Rating Distribution
of the 10 Countries in the Middle East and Africa

Source：Sovereign Credit Rating Database of United Credit Ratings Co. , Ltd.

Table 5-2　Key Indicators for Assessing Sovereign Credit Ratings of the Countries in the Middle East & Africa

Key Indicators	2012	2013	2014	2015	2016	Five-year Average[d]	B&R Country Average[a]
Nominal GDP（$ bn）	239. 2	251. 4	255. 0	228. 7	221. 4	239. 1	404. 1
GDP per head（$ at PPP）	37,638. 5	38,228. 2	38,568. 3	39,150. 1	39,308. 7	38,578. 8	21,749. 0
GDP（% real change pa）	3. 2	2. 1	2. 6	0. 2	1. 0	1. 9	3. 0
Consumer prices（% change pa；av）	7. 0	10. 6	5. 6	6. 5	6. 9	7. 3	5. 5
Domestic credit growth（%）	− 38. 8	15. 5	19. 4	116. 2	18. 2	26. 1	15. 9
M2（% pa）	9. 3	11. 4	9. 0	7. 4	6. 1	8. 6	11. 4
Budget balance（% of GDP）	0. 4	− 0. 4	− 2. 7	− 8. 8	− 10. 1	− 4. 3	− 2. 9
Public debt（% of GDP）	47. 8	49. 8	50. 2	56. 8	66. 2	54. 2	46. 0
Total debt/GDP（%）	115. 9	119. 5	108. 5	106. 0	89. 2	107. 8	72. 8

continued

Key Indicators	2012	2013	2014	2015	2016	Five-year Average[d]	B&R Country Average[a]
Short term debt/ Total debt (%)	34.8	34.0	33.0	36.5	26.4	33.0	20.9
Current account balance/ GDP (%)	6.2	5.1	3.6	-3.6	-5.6	1.1	-0.9
International reserves/ total debt (%)	110.4	105.1	103.4	125.8	74.9	103.9	128.0

Note: "d" stands for the recent five-year average of the 14 countries in the Middle East and Africa along the B&R; "a" stands for the recent five-year average of the 57 countries along the B&R.

Source: Sovereign Credit Rating Database of United Credit Ratings Co., Ltd.

Among the 10 countries in Middle East and Africa, the United Arab Emirates, Qatar, Kuwait, Saudi Arabia, Oman and Bahrain, as large oil producers and GCC & OPEC members, have accumulated great wealth through oil exports, which can fully guarantee the debt repayment capability of governments. The region registers a relatively high level of per capita GDP and strong economic strength. Impacted by oil prices decrease, the economic growth of the region drops to the second from the bottom among the 5 regions along the B&R, with the recent five-year average GDP growth rate of 1.9%. In addition, most countries in the region face constraints such as mounting inflation, high unemployment rate, rapid domestic credit growth and financial instability. In the past two years, most countries' fiscal balances have turned from surplus to deficit and show relatively high fiscal deficit to GDP ratio. The overall foreign debt and short-term foreign debt level are both high, with five-year average of total foreign debt to GDP ratio being as high as 107.8%, and five-year average short-term foreign debt to total debt ratio of 33.0%, the highest among the 5 regions along the B&R. Ample foreign reserves and sovereign wealth funds gained from oil exports can fully guarantee the solvency of the oil-producing countries within the region. However, the single economic structure of the oil-producing countries exacerbates the vulnerability of their economy. As such, the overall sovereign credit risk is manageable, and except for 2 countries, all the other countries within the region are rated at the investment grades, with high rating grades accounting for a larger proportion.

阿拉伯埃及共和国

本次评级结果

长期本币信用等级：BB_i –

长期外币信用等级：BB_i –

评级展望：稳定

本次评级时间

2017 年 4 月 30 日

分析师：丁翔

评级观点

联合评级于 2017 年 4 月 30 日对阿拉伯埃及共和国（以下简称埃及）的本外币主权信用级别进行了评定，决定给予埃及长期本、外币信用 BB_i – 的级别，展望为稳定。

埃及的政治体制正处于转型过程之中，其长期稳定性有待观察；中期内，塞西政府能够基本有效控制政局。极端宗教势力在周边国家和地区的扩张令埃及的地缘政治风险有所上升。塞西政府的一系列经济刺激措施令埃及的经济增长有所回升，并有望在未来两年继续保持稳定增长。汇率自由化、食品燃料补贴的削减、不利的外部形势造成的旅游业收入的疲软可能导致通货膨胀率和失业率中期内继续走高。受益于监管的要求，银行的不良贷款率出现较大幅度改善，但资本充足率依然较低，银行业的脆弱性尚存。外汇管制的取消，使汇率出现大幅贬值现象，但有助于改变储蓄美元化的情况；货币政策收紧，短期可能对经济增长有所抑制。财政赤字水平较高，引入增值税和逐步取消补贴等财政改革措施有望令财政赤字开始下降。公共债务规模呈逐渐扩大，2016年有所下降；公共债务以内债为主，外债较少，但在外债总额中占比较高；短期外债虽有所上升，但支付压力不大。综上所述，联合评级认为埃及本、外币债务偿还都具有一定的信用风险。

评级依据

政治体制处于转型过程之中，其长期稳定性有待观察，中期内塞西政府能够基本有效控制政局

埃及长期处于军人政客的控制之下，直到2011年民主化运动胜利才有所改变。2012年，穆斯林兄弟会（以下简称穆兄会）的领导人穆尔西当选第一任民选政府总统。因政治上全力扩大宗教势力影响，加剧社会对立，经济上缺乏清晰思路，增长速度下降，失业和通胀上升，穆尔西在当政仅一年后被军队强制赶出总统府，国防部长塞西在辞去军职后于2014年当选埃及第五任总统。

塞西总统上台后，一方面，对穆兄会势力进行严厉打击，议会选举中的宗教色彩减弱，因此加强了对议会的影响力；另一方面，政府加大了对媒体的控制力。鉴于政府过去两年所做的努力和局势改善，辅之以军队的绝对支持，塞西有望执政至2018年期满。

但埃及政局的稳定性在很大程度上取决于国内经济状况是否能够得以改善。这也是塞西上台后实现一系列经济改革的重要原因。塞西执政以来出台了不少经济刺激政策，目前中低收入者都把注意力放在改善生活状况上，大规模的反政府活动已经开始减少。

尽管宗教势力的活动有所抑制，但极端宗教势力在周边国家和地区的扩张令埃及的地缘政治风险有所上升

埃及是伊斯兰复兴主义的源头和穆斯兄会的发源地。虽因军人政权多年打压，穆兄会已放弃了暴力夺取政权和实现政教合一的主张，但多年的耕耘使其在埃及具有极大的影响力。当下，塞西政府的严厉打击使其政治活动有所收敛，但其极端主义的倾向依然对国内政治的稳定构成威胁。

依靠坚持不结盟的外交政策，埃及与全球主要大国都保持了良好的外交关系，为埃及创造了良好的外交环境，并帮助了埃及从它们以及国际多边组织获得了足够的财务支持，大幅改善了埃及的外部流动性。

"阿拉伯之春"后，中东北非地区很多强权政治领袖被推翻，但因为没有足够强大的政治力量填补空白，极端宗教势力反而乘势扩张，加剧了整个地区局势的动荡，导致了埃及的地缘政治风险有所上升。

塞西政府的一系列经济刺激措施令埃及的经济增长有所回升，并有望在未来两年继续保持稳定增长

塞西总统上台之后，在全力维护政治局面稳定的同时，重视经济的发展，采取了诸多促进经济增长的措施。近两年，埃及经济的增长速度相对于穆尔西当政期间有所上升，从2012—2014年的2%左右上升至2015—2016年的4%以上。

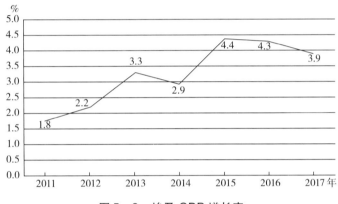

图5-2 埃及 GDP 增长率

注：2017年数据为预测值。

资料来源：联合评级主权数据库，EIU数据库。

根据2016年11月IMF董事会批准的与埃及政府的协议，埃及可在未来三年从IMF获得总共120亿美元贷款；作为条件，埃及政府则承诺将启动结构性改革计划，主要包括：实施鼓励外资流入的法制改革、取消外汇管制、引入增值税、削减食品和燃料补贴和扩大基建规模等。联合评级认为，在这些改革措施实施后，埃及的发展潜力将得以更加充分的释放、外资流入将加速，GDP有望继续保持4.0%左右水平增长。

汇率自由化、食品燃料补贴的削减、不利的外部形势造成的旅游业收入的疲软可能导致通货膨胀率和失业率中期内继续走高

汇率自由化的改革引起本币贬值，短期内将推升通货膨胀率快速上涨，加之食品和燃料补贴的削减以及全球经济疲软给埃及旅游业带来的负面影响，我们预计埃及的通货膨胀率未来两年将从之前的10%左右逐步上升至近20%。此后，随着汇率的逐步稳定，投资增长带来的供应改善，包括左赫尔油气田投产，埃及的通货膨胀率有望从 2018 年后开始逐步下降。

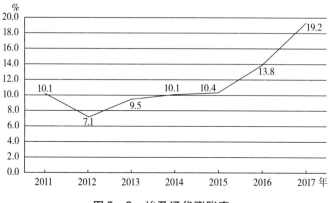

图 5-3　埃及通货膨胀率

注：2017 年数据为预测值。

资料来源：联合评级主权数据库，EIU 数据库。

快速增长的人口与乏力的经济发展是埃及长期面对的结构性矛盾，并致使埃及的失业率多年来一直保持在 10% 以上的较高水平。2013 年，埃及的失业率曾达到 13.2% 的高峰。因为人口结构总体偏年轻，青年的失业率较社会总失业率更高，曾达到 40%。近两年，随着经济的发展，埃及失业率有所下降，但 2015 年仍处于 12.8% 的较高水平。较高的失业率对埃及社会的稳定构成了潜在威胁。

图 5-4　埃及失业率

注：2017 年数据为预测值。

资料来源：联合评级主权数据库，EIU 数据库。

受益于监管的要求，银行的不良贷款率出现较大幅度改善，但资本充足率依然较低，银行业的脆弱性尚存

在埃及的金融体系中，银行业占到主导地位，但埃及银行业一直存在银行的资本充足率较低，不良贷款偏高的痼疾。近年来，在监管机构的严厉要求下，不良贷款率呈明显下降趋势，但资本充足率依然处于较低水平。银行业的脆弱性比较显著。

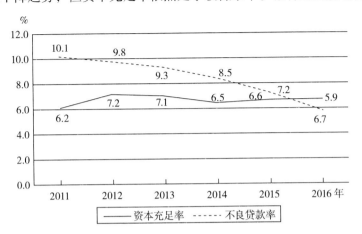

图5-5 埃及银行业指标

注：资本充足率2016年数据为估计值。

资料来源：联合评级主权数据库。

外汇管制的取消，使得汇率出现大幅度贬值，但有助于改变储蓄美元化的情况；货币政策收紧，短期可能对经济增长有所抑制

自2016年11月3日起，埃及中央银行允许外汇按照市场供求关系形成汇率而不再进行干涉。自此，埃镑出现了大幅度的贬值，从此前的8.8埃镑兑1美元贬至最低时达到16埃镑兑1美元，迅速向原来的黑市汇率靠拢。从长期来看，自由浮动的汇率将逐步增强市场对于埃镑的信心，储蓄美元化的情况将大幅改善，居民和企业将增加向银行出售外汇，银行的外汇头寸可望上升。

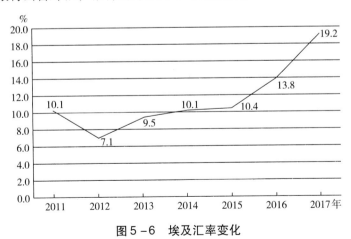

图5-6 埃及汇率变化

注：2017年数据为预测值。

资料来源：联合评级主权数据库，EIU数据库。

为对付通膨升高的压力，埃及央行的货币政策开始趋紧，过去一年央行已4次调高利率。其中在11月3日的最后一次利率调整中，为了对应外汇完全自由兑换带来的货币贬值压力，一次就将利率调高了300个基点，使利率水平升至16%左右的高位。紧缩的货币政策，短期将对经济增长有所抑制，并将增加政府债务成本。

财政赤字水平较高，引入增值税和逐步取消补贴等财政改革措施有望令财政赤字开始下降

为保障底层居民的基本生活需求，埃及政府长期实施食品和燃料补贴制度，两项补贴占到政府支出的1/3左右，是埃及财政平衡长期出现赤字的重要原因。为了整固财政，削减赤字，塞西政府启动的结构性改革方案中针对性地提出了逐步削减食品和燃料补贴，并引入增值税的计划。联合评级相信，随着这些改革政策的实施，埃及的财政赤字有望从2017年开始缩减。

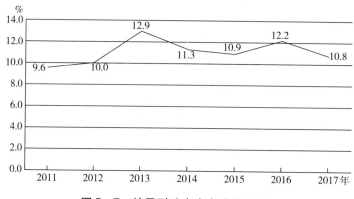

图 5-7 埃及财政赤字占 GDP 比重

注：2017年数据为预测值。

资料来源：联合评级主权数据库，EIU数据库。

公共债务规模呈逐渐扩大，2016年有望所有下降。不过公债中以内债为主，外债较少，但在外债总额中占比较高；短期外债虽有所上升，但占比仍小

由于多年来的财政赤字，埃及公债规模呈逐渐扩大态势，负担沉重。2016年埃及公共债务为27,291亿埃镑，占GDP的101.0%，规模及占比均达到多年来新高。来自IMF和世界银行的资金援助对保持投资者信心至关重要，因此，埃及将不得不控制公债规模以满足IMF和世行要求。可以预见，未来几年的债务规模有望得到控制。从债务结构来看，以内债为主，占公共债务的85%以上。外债占比较低，但几乎全部为公共部门债务。2016年，埃及的公共部门的中长期外债总额为499亿美元，占外债总额574亿美元的86.9%。近期，埃及的短期外债略有上升，2016年底达35亿美元,约为国际储备的16.7%,偿付压力不大。

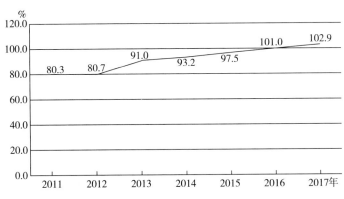

图5-8 埃及公共债务占GDP比重

注:2017年数据为预测值。

资料来源:联合评级主权数据库,EIU数据库。

埃镑汇率的大幅贬值在一定程度上改善了埃及的对外贸易条件,埃及的经常性账户赤字有望持续缩小

因为国内供应不足,埃及一直大量进口粮食和石油,造成了埃及经常性账户的长期赤字情况。在汇率市场化前,本币的高估造成了进口大幅上升和出口增长疲软,致使经常性账户赤字升高,截至2016年达到了GDP的8.9%。此外,受旅游业由于俄罗斯客机坠毁事件影响很大和苏伊士运河通行费因为世界贸易的下降而收入减少的影响,以及随着汇率市场化的转变,未来两年,埃及的经常性账户赤字有望出现下降,但仍将处于财政赤字状态。

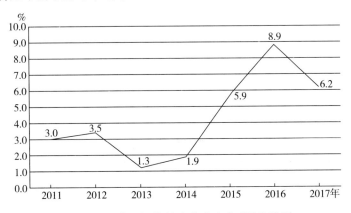

图5-9 埃及经常性账户赤字占GDP比重

注:2017年数据为预测值。

资料来源:联合评级主权数据库,EIU数据库。

国际储备小幅上升，仍存在较大的外部融资需求以应对外债的偿还；外债总额将进一步上升，但由于短期外债占比低，短期外债偿付压力有限

汇率市场化之前，埃及的国际储备处于较低的水平，2016 年 10 月为 170 亿美元，大概可以覆盖 3 个多月的进口支出需求。汇率改革以后，外汇储备快速上升，至 2017 年 1 月已上升至 264 亿美元，可以覆盖 6 个月的进口，为 2011 年来最高。未来两年，随着经常性赤字的下降，埃及的国际储备将呈现出逐步上升的态势。

过去两年，为了应付增长的财政赤字和下滑的国际储备，埃及政府一直努力扩大外债的规模，包括从海湾产油国的借贷、IMF 和世界银行的贷款以及中国等的双边借贷。未来两年，为了支持国内结构性改革，埃及将继续增加上述国家和国际组织的借贷，至 2018 年，外债总额预计将从 2016 年的 574 亿美元上升至 817 亿美元。其中的部分外部借贷将用于置换原来的国内债务，使这部分公共债务的成本从 15%以上降至 1%～2%。即便如此，届时外债总额也只占 GDP 的 30%左右，依然处于可控的范围之内。

展望

综上所述，塞西总统上台以后通过对穆兄会的打击迅速稳定了国内的政治局势，并采取了一系列改革措施，促使经济开始加速增长。与 IMF 达成的协议解决了埃及外部流动性紧张的问题，也为经济的持续增长奠定了良好基础，但汇率自由化、食品燃料补贴的削减、不利的外部形势造成的旅游业收入的疲软可能造成通货膨胀率在中期上升。未来两年，财政赤字和公共债务有望开始下降，债务以中长期为主，短期内偿付压力不大。外债总额将进一步上升，但依然处于可控的范围之内。经常性账户赤字有望持续缩小，外汇储备将保持上升。鉴于此，联合评级对未来 1～2 年埃及的本、外币主权信用评级展望为稳定。

表 5 - 3　埃及主权信用评级关键数据表

指标	2012 年	2013 年	2014 年	2015 年	2016 年	2017 年[f]	中东及非洲[d]	"一带一路"[a]
名义 GDP（十亿美元）	242.9	276.3	270.8	300.9	316.8	268.9	239.1	404.1
人均 GDP（美元，PPP）	10,621	10,344	10,512	10,711	10,990	11,370	38,578.8	21,749.0
实际 GDP 增长率（%）	1.8	2.2	3.3	2.9	4.4	4.3	1.9	3.0
通货膨胀率（%）	10.1	7.1	9.5	10.1	10.4	13.8	7.3	5.5
国内信贷增长率（%）	22.1	19.6	23.5	22.7	25.6	14.6	26.1	15.9

续表

指标	2012 年	2013 年	2014 年	2015 年	2016 年	2017 年[f]	中东及非洲[d]	"一带一路"[a]
M2 增长率（%）	6.7	12.3	18.9	15.8	18.6	13.1	8.6	11.4
各级政府财政平衡/GDP（%）	-9.6	-10.0	-12.9	-11.3	-10.9	-12.2	-4.3	-2.9
各级政府利息支付/GDP（%）	-4.3	-4.4	-5.7	-3.8	-3.6	-4.7	4.1	2.3
各级政府初级财政平衡/GDP（%）	-4.5	-5.7	-3.9	-3.6	-5.0	-5.5	2.4	0.2
公共债务/GDP（%）	80.3	80.7	91.0	93.2	97.5	101.0	54.2	46.0
总外债/GDP（%）	14.8	15.7	13.0	15.0	24.4	31.6	107.8	72.8
短期债务/总外债（%）	16.6	6.3	8.4	7.5	6.1	5.2	33.0	20.9
经常项目余额/GDP（%）	-3.0	-3.5	-1.3	-1.9	-5.9	-8.9	1.1	-0.9
国际储备/总外债（%）	37.3	36.3	36.5	35.3	36.5	33.6	103.9	128.0

注：f 表示预测值；d 表示中东和非洲 14 国近 5 年均值；a 表示"一带一路"57 国近 5 年均值。

资料来源：联合评级主权数据库，EIU 数据库。

Highlights of the Sovereign Rating
on the Arab Republic of Egypt

Sovereign Rating

Long-term Local Currency: BB_i –

Long-term Foreign Currency: BB_i –

Outlook: Stable

Ratings completed on April 30th, 2017

Analyst: Ding Xiang

Rating Rationale

United Ratings assigned "BB_i – " on both local and foreign currency sovereign credit ratings of the Arab Republic of Egypt (hereinafter, "Egypt") on April 30th, 2017 with a stable outlook.

As the political regime of Egypt is in the transitional process, the long-term political stability of Egypt remains to be seen. However, in the medium term, the Sisi government is able to exert effective control over the political situation, even if the expansion of extremist religious forces in neighboring countries and regions has made Egypt's geopolitical risk even higher. What's more, a series of economic measures taken by the Sisi government have stimulated the economic recovery of Egypt; as a result, the economic growth is expected to maintain a rapid pace in the next two years. The liberalization of exchange rate, a reduction in subsidies for food and fuels as well as the weakness in tourism revenue due to unfavorable external conditions are possible causes of the high inflation rate and high unemployment rate in the medium term. In terms of banking conditions, benefited from the effective regulation, the non-performing loan rate has been significantly improved, while the capital adequacy ratio remains low, indicating that the banking system is still subject to vulnerability. Besides, the elimination of foreign exchange control leads to a significant devaluation of the exchange rate, but it contributes to changing the situation of deposit dollarization. Tightened monetary policy might inhibit the economic growth in the short run, but fiscal reform measures, such as introducing value-added tax and phasing out subsidies, are expected to bring the fiscal deficit down. In addition, the scale of public debt is gradually expanding but it is likely to narrow down in 2017. The internal debt takes a major part of the public debt, while the short-term foreign debt is on a rise. Overall, the solvency pressure of the government is limited. As such, United Ratings believes that Egypt has certain credit risks both in local and foreign currency debt repayment.

Outlook

In conclusion, through the crackdown of the Muslim Brotherhood, President Sisi quickly stabilizes the domestic political situation after he came into power, and he also takes a series of reform measures to stimulate the economic growth in Egypt. At the same time, an important agreement was signed between Egypt and the IMF, with beneficial terms on one hand, easing the tension of Egypt's external liquidity, on the other hand, laying a solid foundation for its sustained economic growth. However, the liberalization of exchange rate, a reduction in subsidies for food and fuels as well as the weakness in tourism revenue due to unfavorable external conditions are likely to generate a high inflation rate and high unemployment rate in the medium term. Besides, the level of the budget deficit and the public debt are expected to decline in the next $1-2$ years. As the long-term debt takes up a large part of the total public debt, the short-term debt service pressure is limited. The total foreign debt will further climb up yet is still under control. The current account deficit is expected to narrow down, and foreign exchange reserves keep a steady rise. As such, United Ratings assigned a stable outlook on Egypt's local and foreign currency sovereign credit ratings for the next $1-2$ years.

以色列国

本次评级结果

长期本币信用等级：AA_i

长期外币信用等级：AA_i

评级展望：稳定

本次评级时间

2017 年 4 月 20 日

分析师：丁翔　陈诣辉

评级观点

联合评级于 2017 年 4 月 20 日对以色列国（以下简称以色列）的主权信用进行了评定，确认其长期本、外币主权信用的等级为 AA_i，评级展望为稳定。

以色列的政治体制稳定，但现执政联盟内部出现了不稳定迹象，可能提前举行大选，而内塔尼亚胡有望在大选中获胜，继续执政。地缘政治形势依然复杂。经济持续保持了较高的增速，但某些结构性缺陷形成隐忧。通货膨胀已经止跌回升；银行业资产质量好，资本充足率高，不良贷款率低，银行业的稳健性比较突出，但对住房贷款的敞口较高形成潜在威胁。蓬勃增长的经济使政府财政赤字前几年在减税的情况下持续走低，未来两年，随着财政支出的扩张和进一步的减税，财政赤字将小幅上升，但仍可控制在政府设定目标之内。经常账户持续盈余，外国直接投资维持净流入，外汇储备呈上升趋势。外债规模整体呈下降趋势，短期内偿债的压力不大。综上所述，联合评级认为以色列具有较强的本、外币债务偿债能力，主权信用风险很低。

评级依据

政治体制稳定，但现执政联盟内部出现了不稳定迹象，可能提前举行大选，而内塔尼亚胡有望在大选中获胜，继续执政

自复国以来，以色列建立了比较成熟的议会民主制度，政治体制的稳定性较高；但进入议会门槛较低的选举制度使政府在组成的过程中对于小党的依赖性较强，并在一定程度上影响了政府的稳定性。1988年以来，以色列没有一届政府能够顺利执政至期满。在2015年大选中，内塔尼亚胡领导的右翼利库德集团赢得了议会120个席位中的30席；在与其他4个右翼小党结盟后占据了66席，内塔尼亚胡成功组建内阁。2016年5月，内塔尼亚胡又成功说服另一个右翼政党加入联盟，使其在议会的力量进一步增强。然而，随着时间的推移，执政联盟各派在很多问题上开始产生分歧，包括最高法院的职责、对待巴勒斯坦人的短期政策、和平谈判的进程等；而警方年初对内塔尼亚胡收受富商礼品和与个别媒体进行利益交换谈判的事件进行的调查加剧了执政联盟的不稳定性。联合评级认为，凭借丰富的执政经验和政治手段，内塔尼亚胡可以有效应对目前的局势，并很有可能通过于2017年底或2018年初提前大选重新凝聚共识，并形成新的执政联盟，继续执政。

地缘政治形势依然复杂，与巴勒斯坦领土争端的持续以及周边国家局势动荡加剧有可能增加以色列地缘政治的不稳定性

自复国以来，以色列与巴勒斯坦的领土争端一直未断。内塔尼亚胡上台后，秉承其一贯的强硬立场，一方面，宣称在他就任期间将不允许建立独立的巴勒斯坦国家；另一方面，重新在约旦河西岸扩建犹太人定居点。这些行为使巴以关系再次趋于紧张。自巴以和谈后，美国政府一直支持以"两国方案"为基础解决巴以争端，并反对以色列在巴勒斯坦被占领土扩建犹太人定居点，但特朗普在竞选阶段和上台初期，宣称放弃此前政府立场，鼓舞了以色列国内右翼力量主张对巴勒斯坦采取更为强硬的态度。至2017年2月访美后，内塔尼亚胡的立场有所软化，表示同意巴勒斯坦建立独立国家，但双方达成协议前，巴勒斯坦方面必须先满足两个条件：一是必须承认以色列为犹太人国家；二是在协议中要写明以色列要保持对约旦河西岸的安全控制。因内塔尼亚胡提出的条件非常苛刻，巴以双方的冲突存在升级的可能。此外，叙利亚的冲突、ISIS 的崛起、西奈半岛的安全问题，包括伊朗在本地区的影响力的扩张也给以色列的地缘政治稳定带来一定的威胁。

以色列经济持续保持了较高的增速，但某些结构性缺陷形成隐忧

高科技行业的高强度投资、强劲的国内消费以及商品和服务出口迅速扩张，加之政府的经济自由化改革促使以色列经济近年来以接近 4% 的较高速度增长，在同等发达国家中位居前列。未来两年，经济增速有望保持。

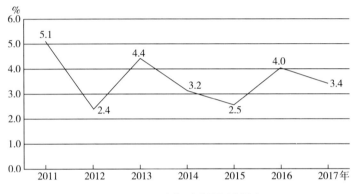

图 5－10　以色列 GDP 增长率

注：2017 年数据为预测值。

资料来源：联合评级主权数据库，EIU 数据库。

虽然以色列的经济增长形势较好，但少数的结构性问题依然形成隐忧。首先是对外依存度较高。因为以色列的国内市场相对狭小，经济对外的依赖性较高，出口占到了 GDP 的 35% 以上，而对欧美市场的出口占到总出口的 60% 左右，因此，经济受国际市场的影响较大，存在一定的脆弱性。其次是政府的不稳定性造成的经济政策执行力度问题。因为组成政府的党派较多，需要兼顾各党利益，经济政策的执行力度往往受到影响。例如，虽然内塔尼亚胡期望全力推动经济的自由化，包括一些低效国企的私有化，但受其他党派的制约，进展并不顺利；再例如，利维坦天然气田的开发就因监管框架制定缓慢而受到影响。

通缩压力在逐渐缓解，强劲的经济增长令失业率降至较低水平

本币谢克尔的升值和国际大宗商品价格的下跌使以色列的通货膨胀率在前几年呈现持续下跌的趋势，至 2015 年的 － 0.6% 最低点，2016 年小幅回升至 － 0.5%。未来两年，随着国际大宗商品价格的回升，实际工资增长带来的消费需求上升，以及住房价格的上涨，以色列的通货膨胀率将出现上升的趋势，但可以维持在比较温和的水平。

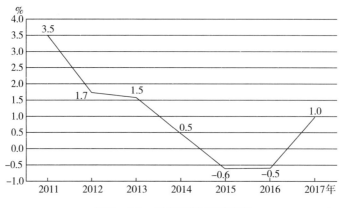

图 5 - 11　以色列通货膨胀率

注：2017 年数据为预测值。

资料来源：联合评级主权数据库，EIU 数据库。

由于强劲的经济增长，以色列的失业率这些年来呈持续下降趋势，至 2016 年已经降至 4.8% 的较低水平，未来两年，预计将继续小幅下降，而随着充分就业的即将实现，实际工资面临较大的上升压力。

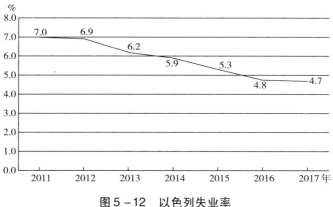

图 5 - 12　以色列失业率

注：2017 年数据为预测值。

资料来源：联合评级主权数据库，EIU 数据库。

银行业资产质量好，资本充足率高，不良贷款率低，银行业的稳健性比较突出，但对住房贷款的较高敞口形成潜在威胁

强劲的经济增长为银行业打造了良好的运营环境。以色列银行的资产和流动性均保持了很好的状态，一级资本充足率继续走强，2016 年 9 月达到 10.7%，总资本充足率达到 14.6%，都远高于《巴塞尔协议Ⅲ》的要求，同时，不良贷款率已降到了 1.6% 的较低水平，银行业的稳健性比较突出，可以在经济走低或国际需求转弱的情况下提供一定的缓冲。

另外，2016 年以色列的实际房价与 2007 年底相比上涨了 60%。早期，以色列央行层通过提高利率来抑制房价，但效果非常有限，反而刺激了本币大幅上升。目前以色列政府已采取整套综合措施来增加住房供应，比如释放更多的土地用于开发、改变投标标准、加快建设审批流程。但是，考虑到建筑行业的产能限制、建设住房需要的时间、住房需求的持续增长，短期内政府的措施难以完全解决住房短缺问题。过热的住房市场造成了银行住房贷款的敞口较高，至 2016 年第三季度，住房贷款的规模已经达到了 GDP 的 45% 和银行总贷款规模的 40% 以上，对以色列的金融稳定造成了潜在威胁。

财政赤字在减税的情况下持续走低；公共债务尤其是公共外债的占比有所下降

以色列经济的蓬勃增长以及负的通货膨胀率使政府能够在减税的条件下降低赤字占 GDP 的比重，从 2012 年的 3.9% 降至 2015 年的 2.1% 和 2016 年的 2.2%。未来两年，随着公共部门员工和军队加薪以及进一步扩大的减税计划，财政赤字将转为小幅上升，预计 2017 年将上升至 GDP 的 2.6%，2018 年又回落至 GDP 的 2.4%，但均低于政府设定的 2.9% 上限。以色列政府的初级财政一直保持了盈余的状态。

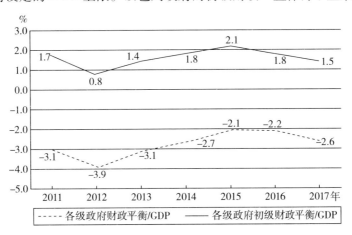

图 5－13　以色列财政平衡和初级财政平衡/GDP

注：2017 年数据为预测值。

资料来源：联合评级主权数据库，EIU 数据库。

随着政府赤字的缩减，公共债务也呈现了持续下降的趋势，从 2012 年的占 GDP 比重 67.1% 下降至 2016 年的 60.6%。未来两年，这一趋势有望继续维持。

以色列的公共债务缺口一般通过国内和国际两个债务市场弥补。近年来，随着国内财务能力的增强，通过国内市场弥补的比例保持升高，从 2012—2016 年，国际

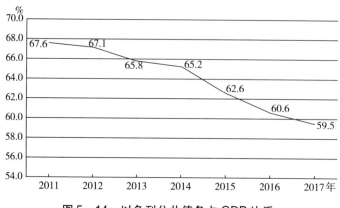

图5－14　以色列公共债务占GDP比重

注：2017年数据为预测值。

资料来源：联合评级主权数据库，EIU数据库。

债务的比例从59%下降至46%，而国内债务的比例则从41%上升至54%。

以色列的经常账户持续盈余，外国直接投资维持净流入，外汇储备呈上升趋势。

得益于出口的强劲增长，特别是高附加值的服务出口，以色列的经常性账户近年来一直保持盈余状态且呈上升趋势，2016年经常性账户的盈余占到GDP的3.9%。未来两年，这一趋势有望继续维持，至2018年有望进一步上升至GDP的5.0%。

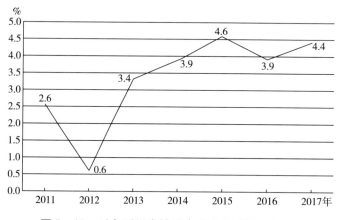

图5－15　以色列经常性账户盈余占GDP比重

注：2017年数据为预测值。

资料来源：联合评级主权数据库，EIU数据库。

在经常性账户保持盈余的状态下，以色列的外国直接投资净流入也能基本保持正值，这就使以色列的国际储备呈现持续增长的趋势，已经从2012年的759亿美元增长到2016年的984亿美元，可以覆盖13.5个月的进口支出。未来，以色列的外汇储备有望进一步增加至1000亿美元以上。

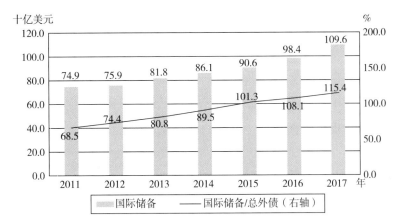

图 5－16 以色列国际储备

注：2017 年数据为预测值。

资料来源：联合评级主权数据库，EIU 数据库。

外债规模整体呈下降趋势，短期内偿债的压力不大

良好的国际收支使以色列的外债规模呈缩小趋势，从 2012 年的 1020 亿美元降至 2015 年 894 亿美元，其后，随着以色列进口的和投资的快速增长，外债的金额出现小幅上升，但与 GDP 的比值继续保持下降的趋势，至 2017 年有望降至 GDP 的 27%。

图 5－17 以色列外债规模

注：2017 年数据为预测值。

资料来源：联合评级主权数据库，EIU 数据库。

从债务期限来看，2016 年，短期外债总额为 171 亿美元，仅占外债总额的 18.7%，短期内偿债的压力相对较小。

外部融资需求下降，融资渠道畅通

随着外债规模的缩减和外汇储备增加，以色列的外部融资需求呈下降趋势，

2016 年已降至 112 亿美元，大约占 GDP 的 3.5%。未来两年，这个指标将继续下降，至大约平均 85 亿美元的水平，仅为 2012 年的 1/3 左右。另外，以色列拥有通畅的外部融资渠道，近年来成功在国际资本市场以非常优惠的条件发行欧元和美元债券。此外，美国政府还向以色列提供了 90 亿美元的贷款担保，可为以色列在紧急状况下谋求贷款提供应急支持。

展望

综上所述，中期内，以色列的政局可保持基本稳定；经济将保持持续增长态势；本币的升值压力较大；银行业的稳定性有望继续提高，但较高的住房贷款的敞口形成隐忧；财政赤字将小幅回升，但可以控制在政府设定目标之内，公共债务占比将继续下降；经常账户可保持盈余，外国直接投资维持净流入，外汇储备呈上升趋势；外债规模整体呈下降趋势，短期内偿债的压力不大；外部融资需求下降，融资渠道畅通。

鉴于此，联合评级对未来 1~2 年以色列本、外币主权信用评级的展望为稳定。

表 5-4　以色列主权信用评级关键数据表

指标	2012 年	2013 年	2014 年	2015 年	2016 年	2017 年[f]	中东非洲[d]	"一带一路"[a]
名义 GDP（十亿美元）	257.6	293.3	308.8	299.4	318.8	353.7	239.1	404.1
人均 GDP（美元，PPP）	31,713.8	34,221.8	34,945.3	36,559.0	37,780.0	39,350.0	38,578.8	21,749.0
实际 GDP 增长率（%）	2.4	4.4	3.2	2.5	4.0	3.4	1.9	3.0
通货膨胀率（%）	1.7	1.5	0.5	-0.6	-0.5	1.0	7.3	5.5
国内信贷增长率（%）	1.4	4.4	5.2	2.2	3.0	5.8	26.1	15.9
M2 增长率（%）	8.4	6.2	7.8	13.2	10.3	10.5	8.6	11.4
各级政府财政平衡/GDP（%）	-3.9	-3.1	-2.7	-2.1	-2.2	-2.6	-4.3	-2.9
各级政府利息支出/GDP（%）	4.7	4.5	4.5	4.2	4.0	4.1	4.1	2.3
各级政府初级财政平衡/GDP（%）	0.8	1.4	1.8	2.1	1.8	1.5	2.4	0.2
公共债务/GDP（%）	67.1	65.8	65.2	62.6	60.6	59.5	54.2	46.0
总外债/GDP	39.6	34.5	31.1	29.9	28.6	27.0	107.8	72.8
短期外债/总外债	13.6	14.7	16.1	17.1	18.9	19.8	33.0	20.9
经常项目余额/GDP（%）	0.6	3.4	3.9	4.6	3.9	4.4	1.1	-0.9
国际储备/总外债（%）	74.4	80.8	89.5	101.3	108.1	115.4	103.9	128.0

注：f 表示预测值；d 表示中东和非洲 14 国近 5 年均值；a 表示"一带一路"57 国近 5 年均值。

资料来源：联合评级主权数据库，EIU 数据库。

Highlights of the Sovereign Rating
on the State of Israel

Sovereign Rating

Long-term Local Currency: AA_i

Long-term Foreign Currency: AA_i

Outlook: Stable

Ratings completed on April 20th, 2017

Analysts: Ding Xiang, Chen Yihui

Rating Rationale

United Ratings assigned "AA_i" on both local and foreign currency sovereign credit ratings of the State of Israel (hereinafter, "Israel") on April 20th, 2017 with a stable outlook.

The political regime is stable in Israel, but signs of instability arise within the ruling coalition, which might lead to a snap election. It is predicted that Netanyahu is most likely to win the election and continue to rule the country, but the geopolitical situation remains complicated. The economic growth of Israel maintains a rapid pace, while the structural deficiency generates extensive concerns. Besides, the inflation has bottomed out, and the good quality of banking assets, high capital adequacy ratio as well as the low NPL ratio are committed to sustaining the stability of the banking sector. However, the relatively high exposure to housing loans has posed potential threat to the banking system, while the thriving economy of Israel has helped maintain a low government deficit in the context of tax abatement. In the coming 2 years, as the fiscal expenditure further expands and tax further reduces, there will be a slight upswing of the budget deficit yet still within the government's target. Moreover, the current account surplus and sustained inflows of foreign direct investment (FDI) are contributing to the rise of foreign exchange reserves. The scale of overall foreign debt is on a downward trend and the pressure of debt repayment is limited in the short term. In conclusion, United Ratings believes that Israel has a very strong capability of debt repayment both in local and foreign currency, and the sovereign credit risk is very low.

Outlook

As such, in the medium term, the political situation of Israel remains basically stable and its economy maintains a sustained growth. High appreciation pressure is posed on the local currency, and concerns are induced from the high exposure to housing loans, so that it is necessary to further improve the banking stability. In addition, the fiscal deficit will slightly pick up, yet still within the government's target. The public debt ratio keeps down, but the continuous surplus of the current account and the net inflows of foreign direct investment are helpful to keep the foreign exchange reserves on the rise. The scale of overall foreign debt is on a downward trend and the pressure of debt repayment is limited in the short term. Foreign financing is less demanded but the financing channels remain smooth. As such, United Ratings assigned a stable outlook on Israel's local and foreign currency sovereign credit ratings for the next 1 – 2 years.

科威特国

本次评级结果

长期本币信用等级：AA_i

长期外币信用等级：AA_i

评级展望：稳定

本次评级时间

2017 年 4 月 20 日

分析师：胡前方　胡乾慧

评级观点

联合评级于 2017 年 4 月 20 日对科威特国（以下简称科威特）的主权信用进行了评定，确认其长期本、外币主权信用的等级为 AA_i，评级展望为稳定。

科威特国家元首兼武装部队最高统帅埃米尔由萨巴赫家族世袭，国内政局基本稳定；但宗教冲突和恐怖主义常年威胁国内安全形势；经济实力较强，但对石油产业深度依赖，经济增长模式单一，近两年受国际油价持续低迷的影响，经济增速下降，财政持续赤字，经常账户盈余大幅缩减；但随着国际油价的回升，有望改善；政府公共债务和外债规模均出现上升趋势，但目前仍然处在较低水平；经常账户常年盈余，经过多年累积的石油财富使科威特拥有庞大的主权财富基金和充足的外汇储备。综上所述，联合评级认为科威特具有很强的本、外币偿还能力，主权信用风险很低。

评级依据

政局基本稳定，政治风险较低

萨巴赫家族世袭国家最高统帅埃米尔，国内政局稳定。科威特是君主世袭制阿拉伯酋长国，埃米尔是国家元首兼武装部队最高统帅。萨巴赫家族世袭埃米尔，而萨巴赫家族分为贾比尔支和萨利姆支，两支轮流继承王位。现任埃米尔为谢赫萨巴赫·艾哈迈德·贾比尔·萨巴赫（以下简称萨巴赫），于2006年2月继任。科威特实行一院制议会，议会由50名全国选举产生的议员和现任内阁大臣组成，每届任期4年；政府由首相和内阁大臣组成，首相由埃米尔任免，内阁大臣根据首相提名并由埃米尔任免。本届议会于2016年11月选举产生，下一次议会大选将于2020年举行；本届政府于2014年1月成立，首相为贾比尔·穆巴拉克·哈马德·萨巴赫。

现任埃米尔萨巴赫的继任是萨利姆支在原王储谢赫萨阿德·阿卜杜拉·萨利姆·萨巴赫（以下简称萨阿德）因身体状况无法担任埃米尔被迫退位的情况下做出的妥协，打破了萨巴赫家族两分支之间的平衡，两分支间关于王位继承并未达成明确一致，未来两分支间关系走向将对科威特国内政治局势造成直接影响，需要关注王室内部潜在的不稳定因素。同时，在2016年11月的大选中出现的政府与民粹主义者对于财政改革的分歧可能会制约政府执政效率。但是政府拥有强大的军事力量，足以平息任何重大异议，国内政治权利集中，政治局势基本稳定。

地区宗教冲突和恐怖主义常年威胁国内安全形势

科威特是传统的伊斯兰国家，以伊斯兰教为国教，95%的居民信奉伊斯兰教，其中约70%属于逊尼派，30%为什叶派。过去几年，得益于国内逊尼多数派和什叶少数派关系的良好发展，相较于其他海湾国家，科威特取得了较好的国内社会安全局势。然而，2015年6月，极端逊尼派圣战组织伊斯兰国（IS）制造了什叶派清真寺爆炸事件，国内宗教良好关系被打破，宗教冲突频发。

科威特地处中东，长期受到来自伊朗的圣战恐怖主义威胁，海湾地区地缘安全形势长期紧张。美国是科威特的传统盟友，但近年来，美国对中东的外交政策逐步分散，现任总统特朗普对中东盟友的态度加深了海湾地区安全的不确定性。面对这一现实，预计海湾阿拉伯国家将以更团结的态度应对外交和地区安全问题，地区合作将更加密切。

依靠石油、天然气资源的单一经济结构，易受国际油价影响；经济多元化发展努力暂未取得实质性进展

石油、天然气工业是科威特国民经济重要支柱，原油占到实际 GDP 的 50% 以上。自 2011 年以来，受国际原油价格震荡影响，经济增长持续下滑，2014 年实际 GDP 增长率仅为 0.5%，比 2011 年的 9.6% 减少了 9.1 个百分点。依靠原油、天然气资源的单一经济结构，对国际原油市场依赖性过强。近年来，为减轻对石油的依赖，政府出台多项政策改革措施，致力于推动经济多元化发展。2016 年名义 GDP 为 1,090.3 亿美元，较 2013 年末减少 37.4%。2016 年经济增长达到 3.0%，比上年提高了 1.2 个百分点，这主要得益于政府加大对基础设施建设的投资带动固定投资对 GDP 的拉动，同时政府消费也自 2013 年以来首次实现对 GDP 的正向拉动。2016 年政府消费和固定投资对 GDP 的贡献率分别为 0.2% 和 0.9%，而受油价影响，进出口继续拖累经济增长。

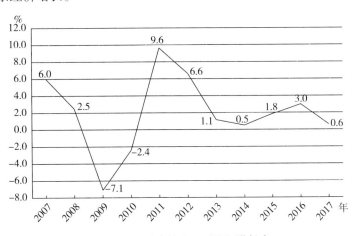

图 5-18 科威特实际 GDP 增长率

注：2017 年数据为预测值。

资料来源：联合评级主权数据库，EIU 数据库。

经济多元化发展的政策改革的过程中面临府（政府）院（议会）角力，推行阻力较大，实际进展缓慢。科威特是石油输出国组织（OPEC）成员，2017 年该组织为稳定国际原油市场提振疲弱的石油价格与非 OPEC 产油国达成了减产协议，要求各产油国自 2017 年 1 月 1 日起减少产量至该年 6 月，但鉴于目前原油价格，该协议延长的可能性较大。受此影响，预计 2017 年科威特经济增长将放缓至 0.6%。

银行监管严格，资本实力和资产质量稳步提升，银行的稳健性较高

因 2016 年下半年原油价格小幅上涨，银行流动性得到小幅提升，资本充足率达到《巴塞尔Ⅲ》监管要求，不良贷款率稳步下降，银行业资本实力和资产质量均有所提升。2016年国内银行业存款上涨3.6%；资本充足率达到17.5%，远高于央行监管要求的12.5%；不良贷款率下降至2.4%，比2015年下降了0.4个百分点。同时，2016年短期货币市场利率随着油价的上升而上升，部分缓解了银行业盈利下行压力。预计2017年随着国际油价的缓慢提升，银行业流动性将得到明显提升，银行业稳健性较高。

国际油价持续低位，财政改革阻力较大，政府短期内难以摆脱财政赤字局面

2014年油价大幅下跌之前，国内财政平衡保持了近16年的高盈余状态，平均财政盈余约占GDP的20%。但2014年国际油价跳水，当年财政收入大幅减少，财政盈余缩减至GDP的8.1%，并在2015年首次出现了约占GDP的14.9%的巨大财政赤字。2016年下半年油价小幅上升，财政赤字比上年小幅收窄，约占GDP的13.6%。由于科威特的财政收入约90%依赖石油收入，国际油价的持续低位将制约财政摆脱赤字进程。

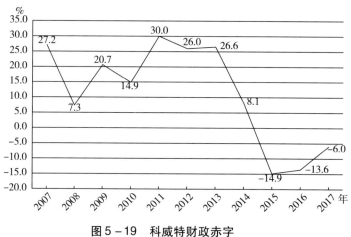

图5-19 科威特财政赤字

注：2017年数据为预测值。

资料来源：联合评级主权数据库，EIU数据库。

为应对巨大的财政赤字，科威特调整了自2010年以来推行的扩张性财政政策，采取了多项包括减少经常性支出，降低公共部门工资水平、逐步减少公共补贴等收缩财政支出的措施。同时，适度扩大政府投资，加大基础设施建设，促进非石化部门发展。但短期内，政策实施受到现在既得利益者的反对，特别是当局府院角力，议会反对派将对财政改革造成阻力。同时，国际油价难以恢复至2014年以前的高水平，预计2017年财政赤字因2016年下半油价小幅上升而得到部分缓解，赤字率缩小至 GDP 的 6.0%，政府短期内难以摆脱财政赤字局面。

公共债务水平持续上升但规模较小，政府债务压力不大

国际油价下跌之前，科威特公共债务压力较为稳定，公共债务平均水平约占 GDP 的 10%。随着油价下跌，恶化的财政赤字迅速推高公共债务水平，截至 2016 年末，科威特公共债务规模为 5,606.7 亿美元，较 2015 年末增长了 77.6%，公共债务占 GDP 的比重也从 2015 年末的 9.2% 上升至 17.0%，公共债务规模仍然较小。但随着 2016 年财政改革的实施，政府将加大基础设施建设，政府公共投资比例将面临较大增长，预计 2017 年政府公共债务水平将攀升至 23.3%。但随着国际油价的缓慢复苏，财政收入将面临稳步增长，公共债务压力不大。

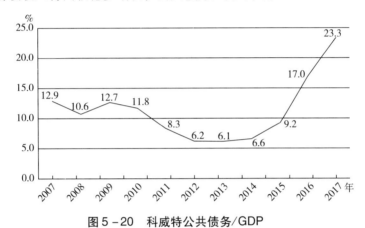

图 5-20 科威特公共债务/GDP

注：2017 年数据为预测值。

资料来源：联合评级主权数据库，EIU 数据库。

2016 年经常账户盈余滑落至历史最低位，但随着国际油价的回升 2017 年有望小幅扩大

科威特经常账户依靠石油出口优势常年保持盈余状态。对石油的深度依赖导致科威特出口市场对国际石油价格走势敏感度较高。2014 年石油价格下跌重挫其出口市场，2015 年经常账户盈余大幅收窄，盈余率约为 GDP 的 5.2%，比 2014 年下降了 28.2 个百分点；2016 年经常账户盈余进一步下降至 GDP 的 0.7%，为经常账户盈余历史最低水平，随着 2016 年油价的触底复苏，预计科威特经常账户平衡将继续保持盈余状态，走向赤字的可能性不大。2016 年末科威特启动了中立区联营油田的生产，这意味着油价上升带来的出口优势增长将更加明显。随着石油价格的小幅上升，预计 2017 年出口优势将缓慢恢复，经常账户盈余将小幅扩大至 GDP 的 8.0%。

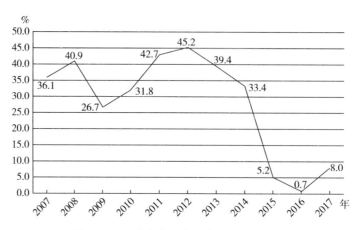

图 5-21 科威特经常账户平衡/GDP

注：2017 年数据为预测值。

资料来源：联合评级主权数据库，EIU 数据库。

外债持续上升，较为充裕的外汇储备和庞大的主权财富基金为偿债提供有力保障

长期以来，科威特总外债规模较为稳定，保持在 GDP 的 33% 左右，并且在 2014 年之前的油价高位时期一度下降至 GDP 的 20%，而随着油价跳水，出口受挫，政府财政收入快速恶化，为了弥补快速上涨的财政赤字，政府发行了大量的外债，2015 年末总外债规模为 GDP 的 31.0%，较 2014 年末上升 9.3 个百分点，2016 年继续上升至 34.8%。低油价的国际环境下，预计科威特政府发债量还将继续增加，2017 年科威特外债规模将进一步扩大，约上升至 GDP 的 38.7%。

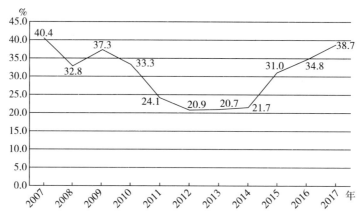

图 5-22 科威特外债占 GDP 比

注：2017 年数据为预测值。

资料来源：联合评级主权数据库，EIU 数据库。

科威特拥有庞大的主权财富基金，主权财富基金由未来储备基金和一般储备基金组成，经过多年石油财富的积累，其规模达到 5,920 亿美元，预计未来科威特主权财富基金还将为国内财政提供稳定支撑。同时，受益于可观的经常项目盈余，科威特积累了大量的外汇储备，且多年保持稳定增长，2014 年末达到历史最高点，约为 321.1 亿美元。受国际油价下跌影响，2015 年末略收窄至 282.7 亿美元，但 2016 年末又回升至 310.3 亿美元。充足的主权财富基金和外汇储备，为其外债偿付能力提供了有力支撑，外债压力较小。

展望

科威特国内长期受到宗教冲突和恐怖主义威胁，但政治环境较为稳定；严重依赖石油产业，经济增长方式单一，但多年的石油财富积累使其经济整体实力较强；银行业监管力度加大，金融稳定性得到一定保障；同时，庞大的主权财富基金和充足的外汇储备将为科威特债务偿还提供稳定担保。近期，国际油价出现小幅上升，预计未来 1~2 年内，油价将缓慢复苏。因此，联合评级对科威特未来 1~2 年本、外币主权信用评级展望为稳定。

表 5 - 5   科威特主权信用评级关键数据表

指标	2012 年	2013 年	2014 年	2015 年	2016 年	2017 年[f]	中东及非洲[d]	"一带一路"[a]
名义 GDP（十亿美元）	174.1	174.2	162.7	114.0	109.0	125.1	239.1	404.1
人均 GDP（美元）	82,816.2	79,579.5	74,510.7	72,770.1	69,670.0	68,670.0	38,578.8	21,749.0
GDP 增速（%，实际）	6.6	1.1	0.5	1.8	3.0	0.6	1.9	3.0
通货膨胀率（%）	4.5	2.7	2.9	3.3	3.2	3.8	7.3	5.5
国内信贷增长率（%）	-0.8	7.1	5.5	6.1	0.9	3.2	26.1	15.9
M2 增长率（%）	7.0	10.0	3.4	1.7	3.1	3.8	8.6	11.4
各级政府财政平衡/GDP（%）	26.0	26.6	8.1	-14.9	-13.6	-6.0	-4.3	-2.9
公共债务/GDP（%）	6.2	6.1	6.6	9.2	17.0	23.3	54.2	46.0
总外债/GDP（%）	20.9	20.7	21.7	31.0	34.8	38.7	107.8	72.8
短期外债/总外债（%）	57.2	61.6	64.6	65.0	58.8	48.1	33.0	20.9
经常项目盈余/GDP（%）	45.2	39.4	33.4	5.2	0.7	8.0	1.1	-0.9
国际储备/总外债（%）	79.7	81.7	91.4	80.2	82.1	66.3	103.9	128.0

注：f 表示预测值；d 表示中东及非洲 14 国近 5 年均值；a 表示"一带一路"57 国近 5 年均值。

资料来源：联合评级主权数据库，EIU 数据库。

Highlights of the Sovereign Rating
on the State of Kuwait

Sovereign Rating

Long-term Local Currency: AA_i

Long-term Foreign Currency: AA_i

Outlook: Stable

Ratings completed on April 20th, 2017

Analysts: Hu Qianfang, Hu Qianhui

Rating Rationale

United Ratings assigned "AA_i" on both local and foreign currency sovereign credit ratings of the State of Kuwait (hereinafter, "Kuwait") on April 20th, 2017 with a stable outlook.

Emir, head of the State of Kuwait and commander-in-chief of the armed forces, is inherited by the Sabbah family, and the domestic political situation is basically stable. However, the religious conflicts and terrorism have been the perennial threats endangering the domestic security situation in Kuwait. Although the economic strength of Kuwait remains strong, the structural deficiencies such as deep reliance on its oil industry and simple mode of economic growth have dragged its economic growth down, making the budget balance in continuous deficit and curtailed the current account surplus as the international oil prices slumped over the past 2 years. Nevertheless, these unfavorable conditions are expected to improve as the international oil prices rebound again. In addition, the government public debt and foreign debt keep on a rise yet stay at a low level at present. The current account is in successive surplus, and the oil wealth accumulated over years has given Kuwait a huge sovereign wealth fund and sufficient foreign exchange reserves. In conclusion, United Ratings believes that Kuwait has the capability of debt repayment both in local and foreign currency, and the sovereign credit risk is very low.

Outlook

Kuwait has been threatened by religious conflicts and terrorism for a long time, but its political environment remains relatively stable. The mode of economic growth that relies heavily on the oil industry is a risk, but the accumulated oil wealth has made the whole economy of Kuwait stay strong. Moreover, the intensive regulation of the banking sector strengthens the financial stability, while the huge sovereign wealth fund and the ample foreign exchange reserves guarantee the debt service capability of Kuwait at the same time. The recent slight rise in global oil prices might lead to a slow recovery of the oil prices in the coming one to two years. As such, United Ratings assigned a stable outlook on Kuwait's local and foreign currency sovereign credit ratings for the next 1 − 2 years.

沙特阿拉伯王国

本次评级结果

长期本币信用等级：AA_i

长期外币信用等级：AA_i

评级展望：稳定

上次评级结果

长期本币信用等级：AA_i

长期外币信用等级：AA_i

评级展望：稳定

本次评级时间

2017 年 4 月 9 日

分析师：胡乾慧

评级观点

联合评级决定维持沙特阿拉伯王国（以下简称沙特）长期本币主权信用等级 AA_i，维持长期外币主权信用等级为 AA_i，评级展望稳定。

2015 年新国王萨勒曼继任后沙特国内政局整体保持稳定，巨额石油出口收入一度支持沙特经济快速发展，近年油价低迷使经济增速放缓；但 2016 年，政府通过了多项经济改革计划和财政措施，推动经济多元化，财富创造能力仍较强。自 2014 年以来国际油价大幅下跌，政府财政赤字攀升，但在政府一系列削减预算财政整固政策下，赤字水平呈现缩减。银行业资本充足率较高，不良贷款率较低，发生系统性危机的风险很小。政府公共债务水平极低，经常账户逆差收窄，外汇储备充裕。综上所述，联合评级具有很强的本、外币债偿付能力，主权信用风险很低。

评级依据

新国王萨勒曼继任后国内政局整体较为稳定，恐怖主义和宗教派系冲突是社会安全的主要风险，地缘政治风险可控

沙特是政教合一的君主国，政权交接稳定，国内政局基本平稳，本届政府于2015年4月上任，并于2015年5月和2016年5月改组，目前共有阁员31人。新国王萨勒曼继任以后，在完成新老班子过渡、机构变革后，大力发展国内经济，在教育、医疗、住房、就业等领域投入巨资，保持经济发展。同时，严厉打击恐怖主义，维护国家安全。

沙特地处中东，邻国长年处于政局动荡和战乱之中，自2015年以来，沙特军事介入也门战乱局势，伊朗作为唯一的什叶派伊斯兰国家，一直以来与沙特处于对抗敌视状态，2016年1月初，沙特政府宣布与伊朗断绝外交关系，沙特与伊朗的紧张关系预计将持续并有可能升级，但发生直接军事冲突的可能性较低。此外，沙特内部存在宗教派系冲突与风险。沙特逊尼派人数接近90%，只有10%左右为什叶派人士，考虑到什叶派在沙特占比较小，大规模政治动荡的风险较小。

凭借巨额石油出口收入支撑经济持续稳定增长，政府推动经济多元化改革，但近年油价反弹幅度有限将制约其经济增速

沙特石油和天然气资源丰富，其中石油剩余储量达363亿吨，接近世界储量的1/3，高居世界首位。天然气储量占世界储量的4.1%，排名世界第四位。石油工业是沙特的最重要的经济部门，受益于大量的石油出口，自进入21世纪初以来，沙特经济持续稳定增长。2001—2014年，沙特国内生产总值年增长率平均值高达5.2%，受2014年下半年国际油价下跌影响，2015年沙特名义GDP跌落至6,517.6亿美元，2016年进一步萎缩至6,396.2亿美元，实际GDP增长率由2015年的4.1%下降为1.4%。

为重振经济发展，2016年4月和6月，沙特内阁分别通过了"2030愿景"和

"2020 年国家转型计划"，旨在通过改善商业环境、支持中小企业发展、国家投资，发展非石油产业及私营企业，特别是发展采矿、制造、旅游休闲、金融投资等非油气产业推动经济多元化，降低国家经济对石油出口的依赖。经济多元化的关键推动点包括通过转让阿美石油公司股权、部分国有资产及土地，将公共投资基金（PIF）发展为一个资产规模 2 万亿美元的主权财富基金。政府希望将公共投资基金的 50% 投资于海外资产，至 2020 年完全摆脱对石油的依赖。

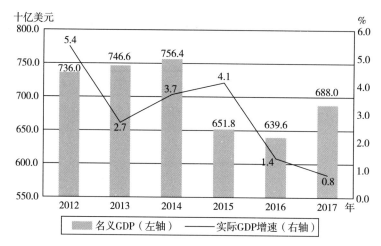

图 5-23　沙特宏观经济情况

注：2017 年数据为预测值。

资料来源：联合评级主权数据库，EIU 数据库。

在国际油价反弹幅度有限、国内财政实施紧缩、投资下滑等因素影响下，联合评级预计沙特 2017 年 GDP 增速将继续放缓。从中长期来看，经济增长潜力将取决于国际油价走势及"2030 愿景"和"2020 年国家转型计划"的落实程度。

失业率较高，但通货膨胀压力不大，有利于经济的稳定发展

由于就业市场不足以支撑急剧膨胀的人口，沙特失业问题较为严重，失业率常年保持在 11% 以上。沙特政府开展的以本国人取代工资更低的外籍劳工的"沙特化"计划，成果甚微。企业的成本上升，竞争力发展受到阻碍，又反过来削弱了政府在降低失业率方面做出的努力。

沙特境内通货膨胀率不高，近年来主要受石油等国际大宗商品价格明显下降的影响，2014 年和 2015 年沙特通货膨胀率分别为 2.7% 和 2.2%。2016 年由于政府削减对能源的补贴，大幅提高了国内油价，沙特通货膨胀率上升为 3.5%。考虑到沙特自 1986 年起实施钉住美元的汇率政策，联合评级认为中短期内沙特政府不会改变紧钉美元的政策，随着美元走强，沙特进口食品价格走低，预计 2017 年沙特通货膨胀率回落至 2.0% 左右。

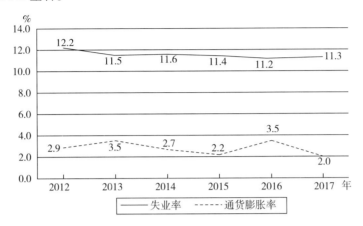

图 5−24 沙特通货膨胀率和失业率

注：2017 年数据为预测值。

资料来源：联合评级主权数据库，EIU 数据库。

银行资本充足，流动性风险有所缓解，整体经营尚还平稳

沙特银行业资本充足率普遍较高，2016 年 9 月平均资本充足率为 18.9%。银行业不良贷款率较低，2019 年 9 月为 1.3%，不良贷款较为集中在建筑部门，由于经济下行对沙特建筑业影响较大，建筑业现金流的风险加大可能推升银行业不良贷款率。

沙特广义货币供应量 M2 增速逐年放缓，2016 年仅为 0.7%，银行业流动性问题较大。2016 年 6 月，沙特央行向现金头寸短缺的银行提供了 150 亿里亚尔的短期优惠贷款。2006 年 9 月，沙特央行再次向银行业注入 200 亿里亚尔的定期存款，有效缓解了银行业的流动性紧张。

另外，由于政府重启债券发行给银行贷款带来一定的挤出效应（2015 年 11 月至 2016 年 11 月，银行对公共部门的债权几乎翻倍，而同期对私营部门的贷款仅增加 4%），银行业的盈利受到一定负面影响。

总体来看，沙特银行业资产负债表良好，央行对国内银行的援助有力维持了银行系统稳定，联合评级认为沙特银行体系发生危机的可能性很低。

财政赤字进一步扩大，一系列紧缩支出、增加收入的整顿措施有望缓解政府财政状况

沙特政府财政高度依赖石油收入，财政收入中超过七成收入来自石油行业。自 2014 年下半年国际油价大幅下降以来，沙特在经济、财政、贸易等领域均面临较大

的压力。2015 年沙特政府财政赤字为 3,670 亿里亚尔，2016 年财政赤字达到 4,160 亿里亚尔，占 GDP 的 12.2%，远高于其预算目标 3,622 亿里亚尔，主要由于政府支付了大量的对私营部门企业的欠款。

为应对急剧攀升的财政赤字规模，2016 年沙特政府采取了一系列财政整顿措施，其中包括 2016 年 9 月，沙特将各部门大臣的薪资削减了 20%，并且按比例缩减了公务员的福利，这是该国政府雇员首次被减薪，也是自油价下跌后为节约资金采取的最严厉的措施之一。在各项措施下，2016 年沙特政府财政支出为 8,771.4 亿里亚尔，同比减少 10.3%，占 GDP 的比例由 2015 年的 40.0% 下降至 36.6%。

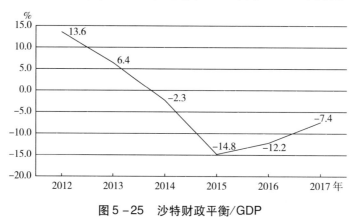

图 5 - 25　沙特财政平衡/GDP

注：2017 年数据为预测值。

资料来源：联合评级主权数据库，EIU 数据库。

2017 年沙特财政预算方案提出了一系列更为严格的整顿措施，计划推出现金转移计划，改善低收入和中等收入人群的生活水平；实施新的财政平衡计划，进一步提高资金使用的效率，通过征收增值税和闲置土地税来增加政府收入。另外，沙特政府正积极推动阿美石油公司上市。2017 年 3 月，沙特政府宣布针对石油行业的大减税，全球最大石油公司阿美石油公司的税率从 85% 减至 50%。税负下降将提高上市后的股息红利，对投资者更具吸引力，有效起到提高公司估值的作用。未来出售阿美公司股份以及沙特公共投资基金的投资收益将成为沙特政府的重要收入来源。联合评级预计沙特 2017 年财政收入将出现明显上升，政府财政赤字规模大幅缩减。

公债规模虽有扩大趋势但仍处于低水平，偿债压力不大

沙特政府债务水平较低，2012—2014 年政府债务规模逐年下降，占 GDP 的比率保持在 10% 以下。近两年由于国际油价下跌造成沙特巨大的财政赤字，为缩减预算赤字，沙特政府举债规模开始扩大，包括在国际资本市场发行债券。2016 年沙特一般政府债务占 GDP 的比重由 2014 年的 9.2% 上升到 22.6%。预计 2017 年这一比率将上升至 29.2% 左右。总体来看，沙特政府债务仍处于低水平，偿债压力不大。

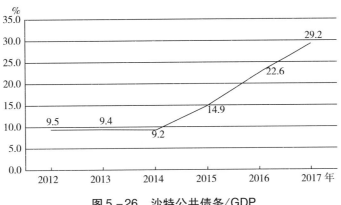

图 5-26 沙特公共债务/GDP

注：2017 年数据为预测值。

资料来源：联合评级主权数据库，EIU 数据库。

油价小幅回暖令经常项目逆差收窄

自 2015 年以来，沙特出口收入锐减，经常项目呈现大幅逆差状态。截至 2016 年末经常项目赤字规模为 435.9 亿美元，同比减少 131.4 亿美元，与 GDP 的比率由 2015 年的 8.7% 略收窄为 6.8%。经常账户赤字主要是受商品贸易余额大幅降低的影响。随着 2017 年原油价格有所反弹，沙特的经常项目将继续保持逆差，但赤字规模将大幅收窄。

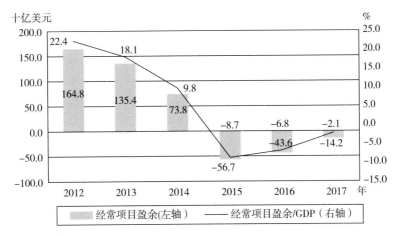

图 5-27 沙特经常项目平衡

注：2017 年数据为预测值。

资料来源：联合评级主权数据库，EIU 数据库。

外债规模持续上升但外债负担较轻，外汇储备充裕，短期偿债压力不大

沙特外汇储备充足，2014 年末达到 7,391.2 亿美元。近两年来由于财政收入大幅减少，沙特不得不运用外汇储备解决财政危机，外汇储备有所下滑，但由于前期积累的规模较大，目前仍处于较高水平。截至 2016 年末沙特外汇储备规模为 5,359.7 亿美元，约相当于全年 GDP 总额的 83.8%。

沙特外债水平较低，2016 年受巨额经常项目逆差影响，沙特外部融资需求猛升，截至 2016 年末总外债为 2,037.3 亿美元，同比增长 178%，约为 GDP 规模的 31.9%，其中短期外债外 715.2 亿美元，占总外债的 35.1%。尽管外汇储备有所下降，但外汇储备对短期外债和总外债的覆盖率仍分别达到 749.4% 和 263.1%。2017 年预计外债规模将继续上升，但由于有庞大的外汇储备作为支撑，沙特的外债偿付压力较小。

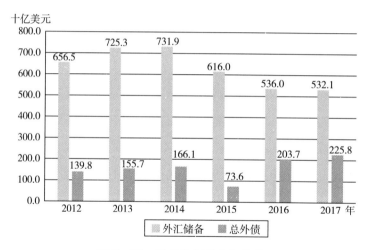

图 5-28　沙特外汇储备与外债

注：2017 年数据为预测值。

资料来源：联合评级主权数据库，EIU 数据库。

展望

短期内，全球石油价格温和上扬将提升沙特财政收入，随着各项经济改革措施的推进，政府财政压力将得到一定程度的减轻，财政赤字和国际收支项目赤字有望收窄，同时长久以来积累的强大财力和庞大的外汇储备将对其本、外币债偿付能力构成很强保障。由此，联合评级对未来 1～2 年沙特本、外币主权信用评级展望为稳定。

表 5-6 沙特阿拉伯主权信用评级关键数据表

指标	2012 年	2013 年	2014 年	2015 年	2016 年	2017 年[f]	中东及非洲[d]	"一带一路"[a]
名义 GDP（十亿美元）	736.0	746.7	756.4	651.8	639.6	688.0	239.1	404.1
人均 GDP（美元）	50,790.0	52,960.0	54,750.0	56,230.0	56,360.0	56,740.0	38,578.8	21,749.0
GDP 增速（%，实际）	5.4	2.7	3.7	4.1	1.4	0.8	1.9	3.0
通货膨胀率（%）	2.9	3.5	2.7	2.2	3.5	2.0	7.3	5.5
国内信贷增长率（%）	-171.3	21.4	122.7	904.6	65.0	24.0	26.1	15.9
M2 增长率（%）	13.9	10.9	11.9	2.6	0.7	11.5	8.6	11.4
政府财政平衡/GDP（%）	13.6	6.4	-2.3	-14.8	-12.2	-7.4	-4.3	-2.9
各级政府总债务/GDP（%）	9.5	9.4	9.2	14.9	22.6	29.2	54.2	46.0
总外债/GDP（%）	19.0	20.9	22.0	11.3	31.9	32.8	107.8	72.8
短期外债/总外债（%）	45.3	44.0	42.6	96.6	35.1	32.8	33.0	20.9
经常项目余额/GDP（%）	22.4	18.1	9.8	-8.7	-6.8	-2.1	1.1	-0.9
国际储备/总外债	469.8	466.0	440.8	837.1	263.3	235.8	103.9	128.0

注：f 表示预测值；d 表示中东及非洲 14 国近 5 年均值；a 表示"一带一路"57 国近 5 年均值。

资料来源：联合评级主权数据库，EIU 数据库。

Highlights of the Sovereign Rating
on the Kingdom of Saudi Arabia

Updated Rating

Long-term Local Currency：AA_i

Long-term Foreign Currency：AA_i

Outlook：Stable

Previous Rating

Long-term Local Currency：AA_i

Long-term Foreign Currency：AA_i

Outlook：Stable

Ratings updated on April 9th, 2017

Analyst：Hu Qianhui

Rating Rationale

United Ratings maintained "AA_i" on both local and foreign currency sovereign credit ratings of the Kingdom of Saudi Arabia (hereinafter, "Saudi Arabia") on April 9th, 2017 with a stable outlook.

The political situation of Saudi Arabia remains stable as a whole after the new King

Salman came into power in 2015. Huge revenues generated from the crude oil export have been sustaining a rapid economic growth of Saudi Arabia, which recently slowed down due to the declining oil prices. In 2016, the government adopted a number of economic reform programs and fiscal measures to promote the economic diversification, maintaining a strong capacity of wealth creation. However, the sharp decrease of international oil prices since 2014 has stimulated the budget deficit to further climb up, but a series of budget cuts and fiscal consolidation policies are promoted to narrow the deficit down. Moreover, the relatively high capital adequacy ratio and low NPL ratio in the banking sector manifest that systematic risk is quite low. The public debt of the government remains low, and the current account deficit narrows down, keeping foreign exchange reserves sufficient. As such, United Ratings believes that Saudi Arabia is strongly capable of debt repayment, and the sovereign credit risk is very low.

Outlook

In the short run, the moderate rise of international oil prices will boost the fiscal revenue of Saudi Arabia, and the fiscal burden of the government will be relieved to a certain extent as a number of economic reform measures take place. Besides, both fiscal and current account deficits are expected to narrow down, and the huge wealth and ample foreign exchange reserves provide adequate coverage to the domestic and foreign debt repayment. As such, United Ratings maintained a stable outlook on Saudi Arabia's local and foreign sovereign credit ratings for the next $1-2$ years.

土耳其共和国

本次评级结果

长期本币信用等级：BBB_i-

长期外币信用等级：BB_i

评级展望：负面

上次评级结果

长期本币信用等级：BBB_i-

长期外币信用等级：BB_i

评级展望：稳定

本次评级时间

2017 年 4 月 19 日

分析师：胡乾慧

评级观点

联合评级决定维持土耳其共和国（以下简称土耳其）长期本币主权信用等级 BBB_i-，维持长期外币主权信用等级 BB_i，评级展望下调为负面。

2016 年发生未遂军事政变后，土耳其国内政局依然不稳，安全问题严峻，国际关系紧张。修宪公投以微弱优势通过，土耳其将于 2019 年正式实施总统制，埃尔多安总统的集权进一步得到巩固，或将推动土耳其成为"伊斯兰国"。通货膨胀率居高不下，本国货币里拉大幅贬值，土耳其央行被迫实施紧缩政策，加之投资环境转差，将进一步抑制本国经济发展。政府债务将进一步攀升，但相对 GDP 的比例还较低，政府的偿债压力不大。为弥补经常项目赤字，政府预计扩大外债规模，外债负担率将接近国际公认警戒线；外汇储备缩水，外债偿付能力受到一定影响。综上所述，联合评级认为土耳其外币债务偿还的风险有所上升，本币债务具有足够的偿付能力，但对外币债务的偿还具有一定的信用风险。

评级依据

修宪公投通过可能增大国内政治的不稳定性

土耳其于 2017 年 4 月 16 日举行修宪公投，公投涉及 18 项宪法修正条款，其中包括将土耳其共和国政体从议会制改为总统制。土耳其最高选举委员会 27 日公布修宪公投正式计票结果，宪法修正案以 51.4% 的支持率获得通过。此宪法修正案获得通过，意味着土耳其将从 2019 年总统选举和议会选举后开始正式实施总统制。

土耳其修宪公投的通过将使总统被赋予更多的实权，政府也有可能实施更加独立的外交政策。另外，宪法修正案仅以 1% 的微弱优势通过，显示了民众各方意见的不一致。未来埃尔多安总统继续推行具有伊斯兰化色彩的政策可能性大，土耳其是否会转为"伊斯兰国家"尚存在不确定性，或将使各党派、各种政治及宗教团体之间的矛盾趋于激化，加大国内政治的紧张局面和严重的社会矛盾。

国内民族矛盾激化，恐怖事件频发，国土安全风险上升

自 2016 年以来，土耳其境内发生多起枪击爆炸、恐怖袭击事件，安全形势急剧恶化。2016 年 7 月 15 日发生未遂军事政变后，土耳其政府宣布全国进入为期 3 个月的紧急状态，并对社会各领域进行全面大规模镇压，军队、司法、行政和教育等系统数万人被停职或拘留。2017 年 4 月 18 日，土耳其政府宣布将全国紧急状态第三次延长三个月，再延期之后紧急状态总时长将扩展至一年之久。同时，叙利亚难民大量涌入土耳其，引发了一系列社会问题和安全问题，对土耳其社会秩序和国内安全构成严峻挑战。总体来看，土耳其国内安全局势非常严峻复杂。

国际摩擦不断增加，外部不确定未减弱

在未遂军事政变后，土耳其调整内外政策，与多国关系进入高度紧张状态。土耳其与欧盟各国在入欧、修宪公投、难民问题上摩擦不断，与美国在叙利亚问题、

打击伊斯兰国、库尔德武装问题上均存在较大分歧。

在与欧美关系紧张的局势下，土耳其开始加强与中东和俄罗斯的关系。2016 年 6 月，土耳其与以色列签署了双边关系正常化协议，恢复因加沙救援船只遭袭而破裂长达六年的关系。同月，土耳其总统埃尔多安就 2015 年击落战机事件向俄罗斯总统普京致道歉信，并表示愿意赔偿。此后土俄两国关系开始逐渐改善。

政局动荡不利于经济持续发展，近年来经济增速下滑

土耳其地处欧亚、中东和北非之交，得益于优越的地理位置，2013 年以前土耳其经济快速发展，名义 GDP 逐年增长，2013 年实际 GDP 增速达到 8.5%。但另一方面，土耳其的经济发展严重依赖外商投资，对投资者的风险偏好和资本流动性的变化非常敏感。近年来随着土耳其不断卷入地缘冲突，国内环境动荡，投资环境转差，经济发展受到影响。2016 年名义 GDP 为 8,566 亿美元，实际 GDP 增长率仅为 3.0%，较上年下降了 3 个百分点。

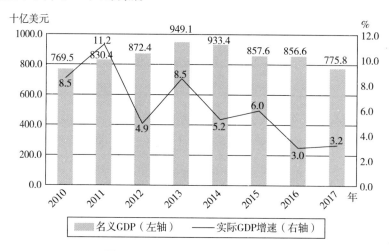

图 5-29　土耳其经济发展情况

注：2017 年数据为预测值。

资料来源：联合评级主权数据库，EIU 数据库。

从中期来看，政局不稳、不断走弱的里拉和高失业率带来的收入减少都会削弱私人消费的愿望。同时持续下降的固定投资、旅游收入的减少，以及未来加息通道带来资金成本的必然上升等因素都不利于土耳其中长期的经济发展。联合评级预计，2017 年 GDP 增速在 3.2% 左右。

不断走高的通货膨胀和失业率，都对其经济和社会发展带来不利影响

土耳其常年实行宽松货币政策，M2 增速远高于 GDP 增速，造成国内通货膨胀率较高。2014 年中期至 2016 年 9 月,尽管通货膨胀率高,在统治者的政治压力之下,土耳其中央银行仍然多次降息,导致 2016 年土耳其通货膨胀率高达 7.8%,远高于政府制定的 5% 的中期通胀目标。自 2016 年 11 月起,土耳其央行逐步进行加息,但货币政策紧缩效果有限。土耳其境内食品价格较为波动,联合评级预计 2017 年土耳其通货膨胀率将持续走高。

伴随高通货膨胀率的是土耳其居高不下的失业率。土耳其大力发展以旅游业及相关产业为代表的现代化服务业,而国内制造业发展滞后,经济体不能吸纳足够的就业人口,因此经济总量增长虽快,但失业问题却没有得到很好解决,也带来了大量社会问题。2013 年以来,土耳其失业率不断走高,2016 年为 10.9%。鉴于土耳其经济增长乏力,国内环境动荡,联合评级预计 2017 年土耳其将面临更加严重的失业问题,失业率将攀升至 11.4% 左右。

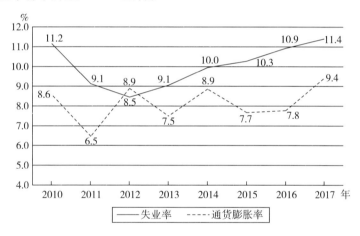

图 5 - 30 土耳其通货膨胀率和失业率

注:2017 年数据为预测值。

资料来源:联合评级主权数据库,EIU 数据库。

央行加息可能导致不良贷款率上升,鉴于政府压力,银行信贷或增速

土耳其银行业资本充足率较高,2016 年 11—12 月为 13.2%,高于国际标准。同时不良贷款保持在较低水平,2013—2016 年均低于 3%。但应注意到,为应对货币贬值,自 2016 年 11 月起土耳其中央银行开始紧缩货币政策,多次加息。资金成本的上升,必然加重企业和个人负担,伴随着经济下行风险较大,联合评级预计,2017 年土耳其不良贷款率将有所上升。

土耳其银行业信贷受政府介入较多,信贷增速时高时低。2016 年,因政治局势动荡造成的投资环境恶化造成了土耳其信贷增长乏力,信贷增长率从 2015 年的

图 5-31　土耳其不良贷款率与信贷增长率

资料来源：联合评级主权数据库，EIU 数据库。

17.9%降至14.5%。2017年1月又回升至20.7%，其中部分原因属于政府对银行施压以增加贷款及保持低利率。联合评级预计，政府压力将推动土耳其2017年信贷增速加快。

土耳其初级财政虽有收窄但仍维持盈余，政府债务负担小幅上升但仍维持较低水平

土耳其财政收支长期赤字。2016年，经济增速下滑导致税收减少，同时土耳其政府在工资、养老金和叙利亚难民等方面的支出增加，加深了本已沉重的财政赤字，截至2016年末，赤字规模高达292.6亿里拉，较2015年末增长29.5%，初级财政盈余也大幅下滑，其与GDP规模的比率由2015年的1.3%下落至2016年的0.8%。

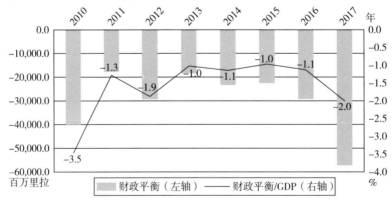

图 5-32　土耳其财政状况

注：2017年数据为预测值。

资料来源：联合评级主权数据库，EIU 数据库。

央行为稳定汇率而采取的紧缩性货币政策可能抑制本国经济发展,联合评级预计2017年土耳其初级财政收支或将出现赤字。

持续增长的财政赤字不断推升土耳其的政府债务水平。截至2016年底,土耳其公共债务规模为7,047.6亿美元,同比增长8.3%;2016年底政府债务规模与GDP的比率为29.4%,但较2010年末减少约10个百分点,属于合理范围。联合评级预计,土耳其的政府债务水平在未来两年将保持继续上涨的态势,但由于其规模占GDP的比重不大,政府的偿付压力可控。

图5-33 土耳其政府债务状况

注:2017年数据为预测值。

资料来源:联合评级主权数据库,EIU数据库。

经常账户情况持续赤字,受地缘政治拖累赤字水平或将小幅扩大

由于近年来土耳其经济及国内需求的稳定增长,国际油价大幅降低以及弱势里拉,经常账户赤字有所缩减。2015年和2016年,经常账户赤字占GDP比重分别为3.7%和3.8%。虽然土耳其里拉贬值有助于提振土耳其的主要出口部门,但出口盈余将被能源及资本性货物进口所抵销。此外,旅游行业受恐怖袭击和俄罗斯制裁的地缘风险拖累,难以重回2015年危机前的增长,因此中期内土耳其经常账户仍将维持赤字,且赤字占GDP比重呈上升趋势,中期内或扩张至5%;因此,在国际流动性受限时,可能会加大土耳其的外部融资难度。

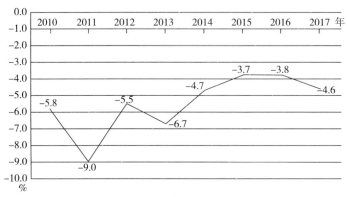

图 5 - 34 土耳其经常项目平衡/GDP

注：2017 年数据为预测值。

资料来源：联合评级主权数据库，EIU 数据库。

外债负担沉重，外部流动性风险大幅上升，外汇储备减少，外债偿付压力增大

土耳其外部融资需求巨大，外债规模逐年增长。2016 年末总外债规模上升至 4,043.1 亿美元，总外债占 GDP 的比重从 2012 年末的 38.6% 增至 2016 年末的 47.2%。预计未来外债占 GDP 的比重将突破 50%，高于新兴市场 41% 的平均水平。

土耳其私人部门外债负担较重，截至 2016 年 9 月底规模达 2,940 亿美元，约为 GDP 的 35%，非金融企业的外债占比 47%。2017 年以来，土耳其里拉贬值速度加快，增加了企业外债的本息支出，同时政变以后土耳其外部融资环境恶化，企业获取外部投资更加困难，加重了外部流动性风险。

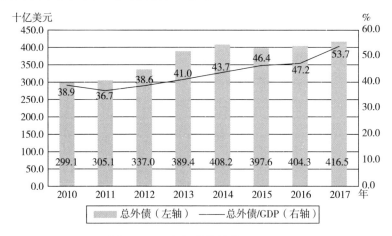

图 5 - 35 土耳其外债情况

注：2017 年数据为预测值。

资料来源：联合评级主权数据库，EIU 数据库。

土耳其是进口大国，常年贸易逆差，外汇储备主要依靠旅游创汇，规模一般。

受多种因素影响，近年来土耳其外汇储备呈下降趋势。在击落俄罗斯飞机事件发生后，俄罗斯对土耳其实施了一系列经济制裁措施，加上国内政局动荡，恐怖袭击事件，土耳其旅游业遭受重创，旅游业带来的外汇收入锐减。另外，由于境外投资者对于土耳其经济和安全形势缺乏信心，外商直接投资大幅萎缩，同时货币贬值导致资本外流，央行不得不大量抛售美元稳定汇率，进一步加大了土耳其外汇储备的流失。截至 2016 年末为 920.55 亿美元，较 2013 年约下降 17%。

总体来看，土耳其外债负担较重，受外部融资环境恶化影响，流动性风险较大，同时外汇储备一般，外债偿付压力较大。

展望

修宪公投通过将使土耳其总统埃尔多安权力更加集中，土耳其政局动荡局面将会延续，对本国经济、财政、贸易造成冲击。经济增长乏力，通货膨胀率和失业率居高不下。本国货币不断贬值，资本外流严重。因此，联合评级对未来 1~2 年土耳其本、外币主权信用评级展望下调为负面。

表 5-7　土耳其主权信用评级关键数据表

指标	2012 年	2013 年	2014 年	2015 年	2016 年	2017 年[f]	中东及非洲[d]	"一带一路"[a]
名义 GDP（十亿美元）	872.4	949.1	933.4	857.6	856.6	775.8	239.1	404.2
人均 GDP（美元，PPP）	20,523.0	22,153.3	22,912.3	23,913.2	24,650.0	25,770.0	38,578.8	21,749.0
实际 GDP 增长率（%）	4.9	8.5	5.2	6.0	3.0	3.2	1.9	3.0
通货膨胀率（%）	8.9	7.5	8.9	7.7	7.8	9.4	7.3	5.5
国内信贷增长率（%）	13.8	25.3	16.5	17.9	14.5	13.8	26.1	15.9
M2 增长率（%）	10.2	22.2	11.9	17.1	18.3	19.0	8.6	11.4
各级政府财政平衡/GDP（%）	-1.9	-1.0	-1.1	-1.0	-1.1	-2.0	-4.3	-2.9
各级政府利息支出/GDP（%）	3.1	2.8	2.4	2.3	1.9	1.9	4.1	2.3
各级政府初级财政平衡/GDP（%）	1.2	1.7	1.3	1.3	0.8	-0.1	2.4	0.2
公共债务/GDP（%）	34.0	32.4	30.0	29.1	29.4	30.2	54.2	46.0
总债务/GDP（%）	38.6	41.0	43.7	46.4	47.2	53.7	107.8	72.8
短期债务/总外债（%）	29.7	33.5	32.2	25.7	24.2	23.8	33.0	20.9
经常项目余额/GDP（%）	-5.5	-6.7	-4.7	-3.7	-3.8	-4.6	1.1	-0.9
国际储备/总外债（%）	35.4	33.6	31.2	27.8	26.2	25.5	103.9	128.0

注：f 表示预测值；d 表示中东及非洲 14 国近 5 年均值；a 表示"一带一路"57 国近 5 年均值。
资料来源：联合评级主权数据库，EIU 数据库。

Highlights of the Sovereign Rating
on the Republic of Turkey

Updated Rating

Long-term Local Currency: BBB_i –

Long-term Foreign Currency: BB_i

Outlook: Negative

Previous Rating

Long-term Local Currency: BBB_i –

Long-term Foreign Currency: BB_i

Outlook: Stable

Ratings updated on April 19th, 2017

Analyst: Hu Qianhui

Rating Rationale

United Ratings maintained "BBB_i –" on the local currency sovereign credit rating and "BB_i" on the foreign currency sovereign credit rating of the Republic of Turkey (hereinafter, "Turkey"), and downgraded the rating outlook from stable to negative on April 19th, 2017.

After the abortive military coup in 2016, Turkey has been subject to the unstable political situation, severe security problem and strained international relations. As the constitutional referendum passed by anarrow margin, Turkey will formally adopt the presidential system in 2019. In addition, President Erdogan's centralization of power has been further consolidated, probably promoting Turkey to become an "Islamic state". In the context of high inflation rate and sharp depreciation of lira, the central bank of Turkey is forced to tighten its monetary policy. Moreover, the deterioration of investing environment will further curb the economic development of Turkey. It is predicted that the financial situation of the Turkish government may see little improvement in 2017, and the government debt will climb up further, but due to the low public debt to GDP ratio, the debt repayment pressure for the government is moderate. In order to make up the current account deficit, the government is expected to expand its foreign debt scale, and the foreign debt burden will reach close to the internationally recognized alert level. Besides, the foreign exchange reserves are shrinking, exerting negative effect on the foreign debt solvency of the government. In conclusion, United Ratings holds that the risk of foreign debt repayment is increasing in Turkey, and it is capable enough for the local currency debt repayment, yet has certain credit risks in the foreign currency debt repayment.

Outlook

The adoption of the constitutional referendum will make the power of President Erdogan more concentrated, and the political instability of Turkey is expected to continue, shaking the economy, trade and finance of the country. Besides, the economic growth of Turkey is weak, and inflation and unemployment ratios remain high. The local currency is in continuous depreciation, and the capital outflows are considerable. In conclusion, United Ratings downgraded the outlook on Turkey's local and foreign currency sovereign credit ratings to negative from stable for the next 1 - 2 years.

阿拉伯联合酋长国

本次评级结果

长期本币信用等级：AA_i

长期外币信用等级：AA_i

评级展望：稳定

本次评级时间

2017 年 5 月 2 日

分析师：胡乾慧

评级观点

联合评级于 2017 年 5 月 2 日对阿拉伯联合酋长国（以下简称阿联酋）的主权信用进行了评定，确认其长期本、外币主权信用的等级为 AA_i，评级展望为稳定。

阿联酋国内政局稳定，经济结构较为多元化，但近两年来国际油价持续低迷，也对阿联酋经济发展造成了一定冲击。2015 年以来财政赤字不断增长，为刺激经济增长，财政支出难以缩减，预计在油价回升前将继续维持财政赤字。阿联酋实行钉住美元的货币政策，货币政策灵活性较差。政府债务上升较快，但相较 GDP 规模仍处于较低水平，同时主权财富基金充足，短期内偿付可控。金融行业较发达，银行业的资本充足率和不良贷款率指标良好。经常账户盈余总体呈下降趋势，但外汇储备保持高位。综上所述，联合评级认为阿联酋政府对本、外币债务的偿债能力较强，主权信用风险较低。

评级依据

阿联酋社会秩序良好，政局稳定

阿拉伯联合酋长国是由阿布扎比、迪拜、沙迦、阿治曼、乌姆盖万、哈伊马角和富查伊拉 7 个酋长国组成的联邦国家，其中阿布扎比由于石油资源丰富，经济实力最强，政治影响力最大。阿联酋最高委员会由各酋长国的酋长组成，是最高权力机构。阿联酋总统和副总统的法定人选分别是阿布扎比酋长和迪拜酋长。阿联酋政府高度集权，政局稳定。政府处理异议的意愿和能力较强，未来可能会出台一些措施提高公众的政治参与度，但本质上不会放松自身的决策掌控权。

阿联酋社会治安良好，安全指数较高，目前还未发生过严重的恐怖袭击事件，根据澳大利亚经济与和平研究所发布的全球和平指数，阿联酋位居阿拉伯国家第 3 位、全球第 61 位。

面临一定的地缘政治风险

阿联酋位处中东，其地理位置决定了阿联酋面临一定的地缘政治风险。阿联酋卷入叙利亚冲突和也门冲突，有一定的遭受报复的风险。阿联酋和伊朗存在领土争端。沙特与伊朗断交后，2016 年 1 月，阿联酋政府将与伊朗外交级别由大使级降至代办级，仅保留经济上的联系。阿联酋与沙特阿拉伯、美国关系紧密，参与了由沙特阿拉伯主导的也门战争，同时跟随美国并肩参与了多次联军行动，此外，阿联酋还为美国海军和空军提供了后勤支持，并为美军提供了重要的军事基地。总体来看，阿联酋与部分中东国家关系较为紧张，而与同盟国关系密切。

油价回暖短期内促进了经济发展，经济的外部脆弱性依然存在，但多元化的经济结构使经济增长前景乐观

阿联酋的石油和天然气资源丰富，石油及相关行业仍是阿联酋经济增长的主要引擎。在高油价的国际市场环境下，阿联酋经济发展较快。但 2015—2016 年，受油价下跌影响，阿联酋名义 GDP 连续两年下滑。2016 年实际 GDP 增速仅为 2.8%，为 2011 年以来最低水平。

为减轻对石油经济的依赖，阿联酋一致实行经济多元化的发展战略。阿联酋政府利用石油收益大力发展非石油经济，包括旅游、物流和轻工业等。相比大部分其他海湾国家，阿联酋的经济结构更多元化，2016 年非石油部门产值占 GDP 比重

83.3%。加之阿联酋实行对外全方位开放政策，使阿联酋经济有着良好的弹性基础，尤其是 2020 年将在迪拜举行的世博会，将直接拉动消费和服务出口，给该国的经济增长带来新的刺激。

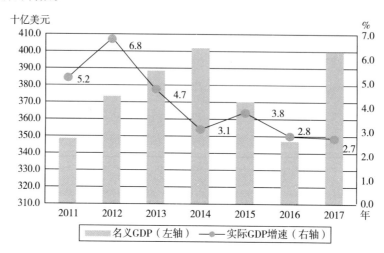

图 5-36　阿联酋宏观经济情况

注：2017 年数据为预测值。

资料来源：联合评级主权数据库，EIU 数据库。

随着原油价格回升，非石油部门稳步发展，基础设施领域的多个项目以及发展规划实施项目的推动，联合评级预计 2017、2018 年阿联酋经济将明显复苏。但到 2019 年随着美国和中国石油需求的减少、油价的逐渐回落等不利因素，预计 GDP 增速会放缓。这也表明阿联酋国家的经济脆弱性在短期内依然存在。

阿联酋金融体系完善，银行业风险较小

阿联酋金融体系较为完善，其中迪拜为全球第 6 大金融中心，2017 年 4 月，阿布扎比国民银行兼并第一海湾银行，总资产规模达 6,700 亿迪拉姆，成为阿联酋最大、海湾地区第二大的银行。

阿联酋银行业竞争较为激烈，低油价导致宏观经济低迷，给银行业的流动性和盈利带来了压力。2015 年 12 月、2016 年 12 月和 2017 年 3 月，在美联储加息后，阿联酋央行均随后将基准利率调升 25 个基点。较高的利率使商业信贷和个人贷款需求量降低，同时银行为控制风险，对中小企业贷款条件趋严，2016 年阿联酋国内信贷整体低迷，截至 2016 年末，信贷规模为 14,540 亿迪拉姆，同比增长 5.5%，增速较 2015 年下降 6.5 个百分点。

虽然银行业增长乏力，但整体发展较为健康，根据阿联酋中央银行公告，2016

年以来，阿联酋金融业各项运行指标稳中有升，截至 2016 年 6 月底，银行业资本充足率达 18.3%，高于国际平均水平；政府在银行存款达 1,844 亿迪拉姆，同比增长 49.4%。不良贷款率自 2012 年以来持续下降，2016 年末为 5.3%，较 2012 年下降了 3.1 个百分点。总体来看，阿联酋银行业风险较小。

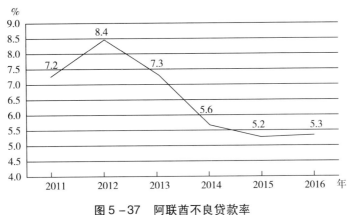

图 5-37 阿联酋不良贷款率

资料来源：联合评级主权数据库。

阿联酋政府连续两年财政赤字，持续的财政巩固措施有望改善财政状况

阿联酋政府财政收入来自各酋长国的石油或贸易收入。受油价下跌影响，阿联酋政府自 2015 年开始出现财政赤字，截至 2016 年末，赤字规模达 578.5 亿美元，约占 GDP 的 4.5%。

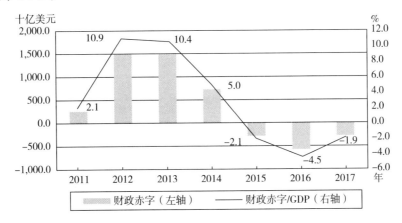

图 5-38 阿联酋财政平衡状况

注：2017 年数据为预测值。

资料来源：联合评级主权数据库，EIU 数据库。

为改善财政状况，阿联酋政府出台了多项财政整顿措施，包括致力于财政收入多元化，取消燃油补贴、缩减政府开支。但考虑到阿联酋为刺激经济发展，在缩减开支方面预计幅度不大，因此联合评级认为2017年阿联酋继续维持财政赤字，但赤字规模将明显缩小。

政府总债务规模增速加快，经济复苏将减轻政府债务压力，短期内偿债能力可控

2011—2014年，阿联酋政府债务规模增速较为稳定，各级政府债务规模与GDP之比保持在40%左右。2015—2016年财政恶化使阿联酋政府迅速扩大债务融资规模，截至2016年末，各级政府总债务规模为784.1亿迪拉姆，同比增长12.3%，约为GDP的61.5%，较2015年末的51.3%上升了约10个百分点。预计2017年政府债务规模将继续攀升，但经济复苏带来的GDP增长可能使一般政府债务规模与GDP的比率有所下降，同时财政收入的增加、庞大主权财富基金的稳定投资收益将减轻阿联酋政府的债务压力，短期内偿债能力可控。

图5-39 阿联酋公共债务情况

注：2017年数据为预测值。

资料来源：联合评级主权数据库，EIU数据库。

阿联酋经常项目盈余大幅下滑，外汇储备有所减少但仍处于高位

阿联酋实行钉住美元的汇率政策，1美元等于3.67迪拉姆。受益于高油价带来的巨额石油出口收入，2011—2014年阿联酋国际收支经常项目盈余保持在较高水平，2015年受国家油价下跌影响，经常项目盈余大幅下降，由2014年末的544.7亿美元下降至172.5亿美元，占GDP比由2014年的13.6%下降至4.7%。2016年国际收支状况进一步恶化，截至当年末，经常项目盈余为115.4亿美元，占GDP比仅为3.3%。

得益于长年的经常项目盈余积累，阿联酋外汇储备较为充足，2016年受油价下跌影响，外汇储备总规模为851.2亿美元，较2015年末有所减少，但仍然高于2014年水平。

2017年随着原价价格回升，预计阿联酋经常项目平衡将有所改善，外汇储备将继续保持增长。

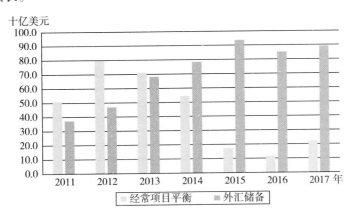

图 5-40 阿联酋经常项目状况与外汇储备

注：2017 年数据为预测值。

资料来源：联合评级主权数据库，EIU 数据库。

外债总规模上升较快，中长期公共外债有所上升且占比较大；但充足的外汇储备和庞大的主权财富基金，保障了政府很强的外债偿付能力

由于各酋长国和政府相关机构在境外发债增多，阿联酋外债规模呈上升趋势。截至 2016 年底，阿联酋总外债为 2,161.02 亿美元，同比增长 8%，占 GDP 的比重由 2015 年末的 54.1%上升至 62.3%，高于 60%国际警戒线。阿联酋外债以中长期公共外债规模为主，占比常年保持在 60%以上，且自 2014 年以来，占比不断走高。截至 2016 年末，中长期公共外债规模为 1,530.8 亿美元，为总外债规模的 70.8%。相比之下，短期外债规模较小，2016 年末为 646.7 亿美元，仅占总外债的 29.1%。

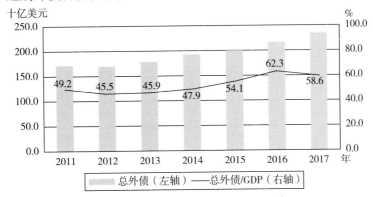

图 5-41 阿联酋外债水平

注：2017 年数据为预测值。

资料来源：联合评级主权数据库，EIU 数据库。

阿联酋外汇储备对短期外债的覆盖率较高，2016 年末达到 135.5%。同时，阿联酋基于积累的巨大石油财富建立了庞大的主权财富基金，近年来保持稳定增长状态根据美国主权财富基金研究所数据，阿联酋拥有 7 个大型主权财富基金，基金总额超过 1 万亿美元，其中阿布扎比主权财富基金为 7,730 亿美元，居世界第二位。主权财富基金可对政府的偿债能力提供强力保障。总体来看，阿联酋短期外债占比较低，且有主权财富基金和外汇储备作后盾，外债偿付压力较小。

展望

阿联酋国内政局稳定，经济结构多元化趋势下发展前景较好。油价大幅回升前财政仍处赤字，但政府债务负担较低，同时主权财富基金充足，短期内偿付可控。经常账户盈余总体呈下降局势，但充裕的外汇储备将为偿债能力提供保障。因此，联合评级对未来 1～2 年阿联酋本、外币主权信用评级展望为稳定。

表 5－8　阿联酋主权信用评级关键数据表

指标	2012 年	2013 年	2014 年	2015 年	2016 年	2017 年[f]	中东及非洲[d]	"一带一路"[a]
名义 GDP（十亿美元）	373.4	388.5	401.9	370.2	347.1	399.9	239.1	404.1
人均 GDP（美元，PPP）	61,050.0	64,440.0	67,110.0	70,030.0	72,040.0	74,600.0	38,578.8	21,749.0
实际 GDP 增长率（%）	6.8	4.7	3.1	3.8	2.8	2.7	1.9	3.0
通货膨胀率（%）	0.7	1.1	2.3	4.1	1.8	3.0	7.3	5.5
国内信贷增长率（%）	-1.1	10.4	3.6	11.7	5.5	6.2	26.1	15.9
M2 增长率（%）	1.6	22.8	7.9	5.5	3.3	5.9	8.6	11.4
各级政府财政平衡/GDP（%）	10.9	10.4	5.0	-2.1	-4.5	-1.9	-4.3	-2.9
公共债务/GDP（%）	39.1	41.0	43.2	51.3	61.5	58.4	54.2	46.0
总债务/GDP（%）	45.5	45.9	47.9	54.1	62.3	58.6	107.8	72.8
短期外债/总外债（%）	36.5	36.2	34.6	31.1	29.1	27.6	33.0	20.9
经常项目余额/GDP（%）	21.3	18.3	13.6	4.7	3.3	5.6	1.1	-0.9
国际储备/总外债（%）	27.7	38.2	40.7	46.9	39.5	38.1	103.9	128.0

注：f 表示预测值；d 表示中东及非洲 14 国近 5 年均值；a 表示"一带一路"57 国近 5 年均值。

资料来源：联合评级主权数据库，EIU 数据库。

Highlights of the Sovereign Rating
on the United Arab Emirates

Sovereign Rating

Long-term Local Currency: AA_i

Long-term Foreign Currency: AA_i

Outlook: Stable

Ratings completed on May 2nd, 2017

Analyst: Hu Qianhui

Rating Rationale

United Ratings assigned "AA_i" on both local and foreign currency sovereign credit ratings of the United Arab Emirates (hereinafter, "UAE") on May 2nd, 2017 with a stable outlook.

The domestic political situation of the UAE remains stable and its economic structure is well diversified. However, the continuous slump of the international oil prices has generated certain impact on the economic development of the UAE. The budget deficit has been growing since 2015 and it is expected to remain in deficit before the oil prices pick up as the government expenditure is hard to cut down when it functions for the economic stimulation. Besides, the Central Bank of the UAE prioritizes the currency peg to the US dollar with less currency flexibility. The fast-growing government debt can be repaid in the short term in virtue of the low public debt to GDP ratio and sufficient sovereign wealth fund. Moreover, the banking sector in the UAE is well developed with favorable capital adequacy ratio and NPL ratio. The current account surplus is on a downward trend, yet the foreign exchange reserves remain high. In conclusion, United Ratings believes that the UAE is strongly capable of debt service both in local and foreign currency, and the sovereign credit risk is very low.

Outlook

The UAE enjoys a favorable prospect for development in virtue of its stable political situation and diversified economic structure. Although the fiscal balance remains in deficit before a substantial increase of oil prices, the low level of government debt can be repaid in the short term as the adequate sovereign wealth fund provides sufficient coverage. The current account surplus narrows down, but the ample foreign exchange reserves provide a guarantee for its debt service. As such, United Ratings assigned a stable outlook on the UAE's local and foreign currency sovereign credit ratings for the next 1 – 2 years.

第六部分

"一带一路"沿线之
—中欧和东欧国家主权信用风险展望

中欧和东欧国家主权信用风险综述··················

　　"一带一路"沿线的中欧和东欧地区共包括 20 个国家，分别是俄罗斯、白俄罗斯、乌克兰、摩尔多瓦、爱沙尼亚、拉脱维亚、立陶宛、波兰、捷克、斯洛伐克、匈牙利、罗马尼亚、保加利亚、阿尔巴尼亚、斯洛文尼亚、克罗地亚、波斯尼亚、黑塞哥维那、塞尔维亚和马其顿。本次，我们对其中的 18 个国家进行了评级，具体的评级结果如表 6-1 所示：

表 6-1　中欧和东欧 18 国评级结果

国别	本币	外币	展望
捷克	AA_i	AA_i	稳定
爱沙尼亚	AA_i-	AA_i-	稳定
波兰	AA_i-	AA_i-	稳定
斯洛伐克	AA_i-	AA_i-	稳定
立陶宛	A_i+	A_i+	稳定
俄罗斯	A_i+	A_i+	稳定
斯洛文尼亚	A_i+	A_i+	稳定
匈牙利	A_i+	A_i+	稳定
拉脱维亚	A_i+	A_i+	稳定
保加利亚	A_i	A_i	稳定
罗马尼亚	A_i	A_i	稳定
克罗地亚	BBB_i+	BBB_i+	正面
马其顿	BBB_i-	BBB_i-	稳定
塞尔维亚	BBB_i-	BBB_i-	稳定
白俄罗斯	BB_i+	BB_i-	稳定
阿尔巴尼亚	BB_i+	BB_i+	稳定
摩尔多瓦	BB_i-	BB_i-	稳定
乌克兰	B_i-	B_i-	稳定

　　中欧和东欧地区包括 11 个欧盟成员国，捷克、爱沙尼亚、波兰、斯洛伐克、立

陶宛、斯洛文尼亚、匈牙利、拉脱维亚、保加利亚、罗马尼亚、克罗地亚；3个欧盟候选国，阿尔巴尼亚、马其顿、塞尔维亚；以及俄罗斯、白俄罗斯、乌克兰、摩尔多瓦4国。该地区欧盟国家主权信用等级相对较高，均处在 BBB_i 以上等级，其中捷克等级达到 AA_i；欧盟候选国主权信用等级相对较低；以俄罗斯为重要战略伙伴的白俄罗斯、摩尔多瓦等级也不高；乌克兰则排名最后，等级为 B_i-。

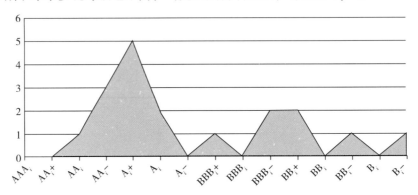

图6-1 中欧和东欧18国主权信用等级分布

资料来源：联合评级主权数据库。

中欧和东欧18国的主权信用评级关键指标如表6-2所示：

表6-2 中欧和东欧地区主权评级关键指标

关键指标	2012年	2013年	2014年	2015年	2016年	本地区国家[d]	"一带一路整体"[a]
名义GDP（十亿美元）	714.8	779.4	798.8	679.7	685.9	731.7	404.1
人均GDP（美元）	19,086.1	19,915.7	20,758.7	21,361.2	22,173.8	20,659.1	21,749.0
GDP增速（%，实际）	0.8	1.4	1.5	1.5	2.2	1.5	3.0
通货膨胀率（%）	6.4	3.2	2.5	4.5	2.0	3.7	5.5
国内信贷增长率（%）	5.7	6.1	3.8	8.9	5.4	6.0	15.9
M2增长率（%）	9.3	8.1	6.6	8.5	8.9	8.3	11.4
各级政府财政平衡/GDP（%）	-2.7	-3.1	-2.5	-1.7	-1.2	-2.2	-2.9
各级政府利息支出/GDP（%）	2.0	2.0	2.0	1.9	1.8	1.9	2.3
各级政府初级财政平衡/GDP（%）	-0.8	-1.2	-0.5	0.1	0.6	-0.3	0.2
公共债务/GDP（%）	41.0	43.0	47.3	49.3	48.8	45.9	46.0
总外债/GDP（%）	77.2	76.0	72.6	80.0	78.8	76.9	72.8
经常项目盈余/GDP（%）	-3.3	-2.1	-1.6	-0.9	-0.5	-1.7	-0.9
国际储备/总外债（%）	40.1	37.6	36.4	38.5	40.7	38.7	128.0

注：d表示中欧和东欧19国近5年均值；a表示"一带一路"57国近5年均值。

资料来源：联合评级主权数据库。

　　中欧和东欧地区是"一带一路"五大地区中主权信用水平最高的地区。苏联解体之后，该区域各国都经历了较为成功的政治转型，建立了相对稳定的政治制度，大部分国家政局和政策连续性均较好。此外，该区域经济发展程度相对较高，近五年人均 GDP 约 20,659.1 美元。但同时，该区域大部分国家属于小型、开放型经济体，经济体系自我调适能力不足，对外依存度较高，易受外部不确定性因素的影响，近年来，由于欧洲经济增长放缓等因素，GDP 增速在"一带一路"沿线区域中属于最低的，近 5 年均值为 1.5%，远低于沿线 57 个国家 3.0% 的发展速度。外资在银行系统中占比很高，在一定程度上降低了银行系统的稳定性，在母国经济或金融状况欠佳的情况下易出现外部流动性风险，加大了金融系统潜在风险。该区域各国财政实力适中，大部分已是欧元成员国或观察国，其中 5 个是采用欧元货币体系，外部融资渠道较为通畅，融资成本较低，有利于债务的偿还。另外，外债总额占 GDP 的比值相对较高；部分国家还面临欧美国家的经济制裁，在一定程度上削弱了政府偿债能力。但整体来看，区域内国家绝大部分都在投资级信用等级，整体信用风险不大。

Central and Eastern Europe

There are 20 countries along the B&R in Central and Eastern Europe, including Russia, Belarus, Ukraine, Moldova, Estonia, Latvia, Lithuania, Poland, the Czech Republic, Slovakia, Hungary, Romania, Bulgaria, Albania, Slovenia, Croatia, Bosnia and Herzegovina, Serbia, Macedonia and Montenegro. United Ratings has assigned sovereign credit ratings to 18 countries, and the rating results are shown in Table 6-1 below.

Table 6-1   Rating Results of the 18 Countries in Central and Eastern Europe

Country	Local Currency Rating	Foreign Currency Rating	Outlook
The Czech Republic	AA_i	AA_i	Stable
Estonia	AA_i-	AA_i-	Stable
Poland	AA_i-	AA_i-	Stable
Slovakia	AA_i-	AA_i-	Stable
Lithuania	A_i+	A_i+	Stable
Russia	A_i+	A_i+	Stable
Slovenia	A_i+	A_i+	Stable
Hungary	A_i+	A_i+	Stable
Latvia	A_i+	A_i+	Stable
Bulgaria	A_i	A_i	Stable
Romania	A_i	A_i	Stable
Croatia	BBB_i+	BBB_i+	Positive
Macedonia	BBB_i-	BBB_i-	Stable
Serbia	BBB_i-	BBB_i-	Stable
Belarus	BB_i+	BB_i-	Stable
Albania	BB_i+	BB_i+	Stable
Moldova	BB_i-	BB_i-	Stable
Ukraine	B_i-	B_i-	Stable

There are 11 EU member states in the Central and Eastern Europe region, namely

Czech Republic, Estonia, Poland, Slovakia, Lithuania, Slovenia, Hungary, Latvia, Bulgaria, Romania and Croatia; 3 candidates for EU membership, including Albania, Macedonia and Serbia, and 4 non-EU countries, including Russia, Belarus, Ukraine and Moldova. The sovereign credit rating grades of the EU member states in the region are relatively high, with all countries being rated above BBB_i grade, and the Czech Republic reaching the highest grade of AA_i. The sovereign credit rating grades of the EU candidate countries, however, remain at relatively low levels. In addition, Belarus and Moldova, both taking Russia as important strategic partner, being rated at comparatively low levels, and Ukraine is at the bottom of the ranking with the rating grade of $B_i -$.

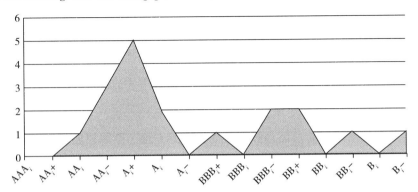

Figure 6-1　Sovereign Credit Rating Distribution of the 18
Countries in Central and Eastern Europe

Source: Sovereign Credit Rating Database of United Credit Ratings Co., Ltd.

Key indicators for assessing sovereign credit ratings of the 18 countries in Central and Eastern Europe are shown in Table 6-2 below.

Table 6-2　Key Indicators for Assessing Sovereign Credit Ratings of the Countries in Central and Eastern Europe

Key Indicators	2012	2013	2014	2015	2016	Five-year Average[d]	B&R Country Average[a]
Nominal GDP ($ bn)	714.8	779.4	798.8	679.7	685.9	731.7	404.1
GDP per head ($ at PPP)	19,086.1	19,915.7	20,758.7	21,361.2	22,173.8	20,659.1	21,749.0
GDP (% real change pa)	0.8	1.4	1.5	1.5	2.2	1.5	3.0
Consumer prices (% change pa; av)	6.4	3.2	2.5	4.5	2.0	3.7	5.5
Domestic credit growth (%)	5.7	6.1	3.8	8.9	5.4	6.0	15.9
M2 (% pa)	9.3	8.1	6.6	8.5	8.9	8.3	11.4

continued

Key Indicators	2012	2013	2014	2015	2016	Five-year Average[d]	B&R Country Average[a]
Budget balance (% of GDP)	−2.7	−3.1	−2.5	−1.7	−1.2	−2.2	−2.9
Debt interest payments (% of GDP)	2.0	2.0	2.0	1.9	1.8	1.9	2.3
Primary balance (% of GDP)	−0.8	−1.2	−0.5	0.1	0.6	−0.3	0.2
Public debt (% of GDP)	41.0	43.0	47.3	49.3	48.8	45.9	46.0
Total debt/GDP (%)	77.2	76.0	72.6	80.0	78.8	76.9	72.8
Current account balance/ GDP (%)	−3.3	−2.1	−1.6	−0.9	−0.5	−1.7	−0.9
International reserves/ total debt (%)	40.1	37.6	36.4	38.5	40.7	38.7	128.0

Note: "d" stands for the recent five-year average of 19 countries in Central and Eastern Europe along the B&R; "a" stands for the recent five-year average of the 57 countries along the B&R.

Source: Sovereign Credit Rating Database of United Credit Ratings Co., Ltd.

The Central and Eastern Europe region enjoys the highest sovereign credit level among the 5 regions along the B&R. After the collapse of the Soviet Union, most countries within the region has experienced smooth political transformation and established relatively stable political systems, maintaining the stability of political situation and continuity of government policies. In addition, the level of economic development of the region is comparatively high, with a recent five-year average per capita GDP of US $20,659.1. However, given that most countries within the region are small and open economies lacking self-sustaining capability and are highly dependent on external conditions, the economies could be easily affected by external uncertainties. In recent years, impacted by the economic slowdown of Europe, the region records a recent five-year GDP growth rate of 1.5%, lower than the overall B&R average of 3.0%, ranking at the bottom among the 5 regions along the B&R. Foreign capital dominates the banking sector in most countries within the region, increasing the potential risk of the financial system in the case of emergence of external liquidity problems caused by economic or financial crisis in the parent countries. The overall financial strength of the region is moderate. Although most countries in the region have a relatively high foreign debt to GDP ratio, and some countries even face economic sanctions by the EU and the United States, hindering the government's debt repayment capability, with most countries already being the EU members or EU Observer members, and 5 countries having adopted the EU currency system, the external financing channels are smooth and the financing cost remains low, which are all conducive to debt repayment. Accordingly, the overall sovereign credit risk is relatively low with most countries being rated at or above the investment grade.

白俄罗斯共和国

本次评级结果

长期本币信用等级：BB_i+

长期外币信用等级：BB_i-

评级展望：稳定

本次评级时间

2017 年 4 月 16 日

分析师：胡前方

评级观点

联合评级已经于 2017 年 4 月 16 日对白俄罗斯共和国（以下简称白俄罗斯）的本币、外币信用状况进行了初次评级，决定给予白俄罗斯长期本币信用等级 BB_i+，长期外币信用等级 BB_i-，评级展望为稳定。

卢卡申科自 1994 年担任总统以来已经连任 22 年并有继续执政的能力，国内政治权利集中，政治局面稳定，社会动荡的可能性较低。经济对外贸易依存度过高，贸易长期逆差，国际大宗商品价格低迷、国际油价下降和俄罗斯经济衰退均对其经济增长产生了抑制作用；货币工具使用频繁，流动性风险和汇率风险较高，银行不良资产上升较快，外资银行占比高，政府干预占主导地位，银行盈利能力较差，倒闭事件时有发生，金融不稳定性增强。财政账户常年保持盈余，但政府债务呈现逐年上升的趋势，且政府债务中外币债务占比较高；但受益于国际经济组织对中长期外债的置换和重组，外债规模尤其是短期外债下降较快，2016 年外汇储备有小幅回升，短期偿债压力尚好。综上所述，白俄罗斯政府外币债务的信用风险高于本币债务的偿还，但都存在一定的主权信用风险。

评级依据

卢卡申科已经连任总统 22 年，白俄罗斯政治权利高度集中，政局长期保持稳定，社会动荡和恐怖袭击的风险较低

白俄罗斯从苏联解体以后宣布成立白俄罗斯共和国，在 1994 年通过全民公投开始实行总统制，现任总统卢卡申科以 80% 以上的得票率当选首任总统，任期 5 年；1996 年通过全民公投对宪法进行修订，决定强化总统权力并改一院制为两院制，每 5 年举行一次总统大选；并在 2004 年解除了总统连任限制。现年 63 岁的总统卢卡申科自 1994 年当选总统以来，一直连任至今，已经连任 22 年，并且在 2015 年 10 月举行的总统大选中再次以超过 80% 的投票率高票当选。政局稳定，政策的连续性较好。国内民主抗议活动规模较小并且经常很快被当局压制，最近一次针对政府征收"失业税"的民主抗议活动开始于 2017 年 2 月中旬，但随后该系列抗议活动以政府出动警力逮捕数百名抗议者结束。虽然此次抗议活动对当局执政能力影响不大，但在当前连续两年实际收入下滑和经济衰退明显的局面下，执政当局非常重视由此可能引起的更大的社会不满情绪。不过，这对社会秩序的影响不大。加之民族和宗教矛盾较少，整体社会治安秩序较好。

国际关系有所缓解，欧盟解除了部分制裁

来自俄罗斯的经济支持和军事合作是卢卡申科政府的执政基石。但在乌克兰危机后，白俄罗斯调整了外交策略，奉行严格中立立场。卢卡申科政府一直致力于改善与西方国家的关系，以此争取和维持出口市场和外部投融资的持续性和稳定性。2016 年 2 月，欧盟解除了对白俄罗斯的部分制裁，其中包括白俄罗斯人出入欧盟的禁令等。2016 年 6 月在全白俄罗斯人民大会上，卢卡申科强调了与欧盟关系的重要性，并将同欧盟关系实现全面正常化纳入了未来的努力方向。卢卡申科政府主持了乌克兰"和平对话"的举措也给西方世界带来了好印象。同时，重视同中国、古巴等国的友好合作关系，努力争取外交空间，扩大国际影响。

白俄罗斯经济对外依存度高，经济增速放缓，2015 年首次出现负增长。受制于对外部经济的依赖和国内较为僵化的管理体制，经济的脆弱性上升

白俄罗斯矿产、水利资源丰富，森林覆盖率高，工农业基础较好，但外贸依存度极高，其进出口总值占国内生产总值的 120% 以上。石油、天然气等原材料主要依靠进口，俄罗斯是白俄罗斯进出口最大市场。受全球商品价格低迷，国际油价下滑，以及俄罗斯经济衰退影响，经济增速自 2011 年以来一度放缓，并在 2015 年出现首次负增长，实际增长率为 - 3.9%。2016 年实际 GDP 增速为 - 2.6%，较上一年负增长有所缓和。随着国际油价的小幅回升和外部需求的有所改善，预计 2017—2018 年，经济增速将逐步摆脱负增长，实现约 0.5% 和 1.5% 的增速。

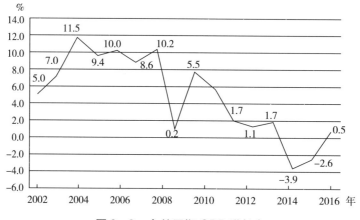

图 6 - 2　白俄罗斯 GDP 增长率

注：2017 年数据为预测值。

资料来源：联合评级主权数据库，EIU 数据库。

通货膨胀有所回落，存在隐形失业问题

白俄罗斯国内一直承受通货膨胀压力，2016 年全年平均通货膨胀率达到 11.8%，较上一年下降 1.8 个百分点，通货膨胀率逐年下降，逐步回落至 2009 年水平。这主要得益于国内消费需求的小幅增长和本国卢布的大幅升值。虽然官方统计显示白俄罗斯失业率长期保持在 1.0% 以内，但根据 IMF 统计，该国国有企业中存在 20% 左右的冗员，存在隐形失业压力。从中长期来看，相对廉价的劳动力和较低水平的腐败程度是吸引外商投资的主要因素。

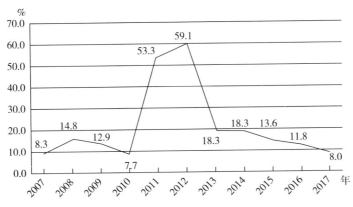

图6-3 白俄罗斯通货膨胀率

注：2017年数据为预测值。

资料来源：联合评级主权数据库，EIU数据库。

外资银行占比高，政府干预占主导地位，银行盈利能力较差，倒闭事件时有发生，金融不稳定性增强

白俄罗斯金融体系发展水平较低，证券市场投资工具种类较少，银行业业务开展水平有限，提供的金融衍生产品和金融服务较少。同时，政府在金融体系中有较大决策力，使其金融系统独立性不强，银行业资金使用效率低下，贷款利率偏高，风险较大。2015年银行业收益率仅为1%，较上一年下降0.7个百分点。银行业出现大面积亏损，银行倒闭风潮时有发生。目前，已成立金融稳定委员会，负责对稳定金融的因素进行分析，试图摆脱金融不稳定困境。此外，该国的外资银行占比较高。截至2016年1月1日，白俄罗斯32家商业银行中有26家有外国参股，其中合资银行中股权占比50%以上的有23家，9家为外商独资。外资银行占据金融机构的比例，不利于整体银行业金融监管和稳定性发展。

银行业面临业务结构和资产质量下降的考验；从长期来看，流动性风险和汇率风险将对银行业效率和稳健性产生较大影响

2016年7月，白俄罗斯发行了新卢布，与旧卢布比率为1∶10000。新的货币大幅提高了本国货币的汇率水平，但也引起对货币稳定和通货紧缩的担忧。为此，自2015年中旬开始，白俄罗斯国家银行通过逐步收缩非金融部门和私人部门的信贷规模，鼓励商业银行购买短期本币国债等方式，压缩市场上多余的流动性，以期达到稳定货币目的。同时，自2016年初起白俄罗斯国家银行就开始大幅缩减参考汇率，将再融资利率累计下调10个百分点至15%。但这也引起了间接货币工具失效的担忧。

2015 年，银行信贷风险资产达到 404.9 万亿卢布，较上一年增长了 25%，不良资产达到 27.7 万亿白卢布，较上一年增长了 91.5%。银行业面临业务结构调整和资产质量下降的双重考验；同时，流动性风险和汇率风险将对银行业效率和稳健性产生较大影响。

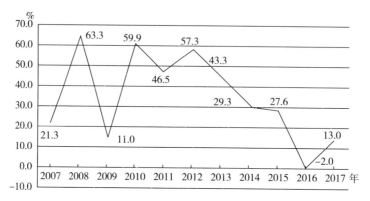

图 6 - 4　白俄罗斯信贷增长率

注：2017 年数据为预测值。

资料来源：联合评级主权数据库，EIU 数据库。

白俄罗斯政府财政平衡情况较好，为公共债务负担提供了财政空间；但公债规模持续上升

财政平衡自 2011 年以来一直保持在微弱盈余状态。财政支出和财政收入规模保持在 GDP 的 40% 左右，2015 年财政盈余占 GDP 的 1.5%，预计 2016 年将小幅下降至 1.3% 左右。

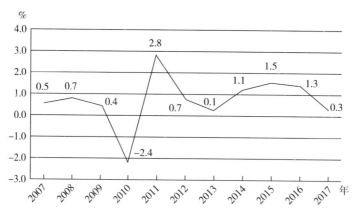

图 6 - 5　白俄罗斯财政平衡

注：2017 年数据为预测值。

资料来源：联合评级主权数据库，EIU 数据库。

2011年白俄罗斯本币贬值幅度高达189%，受此影响，政府公共债务负担快速上升，2011年政府债务占GDP比为48.5%，较2010年上升了25.3个百分点。2015年政府债务总额为328.6万亿白卢布，较上一年增长66.4%，约占GDP的48.5%。其中，国内债务约为GDP的9.8%，外部债务约为GDP的22.7%。2016年这一占比略有下降，为47.1%。尽管国内债务规模较低，但当前的通胀压力和政府承担金融体系或有债务的可能性，使未来政府偿还本币债务的意愿和能力受到一定的负面影响。

图6-6 白俄罗斯公共债务占GDP比

注：2017年数据为预测值。

资料来源：联合评级主权数据库，EIU数据库。

世界货币基金组织（IMF）建议白俄罗斯应当保持适度的财政赤字以支撑经济复苏；但低于实际预期的经济复苏给白俄罗斯的财政带来一定的压力。预计2017年政府公共债务压力依然存在，但白俄罗斯财政政策空间较大，配合货币政策的实施，未来公共债务压力将进一步减小。

白俄罗斯对外贸易常年逆差，对外依存度高；俄罗斯是白俄罗斯对外贸易的最大进出口市场，其进出口能力对白俄罗斯贸易产生直接影响

白俄罗斯对外贸易常年逆差，对外依存度高，主要原因来自对石油、天然气等原材料的进口需求巨大。白俄罗斯主要向俄罗斯、欧盟、乌克兰等国出口矿产品、化学品、农产品等，其中钾肥是其出口创汇的主要产品。受全球大宗商品价格低迷影响，2016年，白俄罗斯对外货物贸易总额486亿美元，较上一年下降11%，贸易逆差为26亿美元。俄罗斯是白俄罗斯对外贸易的最大进出口市场，2016年，白俄罗斯从俄罗斯进口份额为59.4%，向俄罗斯出口份额为35.4%。俄罗斯的进口需求和出口能力对白俄罗斯贸易产生直接影响。

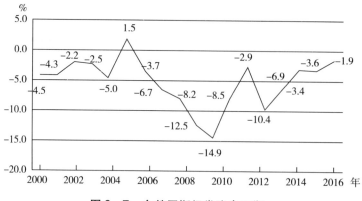

图6-7　白俄罗斯经常账户平衡

注：2017年数据为预测值。

资料来源：联合评级主权数据库，EIU数据库。

国际储备2016年小幅回升，但外债规模持续上升，短期外债偿付压力增大

近几年，白俄罗斯外债总量逐年下降，2015年外债总规模约378.7亿美元，较上一年下降5.3%；但外债占比却逐步攀升，2015年总外债约占GDP的69.4%，比2014年外债占比升高了16.8个百分点，外债规模仍然处在较高水平。外债中短期债务占比在2007年曾达到66.8%的历史高位，此后，政府为缓解短期外债压力，通过中长期债务置换，逐步减少短期债务占比，2016年短期外债约107.6亿美元，约占总债务的30.3%。同期，外汇储备也远不如从前，2016年外汇总量约41.8亿美元，比2012年下降了39.1%。短期内，白俄罗斯外债偿付能力面临考验。

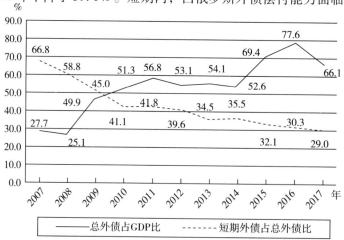

图6-8　白俄罗斯总外债结构

注：2017年数据为预测值。

资料来源：联合评级主权数据库，EIU数据库。

展望

白俄罗斯政治局面稳定，社会安全度较高，腐败程度低，相对廉价的劳动力为其吸引外商投资创造了积极的环境；银行业整体独立性不高，过高的外资银行占比给银行业发展带来了诸多不确定性，流动性风险和汇率风险增大；对外贸易依存度较高，与俄罗斯的密切联系使其容易受到连带影响。鉴于白俄罗斯经济缓慢复苏，债务负担不轻，公共债务占比且外币债务占比较高，国际储备有小幅增长和国际经济组织对债务的置换重组，联合评级认为白俄罗斯共和国主权外币信用等级低于本币信用等级，未来1~2年内其本币、外币主权信用评级展望为稳定。

表6-3 白俄罗斯主权信用评级关键数据表

指标	2012年	2013年	2014年	2015年	2016年	2017年^f	中欧及东欧^d	"一带一路"^{a}
名义GDP（十亿美元）	63.6	73.1	76.1	54.6	47.8	57.2	731.7	404.1
人均GDP（美元）	17,305.6	17,877.7	18,611.7	18,104.4	17,890.0	18,430.0	20,659.1	21,749.0
GDP增速（%，实际）	1.7	1.1	1.7	-3.9	-2.6	0.5	1.5	3.0
通货膨胀率（%）	59.1	18.3	18.3	13.6	11.8	8.0	3.7	5.5
国内信贷增长率（%）	57.3	43.3	29.3	27.6	-2.0	13.0	6.0	15.9
M2增长率（%）	59.4	18.1	16.4	-1.1	19.4	20.2	8.3	11.4
各级政府财政平衡/GDP（%）	0.7	0.1	1.1	1.5	1.3	0.3	-2.2	-2.9
公共债务/GDP（%）	31.3	31.9	34.1	48.5	47.1	45.2	45.9	46.0
总外债/GDP（%）	53.1	54.1	52.6	69.4	77.6	66.1	76.9	72.8
短期外债/总外债（%）	39.6	34.5	35.5	32.1	30.3	29.0	19.1	20.9
经常项目盈余/GDP（%）	-2.9	-10.4	-6.9	-3.4	-3.6	-1.9	-1.7	-0.9
国际储备/总外债（%）	24.0	16.8	12.6	11.0	13.3	13.5	38.7	128.0

注：f表示预测值；d表示中欧及东欧地区19国历史5年均值；a表示"一带一路"57国近5年均值。

资料来源：联合评级主权数据库，EIU数据库。

Highlights of the Sovereign Rating
on the Republic of Belarus

Sovereign Rating

Long-term Local Currency: BB_i +

Long-term Foreign Currency: BB_i −

Outlook: Stable

Ratings completed on April 16th, 2017

Analyst: Hu Qianfang

Rating Rationale

United Ratings assigned "BB_i +" on the local currency sovereign credit rating and "BB_i −" on the foreign currency sovereign credit rating of the Republic of Belarus (hereinafter, "Belarus") on April 16th,2017 with a stable outlook.

Lukashenko has been in office for 22 years since he was elected president in 1994, and there is a high possibility that he will remain in power. The centralization of domestic political power has contributed to stabilizing Belarus's political situation and soothing the social turbulence. However, such factors as the economy's excessive reliance on foreign trade, the long-term trading deficit, the slump of the international commodity prices, the decline in international oil prices and the economic recession of Russia are all crucial factors inhibiting the economic growth of Belarus. In addition, such factors as the frequent use of monetary policy instruments, the high risks in liquidity and foreign exchanges, the mounting non-performing loans, the high proportion of foreign banks, the dominance of government intervention, the poor profitability of the banking sector and the incident of bankruptcy have all led to an increasing instability in the banking sector. Besides, Belarus ran a fiscal surplus, yet the government debt increases on a yearly basis, with foreign currency debt taking up a large proportion of the total. Benefited from the mid-and long-term foreign debt swap and restructuring that international economic organizations provide, the scale of foreign debt, especially the short-term debt declines significantly. Moreover, the foreign exchange reserves rose slightly in 2016, making the pressure of short-term debt repayment acceptable. In conclusion, United Ratings holds that Belarus is more capable of local currency debt service than foreign currency debt service, yet its sovereign credit risk remains relatively high.

Outlook

Belarus has benefited from the stable political situation, favorable social security condition and low degree of corruption for years. The relatively low-cost labor creates a positive environment to attract foreign investment. However, the banking sector lacks independence with foreign banks accounting for a large proportion, which brings uncertainties to the industry, such as the increasing liquidity and foreign exchange risks. In addition, the excessive reliance on foreign trade and the close tie with Russia makes Belarus vulnerable to the knock-on effect. The economy of Belarus slowly recovers; however, the government's debt burden is still heavy, with public debt and foreign debt account for a high proportion of GDP. International reserves are on a slight rise and international organizations have initiated debt swap and restructuring programs. As such, United Ratings holds that the foreign currency sovereign credit rating grade is lower than the local currency rating and a stable outlook is assigned on both the local and foreign currency sovereign credit ratings of Belarus for the next 1 − 2 years.

保加利亚共和国

本次评级结果

长期本币信用等级：A_i

长期外币信用等级：A_i

评级展望：稳定

本次评级时间

2017 年 5 月 4 日

分析师：胡前方

评级观点

联合评级已经于 2017 年 5 月 4 日对保加利亚共和国（以下简称保加利亚）的本、外币信用状况进行了初次评级，决定给予保加利亚长期本、外币信用等级为 A_i，评级展望为稳定。

保加利亚国内政治权利稳定性不高；但国民素质较高，社会安全和稳定性较好。宏观经济政策以稳健著称，经济增速在危机后缓慢上升；本币与欧元实行固定汇率，汇兑风险不大；银行业受希腊债务危机的负面溢出影响，坏账率较高；财政政策以紧缩性政策为主，赤字水平常年较低，公共债务水平较低；2016 年财政和经常账户都实现了小幅盈余；总外债规模较高，但较为充裕的国际储备对外债保障能力有所增强，政府按期偿付债务本息能力较强。综上所述，保加利亚政府具有较强的本、外币债务偿还能力，主权信用风险较低。

评级依据

保加利亚政局基本保持稳定，但政治体制不成熟，政府效率低下，腐败滋生，当前政局的不确定性较高

保加利亚为议会制共和国，总统由全民直接选举产生，任期5年。议会实行一院制，共240个议席，按比例通过民选产生，任期4年。保加利亚政府由总统授权总理组织成立，成员由总理提名，议会选举产生。2016年11月，欧洲发展公民党支持的总统候选人在总统选举中败选后，时任总理、欧洲发展公民党主席鲍里索夫领导的联合政府辞职。而其他党派也无意组阁，根据保宪法，议会选举提前至2017年3月26日举行。最终，欧洲发展公民党赢得议会选举，保持了议会第一大政党的地位，但依然未拥有单独组阁所需的绝对多数席位，仍需与进入议会的其他政党或政党联盟进行艰苦的组阁谈判。保加利亚政局基本保持稳定，但政治体制不成熟，政府效率低下，腐败滋生，民众的政治信任度逐渐走低，极端的民意支持，使政党政治进一步碎片化，当前国内政局的不确定性较高。

受乌克兰危机影响与俄罗斯关系紧张；移民危机拖累其加入欧盟申根区进程

2014年3月的"乌克兰危机"使保加利亚与俄罗斯关系紧张。同年，俄罗斯取消了保加利亚南部天然气管道工程，此举削弱了保加利亚转过境费收入。近期，总统拉德夫及其幕僚表现出亲俄情绪将有助于改善保加利亚与俄罗斯的紧张关系，但实际效果仍有待观察，两国关系的恶化对保加利亚影响较大。

保加利亚近年来致力于加入欧盟申根区。但保加利亚对欧洲区日益加深的移民危机政治立场将阻碍其入区进程。保加利亚在其与土耳其边境建起栅栏阻止移民进入，同时，2016年9月，保加利亚还要求欧盟提供1.79亿美元以帮助其维持边境安全。虽然目前保加利亚已经在技术层面满足入区要求，但对移民危机的政治立场将不利于其入区申请，预计短期内，保加利亚顺利加入申根区的可能性不大。

近年来经济逐步回温，但经济规模较小，以出口和外资主导型的经济结构使其脆弱性依存

危机之前，2000—2008年保加利亚宏观经济保持了平均6%左右的增长率，但2008年金融危机，以及此后的欧债危机，特别是希腊债务危机，给保加利亚经济发展带来了沉重打击。2009年经济大幅衰退，经济增长出现负数。危机后，由于外向型经济特征，对经济发达的欧盟大国依赖度高，经济恢复步伐也相对滞后，2016年人均收入水平还未达到欧盟国家平均水平的一半。希腊是保加利亚邻国，同时也是保加利亚重要贸易伙伴和外资来源国之一，希腊严重的债务危机使保加利亚贸易也受到负面影响。近年来，得益于欧盟区经济的改善和国内基础设施建设投入力度加大，保加利亚经济在2015年经济增速出现了一个小高峰，达到3.6%。2016年出口市场和私人消费对经济增长贡献最大，但由于政府消费支出和固定投资减少，2016年经济增速为3.4%，比2015年下降0.2个百分点。从短期来看，提前选举造成的政局不稳定性给经济增长带来一定的阻力，预计2017年增速将小幅下降至3.1%左右。

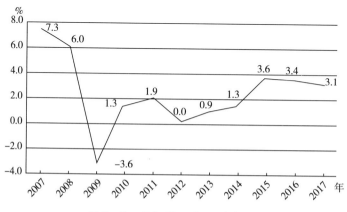

图6-9 保加利亚GDP增长率

注：2017年数据为预测值。

资料来源：联合评级主权数据库。

经济发展面临移民潮、人口老龄化、劳动力不足、通货紧缩等多重困扰，不过中期国内改善投资的需求将带动经济继续较为平稳发展

得益于对基础设施建设的投入和投资环境的不断优化，劳动力需求上升，2016年官方失业率为8%，较上一年下降2个百分点。国内物价指数下降0.8个百分点，经济承受通缩压力。同时，向欧盟国家移民潮流和人口老龄化趋势导致近几年来人口出现持续负增长，2016年人口增长率为-0.8%，引发国内劳动力不足的担忧。这对政治经济社会发展的基础比较薄弱、在欧盟经济处于落后的保加利亚而言，无疑是削弱了经济发展的后劲。短期内，基于当前国内消费需求的回升，以及国际能源价格回升的预期，预计2017年保加利亚将重回通货膨胀，失业率将进一步下降。从中期来看，该国通过改善投资环境和加强基础设施建设等手段不断提高吸引外资能力的基本方向不会改变，保加利亚宏观经济政策将继续较为平稳发展。

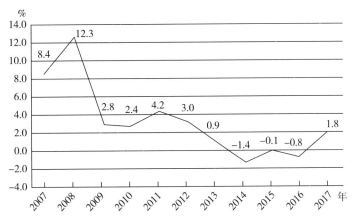

图 6-10 保加利亚通货膨胀率

注：2017 年数据为预测值。

资料来源：联合评级主权数据库。

列弗与欧元采取固定汇率，汇兑风险不大；银行业受希腊债务危机的负面溢出影响，坏账率较高

保加利亚本国货币列弗与欧元采用固定利率，其走势与欧元挂钩，列弗是可自由兑换的货币，采取固定汇率制度，汇兑风险不大。2014 年保加利亚第四大银行企业商业银行破产，银行业流动性风险攀升，银行业监管力度随之加大。2016 年 8 月，保加利亚最新一次央行压力测试结果表明，该国银行业保持了较高的资本充足率，运营稳定，利润率较高；但同时，银行坏账率较高，占全部贷款的 12.9%，且拨备不足，银行业恢复力度仍然较弱。金融监管力度加大，对企业的贷款门槛提高，对信贷供给更加谨慎。2016 年国内信贷比上年减少了 4.2%。另外，保加利亚金融

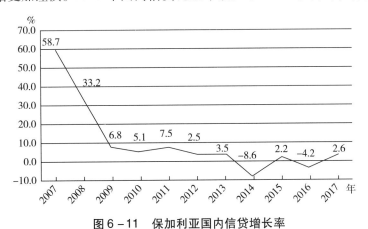

图 6-11 保加利亚国内信贷增长率

注：2017 年数据为预测值。

资料来源：联合评级主权数据库。

稳定性受到希腊金融业债务危机的溢出效应影响，虽然欧盟对希腊的救助计划部分缓解了其对保加利亚银行负面影响的担忧，但欧洲内部的分裂趋势，特别是希腊脱欧的可能性，将对保加利亚银行业产生不利影响。

紧缩性财政政策占主导地位，财政赤字率常年较低；2016年实现危机以来首次盈余

保加利亚政府财政政策较为保守，严格遵守《马斯特里赫条约》，财政赤字和政府债务占比分别不超过3%和60%。2015年在欧洲发展公民党和改革党组成的上一届联合政府的努力下，财政赤字水平由2014年的3.6%缩小至2.8%；并且赤字局面在2016年结束，该年财政收入增加5.4%，财政支出减少6.5%，财政平衡实现盈余，达到GDP的1.6%。这是自危机后财政平衡首次出现盈余。财政盈余主要得益于欧盟国家对该国基础建设项目的投入使政府财政支出大幅减少。2017年议会选举刚结束，内阁重组历程缓慢，政府财政政策持续性和有效性面临考验；同时，新政府重组将有可能扩大政府支出水平，预计2017年政府财政将重回赤字局面，赤字率在1.6%左右。

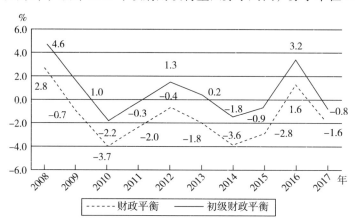

图 6-12　保加利亚财政平衡占 GDP 比

注：2017年数据为预测值。

资料来源：联合评级主权数据库。

政府债务常年处于较低水平，基本都是欧元债务，由于汇率稳定，政府债务压力较小

2016年政府公共债务占GDP比例为28.3%，较上一年增长2.3个百分点，总体债务水平仍处于较低水平。保守的财政政策使保加利亚政府向外国政府借债的意愿不强，政府债务的主要来源为欧洲债券全球债券，以及世界银行、欧洲复兴发展银行、国际货币基金组织等国际组织贷款。因此，公共债务中基本都是外币债务，2016年政府债务中外币债务占比高达99.5%，其中欧元债务占比达到97.2%。由于本国货币与欧元挂钩,因此本国公共债务压力不大,随着本国失业率下降、工资收入上升以及国内消费的提升,预计2017年财政收入将进一步提高,公共债务小幅下降至27.7%,公共债务压力进一步减小。

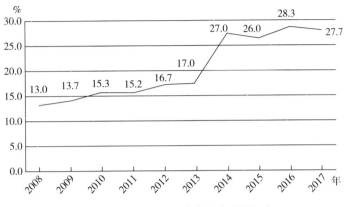

图6-13 保加利亚公共债务占GDP比

注:2017年数据为预测值。
资料来源:联合评级主权数据库。

2016年经常账户首次实现盈余,预计2017年账户盈余将会收窄

保加利亚经常账户平衡在较长时间内处在赤字状态,主要原因是本国进口占比长期高于出口占比。自2008年金融危机以后,国家能源价格也处于低位,欧盟各国国内需求有所下降,保加利亚进出口规模差距逐步缩小。2016年,经常账户首次摆脱赤字,实现约占GDP4.2%的盈余。随着欧洲各国经济缓慢复苏,国际能源价格回升,欧洲各国内需逐步缓慢恢复,预计贸易顺差局面不会持续太久,2017年经常账户盈余将缩小至1.4%左右。

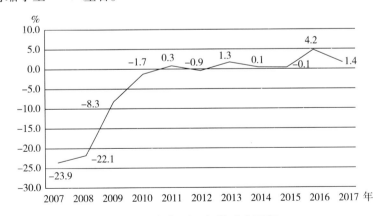

图6-14 保加利亚经常账户平衡

注:2017年数据为预测值。
资料来源:联合评级主权数据库。

总外债规模较高，但较为充裕的国际储备对外债保障能力所有增强

2016 年保加利亚总外债约占 GDP 的 72.7%，其中短期债务占比为 21.1%，占总外债比例适中。然而，外国直接投资流入自金融危机以后急剧下降，从 2007 年约占 GDP 的 31.2% 锐减至 2010 年的 3.6%。此后，外国直接投资流入规模徘徊在该水平附近，2016 年外国直接投资流入约为 GDP 的 3.4%。不过，外资存量呈现稳步上升趋势，2016 年外资存量达到约 251.9 亿美元。随着欧洲各国经济复苏缓慢，相较其他成熟发达国家而言，保加利亚对外资吸引力更大，预计 2017 年外国投资流入将小幅提升至 GDP 的 4.2% 左右。2016 年的国际储备上升了 13.7%，达到 251.9 亿美元。国际储备对总外债的覆盖率为 66.2%，对外债的保障能力有所增强。

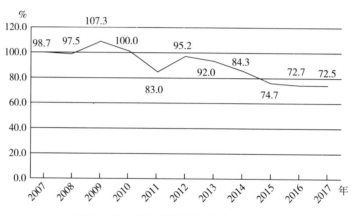

图 6-15　保加利亚总外债占 GDP 比

注：2017 年数据为预测值。

资料来源：联合评级主权数据库。

展望

保加利亚属于欧盟国家，国民素质较高，社会安全和稳定性较高，党派众多，内阁重组往往时间较长，政府执政效率低；危机后宏观经济缓慢稳步上升，宏观经济政策比较稳健；保加利亚实施固定汇率制度使本币贬值风险不大；财政政策较为保守，政府债务压力较小；较为充足的国际储备对外债偿付提供较强支撑。因此，联合评级认为未来 1~2 年内保加利亚本、外币主权信用展望为稳定。

表 6 - 4 保加利亚主权信用评级关键数据表

指标	2012 年	2013 年	2014 年	2015 年	2016 年	2017 年[f]	中欧及东欧[d]	"一带一路"[a]
名义 GDP（十亿美元）	53.9	55.8	56.7	50.2	52.4	53.0	731.7	404.1
人均 GDP（美元）	16,289.8	16,687.3	17,332.3	18,216.4	19,250.0	20,470.0	20,659.1	21,749.0
GDP 增速（%，实际）	0.0	0.9	1.3	3.6	3.4	3.1	1.5	3.0
通货膨胀率（%）	3.0	0.9	-1.4	-0.1	-0.8	1.8	3.7	5.5
国内信贷增长率（%）	2.5	3.5	-8.6	2.2	-4.2	2.6	6.0	15.9
M2 增长率（%）	8.5	9.0	1.2	8.8	7.6	6.5	8.3	11.4
各级政府财政平衡/GDP（%）	-0.4	-1.8	-3.6	-2.8	1.6	-1.6	-2.2	-2.9
各级政府利息支出/GDP（%）	0.7	0.9	0.7	0.8	0.7	0.7	1.9	2.3
各级政府初级财政平衡/GDP（%）	1.3	0.2	-1.8	-0.9	3.2	-0.8	-0.3	0.2
公共债务/GDP（%）	16.7	17.0	27.0	26.0	28.3	27.7	45.9	46.0
总外债/GDP（%）	95.2	92.0	84.3	74.7	72.7	72.5	76.9	72.8
短期外债/总外债（%）	26.9	25.7	25.3	22.9	21.1	22.4	19.1	20.9
经常项目盈余/GDP（%）	-0.9	1.3	0.1	-0.1	4.2	1.4	-1.7	-0.9
国际储备/总外债（%）	40.0	38.8	42.0	59.1	66.2	64.1	38.7	128.0

注：f 表示预测值；d 表示中欧及东欧地区 19 国历史 5 年均值；a 表示"一带一路"57 国近 5 年均值。

资料来源：联合评级主权数据库。

Highlights of the Sovereign Rating
on the Republic of Bulgaria

Sovereign Rating

Long-term Local Currency: A_i

Long-term Foreign Currency: A_i

Outlook: Stable

Ratings completed on May 4th, 2017

Analyst: Hu Qianfang

Rating Rationale

United Ratings assigned "A_i" on both local and foreign currency sovereign credit ratings of the Republic of Bulgaria (hereinafter, "Bulgaria") on May 4th, 2017 with a stable outlook.

The domestic political landscape of Bulgaria is full of uncertainties; however, due to the comparatively high quality of its nationals, the social security situation has been stable. The Bulgarian government's macroeconomic policies are renowned for its soundness, and the economic growth slowly recovers after the financial crisis. Besides, the fixed exchange rate between the local currency and the euro exempts Bulgaria from the exchange risk. However, due to the negative impact of Greek debt crisis, the banking sector has a high rate of bad debts. In addition, the government adopted a tightened fiscal policy to lower the levels of budget deficit and public debt. In 2016, both fiscal and current accounts were in slight surplus. The scale of total foreign debt is fairly large, but it can be covered by the adequate international reserves with an increasing solvency. Moreover, the government is also strongly capable of repaying the debt in a timely manner. In conclusion, the government of Bulgaria has a strong debt repayment capability both in local and foreign currency, and the sovereign credit risk is relatively low.

Outlook

As a member state of the European Union, Bulgaria is renowned for the high quality of its nationals and favorable conditions of social security and stability. However, the cabinet reshuffle often takes long time for the participation of numerous party groups, and the government lacks efficiency in this regard. Besides, the post-crisis economy of Bulgaria grows at a slow yet steady pace, and the macroeconomic policies remain sound and effective. The fixed exchange rate adopted by Bulgaria almost prevents the local currency from depreciation, and the conservative fiscal policy helps relieve the debt burden of the government. Apart from the above, the sufficient international reserves provide guarantee for foreign debt repayment. In conclusion, United Ratings assigned a stable outlook on Bulgaria's local and foreign currency sovereign credit ratings for the next 1 − 2 years.

克罗地亚共和国

本次评级结果

长期本币信用等级：$BBB_i +$

长期外币信用等级：$BBB_i +$

评级展望：正面

本次评级时间

2017 年 5 月 10 日

分析师：胡前方

评级观点

联合评级已经于 2017 年 5 月 10 日对克罗地亚共和国（以下简称克罗地亚）的本、外币信用状况进行了初次评级，决定给予克罗地亚长期本、外币信用等级为 $BBB_i +$，评级展望为正面。

克罗地亚实行议会民主制，国内政治体制不成熟，政治权利面临不稳定因素，但由总理安德烈·普连科维奇领导的现任政府稳定性得到一定提高，政党政治趋向成熟；经济规模小，经济在旅游业的支撑下于 2015 年摆脱连续 6 年的衰退局面，当前经济增长步入缓慢复苏阶段；本国货币稳定性较高；银行业资本充足率较高，相较其他欧洲国家，金融稳健性较好；政府面临财政赤字和高债务压力局面；外部融资成本较低，外汇储备对短期外债覆盖率较高，具备足够的能力按期偿付债务本息。预计克罗地亚经济复苏势头将延续至 2017 年，政府财政有望摆脱欧盟超额赤字、程序赤字。综上所述，联合评级认为克罗地亚具有足够的本、外币债务偿债能力，主权信用风险低。

评级依据

克罗地亚国内政治权利动荡，政治形势复杂，现任政府在总理的带领下稳定性有所提升

克罗地亚，原南斯拉夫所属六个共和国之一，于1991年通过全民公决宣布独立，实行议会民主制。总统选举5年一次，可连任两届；议会选举4年一次，任期4年。社会犯罪率较低，社会治安状况总体较好。最近一次总统选举在2015年1月完成，现任总统科琳达·格拉巴尔—基塔罗维奇于当年2月就职，是克罗地亚历史上的首位女性总统，也是议会最大党民主共同体（HDZ）的前成员；同年11月通过议会选举产生了由民主共同体为首的中右翼"爱国"联盟与桥党（MOST）联合组成的第十三届政府，但仅成立五个月就出现分裂，并被议会通过了不信任投票。2016年9月提前举行的议会选举结果表明，仍未有任何党派获得单独组建政府的半数以上席位，因此现任政府仍由获得最多议席的民主共同体与桥党联合执政。地方选举将于今年5月举行。

从目前来看，由总理安德烈·普连科维奇领导的现任政府稳定性得到一定提高，政党政治趋向成熟；但同时，现任政府面临的形势严峻，特别是对国企私有化过程中面临的党派腐败问题以及国内第一大私企阿格罗科尔债务问题，为国内政治稳定性带来不确定风险。

与周边小国存在地缘政治风险，但对整体外交走势威胁较小

克罗地亚于1992年加入联合国，2009年成为北大西洋组织成员国，并于2013年加入欧盟。美国是克罗地亚外交战略重点国家。同时，克罗地亚与俄罗斯、中国等大国均发展了良好的经贸关系；与意大利、匈牙利保持了传统的良好关系；另外，克罗地亚积极发展与周边国家的合作共赢。与塞尔维亚、波黑存在历史恩怨，与斯洛文尼亚存在边界和海界的划分问题，存在地缘政治风险，但短期内不影响克罗地亚外交关系的整体良好走势。

克罗地亚经济规模较小，经济在旅游业的支撑下于2015年摆脱连续6年的衰退局面，当前经济增长步入缓慢复苏阶段

克罗地亚经济体量较小，2016年名义GDP值为504亿美元，在欧盟28个成员国中排名 20。受全球经济危机，特别是欧债危机影响，克罗地亚经济自 2008 年连续 6 年衰退，在 2015 年触底反弹，经济实现 1.6% 的增长。2016 年经济增速稳步上升至 2.9%。增长动力主要来自支柱产业旅游业的强势复苏和国内需求的提升，个人消费成为拉动经济增长的主动力。2016 年个人消费对 GDP 贡献率达到 1.9%，比上一年增加了 1.2 个百分点；同时，固定投资成为 GDP 增长的第二支撑，对经济增长的贡献率达到 0.9%。

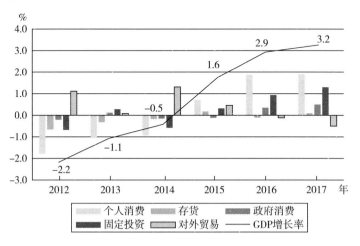

图 6-16 克罗地亚 GDP 增长构成

注：2017 年为预测数据。

资料来源：联合评级主权数据库。

官方失业率 14.8%，比上年下降了 2.3 个百分点，连续两年稳步下降，就业市场改善较为明显；近期的税收改革，对家庭可支配收入和企业投资都产生了积极影响。物价指数已经连续 3 年下降，2016 年物价下降了 1.1%，较上一年下降幅度增加了 0.6 个百分点，经济面临通货紧缩。2016 年全国人口减少了 0.4%，65 岁以上人口占比超过 19%。随着就业市场的改善以及实际工资收入的增长，预计 2017 年通货紧缩局面将得到改善，能够实现物价指数 1.4% 的小幅增长。但移民潮和人口老龄化问题为劳动力市场带来了隐患。这将抑制其经济增长潜力，预计 2017 年经济增长将小幅上升至 3.2% 左右。

经济竞争力较弱，结构性改革面临较大阻力

宏观层面经济指标的改善为结构性改革提供了动力，但克罗地亚加入欧盟时间较短，仍处在欧盟一体化的初始阶段，国企改革和私有化的推进对经济的负面影响较大。对外贸易依赖于并不发达的造船业。同时，经济增长依赖季度性繁荣的旅游业，经济结构性改革面临较大阻力，国有企业竞争力不足、国际竞争力不强，劳动力市场缺乏弹性等因素都长期制约该国经济增长潜力。保持政府稳定性，改善营商环境，加快立法进程，提高对外部冲击的抵抗能力仍然是克罗地亚政府宏观经济政策制定的落脚点。

银行业外资银行占比较高，相较欧洲其他国家，资本充足率较高，金融稳健性较好

克罗地亚境内外资银行占比较高，国内 32 家商业银行中，除克罗地亚邮政银行和克罗地亚银行外，其他均为外资银行。这些外资银行都获得其外国母公司的有力支持，在近期克罗地亚央行进行的压力测试中，均取得了令人满意的结果。当前，克罗地亚境内银行业资本充足率为 23.0%，不良贷款占比为 15.9%，资本缓冲空间较大。同时，为应对不良贷款高企的局面，央行要求所有商业银行提高资本准备金以应对可能出现的外部冲击，这直接导致了银行业流动性减少，借贷活动受到抑制。危机前国内信贷增长率维持在 15% 左右的水平，而近 5 年来，国内信贷增长平均值为 0.2%，2016 年信贷增长率为 0.0%。短期内，随着监管力度的加大，信贷复苏的可能性不大，预计 2017 年信贷活动可能因投资的增长小幅增长 0.7%。就整体而言，相较欧洲其他国家，该国银行业保持了较好的稳健性。

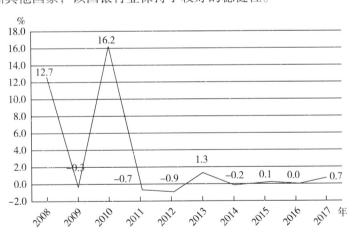

图 6-17 克罗地亚国内信贷增长率

注：2017 年为预测数据。

资料来源：联合评级主权数据库。

政府财政有望在 2017 年摆脱欧盟超额赤字程序

政府长期面临财政赤字局面。2013 年加入欧盟以后，赤字局面才开始有所改变。2014 年欧洲委员会对克罗地亚设置了超额赤字程序（Excessive-Deficit Procedure，EDP，当一国预算赤字占GDP比例超过3%时，即触发超额赤字程序）。2015年政府税收收入的增加以及政府对公共投资支出的减少，使赤字率从2014年的5.4%大幅下降至3.3%。2016年政府支出基本与2015年持平，同时，企业收入和消费税的增长使政府收入进一步提高，赤字率水平得到进一步改善，全年赤字率在1.7%左右。2017年政府财政预算中，政府支出额为1,284亿库纳，财政收入约1,216亿库纳，预估财政赤字率为1.9%。基于减税政策的实施以及实际工资的增长趋势，预计2017年政府赤字率将比1.9%稍大，约在2.2%，退出欧盟超额赤字程序的可能性非常大。

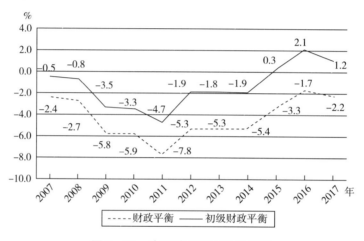

图6-18 克罗地亚政府财政平衡

注：2017年为预测数据。
资料来源：联合评级主权数据库。

政府公共债务压力较大，随着欧盟量化宽松政策的退出，高度依赖外部融资作为偿还债务的脆弱性在增强

危机前，政府债务占GDP比率基本维持在40%左右，处于欧盟60%的警戒线内。但随着欧洲债务危机的深入，政府公共债务占比在2011年首次突破60%，达到65.2%，并在此后一路走高。2016年克罗地亚政府公共债务占GDP的84.2%。2017年3月13日，克罗地亚政府发行票面利率3%的10年期欧元债，实际收益率只有3.2%，创历史新低。经济增长的复苏以及政府稳定性的提高，为政府融资提供了基础支撑。短期内，预计2017年政府融资需求基本能够得到满足，债务水平将小幅下降至81.8%。从长期来看，欧洲央行量化宽松政策的放缓趋势将为政府融资环境带来不利影响。

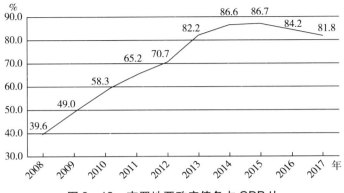

图6-19 克罗地亚政府债务占GDP比

注：2017年为预测数据。

资料来源：联合评级主权数据库。

旅游业繁荣带动服务贸易出口，短期内仍将支撑经常账户盈余状态

危机前，克罗地亚政府长期面临财政账户和经常账户双赤字的局面，本国经济增长对外国资本流入的期待较高。危机后，得益于国内旅游业周期性稳定繁荣，出口价值，特别是出口服务价值，稳步提升，经常账户在2013年实现初次盈余，并在2015年达到一个较高的水平，实现GDP4.7%的盈余。这一数值背后除当年旅游季的良好表现外，还因为，2015年瑞士法郎对库纳的大幅升值，央行要求商业银行将瑞士法郎贷款转换为欧元贷款，使初级收入赤字一次性大幅收缩。

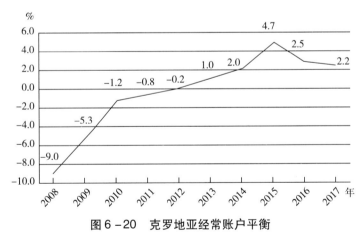

图6-20 克罗地亚经常账户平衡

注：2017年为预测数据。

资料来源：联合评级主权数据库。

2016年经常账户盈余占GDP的2.5%，比2015年的4.7%下降了2.2%，初级收入赤字恢复到正常水平。2016年外国直接投资流入从2015年的2.17亿美元增加到19亿美元，占GDP的比重提高了3.3%，达到3.7%。预计2017年外国直接投资将保持当前水平，经常账户结构不会发生明显改变，旅游业繁荣带来的服务贸易盈余将覆盖商品贸易赤字，经常账户仍将保持盈余状态，占GDP的比重将小幅缩小至2.2%。

短期债务压力不大，总外债负担较大，外部风险不容忽视

由于汇率稳定性是央行的首要职能，克罗地亚货币稳定性较好。外汇储备处于稳健水平，2016年外汇储备额达到142.4亿美元，对短期债务覆盖率高达367.4%，与外部融资需求比率为153%，均高于同地区其他国家的平均水平；总外债占GDP的比重约为88.4%，比同地区其他国家平均水平高27个百分点，总外债水平处于较高水平。从短期来看，该国短期外债支付压力不大；但从长期来看，高外债仍然是外部风险之一。

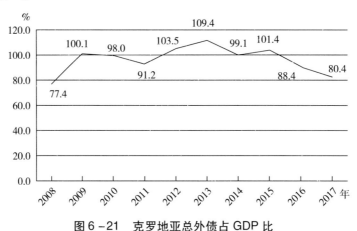

图6-21 克罗地亚总外债占GDP比

注：2017年为预测数据。

资料来源：联合评级主权数据库。

展望

克罗地亚现任政府稳定性得到了一定提高，政治分歧存在，但分裂的可能性很小，这在一定程度上维护了经济增长的缓慢复苏态势；货币较稳定，银行业资本充足率较高，金融业稳健性较好；政府公共债务压力较大，随着欧盟量化宽松政策的退出，高度依赖外部融资作为偿还债务的脆弱性在增强，但短期内政府外部融资成本较低，融资需求基本能够满足，克罗地亚经济复苏势头将延续至2017年，并有望摆脱欧盟超额赤字程序，未来经济走向趋于良好。因此，联合评级认为未来1~2年内，克罗地亚本、外币主权信用评级展望为正面。

表 6 – 5 克罗地亚主权信用评级关键数据表

指标	2012 年	2013 年	2014 年	2015 年	2016 年	2017 年[f]	中欧及东欧[d]	"一带一路"[a]
名义 GDP（10 亿美元）	56.5	57.8	57.1	48.7	50.4	51.1	731.7	404.1
人均 GDP（美元，PPP）	21,060.9	21,612.3	21,971.5	22,655.1	23,709.9	25,130.0	20,659.1	21,749.0
GDP 实际增长率（%）	-2.2	-1.1	-0.5	1.6	2.9	3.2	1.5	3.0
通货膨胀率（%）	3.4	2.2	-0.2	-0.5	-1.1	1.4	3.7	5.5
国内信贷增长率（%）	-0.9	1.3	-0.2	0.1	0	0.7	6.0	15.9
M2 增长率（%）	3.6	4.0	3.2	5.1	4.7	6.7	8.3	11.4
各级政府财政平衡/GDP（%）	-5.3	-5.3	-5.4	-3.3	-1.7	-2.2	-2.2	-2.9
各级政府利息支出/GDP（%）	3.4	3.5	3.5	3.6	3.8	3.4	1.9	2.3
各级政府初级财政平衡/GDP	-1.9	-1.8	-1.9	0.3	2.1	1.2	-0.3	0.2
公共债务/GDP（%）	70.7	82.2	86.6	86.7	84.2	81.8	45.9	46.0
总外债/GDP（%）	103.5	109.4	99.1	101.4	88.4	80.4	76.9	72.8
经常项目余额/GDP（%）	-0.2	1.0	2.0	4.7	2.5	2.2	-1.7	-0.9
国际储备/总外债（%）	-0.2	1.0	2.0	4.7	2.5	2.2	38.7	128.0

注：f 表示预测值；d 表示中欧及东欧 19 国历史 5 年均值；a 表示"一带一路"57 国近 5 年均值。

资料来源：联合评级主权数据库。

Highlights of the Sovereign Rating
on the Republic of Croatia

Sovereign Rating

Long-term Local Currency：$BBB_i +$

Long-term Foreign Currency：$BBB_i +$

Outlook：Positive

Ratings completed on May 10th, 2017

Analyst：Hu Qianfang

Rating Rationale

United Ratings assigned "$BBB_i +$" on both local and foreign currency sovereign credit ratings of the Republic of Croatia (hereinafter, "Croatia") on May 10th, 2017 with a positive outlook.

Croatia is a parliamentary democracy. Since Croatia's domestic political regime is not so mature, the political scene is faced with uncertainties. However, the political stability has improved to some extent and party politics tends to mature under the current government led by Prime Minister Andre Plenkovic. Besides, although the economy of Croatia is small, driven by the tourism industry, it recovered from a 6-year recession in 2015 and started to rebound at a slow pace. In addition, benefited from the high stability of local currency as well as the favorable capital adequacy ratio in the banking sector, Croatia enjoys a better financial stability compared with other European countries. Although the budget deficit and the heavy debt burden have exerted big pressure on the government, the relatively low financing cost and high coverage ratio of the foreign exchange reserves to the foreign debt have ensured that the government has sufficient capacity to repay the debt on schedule. It is predicted that the Croatia's economic growth will continue in 2017, and the government finance is expected to exit from the EU-imposed excessive-deficit procedure. To conclude, United Ratings believes that Croatia has sufficient debt repayment capability both in local and foreign currency, and the sovereign credit risk is low.

Outlook

Even if the political divergence remains widespread, the enhancement of government stability in Croatia has lowered the possibility of a split, which, to a certain extent, contributes to the slow recovery of the economic growth. In addition, the high stability of local currency and favorable capital adequacy ratio guarantee the stability of the financial sector. The government's public debt pressure increases. With the EU's exit of quantitative easing, the debt service measures that are highly dependent on external financing are subject to an increasing fragility. However, due to the low cost of short-term external financing, the financing need of Croatia can be largely met. Besides, the economic growth of Croatia will continue in 2017 and is expected to exit from EU's excessive deficit procedure. To conclude, United Ratings assigned a positive outlook on both the local and foreign currency sovereign credit ratings of Croatia for the next 1 − 2 years.

捷克共和国

本次评级结果

长期本币信用等级：AA_i

长期外币信用等级：AA_i

评级展望：稳定

本次评级时间

2017 年 4 月 6 日

分析师：陈家林

评级观点

联合评级于 2017 年 4 月 6 日对捷克共和国（以下简称捷克）的主权信用进行了评级，确定其长期本、外币信用等级均为 AA_i，评级展望为稳定。

本届联合政府将会顺利执政至期满，治理水平维持稳定，下届政府将延续现行政策；经济受内需拉动和大量欧盟直接投资的促进继续适度增长，中期增长潜力有望改善；财政盈余状况或因支出增加转为赤字，但税收状况改善和较好的经济增长将使中长期财政赤字水平保持低位；稳健的宏观经济基本面保证政府债务水平合理；银行业资本金充足；外汇储备充裕，外债规模合理，汇率稳定，偿债压力下降。综上所述，捷克政府具有很强的本、外币偿债能力，主权信用风险很低。

评级依据

本届政府有望顺利执政至今年 10 月期满；ANO2011 运动党预计将成为下一届政府主要领导党派的可能性较大。社会秩序良好，政局稳定

2013 年 10 月自捷克举行提前大选以来一直由中左派捷克社会民主党（CSSD）领导的三党联合执政，由社民党的索博特卡担任政府总理。其他两个执政党分别是中间派 ANO2011 运动党和中右翼基督教民主党（KDU－CSL）。由于经济恢复势头强劲，反政府派不得人心，且各派分裂严重。在今年 10 月即将举行的议会选举中，由于当前执政联盟次要党派 ANO2011 运动党的民意支持率上升显著，ANO2011 运动党将成为下一届政府主要领导党派的可能性大增，而 ANO2011 运动党的领导人、现任财政部长巴比什将担任要职。预计现任总统泽曼会在 2018 年 1 月举行的总统选举中成功连任。鉴于商人出身的巴比什采取高度集权化和自上而下的方式治党，如果 ANO2011 运动党在议会中获得多数席位而成功组阁，不太可能出现效仿匈牙利和波兰推行非自由化进程的局面。预计下届政府将继续致力于营造亲商环境、偿还债务和改善公共财政。

未来几年捷克的亲欧盟政策预计不会发生根本改变，良好的国际关系有利于其经济持续发展

未来几年捷克的亲欧盟政策预计不会发生根本改变。然而，在接收难民问题上广泛的政治阻力给其对欧盟关系蒙上阴影。土耳其发生的未遂政变使原本支持欧盟与土耳其达成的管理移民和难民协议的捷克变得更为谨慎。泽曼总统对于移民的煽动性言论反映了中东欧国家反对移民的强烈公众情绪，但未必代表了捷克广泛的政治阶层的观点。特朗普当选美国总统或许给捷美关系的适当改善带来了契机。

对俄政策仍将分歧不一。泽曼总统批评欧盟对俄罗斯实施制裁的表态与政府的官方立场相左。这种观点上的分歧反映出捷克对俄罗斯的矛盾看法，一种观点视俄罗斯为欧洲安全架构的威胁，另一种观点则视俄罗斯为重要的非欧盟合作伙伴。捷克外交上对中国积极友好，与中国的贸易和投资关系会进一步加强。

内需拉动和来自欧盟的大量直接投资使其经济保持适度增长

一直以来，工业和出口是捷克经济增长的传统引擎。全球金融危机之前，其贴近西欧市场的区位优势和突出的竞争力吸引了强劲的国外直接投资，促进了出口能力的快速增长。目前其出口总额占 GDP 的 80%，捷克已经高度融入以德国为中心的欧洲供应链。2015 年受益于欧盟资本的大量流入，固定资产投资支出呈现增长，使 2015 年的实际 GDP 增长率猛增至 4.6%。2016 年外国投资金额锐减，当年 GDP 增长率骤降至 2.3%。2016 年增长的主要动力是个人消费和出口，消费的增长得益于就业率的上升和工资快速增长；而出口的增长主要来源于出口型汽车领域的稳健增长。

从中长期来看，捷克的经济日益依赖汽车制造行业，而汽车制造行业又高度依赖欧盟的需求；因此，一旦欧盟需求下降将严重削弱捷克经济增长能力。此外，英国脱欧可能导致欧盟资金流入总额的减少和国外汇款的下降。同时，收入水平和生活标准的改善将削弱捷克劳动力成本低廉的优势。从总体来看，虽然捷克的工业基础较强，但受制于原油价格上涨、劳动力成本上升、产业升级不足、对外贸易依存度偏高等因素，捷克中长期的 GDP 增长率将保持平均 2.3% 的水平。

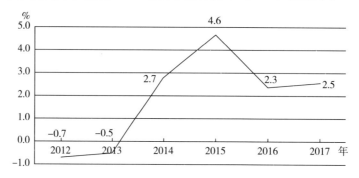

图 6-22　捷克 GDP 增长率

注：2017 年数据为预测值。

资料来源：联合评级主权数据库，EIU 数据库。

物价和失业率保持在低位运行，有利于经济的稳定发展

2016 年消费者物价指数平均上涨 0.7%，并且最后两个月加速上涨，因此抬高了全年平均水平。受名义工资的大幅上涨年均石油价格上涨，以及在餐饮业推广的销售额上报电子化等因素的影响，目前物价上涨水平在 2% 以上。预计随着捷克中央银行采取措施实现货币政策正常化，以及与油价有关的基准效应开始减退，通货膨胀压力在今年下半年会逐渐降低。预计今年全年的通货膨胀水平为 2.4%，中长期年均通货膨胀率为 2%，需求拉动的压力逐渐成为物价上涨的主要因素。

就业状况逐步改善。失业率在逐步下降，从 2014 年的 7.7% 下降至 2016 年的 5.5%，预计今明两年将进一步下降至 5% 和 4.8%。

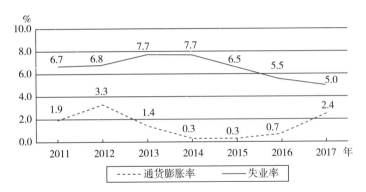

图 6 - 23　捷克通货膨胀率和失业率

注：2017 年数据为预测值。

资料来源：联合评级主权数据库，EIU 数据库。

银行业资本充足率和盈利处于较好水平，资产质量不断提高，金融体系保持较高的稳定性

不像周边邻国，捷克银行不受西欧银行业去杠杆的影响，银行资金并不依赖境外融资，捷克的国内储蓄率较高，资金来源较为稳定。对外币贷款严格限制，且在欧洲债务危机中，有毒资产在银行资产中只有少量的风险敞口，银行资产质量较高。不良贷款率从 2015 年的 6.3% 下降至 2016 年中期的 5%，资产质量得到较好改善，下降了近 20%。同时，资本充足率稳步上升，自 2013 年以来，一级核心资本充足率达到了 16%，在区域银行中属于资本最强的银行之一，银行资本金充足，流动性缓冲充裕，银行业抵御外部冲击能力较强。然而，值得注意的是，随着低利率和国内需求上升刺激信贷规模迅速放量，尤其是按揭贷款，银行业周期性风险上升。但短期内不会给银行体系的稳健性带来太大的影响。

较好的经济增长和税收状况的改善将使财政赤字处于较低水平

2009—2014 年，财政政策受到欧盟强加的过度赤字程序的制约。2014 年 6 月，欧盟解除了过度赤字程序，捷克政府采取了温和的扩张性财政政策。然而，强劲的税收收入增长和改进征税的措施使赤字进一步收窄。财政部宣布中央政府 2016 年预算达到创纪录的 24 亿美元的盈余，反映出税收收入的强劲增长，对逃税行为的打击，从上一年度延迟的欧盟资金的大量流入，以及各级政府资本支出的骤降。2017年，由于政府采取顺周期的扩张立场，被延期的投资项目开始上马，预计财政预算将恢复赤字。然而，税收状况的改善和较好的经济增长将保证财政赤字在中长期内保持低于 1% 的水平。

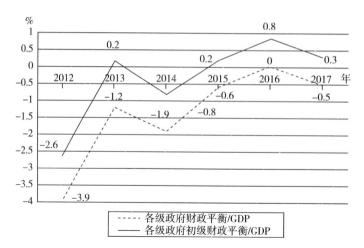

图6-24 捷克各级政府财政平衡状况

注：2017年数据为预测值。

资料来源：联合评级主权数据库，EIU数据库。

稳健的宏观经济基本面使公共债务水平逐渐下降

2015年，公共债务占GDP的比重为40.3%，远低于本地区50.3%的平均水平，估计到2021年会逐步降至36%。投资人对于投资以克朗计价的政府债券抱有浓厚的兴趣，在公共财政健康的情况下，政府债券的收益率在过去两年多以来一直保持低于1%的低位。欧洲中央银行实施的量化宽松政策将有助于保持政府债券的收益率在今后一两年继续处于低位，使融资成本得到抑制。捷克稳健的宏观经济基本面使其对金融市场的动荡具备相当的弹性。

图6-25 捷克公共债务占GDP比重

注：2017年数据为预测值。

资料来源：联合评级主权数据库，EIU数据库。

经常项目继续保持盈余，但外汇干预政策退出有可能触发金融市场的短暂波动

捷克经常项目历年来多维持小幅赤字水平，但近年来商品及服务出口的强劲表现

使这一状况得以改善，2014 年该国经常账户转为盈余。随着主要贸易伙伴需求的不断回升，2016 年经常项目顺差为 GDP 的 1.8%，高于 2015 年的 0.9% 和 2014 年的 0.2%。

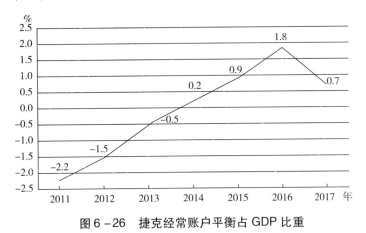

图 6 - 26　捷克经常账户平衡占 GDP 比重

注：2017 年数据为预测值。

资料来源：联合评级主权数据库，EIU 数据库。

经常项目在经历了 20 年逆差后于 2014—2016 年转为顺差。推动贸易顺差的主要原因包括：2014 年克朗贬值，欧盟资金流入量增加促使 2015 年初级收入逆差缩小。得益于强劲的出口增长和低油价，2016 年贸易顺差再次上升。

2013 年 11 月，捷克央行决定使用外汇干预进一步放松货币政策的做法，并且设定了克朗对欧元的比值上限为 27 克朗∶1 欧元，自 2015 年中期以来，央行经常出手干预，以防止克朗币值上涨超出上限。但捷克央行宣布不会在 2017 年第一季度之前结束上述汇率政策。鉴于近期通胀率上涨因素，预计上述汇率政策将在 2017 年第二季度退出。汇率上限制度的结束可能引发暂时的极端汇率波动，导致大量投机资金蜂拥而至。捷克央行可以临时采取负利率政策来应对涌入的投机资本。因此，预计克朗将逐渐升值，捷克央行会继续干预以控制局势。随着欧洲央行逐步缩减量化宽松计划，捷克央行可能将于 2018 年考虑加息。中长期内，克朗的汇率预计将保持严格管理下的浮动汇率制。

外汇储备持续增长，外债偿付能力持续改善，外债结构合理，偿债压力下降

在对外债务方面，捷克外债结构合理，外债偿付压力处于下降通道。2016 年底，捷克的总外债规模从 2015 年的 1,260 亿美元增加到大约 1,370 亿美元，占 GDP 的比重为 71.0%，占比较高，但低于中东欧国家的平均水平。约 2/3 的中长期外债为私人部门持有，而公共部门外债与 GDP 的比重也低于该地区其他国家的平均水平。公共部门持有的中长期债务从 2012 年的 305.9 亿美元逐步降到 2016 年的 281 亿美元；短期债务从 2012 年的 443.7 亿美元逐步升到 2016 年的 623.2 亿美元。受益于捷克良好的经济基本面、较高的主权信用等级和欧洲央行的量化宽松政策，其借贷成本将受到抑制。

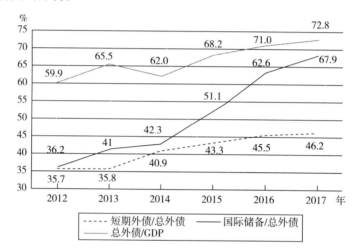

图 6-27　捷克外部债务状况

注：2017 年数据为预测值。

资料来源：联合评级主权数据库，EIU 数据库。

随着经常项目的持续盈余，近年来，捷克的外汇储备持续增长。从 2012 年的 442.6 亿美元增长至 2016 年的 853.7 亿美元，外汇储备同比增长了 33%。2016 年外汇储备对外债的覆盖度达到 62.6%。充裕的外汇储备对捷克政府的债务偿还提供了有力支撑。

展望

短期内，捷克政局稳定，经济保持适度稳定增长，虽然政府财政或出现赤字，但债务规模总体较低，宽松的货币环境、欧元区通畅的融资渠道及低融资成本将保证政府较强的偿债能力。因此，联合评级对未来 1~2 年捷克本、外币主权信用评级展望为稳定。

表 6-6　捷克主权信用评级关键数据表

指标	2012 年	2013 年	2014 年	2015 年	2016 年	2017 年[f]	中东欧[d]	"一带一路"[a]
名义 GDP（十亿美元）	207.3	209.3	207.8	185.2	192.9	192.5	731.7	404.1
人均 GDP（美元，PPP）	28,940	30,425	32,339	33,790	35,010	36,670	20,659.1	21,749.0

续表

指标	2012 年	2013 年	2014 年	2015 年	2016 年	2017 年[f]	中东欧[d]	"一带一路"[a]
实际 GDP 增长率（％）	−0.7	−0.5	2.7	4.6	2.3	2.5	1.5	3.0
通货膨胀率（％）	3.3	1.4	0.3	0.3	0.7	2.4	3.7	5.5
公共债务/GDP（％）	44.5	44.9	42.2	40.3	37.5	36.7	45.9	46.0
国内信贷增长率（％）	0.8	2.3	10.2	1.1	0.7	2.1	6.0	15.9
M2 增长率（％）	4.6	5.0	6.6	8.4	6.6	8.3	8.3	11.4
各级政府财政平衡/GDP（％）	−3.9	−1.2	−1.9	−0.6	0.0	−0.5	−2.2	−2.9
各级政府利息支出/GDP（％）	1.3	1.4	1.1	0.9	0.8	0.8	1.9	2.3
各级政府初级财政平衡/GDP（％）	−2.6	0.2	−0.8	0.2	0.8	0.3	−0.3	0.2
总外债/GDP（％）	59.9	65.5	62.0	68.2	71.0	72.8	76.9	72.8
短期外债/总外债（％）	35.7	35.8	40.9	43.3	45.5	46.2	19.1	20.9
经常项目盈余/GDP（％）	−1.5	−0.5	0.2	0.9	1.8	0.7	−1.7	−0.9
国际储备/总外债（％）	36.2	41	42.3	51.1	62.6	67.9	38.7	128.0

注：f 表示预测值；d 表示中东欧 19 国近 5 年均值；a 表示"一带一路" 57 国近 5 年均值。

资料来源：联合评级主权数据库，EIU 数据库。

Highlights of the Sovereign Rating
on the Czech Republic

Sovereign Rating

Long-term Local Currency: AA_i

Long-term Foreign Currency: AA_i

Outlook: Stable

Ratings completed on April 6th, 2017

Analyst: Chen Jialin

Rating Rationale

United Ratings assigned "AA_i" on both local and foreign currency sovereign credit ratings of the Republic of Czech (hereinafter, "Czech") on April 6th, 2017 with a stable outlook.

The current coalition government will serve its full term, and maintain a stable governance. It is expected that the next government will continue the current policies. Driven by the domestic demand and abundant direct investment from the EU, the economy of Czech is expected to maintain a moderate growth, with the medium-term potential to be further improved. The fiscal surplus is likely to turn into deficit due to a rise in the government expenditure, yet the improved condition for tax revenues and powerful economic growth will keep the mid-and long-term deficit in a relatively low level. What's more, the sound macro-economic fundamentals will keep the public debt at a reasonable level, and sufficient banking capital, adequate foreign exchange reserves, acceptable scale of foreign debt as well as a stable exchange rate will ease the pressure of debt service repayment. As such, United Ratings holds that the government of Czech has a very strong capability of local and foreign currency debt solvency, and the sovereign credit risk is very low.

Outlook

In the short term, the political situation of Czech remains stable and its economy maintains a moderate and steady growth. Although the fiscal balance of the government may turn into deficit, the comparatively low level of government debt, accommodative monetary environment, smooth financing channels in the Eurozone as well as the low financing cost will ensure the government's strong capability of debt service. To conclude, United Ratings assigned a stable outlook on Czech's local and foreign currency sovereign credit ratings for the next 1 −2 years.

爱沙尼亚共和国

本次评级结果

长期本币信用等级：AA_i −

长期外币信用等级：AA_i −

评级展望：稳定

本次评级时间

2017 年 4 月 27 日

分析师：王倩

评级观点

联合评级于 2017 年 4 月 27 日对爱沙尼亚共和国（以下简称爱沙尼亚）的主权信用进行了评定，确认其长期本、外币信用等级为 AA_i −，评级展望为稳定。

从国内政治社会环境来看，2016 年爱沙尼亚中间党牵头组阁，政策与治理水平维持稳定。国内反移民情绪上升，右翼党派支持率上扬导致 2019 年大选不确定性增加；北约成员国身份保障国内安全形势平稳。经济受内需拉动继续低速增长，中期增长潜力良好。银行业流动性充裕，资产质量和资本充足率保持稳健，资本化程度在欧盟中处于最高水平，但对外国资本依赖是潜在风险因素。政府财政处于盈余状态，财政状况稳固使政府本、外币债务负担均极低；同时，欧盟宽松的货币政策和通畅的融资渠道为政府偿债能力提供有力保障。综上所述，联合评级认为爱沙尼亚具有很强本、外币债务偿债能力，主权信用风险很低。

评级依据

多党联合执政为政治常态，短期内政局保持稳定；但执政联盟稳定度较低，政策连续性面临一定挑战

爱沙尼亚于1991年脱离苏联宣布恢复独立，2004年加入北约和欧盟，2011年加入欧元区，实行多党制和议会民主制。2015年3月1日，爱沙尼亚举行第13届议会选举，6个政党获得议席，较之上届的4个政治碎片化有所加深。执政党改革党连续第三届赢得多数席位，牵头与社会民主党（SDE）及祖国联盟—共和国党（IRL）组成三党联合政府，改革党主席塔维·罗伊瓦斯连任总理。

2016年11月，反对党联名提出对罗伊瓦斯的不信任案，指责联合政府缺乏合理的税收和经济政策，无法使爱沙尼亚经济摆脱停滞状态。随后以多数投票通过不信任案，罗伊瓦斯及其领导的三党政府辞职。同月，由总统提名，议会投票通过偏左翼中间党主席于里·拉塔斯出任爱沙尼亚新总理，中间党仍与SDE与IRL组阁，并在人事安排上与上届政府保持了连续性。新一届政府在施政纲领中提到应对爱沙尼亚面临的人口危机、经济停滞、社会不平等加剧和安全形势四大挑战，并重申北约和欧盟成员国身份仍是爱沙尼亚的福利与安全保障；2017年爱沙尼亚担任欧盟轮值主席国以及应对英国脱欧进程被列入新政府面临的重点外交任务。联合评级认为，中期内新任政府的经济、外交政策不会出现根本性转变，但由于执政联盟稳定度较低，政策连续性或面临一定挑战。

国内反移民情绪上升，右翼党派支持率上扬导致2019年大选不确定性增加；北约成员国身份保障安全形势平稳

爱沙尼亚2015年与欧盟达成协议接受一定配额的难民，在"欧洲怀疑论"的大背景下，爱沙尼亚国内出现反移民情绪，导致右翼保守人民党（EKRE）在议会选举中得票率小幅上升，给2019年大选带来更多不确定性。

同时，爱沙尼亚外交政策传统亲欧，以欧盟和北约为外交依托，支持对俄罗斯的制裁措施，重视与波罗的海和北欧各国的关系。俄罗斯2014年3月吞并克里米亚及其支持乌克兰东部武装的做法令爱沙尼亚对国家安全更加关切，之后加强与北约联系及国防支出，并举行有史以来规模最大的军演。由于其北约及欧盟成员国的地位，预计爱沙尼亚发生武装入侵的可能性极小，短期内国家安全形势较为平稳。

短期内经济维持温和稳定增长，中长期经济潜力较佳

爱沙尼亚境内自然资源匮乏，但因采用自由主义经济政策，现代化市场经济发达，其东西欧之间的枢纽位置令旅游、过境运输等产业繁荣；通信科技行业先进，有"电子国度"之称。2016年产业结构中农业约占3%，工业28%，服务业69%。按支出法计算的GDP中，消费对GDP的占比高达70%以上。作为小型、开放型经济体，爱沙尼亚经济体系自我调适能力稍显不足，容易受外部因素冲击。

2016年，爱沙尼亚GDP增速1.6%，较上年小幅上升0.2个百分点，维持了温和稳定增长。私人消费的增长及出口增速回升是推动经济增长的主要因素。在原油及大宗商品价格回暖，生产成本上升、工资上涨的拉动下，CPI摆脱了2014—2015年的通缩状态，重回0.1%的水平。进入2017年，爱沙尼亚家庭支出稳定增长，政府投资在经历了2016年的低点后也将走高；加上俄罗斯、欧盟各国等爱沙尼亚主要出口市场需求从2016年下半年温和复苏，有助提振爱沙尼亚出口，预计爱沙尼亚经济增速将提升至2.3%。而随着新一轮消费行为税增加的税收政策调整，未来2～3年CPI可能走高至3.1%。与欧盟国家相似，爱沙尼亚失业率一直较高，2016年为6.8%，随着工资成本增加，预计2017年将继续升至8.0%左右。

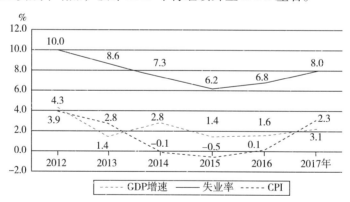

图6-28　爱沙尼亚宏观经济情况

注：2017年数据为预测值。

资料来源：联合评级主权数据库。

从中期来看，投资环境不断优化，内需稳定增长及信息产业快速发展使爱沙尼亚经济具备一定增长潜力，预计中期经济增速将保持在2.4%左右，中长期经济增长潜力良好；但也面临欧洲局势不确定性增加、劳动力人口减少、工资增长超越劳动生产率增长、限制外部竞争力等问题，或制约其长期经济前景。

银行业流动性充裕，资产质量和资本充足率保持良好，资本化程度在欧盟中处于最高水平，但对外国资本依赖是潜在风险因素

自 2004 年加入欧盟，特别是 2011 年加入欧元区以来，爱沙尼亚金融业取得了长足发展。近年来，爱沙尼亚中央银行与金融监管局加强了对金融市场的监管力度，银行业流动性充裕，资产质量和盈利良好，整体保持稳健。截至 2016 年第三季度末，爱沙尼亚银行系统资本充足率为 31.3% ～ 34.9%；不良贷款率占贷款总额的2% 以下。截至 2017 年第一季度末，90 天以上逾期贷款占贷款总额约 0.2%，各项指标均高于监管要求。

但是，爱沙尼亚银行业依赖外国资本严重，以北欧国家、特别是瑞典为主的外国资本占爱沙尼亚银行主导地位；在瑞典经济及金融状况不佳的情况下或出现外部流动性风险敞口。2016 年 7 月欧盟进行的银行压力测试中，瑞典四大银行表现均较好，瑞典经济中期内预计也将有稳定增长。因此，爱沙尼亚中期内银行系统风险水平可控。

基础设施投资、选举周期、担任欧盟轮值主席国及国防支出或拖累财政盈余转向小幅赤字，但赤字仍处于低水平

近年来，爱沙尼亚政府财政一直保持小幅盈余状态。2016 年，尽管社会支出及公共部门工资增长推升政府支出，但公共投资水平回落，同时收入和消费税收入增加使财政收入温和增长。因此，财政盈余占 GDP 的比重上升至 0.4%，较上年提高0.3 个百分点；初级财政盈余占 GDP 的比重约为 0.5%。

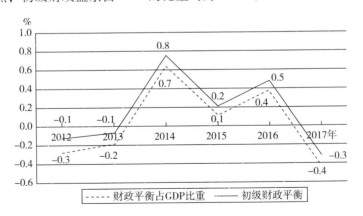

图 6 - 29　爱沙尼亚财政状况

注：2017 年数据为预测值。

资料来源：联合评级主权数据库。

2017—2018 年，税收政策调整不大，消费税和收入税小幅增加，财政收入保持稳定。由于新任政府采取扩张性预算政策，预计基础设施投资力度将加大；工资和社会保障支出受 2017 年底地方选举周期影响也将明显增加。此外，爱沙尼亚于 2017 年下半年担任欧盟轮值主席国及俄乌局势紧张引发的地缘风险上升扩大国防支出也将令爱沙尼亚公共财政承压。因此，预计 2017—2018 年爱沙尼亚财政将出现占 GDP 比重 0.4% 和 0.5% 左右的赤字。但以欧盟水平衡量，爱沙尼亚赤字仍处于低水平。

政府债务水平处于世界最低水平，偿债能力强

爱沙尼亚稳健的财政状况及审慎的财政政策确保长期以来其负债率在 10% 以下，是世界公债负担最低的国家之一。2016 年爱沙尼亚政府负债率为 9.3%；尽管受财政赤字状况拖累，但预计中期内负债率仍将维持在 10% 以下的低水平，利息支出仅为 GDP 的 0.1% 左右，偿付压力小；此外，爱沙尼亚政府债务基本为长期债务，短期偿债压力不大。

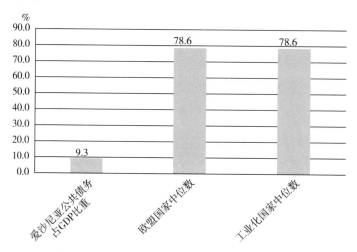

图 6-30　2016 年爱沙尼亚公共债务水平对比

资料来源：联合评级主权数据库。

俄罗斯报复性反制裁等因素拖累商品贸易逆差，经常账户盈余缩小

近年来，俄罗斯对欧盟采取反制裁措施对爱沙尼亚出口形成一定抑制，加上外部需求疲软，爱沙尼亚商品贸易表现低迷；但服务贸易表现亮眼，2016 年爱沙尼亚服务贸易出口增长 4.9%，拉动经常账户出现自独立以来的最大盈余，约 5.6 亿欧元，占 GDP 的比重约为 2.7%。2017 年，服务贸易预计将继续保持稳定顺差，商品贸易赤字和初级收入逆差将使经常账户盈余逐渐缩水，但中期内赤字规模较小。

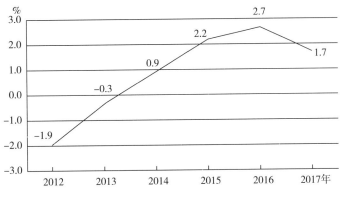

图 6-31 爱沙尼亚经常账户平衡占 GDP 比重

注：2017 年数据为预测值。

资料来源：联合评级主权数据库。

较低的融资成本及欧元区通畅的融资渠道保持较强的外债偿付能力

根据爱沙尼亚央行的数据，2016 年底，爱沙尼亚对外债务总额为 190.4 亿欧元，同时，对外债权总额为 215.0 亿欧元，两者相抵，国家净债权额约为 29.4 亿欧元。

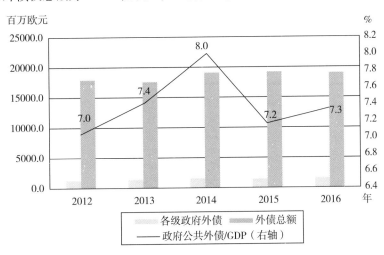

图 6-32 爱沙尼亚政府外债情况

资料来源：联合评级主权数据库。

政府公共外债负担轻，且短期外债占比低。政府公共外债占总外债比重仅 8.0%；占 GDP 的比重仅为 7.3%，政府外债负担是欧盟最低的国家之一。公共外债短期占比仅 5.5%，短期偿付压力较小。近年来，爱沙尼亚外汇储备有所下降，2016 年爱沙尼亚国际储备为 3.3 亿欧元，但欧元区低利率环境下融资渠道通畅和较低的融资成本将保障政府极强的外债偿付能力。

展望

2016 年爱沙尼亚中间党牵头组阁，政策与治理水平维持稳定，北约成员国身份保障国内安全形势平稳。经济受内需拉动继续温和增长，潜力良好。银行业流动性充裕，资产质量和资本充足率保持稳健，但对外国资本依赖是潜在风险因素。政府财政处于盈余状态，财政稳固使政府本、外币债务负担均极低；同时，欧盟宽松的货币政策和通畅的融资渠道为政府偿债能力提供有力保障。因此，联合评级对未来 1~2 年爱沙尼亚本、外币主权信用评级展望为稳定。

表 6-7 爱沙尼亚主权信用评级关键数据表

指标	2012 年	2013 年	2014 年	2015 年	2016 年	2017 年ᶠ	中东欧ᵈ	"一带一路"ᵃ
GDP（十亿美元）	23.1	25.1	26.3	22.5	23.1	23.4	731.7	404.1
人均 GDP（美元）	26,026.1	27,516.9	28,332.0	29,095.8	29,880.0	31,340.0	20,659.1	21,749.0
GDP 增长率（%，实际）	4.3	1.4	2.8	1.4	1.6	2.3	1.5	3.0
通货膨胀率（%）	3.9	2.8	-0.1	-0.5	0.1	3.1	3.7	5.5
国内信贷增长率（%）	-0.6	6.6	3.4	12.7	8.9	8.0	6.0	15.9
M2 增长率（%）	7.1	6.7	9.9	11.6	9.5	10.2	8.3	11.4
各级政府财政平衡/GDP(%)	-0.3	-0.2	0.7	0.1	0.4	-0.4	-2.2	-2.9
各级政府初级财政平衡/GDP（%）	-0.1	-0.1	0.8	0.2	0.5	-0.3	-0.3	0.2
各级政府利息支付/GDP(%)	0.1	0.1	0.1	0.1	0.1	0.1	1.9	2.3
公共债务/GDP（%）	9.7	10.2	10.7	10.1	9.3	9.2	45.9	46.0
总外债/GDP（%）	92.7	85.0	76.6	81.5	80.5	83.9	76.9	72.8
经常项目余额/GDP（%）	-1.9	-0.3	0.9	2.2	2.7	1.7	-1.7	-0.9

注：f 表示预测值 d 表示中东欧 19 国近 5 年均值；a 表示"一带一路"57 国近 5 年均值。
资料来源：联合评级主权数据库。

Highlights of the Sovereign Rating
on the Republic of Estonia

Sovereign Rating

Long-term Local Currency： AA_i –

Long-term Foreign Currency： AA_i –

Outlook：Stable

Ratings completed on April 27th, 2017

Analyst：Wang Qian

Rating Rationale

United Ratings assigned "AA_i-" on both local and foreign currency sovereign credit ratings of the Republic of Estonia (hereinafter, "Estonia") on April 27th, 2017 with a stable outlook.

In terms of the domestic political and social environment, the Estonian Center Party took the lead to form the cabinet in 2016, keeping the policy implementation and governance highly steady. Due to the emergence of anti-immigration sentiment in Estonia, EKRE, the radical anti-immigration party got slightly-increased support, adding uncertainties over the 2019 election. The membership of NATO will ensure Estonia a stable domestic security situation. Driven by the domestic demand, the economy of Estonia will continue a moderate

341

growth with a favorable growth potential in the medium term. Apart from those, in the banking sector, Estonia also benefited from such factors as ample liquidity, the good quality of banking assets, the stable capital adequacy ratio and the highest degree of capitalization among the EU members. However, the banking sector's overreliance on foreign capital has caused some concern. In addition, the fiscal condition of the government is consolidated by the continuous budget surplus, which reduces the debt burden in local and foreign currency to the minimum degree. At the same time, The EU's loose monetary policy and the smooth financing channels provide a strong guarantee for the government's debt service capability. In conclusion, United Ratings holds that Estonia is strongly capable of debt repayment both in local and foreign currency, and the sovereign credit risk is very low.

Outlook

The coalition led by the Center Party in 2016 helped keep the policy implementation and governance highly stable. The membership of NATO will ensure Estonia's stable domestic security situation. Driven by the domestic demand, the economy of Estonia grows at a moderate pace with a good potential. The banking liquidity remains benign, and the assets quality and capital adequacy ratio remain stable, but the excessive dependence on foreign capital constitutes the potential risk. In addition, the fiscal surplus has consolidated the government finance, reducing the local and foreign currency debt burden to the minimum level, and loose monetary policy as well as smooth financing channels provide a strong guarantee for the government's debt service capability. As such, United Ratings assigned a stable outlook on Estonia's local and foreign currency sovereign credit ratings for the next 1 – 2 years.

拉脱维亚共和国

本次评级结果

长期本币信用等级：$A_i +$

长期外币信用等级：$A_i +$

评级展望：稳定

本次评级时间

2017 年 4 月 21 日

分析师：王倩

评级观点

联合评级于 2017 年 4 月 21 日对拉脱维亚共和国（以下简称拉脱维亚）的主权信用进行了评定，确认其长期本、外币信用等级为 $A_i +$，评级展望为稳定。

2016 年 2 月拉脱维亚新政府成立，政策与治理水平维持稳定。欧盟财政周期过渡及地缘风险背景下，经济增速下滑，但强劲消费依旧支撑增长，中期内经济增速有望加快。银行体系资产质量及流动性水平改善，整体运行保持稳健；但对外资依赖程度较深或加大金融体系潜在脆弱度。财政实现小幅盈余，谨慎的财政政策令政府财政状况保持稳健；政府债务负担较低，且中期内处于下降通道。出口有望回暖，2014 年加入欧元区后欧盟宽松利率环境降低了融资成本，融资渠道通畅，但外部不确定性或影响其外债偿付能力。综上所述，联合评级认为拉脱维亚对本、外币债务具有较强的偿还能力，主权信用风险较低。

评级依据

拉脱维亚有多次政府改组历史，但未影响政府有效性；2016年新任政府延续亲欧、亲商、保守财政政策的共识，政治局势稳定

拉脱维亚1940年曾被苏联吞并，1991年恢复独立。自独立以来，每届政府均为中间偏右派，注重发展商业，拥有亲欧、财政政策保守的广泛政治共识。拉脱维亚于2004年及2014年分别加入欧盟及欧元区。

前总理莱姆多塔·斯特劳尤马2015年12月辞职后，地区政党利耶帕亚党的马里斯·古金斯基于2016年2月接任。新政府过半数的部长获留任。尽管政府多次改组的历史令政治稳定度较低，新任政府能否任满至2018年底仍存在不确定性，但政府的更迭预计不会影响政府有效性及亲欧、亲商的政策立场。拉脱维亚将分别于2018年底和2019年举行议会选举和大选；预计中偏右政党仍将胜选；而主要的中偏左政党和谐中心党由于与俄罗斯执政党统一俄罗斯党关系密切，将无法进入政府。

乌克兰危机后地缘政治风险加剧，拉脱维亚加强与北约合作，加强国家外部安全，短期内安全形势平稳

拉脱维亚与俄罗斯的关系自2014年俄罗斯吞并克里米亚后转恶。俄罗斯族是拉脱维亚最大的少数民族，约占人口的27%；俄罗斯的行动令拉脱维亚将国家安全提上重要日程。近年来为应对俄罗斯威胁，拉脱维亚致力于抵制俄罗斯传媒的影响、增加能源供应渠道、提升国防开支、加强与北约合作等。2016年7月的北约峰会上，北约决定将首次在波罗的海三国和波兰东部部署军队，增加在该区域的空中与海上巡逻，以协助其抵御俄罗斯可能发动的侵略行动。尽管新任美国总统特朗普曾在多个场合表示过缓和俄美关系，但两国关系仍存在诸多阻碍。短期内俄美关系难以出现较大转变。欧盟对俄罗斯制裁持续到2017年中，而俄罗斯对欧盟的反制裁进口限制将持续到2017年底；预计包括拉脱维亚在内的波罗的海国家与俄罗斯的关系中期内仍将不会出现根本性转变。另外，拉脱维亚的北约成员国身份将是其国家安全的强大保障。

欧盟财政周期过渡及地缘风险背景下经济增速下滑，但强劲消费支撑增长；中期内经济增速有望加快

拉脱维亚属于开放型经济体，人口仅200万，经济主要依赖轻工业及服务业，服务业占比73%左右。由于规模小和与周边经济体的联系紧密，拉脱维亚经济易受外部冲击。2008—2009年经济危机期间因经常账户赤字、房地产市场崩溃、债务风险庞大经济出现严重衰退，国内生产总值暴跌至18%。之后拉脱维亚在欧盟及国际货币基金组织的财务支援下，积极开展改革，迅速成功恢复经济平衡。

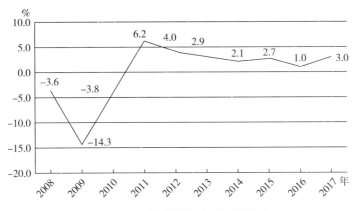

图6-33 拉脱维亚宏观经济增速

注：2017年数据为预测值。

资料来源：联合评级主权数据库。

2016年，拉脱维亚经济增长1%，较上年下滑1.7个百分点。来自欧盟基金流入减少以及投资者对欧盟与俄罗斯制裁引发的地缘政治风险的担忧令投资同比大幅下跌近20%；净出口由于俄罗斯反制裁及需求疲弱增速也有所下滑。但同时，消费仍是经济增长最主要动力，依然强劲的消费支出及建筑业回暖成为支撑2016年经济增长的主要动力。2017年随着国际油价回升，国内水、通信及能源服务税的增加均将拉动拉脱维亚CPI升至2.6%，较上年同比大幅增加2.4个百分点；并在未来1~2年保持2.2%左右的水平，高于欧元区1.6%的均值。

中期内经济增速将加快，但结构性问题仍制约其经济前景。随着欧盟2014—2020年财政预算的通过，对拉脱维亚投资有望回升；俄罗斯经济未来2年内重回增长，预计将拉动拉脱维亚GDP保持3%左右的平均增速，经济增长提速。而另外，拉脱维亚仍面临灰色经济①规模庞大、人口净移出和低出生率导致的收入不平等加剧等结构性问题。从长期来看，改善投资环境提高外资投资比例及生产力的提高仍

---

① 灰色经济：又称地下经济或非正式经济，一般是指一种在国民经济中未向政府申报登记，而经济活动脱离政府法律、法规约束，又不向政府纳税的经济成分。又可指逃避政府的管制、税收和监察，未向政府申报和纳税，其产值和收入未纳入国民生产总值的所有经济活动。地下经济活动涉及生产、流通、分配、消费等各个经济环节，被国际社会公认为"经济黑洞"。

是维持其经济增长的主要因素。

加入欧盟后，失业率不断下降

拉脱维亚于 2014 年加入欧元区后，劳动力不断融入欧盟劳动力市场，部分青年劳动力进入欧盟收入较高的国家就业。2016 年 6 月加入经济合作与发展组织。近年来，国内失业率不断下降，2016 年降至 9.7%，预计未来将继续呈现下降趋势。

图 6 - 34　拉脱维亚失业率情况

注：2017 年数据为预测值。

资料来源：联合评级主权数据库。

银行体系资产质量及流动性水平改善，整体运行保持稳健；银行业对外资依赖，其高流动性或加大金融体系潜在脆弱度

拉脱维亚金融与资本市场由"金融与资本市场委员会"监管。截至 2015 年底，拉脱维亚银行部门以及资本充足率为 19.7%，所有银行均满足最低资本要求。截至 2016 年 3 月底，90 天以上逾期未还不良贷款率为贷款存量的 5.4%，较 2010 年峰值的 20% 下降 14.6 个百分点。银行部门盈利指标及存款上升，2016 年前 8 个月银行业总利润达 3.418 亿欧元，同比增长 17.8%。流动性水平及金融监管框架大幅改善。

外资进入拉脱维亚银行业较早，目前 80% 的银行股份由外资持有，最大的投资国为瑞典和芬兰。拉脱维亚银行业在 2008—2009 年金融危机中受到重创，外国资金的大量抽逃导致拉脱维亚第二大银行 Parex Banka 濒临破产被国有化，银行业资本及储备金减少，利润下滑，坏账累积。2011 年底拉脱维亚银行系统又经历了 Krajbank 破产和 Swedbank 挤兑风潮。目前，拉脱维亚银行中非本国居民资产占比近 50%，资金基础欠稳。且这些资金流动性强，对政治经济风向变化敏感，一旦其母国或拉脱维亚经济政治局势变动将快速出逃，或给金融市场造成剧烈动荡。同时，拉脱维亚银行资金中拥有来自俄罗斯、乌克兰等国的资金，其高流动性和不可预测性也会加大拉脱维亚金融体系的脆弱性。

财政实现小幅盈余，谨慎的财政政策令财政状况保持稳健

拉脱维亚官方公布的数据显示，2016年中央政府自1998年以来首次实现财政盈余。盈余规模为GDP的0.2%。尽管2016年经济增速低于预期，但税收收入增加4.2亿欧元至90亿欧元，较上年增加6%；此外政府加大对地下经济管控力度增加了罚没收入，也是财政收入增加的原因。2017年，拉脱维亚财政预算案中财政收入80.7亿欧元，支出83.7亿欧元，较上年分别增长6.6亿欧元和6.8亿欧元。

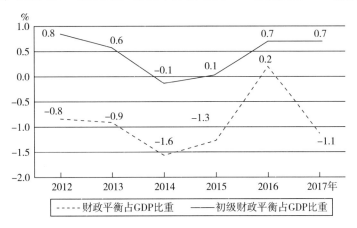

图6-35 拉脱维亚各级政府财政状况

注：2017年数据为预测值。

资料来源：联合评级主权数据库。

2017年在拉脱维亚改善社会福利的承诺下开展了养老金标准调整及医疗改革，预计将增加在医疗、教育、养老金及社会福利方面的支出；加强国家安全的共识也令国防支出预计较上年上升9,800万欧元。2017年拉脱维亚首次将风险储备金加入预算案以应对计划外支出，将有助于政府实现赤字1.1%的财政目标。中期内，在政府继续谨慎保守财政政策背景下，随着税制改革的推进以及对地下经济的整饬力度加大，预计拉脱维亚赤字规模将维持在1%左右的水平，低于欧盟马约中的3%的目标；且初级财政将维持占GDP 0.7%~0.8%的盈余。

各级政府债务压力适中，低于欧盟标准且处于下行通道，偿债能力较强

2016年，拉脱维亚各级政府债务占GDP的比重由2015年的36.3%小幅上升0.4个百分点至36.7%，但仍低于欧盟马约中60%的标准；且中期内处于下行通道。从债务结构来看，政府债务以中长期欧元债为主，并通过债务置换不断优化债务结构，加之欧洲央行宽松货币政策作用下融资成本极低，政府偿债能力保持稳定。

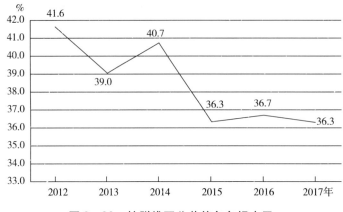

图6-36　拉脱维亚公共债务负担水平

注：2017年数据为预测值。

资料来源：联合评级主权数据库。

外需回暖刺激出口表现，随着资本性货物进口需求增加经常账户或现小幅赤字

2006—2007年拉脱维亚经常账户赤字曾高达20%，2009年经济危机爆发，国内需求急剧收缩；之后政府干预汇率使出口陡增，经常账户重回盈余，规模占GDP的8.2%。

2016年，在商品贸易增速下滑步伐减缓，较低的国际油价及资本性货物进口需求降低的作用下，经常账户实现占GDP约1.0%左右的盈余。2017年，随着俄罗斯经济重返增长以及波罗的海国家经济普遍回暖，预计将刺激拉脱维亚出口表现，但随着国际油价回升及资本性货物进口需求增加，经常账户估计将重回赤字状态。

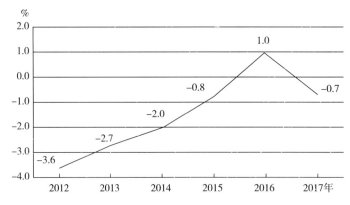

图6-37　拉脱维亚经常账户平衡占GDP比重

注：2017年数据为预测值。

资料来源：联合评级主权数据库。

中期内，拉脱维亚致力于出口市场多元化有助于其外部状况持续改善，但木材等部门的出口将受到英国脱欧等原因受到一定冲击。从总体来看，中期内其经常账户赤字占 GDP 比重将维持在 2% 以下的水平，赤字规模可控。

各级政府外债负担可控结构合理，加入欧元区后融资渠道畅通将保证其外债偿付能力

根据拉脱维亚央行的数据，截至 2016 年底，拉脱维亚总外债规模约 33.9 亿美元，占 GDP 比重为 123.9%，近年来总外债负担有所上升。但政府公共外债负担可控，且近年呈下降趋势。2016 年拉脱维亚政府公共外债占外债总额的比重仅 21.1%；占 GDP 比重约 31.4%。国际储备对政府债务覆盖约 42.9%。且政府公共外债绝大部分为中长期欧元债务。2014 年加入欧元区后，低利率环境下融资渠道通畅，不断提升的货币稳定性，有助于外债偿付能力稳定的加强，但拉脱维亚外债增速较快，未来若内部经济状况转差，或影响其偿付能力。

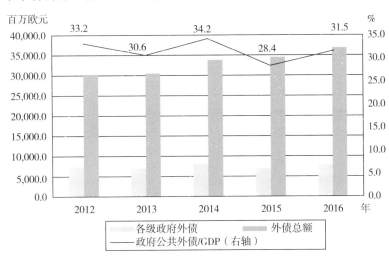

图 6-38　拉脱维亚政府外债情况

资料来源：联合评级主权数据库。

展望

短期内，拉脱维亚政局稳定，经济温和增长，政府债务规模总体处于较低水平，欧元区通畅的融资渠道及低融资成本将保证政府偿债能力稳定。因此，联合评级对未来 1~2 年拉脱维亚本、外币主权信用评级展望为稳定。

表6-8　拉脱维亚主权信用评级关键数据表

指标	2012 年	2013 年	2014 年	2015 年	2016 年	2017 年 f	中东欧[d]	"一带一路"[a]
GDP（十亿美元）	28.1	30.2	31.4	27.0	27.4	27.2	731.7	404.1
人均 GDP（美元）	15,384.1	16,509.1	17,198.1	18,040.6	18,590.0	19,620.0	20,659.1	21,749.0
GDP 增长率（%，实际）	4.0	2.9	2.1	2.7	1.0	3.0	1.5	3.0
通货膨胀率（%）	2.3	0.0	0.6	0.2	0.2	2.6	3.7	5.5
国内信贷增长率（%）	-13.1	-1.8	-7.3	11.0	3.1	6.2	6.0	15.9
M2 增长率（%）	3.8	1.9	8.2	9.4	8.1	9.3	8.3	11.4
各级政府财政平衡/GDP(%)	-0.8	-0.9	-1.6	-1.3	-1.0	-1.1	-2.2	-2.9
各级政府初级财政平衡/GDP（%）	0.8	0.6	-0.1	0.1	0.7	0.7	-0.3	0.2
公共债务/GDP（%）	41.6	39.0	40.7	36.3	36.7	36.3	45.9	46.0
总外债/GDP（%）	99.0	92.9	99.1	117.3	123.9	—	76.9	72.8
国际储备/总外债（%）	22.2	22.4	9.3	10.8	10.7	—	38.7	128.0
经常项目余额/GDP（%）	-3.6	-2.7	-2.0	-0.8	1.0	-0.7	-1.7	-0.9

注：f 表示预测值；d 表示中东欧 19 国近 5 年均值；a 表示"一带一路" 57 国近 5 年均值。
资料来源：联合评级主权数据库。

Highlights of the Sovereign Rating
on the Republic of Latvia

Sovereign Rating

Long-term Local Currency：A_i +

Long-term Foreign Currency：A_i +

Outlook：Stable

Ratings completed on April 21st, 2017

Analyst：Wang Qian

Rating Rationale

United Ratings assigned "A_i +" on both local and foreign currency sovereign credit ratings of the Republic of Latvia (hereinafter, "Latvia") on April 21st, 2017 with a stable outlook.

The new government of Latvia took office in February 2016, keeping the policy and governance level highly stable. In the context of the EU's fiscal cycle transition and geopolitical risks, Latvia's economic growth shows a declining trend. However, stimulated by robust consumption, the economic growth is expected to speed up in the medium term. In addition, the quality of banking assets and the level of liquidity has largely improved to ensure a stable operation on the whole, but the deep reliance on the foreign capital is likely

351

to increase the potential vulnerability of the financial system. The fiscal account is in a slight surplus, and the prudent fiscal policy is committed to ensuring a solid status of the government's fiscal situation. The debt burden of the government is relatively low, and the public debt is expected to decline in the medium term. The export of Latvia is expected to rebound, and the financing cost has reduced as a result of the easy interest environment since the admission of Latvia into the Eurozone in 2014. It has an easy access to external financing, but external uncertainties are likely to impact on the foreign debt solvency of Latvia. To conclude, United Ratings believes that Latvia has a strong capability of local and foreign currency debt repayment, and the sovereign credit risk is relatively low.

Outlook

In the short term, Latvia enjoys a stable political situation, a moderate economic growth and low level of government debt scale. In addition, the smooth financing channel and low financing cost in the Eurozone will ensure a stable debt solvency of the government. As such, United Ratings assigned a stable outlook on Latvia's local and foreign currency sovereign credit ratings for the next 1-2 years.

立陶宛共和国

本次评级结果

长期本币信用等级：A_i +

长期外币信用等级：A_i +

评级展望：稳定

本次评级时间

2017 年 4 月 1 日

分析师：王倩

评级观点

联合评级于 2017 年 4 月 1 日对立陶宛共和国（以下简称立陶宛）的主权信用进行了评定，确认其长期本、外币信用等级为 A_i + ，评级展望为稳定。

2016 年底立陶宛新执政联盟上台执政，延续了亲商、亲欧的政策共识，政局保持稳定。在强劲内需及欧盟基金投资到位的拉动下，经济增速提升，发展前景向好。立陶宛加入欧元区后巩固了金融系统架构，银行资产质量、资本充足率等指标有大幅改善，总体表现稳健，对外国资本的依赖是潜在风险。财务状况稳固，初级财政已多年稳定盈余，政府债务水平较低。经常账户虽呈逆差，但逆差规模较小。政府公共外债负担很低，期限结构较好；便利的国际融资渠道为其提供了较好的外部流动性支持。综上所述，联合评级认为立陶宛政府具备较强的本、外币偿债能力，主权信用风险较低。

评级依据

2016 年底上台的立陶宛新政府将延续开放重商、亲欧的政治共识；但执政联盟稳定度较差，或面临再次改组，可能会减弱其政治稳定度

立陶宛于 1990 年宣布独立，是首个脱离苏联的国家。2004 年，立陶宛加入北约和欧盟。2014 年 8 月，波兰人选举运动党在乌克兰危机问题上对俄罗斯的立场与执政联盟内其他党派分歧不断加大，退出执政联盟。在 2016 年 10 月举行的新一届议会选举中，由社会民主党、劳动党和秩序与正义党三党组成的前执政联盟垮台，农民与绿色联盟党赢得大选，并与社会民主党联合组成执政联盟。联合政府于 2016 年底宣誓就职，并通过了名为"可持续的立陶宛"的施政纲领，在发展经济、改善民生、控制青年向外移民等方面采取了一系列举措，短期内政局较为稳定。但在中期内，牵头组阁的农民与绿色联盟党较缺乏执政与协调联盟关系的经验，或有可能减弱执政联盟的稳定度，在 2020 年底换届之前或面临执政联盟再次重组的风险。

乌克兰危机后俄欧对话力挺欧洲，北约成员国身份成为后盾，短期内国家安全不会受到实质性威胁

立陶宛的外交政策着重与欧美国家保持密切联系，2015 年 5 月加入欧元区后，与西方国家的关系更为紧密。立陶宛预期在 2018 年或之前，继邻国爱沙尼亚及拉脱维亚后加入经济合作与发展组织（OECD）。在近年的俄欧对话中，立陶宛力挺欧洲立场。2014 年乌克兰危机后，立陶宛对自身安全越发担忧，进一步参与欧洲一体化进程的呼声日渐高涨。德国领导的北约军队进驻立陶宛，加强安全防卫。为减低对俄罗斯能源供应的依赖，立陶宛致力于能源供应多元化。欧盟对俄罗斯制裁至少持续到 2017 年中期，而俄罗斯对欧盟的反制裁进口限制将至少持续到 2017 年底；预计包括立陶宛在内的波罗的海国家与俄罗斯的关系中期内仍将不会出现根本性转变，但北约成员国的身份是立陶宛国家安全的强力保障。

欧盟新财政周期投资流入及强劲消费支撑经济增速提升，但结构性问题对长期增长潜力形成制约

2008—2009 年因全球金融危机打击引发经济严重倒退，立陶宛国内生产总值下跌超过 15%；2012 年经济恢复到危机前最高水平。自 2015 年 1 月加入欧元区，立陶宛先后采用欧洲财政契约及参与欧洲金融监管体系，巩固其金融及财政架构。近年来，立陶宛一直保持较为稳定的经济增长。2015 年受第一大贸易伙伴俄罗斯经济衰退及对欧盟反制裁，导致立陶宛对俄出口大跌 38%，经济增长下滑至 1.8%。2016 年立陶宛经济增长回升至 2.2%，私人消费较上年增长 5.7%，是经济增长的主要拉动因素；同时，失业率下降至 7.9%，是立陶宛八年来的最低，工资增长步伐加速。由于欧盟 2007—2013 年财政周期结束，处于向 2014—2020 年财政周期的过渡时期，拨款流入减缓，公共投资同比下跌 0.1%。

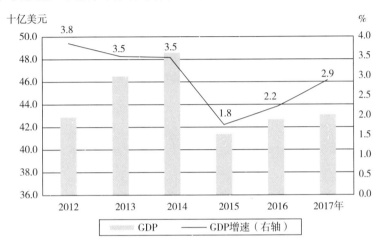

图 6-39　立陶宛宏观经济情况

注：2017 年数据为预测值。
资料来源：联合评级主权数据库，EIU 数据库。

进入 2017 年，在劳动力市场继续收紧及相对较低的通胀之下，预计私人消费仍将是经济增长的主要动力，随着欧盟新财政周期基金拨款到位，立陶宛国内房地产市场的繁荣带动建筑业发展，估计 2017 年经济增速将小幅回升至 2.9%。中期内，来自欧盟基金的投资及私人消费仍是支撑立陶宛经济保持 2.5% 左右增长的主要拉动力，也将带动立陶宛人均 GDP 水平继续向较发达的欧盟国家靠拢。但从长期来看，劳动力向外移民、人口老龄化、外部竞争力下降等结构性问题或对立陶宛经济增长将形成制约。

失业率呈逐年下降趋势，好于中东欧大部分国家就业状况

近年来，立陶宛政府致力于促进就业的各项政策，包括实施《2014—2016 年增加就业纲要》，改善商业环境，鼓励高附加值产业投资，增加培训和扶持创业，特别对青年等群体给予政策倾斜，失业率也得以稳步下降。2016 年立陶宛登记失业率为 7.9%，低于欧盟平均 8.2% 的失业率水平，与周边中东欧国家相比就业情况也处于较好水平。

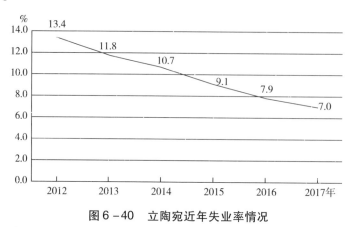

图 6-40　立陶宛近年失业率情况

注：2017 年数据为预测值。

资料来源：联合评级主权数据库，EIU 数据库。

加入欧元区后巩固了金融系统架构，银行资产质量、资本充足率等指标有大幅改善，总体表现稳健

银行业是立陶宛金融系统的主要组成部分。立陶宛 2015 年正式加入欧元区，之后参与欧洲金融监管体系，巩固了其金融系统架构。立陶宛银行总资本中外资占绝对优势，主要来自瑞典、丹麦等北欧国家。

银行业资本充足，流动性较好，总体表现稳健。2008—2009 年金融危机中，立陶宛金融业受到冲击，大面积失业及企业破产导致不良贷款率由 2008 年第四季度的 6.1%飙升至 2010 年 4—6 月的 25%。之后不良贷款率逐渐下降，截至 2016 年 9 月，立陶宛银行业资产质量改善，不良贷款率降至 4.2%。与此同时，一级资本充足率为 19.4%。尽管受到欧盟低利率环境导致银行盈利能力承压，但盈利指标仍较稳健，且已通过欧洲银行业管理局（EBA）的压力测试。受经济危机后谨慎情绪影响，国内信贷增长低于长期均值，但仍支撑经济发展。同时，立陶宛加入欧元区消除了以欧元计价信贷的汇率风险，有利于金融体系的稳定。但从长期来看，由于外资银行占主导地位，一旦母国金融行业发生波动，或进一步连累立陶宛银行的借贷成本及盈利水平。

欧元区低利率环境下预先融资及国防、福利支出扩大令财政赤字小幅攀升，但初级财政平衡已实现盈余

立陶宛的财政状况在金融危机后得到很大改观。自 2014 年以来，虽然各级政府财政收支状况仍处于赤字，但初级财政稳定盈余。2016 年，私人消费强劲带动税收收入增加，中央政府财政收入增长 4%；同时财政支出上升 3.1%，全年财政赤字约占 GDP 的 0.6%；初级财政盈余占 GDP 的比重为 0.9%。

图 6 - 41 立陶宛各级政府财政收支状况

注：2017 年数据为预测值。

资料来源：联合评级主权数据库，EIU 数据库。

2017 年新任政府的财政预算案中，各级政府赤字预计在 GDP 的 0.7% 左右。其中，立陶宛武装部队军费支出将大幅增加 25%；由于延续上届政府的政策，福利支出也将有所增加。考虑到 2016 年欧盟财政周期过渡欧盟基金投资流入的减缓，预计 2017 年财政赤字将上升至 GDP 1.0% 的水平，初级财政仍保持盈余 0.5% 的水平。中期内，预计国防及社会支出将继续位于上升通道，但同时稳定的经济增长、税收收入的增加将使制约赤字规模进一步扩张。未来 2 ~ 3 年赤字规模将保持在 GDP0.8% 左右，低于欧盟 3% 的规定。

公共债务水平较低且维持稳定，低融资成本保障了偿债来源

自金融危机爆发以来，立陶宛在财政方面未向 IMF 提出借款要求，主要是靠国际资本市场融资解决赤字问题。目前利率位于历史低位，预计中期内仍将处于较低水平，有助于降低立陶宛的融资成本。2016 年立陶宛联合政府的政府债务目标是 GDP 的 40.8%；2017 年预计债务水平将小幅上升至 43.5%，这主要是由于立陶宛政府在低利率环境下为未来债券赎回及财政赤字的预先融资，风险可控。因此，2018 年以后预计立陶宛政府债务水平将逐步下降。同时，政府债务几乎全部以欧元计价，欧元区低利率环境下立陶宛政府偿债能力将保持稳定。

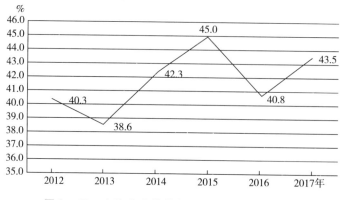

图6-42　立陶宛公共债务占GDP比重（%）

注：2017年数据为预测值。

资料来源：联合评级主权数据库，EIU数据库。

外部需求及地缘政治紧张令商品出口不振，连累经常账户持续逆差，但在欧盟基金的援助下，外部融资渠道通畅

立陶宛的出口市场较为多元，因而自金融危机以来积累了较大的竞争优势，但近两年名义工资的持续增长令劳动力成本增长超越生产力增长的步伐，在一定程度上削弱了其对外竞争力。根据立陶宛央行公布的数据，立陶宛2016年经常账户逆差约3.4亿欧元，占GDP的比重约为0.4%。服务贸易受交通运输及金融服务业收入拉动获得22.4亿欧元的顺差；而来自英国、爱尔兰、瑞典和德国等地的外国劳工汇款也令二级账户录得7.8亿欧元顺差。但另外，由于立陶宛第一大出口市场俄罗斯对欧盟食品的报复性反制裁及俄罗斯经济下滑造成的需求减缓，立陶宛商品出口继续大幅逆差，抵销了服务贸易及二级账户的顺差。中期内，预计立陶宛的经常账户构成不会发生较大改变，经常账户赤字占GDP比重呈小幅上升趋势，但仍远低于5%的国际警戒线。

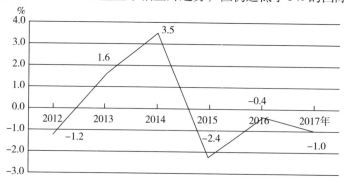

图6-43　立陶宛经常账户平衡占GDP比重

注：2017年数据为预测值。

资料来源：联合评级主权数据库，EIU数据库。

总外债负担较高但政府外债负担可控，且期限结构较好；便利的国际融资渠道为其提供了较好的外部流动性支持

根据立陶宛央行数据，截至 2016 年底，立陶宛总外债为 333.7 亿欧元，占 GDP 的比重为 86.5%，总外债负担较 2015 年相比有 10 个百分点的较大增幅，部分原因是在低利率环境下立陶宛政府的提前融资，风险可控。此外，政府公共外债负担较低，2016 年政府公共外债占总外债比重约 41.9%；公共短期外债占公共总外债的比重仅 7.5%，外债中大部分为欧元债务，政府短期偿债压力不大。同时，立陶宛外国直接投资稳定增长，也为政府偿还外债提供了支撑。且目前立陶宛经济增长稳定，且欧元区债务融资成本低，融资渠道通畅，欧盟基金也将为其提供更多援助，预计继续保持较强偿债能力。

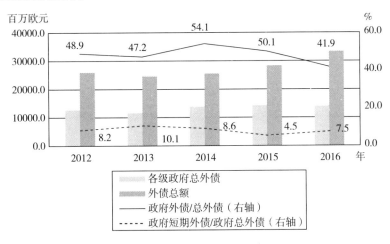

图 6-44 立陶宛政府外债情况

资料来源：联合评级主权数据库，EIU 数据库。

展望

短期内，立陶宛政局稳定，内需拉动经济强劲增长，政府财政状况稳健，债务规模可控，加入欧元区后融资渠道通畅，加之新财政周期欧盟基金提供的资金援助，偿债能力维持稳定。因此，联合评级对未来 1~2 年立陶宛本、外币主权信用评级展望为稳定。

表6-9 立陶宛主权信用评级关键数据表

指标	2012 年	2013 年	2014 年	2015 年	2016 年	2017 年[f]	中东欧[d]	"一带一路"[a]
GDP（十亿美元）	42.9	46.5	48.6	41.4	42.7	43.1	731.7	404.1
人均 GDP（美元）	24,567.4	26,840.5	28,510.4	29,475.4	30,830.0	32,650.0	20,659.1	21,749.0
GDP 增长率（%，实际）	3.8	3.5	3.5	1.8	2.2	2.9	1.5	3.0
通货膨胀率（%）	3.2	1.2	0.2	-0.7	0.7	2.0	3.7	5.5
国内信贷增长率（%）	2.1	-1.4	-0.9	21.9	20.7	8.6	6.0	15.9
M2 增长率（%）	7.2	4.9	1.5	33.1	7.3	1.2	8.3	11.4
各级政府财政平衡/GDP(%)	-3.1	-2.6	-0.7	-0.2	-0.6	-1.0	-2.2	-2.9
各级政府初级财政平衡/GDP(%)	-1.2	-0.9	0.9	1.3	0.9	0.5	-0.3	0.2
总外债/GDP（%）	78.1	70.3	69.8	75.9	86.5	—	76.9	72.8
短期外债/总外债（%）	37.5	37.8	32.4	35.4	46.5	—	19.1	20.9
各级政府总债务/GDP（%）	40.3	38.6	42.3	45.0	40.8	43.5	45.9	46.0
经常项目余额/GDP（%）	-1.2	1.6	3.5	-2.4	-0.4	-1.0	-1.7	-0.9

注：f 表示预测值；d 表示中东欧 19 国近 5 年均值；a 表示"一带一路"57 国近 5 年均值。

资料来源：联合评级主权数据库，EIU 数据库。

Highlights of the Sovereign Rating
on the Republic of Lithuania

Sovereign Rating

Long-term Local Currency：A_i +

Long-term Foreign Currency：A_i +

Outlook：Stable

Ratings completed on April 1st, 2017

Analyst：Wang Qian

Rating Rationale

United Ratings assigned sovereign credit ratings on the Republic of Lithuania (herein-after, "Lithuania") on April 1st, 2017 and has decided to confirm its long-term local and foreign currency ratings at A_i +, with a stable outlook.

Lithuania's new coalition government took office at the end of 2016, continuing the country's business-friendly and Europhile policies, resulting in a stable political climate. Driven by strong domestic demand and the EU Fund investment, the country's economic growth picked up with a bright development outlook. Lithuania, on joining the Eurozone, reinforced the structure of its financial system, which saw significant improvement in the quality of its banking assets and capital adequacy ratio, among other indicators. The overall performance is robust; but its dependence on foreign capital could be a potential risk. The country's finances are stable and there has been a steady fiscal surplus for years, leading to a lower government debt level. The current account is in deficit, but to a mild extent. The government has a low level of public debt burden and the term structure is favorable; its convenient international financing channels have provided the government with decent external liquidity support. To conclude, United Ratings believes that the Lithuanian government is in possession of good domestic and foreign currency debt service ability, hence low sovereign credit risks.

Outlook

Lithuania's political climate is stable in the near term and the country's domestic demand is driving a strong economic growth. The government finances are robust, debt size is controllable, and the country has access to international financing channels on joining the Eurozone. Moreover, EU funds have provided funding support in the new fiscal period, thus the country is in a position to maintain its stable solvency. Therefore, United Ratings maintained a stable outlook on Lithuania's domestic and foreign currency sovereign credit ratings for the coming 1 – 2 years.

马其顿共和国

本次评级结果

长期本币信用等级：BBB_i-

长期外币信用等级：BBB_i-

评级展望：稳定

本次评级时间

2017 年 4 月 12 日

分析师：丁翔

评级观点

联合评级于 2017 年 4 月 12 日对马其顿共和国（以下简称马其顿）的主权信用进行了评定，确认其长期本、外币信用等级为 BBB_i-，评级展望为稳定。

近年来，马其顿的持续政治纷争对政局稳定性带来了冲击，并导致 2016 年经济增速下降。不断增长的财政赤字推高了马其顿的公共债务水平，但中短期内，公共债务的偿付能力可控。政府债务的急剧上升和对外部融资的依赖增强了其偿债能力脆弱性。金融行业相对落后，但银行业的资本充足率和不良贷款率处于地区平均水平之上。较高的银行资本充足率和低于本地区均值的不良贷款率有利于马其顿金融体系的稳定；但持续收缩的信贷融资规模有可能在短期内提高不良贷款率。经常性账户赤字先降后升，外国投资呈波动上升趋势，外汇储备小幅波动，外部融资渠道通畅。外债总额上升较快，但短期外债占比持续减少，短期偿付尚不存在困难；但钉住欧元的汇率政策存在隐患。综上所述，联合评级认为马其顿对本外币债务具有足够的偿债能力，主权信用风险低。

评级依据

近期的政治纷争冲击了马其顿政局的稳定；为推进提前大选，反对派可能组织街头抗争，但不至于造成严重的社会动荡和失序

自 1991 年建立独立国家以来，马其顿保持了稳定的民主政体，政局基本保持稳定。但 2015 年初以来，最大的反对党社会民主联盟多次爆料执政的内部革命组织党在以往选举中舞弊的负面消息，两党的矛盾公开化，并引发了要求提前举行大选的街头示威活动。在欧盟协调下，四大党派于 2015 年中达成和解协议，确定于 2016 年 4 月举行大选，但此后社会民主联盟多次以选举条件不成熟为由多次要求推迟大选，2016 年 12 月，大选最终得以举行，执政的内部革命组织党以微弱优势获胜，并通过与阿族融合民主联盟结盟赢得了在议会的微弱优势，但直至今年 1 月 29 日最后期限一直无法组成新的政府。此后，社会民主联盟开始要求再次提前大选，并希望说服阿族融合民主联盟结盟后与另外两个阿族政党组成新政府。从目前情况来看，今年下半年与地方选举同时再次进行提前大选的可能性颇高，在此之前，反对派为了推进提前大选的进程，可能会组织一定范围的街头抗议活动，但不至于造成严重的社会动荡和失序。

少数民族的分离主义倾向构成了政治稳定的隐忧

马其顿政治稳定的一个隐忧是占人口四分之一的阿尔巴尼亚族所存在的分离主义倾向问题。自马其顿独立以来，马其顿境内的阿尔巴尼亚民族一直主张成为主体民族，要求阿语成为官方语言；少数极端分子甚至要求改变国家体制为联邦制，实现阿尔巴尼亚族的完全自制。在政府许诺按欧洲标准给予阿族相应权利，并做出了一些缓和民族矛盾的举措之后，马其顿国内的民族矛盾有所缓解。

与全球主要国家和大部分邻国保持着良好的外交关系，总体而言，地缘政治形势比较稳定

马其顿与全球主要国家和大部分邻国保持着良好的外交关系，总体而言，地缘政治形势比较稳定。马其顿还一直将加入欧盟和北约作为自己的核心诉求，先后于 1998 年加入北约"和平伙伴计划"，2005 年 12 月获得欧盟候选成员国资格。但因国名与希腊存在难以调和的纷争，马其顿一直无法顺利加入欧盟和北约。因为所处地理位置，马其顿也成为叙利亚难民进入欧盟主要国家的通道之一，大量的过境难民一度给马其顿造成了较大的压力，但在马其顿关闭南部边界以及欧盟与土耳其就叙利亚难民达成协议后，难民问题的困扰已经大幅度削减。

2015 年起的持续政局动荡，导致 2016 年经济增长速度下降

马其顿是前南联盟和中东欧国家中经济相对落后的国家。但自独立以来，特别是进入 21 世纪之后，马其顿政府重视经济发展，积极创造良好的营商环境，将基础设施建设和吸引外资作为优先战略，取得了明显的效果，经济发展速度较快。虽然美国次贷和欧洲主权信用危机对马其顿造成了一定的冲击，但自 2013 年起，马其顿经济重新恢复了较高的增速。

2015 年起的政局动荡给马其顿的经济带来了一定的负面影响。特别是 2016 年的提前大选导致当年最后两个月政府支出冻结，致使当年的经济增速较前三年出现了下滑趋势。从统计数据来看，2015 年的增长主要依靠私人的消费，政府的消费和投资的支出增长率已经出现了下降的趋势。进入 2016 年，经济的增长则几乎全部来自私人消费，反映了投资者对于马其顿政治动荡的担心。中短期内，马其顿经济的走势在很大程度上取决于政治局势是否能够迅速稳定。此外，国际能源价格的恢复性上涨以及实际工资水平的增长将在一定程度上拉动国内消费。

图 6 - 45 马其顿 GDP 增长率

注：2017 年数据为预测值。

资料来源：联合评级主权数据库。

通膨率较低，失业率虽一直呈下降趋势但就业形势依旧问题严峻

从 2014 年起的国际能源价格的下跌导致了马其顿 2014—2016 年通货膨胀率负增长。但从 2016 年底开始，国际能源价格已经止跌回升，这在拉动消费的同时也有望导致马其顿通货膨胀率重回正值。

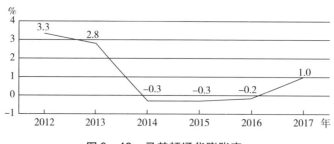

图 6-46　马其顿通货膨胀率

注：2017 数据为预测值。

资料来源：联合评级主权数据库。

作为东欧地区的经济洼地，经济发展水平在欧洲中处于落后地位。马其顿一直拥有相对低廉的劳动力成本和较高的失业率，随着经济的增长，特别是外国直接投资的增长，马其顿的失业率呈现了长期稳步下降的趋势，但依然处于较高水平。我们预计这一趋势将在未来两年继续，并可能积极拉动消费的增长。

图 6-47　马其顿失业率

注：2017 数据为预测值。

资料来源：联合评级主权数据库。

较高的银行资本充足率和低于本地区均值的不良贷款率有利于马其顿金融体系的稳定；但持续收缩的信贷融资规模有可能在短期内提高不良贷款率

相比其他东欧国家，马其顿的金融行业比较落后，其信贷总额占 GDP 的比重较低。因为本币代纳尔一直采用了钉住欧元的汇率政策，导致了近年来对美元的相对贬值。自 2015 年政治动荡以来，出于避险的考虑，投资者对外汇的需求上升。为了抑制外币需求，马其顿央行于 2016 年 5 月将基准利率从 3.25% 调高至 4.00%，在外汇需求平稳后又逐步将基准利率回调至 3.50%。

2016 年，因近期政治局势动荡造成的经济增幅下降引起了信贷增长率下跌，从 2015 年底的 15.8% 降至 2016 年底的 -2.1%。

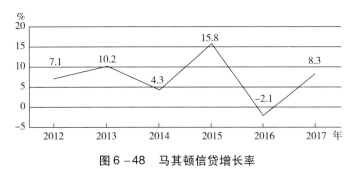

图6-48 马其顿信贷增长率

注：2017数据为预测值。

资料来源：联合评级主权数据库。

马其顿银行业的流动性和资本充足率处于地区平均水平之上，一级资本充足率达到了14.2%；不良贷款率小幅下降至7%。但2016年信贷规模的大幅度下降可能造成不良贷款率在短期内上升。联合评级预计，银行的稳健性在未来两年有望得到进一步改善，银行的盈利能力将显著上升。

持续增长的财政赤字推高了马其顿的公共债务水平，短期内政府的偿债压力可控

因财政纪律松弛，马其顿财政长期呈赤字状态，2014年达到峰值，赤字与GDP之比为4.2%。2015年有所下降，占GDP的比重为3.5%，2016年，因最后两个月财政支出冻结，赤字陡降至2.8%。未来两年，财政赤字预计将维持在略高于3%的水平，其中2017年，因为上年财政支持冻结反弹，赤字将升至3.3%。

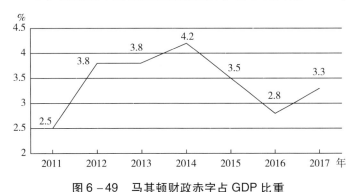

图6-49 马其顿财政赤字占GDP比重

注：2017数据为预测值。

资料来源：联合评级主权数据库。

政府债务急剧上升，对外部融资的依赖增强了其偿债能力的脆弱性

持续增长的财政赤字不断推高马其顿的公共债务水平。从2011—2016年，马其顿公共债务占GDP的比重迅速从32.0%上升至50.9%。且在未来两年将保持继续上涨的态势，联合评级预计，截至2018年，马其顿的公共债务水平将接近60%的公认警戒线。届时，政府可能将被迫出台较为严厉的财政整固政策。

马其顿政府主要依靠发行债券弥补财政赤字。就公共债务而言，29%的债务持有人为国内投资者，71%的债务持有人为国外投资者，债券期限普遍在1年到15年，短期内政府的偿债压力可控。但是，国内的政治动荡推高了政府的融资成本，其2016年所发行的欧元债券的利息为5.625%，高于2015年的5.125%和2014年的4.25%。

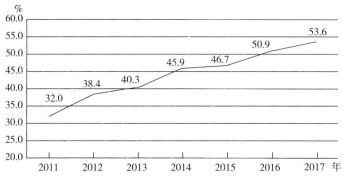

图6-50　马其顿公共债务占GDP比重

注：2017数据为预测值。

资料来源：联合评级主权数据库。

经常性账户赤字先降后升，外国投资呈波动上升趋势，外汇储备小幅波动

2012—2014年，马其顿出口的强劲增长致使其经常性账户赤字总体缩小，从占GDP的3.3%降至0.6%。但2015年和2016年更为强劲的进口需求使经常性账户的赤字转为扩张，分别达到GDP2.0%和2.4%的水平。随着国际能源价格回升和国内需求的增长，未来两年，马其顿的经常性账户赤字预计将继续扩张，2017年将达到GDP的3.0%，而2018年则有望小幅回落至2.7%。

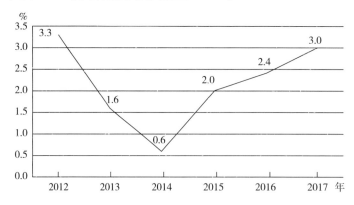

图6-51　马其顿经常性账户赤字占GDP比重

注：2017数据为预测值。

资料来源：联合评级主权数据库。

近年来，得益于马其顿政府对于外国投资者政策的改善，外国直接投资保持了波动上升的趋势，马其顿的出口能力因此增强。我们预期，未来两年这一指标有望继续保持波动上升的趋势。

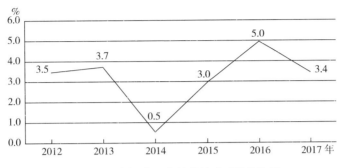

图 6-52 马其顿外国直接投资占 GDP 比重

注：2017 数据为预测值。

资料来源：联合评级主权数据库。

受经常账户、资本账户的和汇率的共同影响，马其顿的国际储备过去 5 年来一直在 25 亿美元到 30 亿美元波动，而未来两年预计将分别维持在 29 亿美元和 30 亿美元的水平，可覆盖 4 个月以上的进口支出。

外债总额上升较快，但短期外债占比持续减少，短期偿付尚不存在困难；但钉住欧元的汇率政策存在隐患

为了弥补快速上涨的财政赤字，马其顿的相当部分公共债务通过外债解决，这就造成了其外债总额的快速上升，从 2008 年占 GDP 比重的 44% 上升至 2016 年的 80% 左右，且我们预计在未来两年将进一步上升，至 90% 以上的水平。但短期外债逐年下降，2016 年已经减少到 13 亿美元左右，占当年外债比例的 15.8%，占国际储备的 47%。在外部融资方面，马其顿能顺利地从 IMF、世界银行和欧洲债券市场融入所需

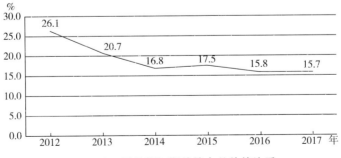

图 6-53 马其顿短期外债占总外债比重

注：2017 数据为预测值。

资料来源：联合评级主权数据库。

资金。2014 年、2015 年和 2016 年，马其顿还在欧盟债券市场顺利发行了 5 亿欧元、2.7 亿欧元和 4.5 亿欧元的 7 年期欧元债券，已经可以覆盖至 2017 年底的总体需求。鉴于马其顿可以从多边组织和国际市场募集足够的资金，中期内，外债尚不存在偿付困难。

从目前来看，潜在的最大外部风险是马其顿的本币是否能够维持住钉住欧元的汇率政策，如果未来出现无法钉住的情况，外债与 GDP 的比重可能会大幅度上升，从而导致偿债危机；但按照目前马其顿的外汇储备对于进口和偿债的保障能力分析，出现这种情况的可能性不大。

展望

综上所述，自 2015 年以来的政治纷争对马其顿的政局稳定带来了负面影响，也在一定程度上抑制了其较好的经济增长态势。中期内，马其顿的经济增长是否可以加速在很大程度取决于政治纷争能否在短期尽快解决。为了维护社会稳定，政府财政支出增长较快，公共债务迅速扩张，且这种趋势还将在中期继续，但可以控制在警戒线范围之内。外债占比较高，但短期外债占比持续减少，短期偿付尚不存在困难，且外部融资渠道通畅，因此，偿付压力可控。鉴于此，联合评级对未来 1—2 年马其顿本、外币主权信用评级的展望为稳定。

表 6 – 10　马其顿主权信用评级关键数据表

指标	2012 年	2013 年	2014 年	2015 年	2016 年	2017 年[f]	中东欧[d]	"一带一路"[a]
名义 GDP（十亿美元）	9745	10818	11362	10052	10233	10168	731.7	404.1
人均 GDP（美元，PPP）	11,871	12,685	13,361	14,005	14,539	15,255	20,659.1	21,749.0
实际 GDP 增长率（%）	- 0.5	2.9	3.6	3.8	2.4	3.1	1.5	3.0
通货膨胀率（%）	3.3	2.8	- 0.3	- 0.3	- 0.2	1.0	3.7	5.5
国内信贷增长率（%）	7.1	10.2	4.3	15.8	- 2.1	8.3	6.0	15.9
M2 增长率（%）	0.5	0.2	7.2	7.6	6.1	2.0	8.3	11.4
各级政府财政平衡/GDP（%）	- 3.8	- 3.8	- 4.2	- 3.5	- 2.8	- 3.3	- 2.2	- 2.9
公共债务/GDP（%）	38.4	40.3	45.9	46.7	50.9	53.6	45.9	46.0
总外债/GDP（%）	66.4	62.3	63.7	69.1	80.3	90.1	76.9	72.8
短期外债/总外债（%）	26.1	20.7	16.8	17.5	15.8	15.7	19.1	20.9
经常项目余额/GDP（%）	- 3.3	- 1.6	- 0.6	- 2.0	- 2.4	- 3.0	- 1.7	- 0.9
国际储备/总外债（%）	44.7	40.8	41.0	35.6	33.5	31.2	38.7	128.0

注：f 表示预测值；d 表示中东欧 19 国近 5 年均值；a 表示"一带一路"57 国近 5 年均值。
资料来源：联合评级主权数据库。

Highlights of the Sovereign Rating
on the Republic of Macedonia

Sovereign Rating

Long-term Local Currency: BBB_i −

Long-term Foreign Currency: BBB_i −

Outlook: Stable

Ratings completed on April 12nd, 2017

Analyst: Ding Xiang

Rating Rationale

United Ratings assigned sovereign credit ratings on the Republic of Macedonia (hereinafter, "Macedonia") on April 12nd, 2017 and has decided to confirm its long-term local and foreign currency ratings at BBB_i −, with a stable outlook.

The ongoing political turmoil plaguing Macedonia for the past two years has impacted its political stability and resulted in a decrease in economic growth rate in 2016. The increasing fiscal deficit shored up Macedonia's public debt; however, public debt service ability is within control in the short to medium term. The surge in government debt and the dependence on external financing made its debt service ability even more fragile. The country's finance sector is relatively less developed, but its banking sector's asset adequacy ratio and NPLR are both above the regional average. The relatively higher bank asset adequacy ratio and an NPLR lower than the regional average are conducive to stabilizing the financial system of Macedonia; but the contracting credit financing size could result in a short-term increase in NPLR. The current account deficit increased after a period of decrease, foreign investment is edging up amid volatility, foreign exchange reserve fluctuates mildly and external financing channels are well functioning. The total foreign debt is rising rapidly but its short-term foreign debt ratio has been on a steady decline, and there is no difficulty in its short-term debt service; but the EUR-pegged foreign exchange policy has latent risks. To conclude, United Ratings believes Macedonia is sufficiently capable of servicing its domestic and foreign currency debts, hence low sovereign credit risks.

Outlook

In summary, political disputes since 2015 has impacted Macedonia's political stability negatively and to some extent suppressed its moderate economic growth. In the medium term, acceleration in Macedonia's economic growth largely hinges upon its addressing the political disputes in the near term. To maintain social stability, the government fiscal spending grew rapidly and public debt spiraled. The trend is to continue in the medium term but can be contained within a safe limit. The foreign debt ratio remains high but the short-term foreign debt ratio is on a steady decline, indicating no difficulty in short-term debt servicing; since the external financing channels are well-functioning, the repayment pressure is controllable. As such, United Ratings maintained a stable outlook on Macedonia's domestic and foreign currency sovereign credit ratings for the coming 1 – 2 years.

波兰共和国

本次评级结果

长期本币信用等级：AA_i –

长期外币信用等级：AA_i –

评级展望：稳定

本次评级时间

2017 年 4 月 3 日

分析师：丁翔

评级观点

联合评级于 2017 年 4 月 3 日对波兰共和国（以下简称波兰）的主权信用进行了评定，确认其长期本、外币信用等级为 AA_i –，评级展望为稳定。

自 2016 年以来，波兰政局的稳定性有所下降，持续的政治冲突将会加大对经济、金融前景波动，损害政府效能。随着法律与公正党的全面执政，政府与欧盟关系趋于紧张。近年来，波兰经济维持较快增长，自 2016 年起经济增速小幅放缓。从中长期来看，经济发展不平衡有可能削弱其长期增长潜力。波兰政府债务水平较高，但政府通过一系列税收改革增加财政收入，财政赤字状况有望缓解，本币债务偿债能力得以维持稳定。经常账户持续保持赤字状态，但赤字规模但有所收窄。外债规模在上升，但较为充足的外汇储备提高了波兰外部融资能力，降低了外部金融风险。综上所述，联合评级认为波兰具有很强的本、外币债务偿还能力，主权信用风险很低。

评级依据

2016 年以来波兰政局的稳定性有所下降，持续的政治冲突将会加大对经济、金融前景波动，损害政府效能

2015 年波兰大选，法律与公正党大获全胜，成为 20 世纪末波兰社会转轨后第一个一党执政的政党，在一定程度上保障了政府稳定性。该党具有新保守主义、基督教民主主义和经济国家主义性质，主张实行政治家财产公开制度，并建立反腐机构，严惩犯罪分子甚至主张临时恢复死刑，实行向家庭倾斜政策。

但是，由于新政府削弱宪法法院对政府的约束力、限制新闻自由、提高社会福利等一系列变革引发国内外广泛争议。2016 年来爆发多次游行示威，并在 12 月爆发今年以来最严重的政治危机。引发危机的导火索是执政党宣布限制媒体记者在议会采访。由于不满"记者采访受限"问题，数千名群众在首都华沙举行大规模游行抗议活动，要求总统捍卫波兰宪制秩序。波兰反对党领导人，库齐兹表示如果双方不能达成协议，波兰可能面临悲剧。而波兰内务部长齐霍茨基则指责反对党试图发动国家政变，夺取政权。政治冲突会加大对经济和金融前景的波动，会损害政府效能。

政府与欧盟关系趋于紧张，波兰政治和法律不确定性增强

随着法律与公正党的全面执政，波兰政改措施引起欧盟强烈不满。欧盟认为，波兰削弱宪法法院对于议会和行政的改革措施会使民主体制向独裁统治迈进。欧盟并对其进行了强烈的批评，并表示必要时刻将会对其采取制裁。波兰则希望法律与公正党远离欧盟，保持独立性。这使波兰与欧盟关系趋于紧张。波兰还积极支持对俄罗斯的制裁，与俄罗斯的关系也将迎来考验。同时，波兰力挺乌克兰，并与匈牙利、斯洛文尼亚站在统一战线，反对难民安置计划。这也使波兰与欧盟关系更为紧张，而向美国靠近。

近年来，波兰经济维持较快增长，2016 年起经济增速小幅放缓。从中长期来看，经济发展不平衡有可能削弱其长期增长潜力

自 1989 年经济体制改革以来，"休克疗法"让波兰经济一度下滑，到 1992 年经济的回暖，波兰经济开始增长，并成功平稳度过了 2008—2009 年全球金融危机，成为欧盟国家唯一实现经济增长的国家。由于低成本劳动力优势，以及友好开放的商业经济政策,使 2012—2015 年波兰经济总体上维持高速增长。

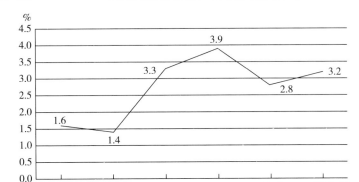

图 6-54 波兰 GDP 增长率

注:2017 数据为预测值。

资料来源:联合评级主权数据库,EIU 数据库。

但自 2015 年后半年起,兹罗提波动幅度加大,且主要由于"法律与公正党"政策导致瑞士法郎的抵押贷款转换成兹罗提兑换,使波兰经济增长预测存在上行风险。尽管近年来波兰经济发展,但并不平衡。大城市、涉及外资的行业发展很好,但本国的工业受到了冲击,来自西欧的大银行、大企业控制了波兰的经济命脉。经济发展的不平衡,加之营商环境的不确定性在一定程度上抑制了投资,2016 年实际GDP 增速为 2.8%,较上年增速放缓。经济发展不平衡有可能削弱其长期发展的潜力。预计波兰 2017—2018 年 GDP 增速放缓并维持在 3% 左右的水平。

失业率逐年小幅下降,但失业状况依然严峻

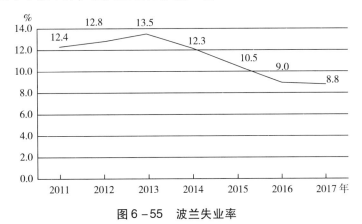

图 6-55 波兰失业率

注:2017 数据为预测值。

资料来源:联合评级主权数据库,EIU 数据库。

波兰的失业率长期远远高于经合组织国家的平均水平,尤其是年轻人失业问题较为严重。2013 年，失业率曾高达 13.5%，2016 年下降至 9.0%。由于本国就业需求有限，自 2004 年加入欧盟以后，已经有 200 万波兰人赴海外就业。预计 2017—2018 年，失业率将继续小幅下降；但从中长期来看，经济将长期面临高失业问题。

银行储蓄增长，不良贷款率较低，继续保持了金融体系的稳定性

波兰自转轨以来对银行业进行了一系列改革，其中商业银行得到了较快发展，银行私有化已经基本完成，外国资本在银行资本中占绝对优势。自 2013 年以来，波兰央行采取一系列措施降低利率，同时维持实际利率为正，从而刺激储蓄，使波兰银行储蓄较高。不良贷款率一直较低，也没有引进大量的金融衍生品，因此在欧洲债务危机中，仍能保持较好的流动性。2016 年，波兰通过欧洲银行管理局的压力测试，波兰银行资本金达到了 1,651 亿兹罗提，相比上年增加了 3.8%。

走弱的实际利率以及恶化的银行净外资产头寸使银行业风险稍有加大。2016 年 12 月，波兰央行发布的财务稳定报告中，因为担忧特朗普上台后美国不稳定的经济政策影响，波兰央行 2016 年 12 月发布的财务稳定报告对波兰银行业持续稳定性做出预警。潜在的风险还包括资产盈利能力的下降以及外国投资者抵押贷款上升。在实际表现中，根据波兰央行报告，银行储蓄及贷款数量持续增长，不良贷款率也持续走低，银行资产盈利能力却在下降，但绝大多数波兰银行通过甚至超过最低资本充足率 12% 的要求。波兰银行资本充足率也从去年的 15.6% 上升为 17.6%。金融体系基本保持了较好的稳定性。

波兰政府通过一系列税收改革增加财政收入，财政赤字状况有望缓解；政府债务水平较高

2015 年波兰完成大选后，新一届政府通过调整增值税税率、取消增值税免税等一系列改革措施增加财政收入。并随着冻结政府工资和减少公共投资，使波兰财政收入逐年增长。从 2012 年的 2,876 亿兹罗提上升到 2016 年的 3,146 亿兹罗提。但由于其属于高福利国家，医疗保健的费用支出接近欧盟国家平均水平，财政支出的增长较财政收入更为迅猛。2015 年，波兰中央政府预算赤字从 2014 年的 290 亿兹罗提扩大到 426 亿兹罗提（相当于 105 亿美元），占 GDP 的比重也从 1.7% 上升为 2.4%。在 2016 年，财政赤字进一步扩大到 463 亿兹罗提，占到 GDP 的 2.5%。初级财政平衡也从 2014 年盈余 59 亿兹罗变为 2016 年赤字 169 亿兹罗提。预计初级财政平衡赤字将分别达到 2017 年底的 379 亿兹罗提和 2018 年的 336 亿兹罗提。虽然波兰政府一直试图努力将2018年财政赤字控制在GDP的3%以下，但基于目前政府预算支出情况，预计2017—2018年财政赤字还将小幅上升。

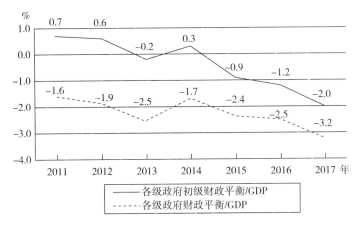

图6-56 波兰初级财政和初级财政平衡/GDP

注：2017数据为预测值。

资料来源：联合评级主权数据库，EIU数据库。

受短期财政赤字增加的影响，自2015年起，波兰政府债务一直维持较高水平，当年政府债务占GDP的比重为44.8%。但债务期限较为合理，融资成本下降，有助于缓解政府偿债压力。

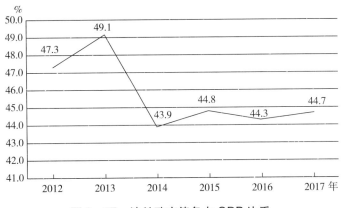

图6-57 波兰政府债务占GDP比重

注：2017数据为预测值。

资料来源：联合评级主权数据库，EIU数据库。

经常账户持续保持赤字状态，但赤字规模有所收窄

波兰的经常账户多年来处于赤字状态，但近年来，赤字的规模已经有所缩小，从2011年占GDP的5.2%降至2016年的0.5%，但未来两年不排除将出现小幅上升的可能。

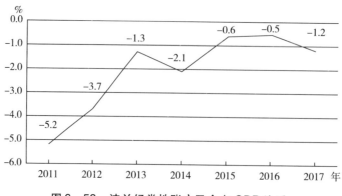

图6-58　波兰经常性账户盈余占GDP比重

注：2017数据为预测值。

资料来源：联合评级主权数据库，EIU数据库。

外债规模在上升，较为充足的外汇储备提高了波兰外部融资能力，降低了外部金融风险

近年来，波兰外债结构较为合理。但自2016年起，波兰虽然短期外部债务负担较为稳定，但中长期外部债务比例加重，且中长期外债规模在2016年开始扩大。外债总额自2013年的3,598.18亿美元下降至2015年的3,314亿美元，但2016年突增至3,504.46亿美元，且外债总额占GDP比重从2015年的69.5%上升到2016年的74.6%。此外，国际储备比总债务从2013年的29.5%下降至2015年的28.6%。但在2016年又迅速上升至32.6%。自2012年起，整体经常账户赤字呈现收窄趋势，但自2015年起，波兰的经常项目赤字稍有上升。

图6-59　国际储备比总外债

注：2017数据为预测值。

资料来源：联合评级主权数据库，EIU数据库。

而波兰外汇储备则一直处于相对稳定的状态。截至2016年底，持有1105亿美元,较上年增长近20亿美元的外汇储备。2017—2018年预计波兰外汇储备将维持在1050亿美元之上。对于调节国际收支,保证对外支付起到有利作用。但自特朗普上台后,受美国经济政策的影响,波兰的净外资头寸也有所减少,可能会对外币偿债能力稍有影响。

展望

综上所述,2016年底的政治纷争给波兰政局带来不稳定性,也在一定程度上加剧了经济金融前景的波动性。虽然波兰政府本币偿债压力可控,以及充足的外汇储备和较良好的抵御外部金融风险能力,但其经济增长放缓,货币风险加大,外债负担加大,使外债偿付压力稍有上升。鉴于此,联合评级对未来1~2年波兰本、外币主权信用评级展望为稳定。

表6-11 波兰主权信用评级关键数据表

指标	2012年	2013年	2014年	2015年	2016年	2017年^f	2018^f	中东欧^d	"一带一路"^a
名义GDP(十亿美元)	500.3	524.2	545.3	476.7	469.5	463.1	488.7	731.7	404.1
人均GDP(美元,PPP)	23,507	24,439	25,379	26,608	27,758	29,378	30,958	20,659.1	21,749.0
实际GDP增长率(%)	1.6	1.4	3.3	3.9	2.8	3.2	3.0	1.5	3.0
通货膨胀率(%)	3.7	1.1	0.1	-0.9	-0.7	2.0	1.7	3.7	5.5
国内信贷增长率(%)	1.1	6.7	9.7	7.7	6.9	4.4	9.3	6.0	15.9
M2增长率(%)	4.2	6.7	8.8	9.6	9.7	12.0	11.4	8.3	11.4
各级政府财政平衡/GDP(%)	0.6	-0.2	0.3	-0.9	-1.2	-2.0	-1.7	-2.2	-2.9
各级政府利息支付/GDP(%)	2.4	2.3	2.0	1.4	1.3	1.2	1.2	1.9	2.3
各级政府初级财政平衡/GDP(%)	0.6	-0.2	0.3	-0.9	-1.2	-2.0	-1.7	-0.3	0.2
各级政府总债务/GDP(%)	47.3	49.1	43.9	44.8	44.3	44.7	42.6	45.9	46.0
总外债/GDP(%)	69.6	68.6	62.1	69.5	74.6	74.6	71.9	76.9	72.8
短期债务/总外债(%)	14.9	15.6	14.7	14.7	13.8	13.3	12.5	19.1	20.9
经常项目余额/GDP(%)	2.6	4.8	6.2	5.2	6.5	6.2	5.9	-1.7	-0.9
国际储备/总外债(%)	31.3	29.5	29.7	28.6	32.6	32.5	31.2	38.7	128.0

注:f表示预测值;d表示中东欧19国近5年均值;a表示"一带一路"57国近5年均值。
资料来源:联合评级主权数据库,EIU数据库。

Highlights of the Sovereign Rating*
on the Republic of Poland

Sovereign Rating

Long-term Local Currency: AA_i –

Long-term Foreign Currency: AA_i –

Outlook: Stable

Ratings completed on April 3rd, 2017

Analysts: Ding Xiang, Hu Qianfang

Rating Rationale

United Ratings assigned sovereign credit ratings on the Republic of Poland (hereinafter, "Poland") on April 3rd, 2017 and has decided to confirm its long-term local and foreign currency ratings at AA_i – , with a stable outlook.

After the Law and Justice Party came into power in 2016, the country's political stability has decreased. The political conflicts are probably to amplify economic and financial fluctuations and damage the government's efficiency. At the meantime, the government's relationship with the EU began to strain. In recent years, the Polish economy experienced a quite rapid growth, but from 2016 on, the growth rate started to slow down. In the mid and long term, the unbalanced development is likely to damage the nation's economic development prospects. Although the unemployment rate has declined a bit, unemployment remains to be a serious challenge. By implementing a set of taxation reform measures, Poland's fiscal revenue increased while the deficit declined. The public debt stays at a relatively high level, but the capability of domestic debt service is well established. The current account remains in deficit, but the size has decreased somehow. The foreign debt is enlarged, but its sufficient foreign exchange ensures the government's capability of external financing, as such, reducing the risk of external financial. In summary, United ratings believes that the government of Poland has a strong capability in servicing both domestic and foreign debts, and therefore, its sovereign risk is very low.

Outlook

The political conflicts since 2016 added up the uncertainty of the Polish political situation, and to some extent, enlarged fluctuations of economic and financial outlook. The decreased economic growth, increased monetary risks and enlarged foreign debt put some pressure on its solvency, but the abundant foreign exchange reserves and manageable local currency debt level, the country's debt service capability looks sound. As such, United ratings confirmed the outlook of the sovereign credit ratings on Poland for both local and foreign currencies is stable.

罗马尼亚

本次评级结果

长期本币信用等级：A_i

长期外币信用等级：A_i

评级展望：稳定

本次评级时间

2017 年 4 月 8 日

分析师：王倩

评级观点

联合评级于 2017 年 4 月 8 日对罗马尼亚的主权信用进行了评定，确认其长期本、外币信用等级为 A_i，评级展望为稳定。

罗马尼亚新政府 2017 年 1 月底颁布的紧急政令因涉嫌为部分贪腐高官逃避法律责任引发大规模示威，国内政治稳定性及社会秩序受到冲击。但受强劲内需拉动，经济增速连续两年位居欧盟首位，较强的增长潜力为偿债提供了良好基础。银行业资产质量大幅改善，盈利及流动性短期内稳定。政府顺周期财政政策之下赤字接近 3% 的欧盟上限，但政府债务负担相对较轻且处于下行通道。尽管出口表现低迷连累经常账户赤字，但外国投资及新财政周期欧盟基金的流入，以及外部通畅的融资渠道对偿债形成保障。综上所述，联合评级认为罗马尼亚具备较强的本、外币债务偿还能力，主权信用风险较低。

评级依据

虽然多年来左右翼并存格局已形成，贪腐非刑事化紧急政令引发国内政治危机发酵，政治稳定性及社会秩序受到冲击

经过 20 年的政治演变，罗马尼亚各政党基本熟悉了议会规则，一般都把开展议会斗争作为对国家政治生活施加影响和争取选民的基本途径和手段，并基本上已形成左右翼两大政党格局。2016 年 12 月罗马尼亚举行议会换届选举，社会民主党与自由和民主联盟党达成协议联合执政，取得两院绝对多数席位。2017 年 1 月新政府宣誓就职，社会民主党的索林·格林代亚努出任新总理。2017 年 1 月 31 日，罗马尼亚政府绕过国会发布修改刑法的紧急政令，规定滥用职权、贪腐等涉案金额不足 20 万列伊（约 5 万欧元）的，官员可免除刑责。该政令被认为是执政当局为部分涉嫌贪腐的政治人物免予法律惩罚制定，会助长腐败之风，从而引发首都布加勒斯特及各大城市自 1989 年以来规模最大的抗议活动，导致罗马尼亚政府 2 月 5 日正式取消此紧急政令，司法部长辞职。2 月 23 日罗马尼亚政府完成改组，任命了包括司法部长在内的四位新部长。随后，反对派议员对政府提出了不信任动议，但未达到法定票数，被否决。罗马尼亚总统约翰尼斯向国会提议进行反腐败改革公投，并获通过。但抗议仍在罗马尼亚国内持续，游行规模已达到 60 万人，并爆发警民冲突，社会秩序遭到破坏。

罗马尼亚由紧急政令引发的国内政治危机，反映了国内腐败及政治透明化问题的严重。根据透明国际发布的关于政府清廉度调查，罗马尼亚政府清廉程度在欧盟成员国中排名倒数第四。2007 年加入欧盟后，欧委会借助"合作和核实机制"（CVM）对罗马尼亚进行监管，确保罗马尼亚政府完全遵守欧盟准则后，才可以解除 CVM，目前该欧盟机制在罗马尼亚仍未解除。

此次事件引发的连锁反应必然会削弱罗马尼亚的政治稳定性，如果本届政府继续执政，在民众中将失去一大部分合法性；而政府辞职或令罗马尼亚各项改革进程面临推迟。此外，若罗马尼亚动荡的国内形势持续发酵，也将降低对外国投资者的吸引力，影响外资流入。

外交政策欧美优先，因美在境内部署反导系统与俄罗斯关系紧张；北约成员国身份是复杂地缘政治局势下的保障

自 2007 年加入欧盟以来，罗马尼亚和欧盟其他成员国及周边国家关系日益密切。欧委会在"合作和核实机制"下对罗马尼亚司法和反腐方面的改革进程进行持续跟进，并敦促其在 2019 年目标年之前完成符合欧盟要求的改革。罗马尼亚还根据欧盟要求的配额，从 2015 年开始接收难民，虽然罗马尼亚接收难民的条件并不完全具备，但在欧盟的专项经费补贴下，目前难民安置状况较为平稳。

在乌克兰危机背景下，罗马尼亚支持西方对俄罗斯的制裁。2015 年美国在罗马尼亚南部的德韦塞卢空军基地部署的导弹拦截和雷达设施启用，2017 年 2 月美国军队进驻罗马尼亚空军基地。部署反导系统引发俄罗斯方强烈不满，与罗马尼亚的紧张关系或升级。在地缘关系复杂的形势下，北约成员国的身份是罗马尼亚安全的强力保障。

强劲内需拉动罗马尼亚 2016 年经济增速蝉联欧盟首位，但外向型经济体有着天然的脆弱性

罗马尼亚是欧洲中部及东部的第二大市场，仅次于波兰。作为新兴工业化国家，罗马尼亚因劳动力、土地、税收等方面的原因，成为中东欧地区最有吸引力的投资目的国之一。自经济危机后罗马尼亚一直保持着较为平稳的经济增长，2012 年 GDP 增速为 0.6%，2013—2015 年经济增速分别为 3.5%、3.1% 和 3.9%。2015—2016 年连续两年增幅位居欧盟首位。

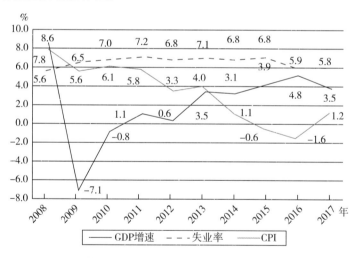

图 6-60　罗马尼亚宏观经济情况

注：2017 年数据为预测值。
资料来源：联合评级主权数据库，EIU 数据库。

2016 年 GDP 增速为 4.8%，连续三年经济增长加速，达到了金融危机以来的最高。从数据分析，拉动经济增速的主要原因在于购买力上升拉动的强劲私人消费。2016 年罗马尼亚政府降低了食品增值税、股息税等税种税率，家庭可支配收入由最低工资上调、补贴及海外汇款的拉动增加,私人消费同比扩大6.7%。而投资方面,政府投资支出受控制预算限制出现收缩;出口回暖,但同时与进口需求增长相抵。中短期内,预计内需拉动的家庭消费依然是经济的主要增长动力。罗马尼亚劳动力成本优势明显、国内基础设施的改善及私有化努力等将有助于提升长期经济增长潜力,预计未来2~3年罗马尼亚平均经济增速将维持在3.4%。

另外,罗马尼亚的人均国内生产总值相对较低,仅及欧盟平均的57%,说明其在欧盟成员国中经济仍较为落后,面临劳动力短缺、青年向外移民、人口老龄化等问题。经济持续增长潜力的释放有赖于结构性改革,提高劳动生产率,加大教育、研发及基础设施支出等。

银行业资产质量持续改善;流动性及盈利稳定;依赖外资,外资跨国去杠杆是潜在风险

罗马尼亚银行业总体资本较充足,流动性较好,在面对资产质量压力时具备足够的拨备缓冲。截至2016年底,罗马尼亚银行业平均资本充足率为18.3%,高于监管8%的水平;利润率同比下滑,但仍是金融危机以来第二次较好的表现;银行业资产同比上升4.4%至3,939亿列伊,达到十年内最高水平。受益于不良资产的处置,不良贷款率由2014年22%的高位大幅下降至9.5%;不良贷款拨备覆盖率超过了60%。欧洲银行业压力测试结果显示,罗马尼亚具备应对不利宏观状况下潜在损失的合理能力。

但另外,罗马尼亚银行业信用风险暴露程度仍较高,一方面,来自货币错配带来的汇率风险,在本币贬值时银行业脆弱性或加剧。另一方面,罗马尼亚银行业对来自奥地利、法国、匈牙利、希腊等国的外资资产依赖度高达90%以上,自2013年以来,受欧洲银行业总体环境不佳影响,外资跨境去杠杆导致的资金抽逃已达总资产的20%,尽管在通过欧洲银行业压力测试后抽逃现象减轻,但未来仍有受外部潜在因素,如希腊危机影响的风险。

2017年财政赤字或超3%的欧盟警戒线,总体趋于平稳

罗马尼亚政府采取顺周期财政政策背景下,2016年政府财政为赤字状态,赤字规模约为GDP的2.4%,财政收入和支出分别下滑了4.3%和0.6%。赤字规模小于GDP 2.95%的目标值,主要原因是政治局势不稳定导致资本性投资支出的延后。初级财政也始终在赤字状况,初级财政赤字占GDP比重由2015年的0.1%上升到2016年的0.9%。2017年欧盟统计局发布的初步预测报告显示,罗马尼亚政府预算赤字占 GDP 比重或等于或超过 3%；而 IMF 表示罗马尼亚 2017 年赤字率将达到3.7%。罗马尼亚近两年连续大幅下调税率，增加工资，减少公共投资，过度强调刺激消费的做法或制约其经济发展潜力。如果罗马尼亚赤字超过欧盟警戒线，则将在欧盟敦促下出台财政整固政策，推动投资和基础设施建设。

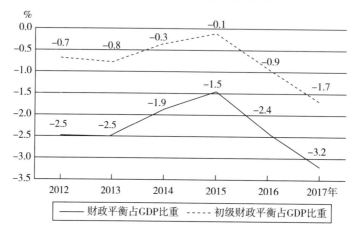

图 6-61　罗马尼亚各级政府财政状况

注：2017 年数据为预测值。

资料来源：联合评级主权数据库，EIU 数据库。

政府公共债务负担较轻，短期内偿付压力不大

2016 年罗马尼亚各级政府债务占 GDP 的比重约为 37.6%，其中短期债务仅占总债务的 6.9%，本币债务占 47.6%，欧元债务占 42.2%。债务水平相较于 84% 的欧盟平均水平处于低位，短期内偿付压力不大。罗马尼亚主要采取延长债务期限及加强金融缓冲的融资策略，短期内偿付能力维持稳定。

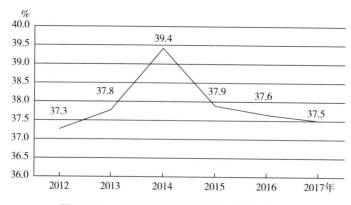

图 6-62　罗马尼亚公共债务占 GDP 比重

注：2017 年数据为预测值。

资料来源：联合评级主权数据库，EIU 数据库。

商品出口低迷拖累经常账户逆差，但外资稳定流入可覆盖赤字

长期以来，罗马尼亚经常账户一直保持赤字状况，其中2014年达到最好状况，赤字率只有0.7%。但是，2014年以后，又有小幅扩大态势，至2016年除服务贸易盈余增加之外，罗马尼亚商品贸易、外国劳工汇款及利润汇回等项目均继续逆差或下滑，导致经常项目赤字扩大至41亿欧元，占GDP的比重约为2.4%，赤字规模较上年增长一倍多，但依然位于相对低位。此外，外国对罗马尼亚直接投资近年呈稳定流入趋势，2016年约为42亿美元，基本可覆盖经常账户逆差。

图6-63　罗马尼亚经常账户平衡及外国投资情况

注：2017年数据为预测值。

资料来源：联合评级主权数据库，EIU数据库。

外债负债率呈下降趋势，融资渠道较通畅，融资需求仍较高，外部脆弱性加剧时或影响其外债偿付能力

由于近年来母国银行持续去杠杆，罗马尼亚外债规模持续下降，从2012年的1,208亿美元下降到2016年的927.5亿美元，外债/GDP由2012年的70.4%大幅下降至49.6%，且继续处于下行通道。从外债结构来看，公共外债占外债总额的34.9%。中长期外债占总外债近80%，短期偿付压力较小。

目前，罗马尼亚主要融资需求由国内市场解决，外国直接投资稳定流入，欧盟新财政周期对基金的吸收效率增加，以及对稳定增长国际储备，均将为外债偿还提供保障。但目前国内政治环境不稳定或将影响外资银行母行对罗马尼亚分支机构的拨款。此外，罗马尼亚成功发行欧元及美元债券，在国际市场进行融资，此部分约占融资总需求的10%左右，外部融资渠道较为畅通，从整体来看，外币偿债能力短期内有较稳定保障。

展望

自 2017 年以来，罗马尼亚由紧急政令引发的政治危机持续发酵为政局稳定带来负面影响，也将在一定程度上制约外资信心及经济增长潜力。虽然财政赤字或达欧盟上限，但政府债务负担相对较轻，且处于下行通道。外国投资及新财政周期欧盟基金流入及外部通畅的融资渠道、宽松货币下较低的融资成本均将保障其具备较强的偿债能力。因此，联合评级对未来 1~2 年罗马尼亚本、外币主权信用评级的展望为稳定。

表 6-12 罗马尼亚主权信用评级关键数据表

指标	2012 年	2013 年	2014 年	2015 年	2016 年	2017 年 f	中东欧[d]	"一带一路"[a]
GDP（十亿美元）	171.66	191.55	199.33	177.96	187.04	195.4	731.7	404.1
人均 GDP（美元）	19,135.0	20,127.7	21,099.8	22,413.7	23,970.0	25,530.0	20,659.1	21,749.0
GDP 增长率（%，实际）	0.6	3.5	3.1	3.9	4.8	3.5	1.5	3.0
通货膨胀率（%）	3.3	4.0	1.1	-0.6	-1.6	1.2	3.7	5.5
信贷总量/GDP（%）	51.5	47.2	44.9	43.5	40.7	39.9	—	—
国内信贷增长率（%）	0.5	-4.4	-4.6	5.5	-2.9	2.1	6.0	15.9
M2 增长率（%）	4.6	8.8	8.4	9.4	9.8	9.8	8.3	11.4
各级政府财政平衡/GDP(%)	-2.5	-2.5	-1.9	-1.5	-2.4	-3.2	-2.2	-2.9
各级政府利息支付/GDP(%)	1.8	1.7	1.5	1.3	1.5	1.5	1.9	2.3
各级政府初级财政平衡/GDP（%）	-0.7	-0.8	-0.3	-0.1	-0.9	-1.7	-0.3	0.2
各级政府总债务/GDP（%）	37.3	37.8	39.4	37.9	37.6	37.5	45.9	46.0
总外债/GDP（%）	70.4	64.7	56.1	53.9	49.6	46.2	76.9	72.8
国际储备/总外债（%）	27.0	26.3	29.2	34.0	37.6	—	38.7	128.0
经常项目余额/GDP（%）	-4.8	-1.1	-0.7	-1.2	-2.4	-2.8	-1.7	-0.9

注：f 表示预测值；d 表示中东欧 19 国近 5 年均值；a 表示"一带一路"57 国近 5 年均值。
资料来源：联合评级主权数据库，EIU 数据库。

Highlights of the Sovereign Rating on Romania

Sovereign Rating

Long-term Local Currency: A_i

Long-term Foreign Currency: A_i

Outlook: Stable

Ratings completed on April 8th, 2017

Analyst: Wang Qian

Rating Rationale

United Ratings assigned sovereign credit ratings on Romania on April 8th, 2017 and has decided to confirm its long-term local and foreign currency ratings at A_i, with a stable outlook.

At the end of January 2017, the new government passed an emergency ordinance, which was widely believed to be an attempt to protect some senior officials under corruption investigation. This sparked mass protests across the country and shocked the domestic political stability and social order. Nonetheless, driven by the robust domestic demand, the economic growth rate of the country in the past two years was the fastest among all the EU members; and the solid growth potential provides Romania reliable foundation for its debt service. The asset quality of the country's bank sector has been improved greatly and the sector's profitability and liability are expected to remain stable in the short term. The government's pro-cyclical fiscal policy pushed its budget up to close to 3% , the ceiling of the EU, but the public debt stays at a relatively low level and in a downward trajectory. Despite the deficit in current account due to weak performance in export, the inflows of FDI and the EU fund in the new fiscal circle, as well as its easy access the external financing, the government's debt repayment ability is assured. In summary, United Ratings believes that the government of Romania has relatively strong capability in servicing both domestic and foreign debts, and therefore its sovereign risk is relatively low.

Outlook

The emergency ordinance passed by the government brings negative impact to the political stability, and to some extent, erodes the confidence of foreign investors and the potential of economic growth. Although the fiscal deficit is likely to reach the ceiling of the EU, the public debt stays at a relatively low level and in a downward trajectory. The foreign investment, the inflow of the EU fund in new fiscal circle, the easy access to external financing, and the relatively low financing cost due to relaxed monetary policy assure the country's solvency. In conclusion, United ratings confirmed the outlook of sovereign ratings on Romania for both local and foreign currencies is stable.

俄罗斯联邦

本次评级结果

长期本币信用等级：$A_i +$

长期外币信用等级：$A_i +$

评级展望：稳定

上次评级结果

长期本币信用等级：$A_i +$

长期外币信用等级：$A_i +$

评级展望：稳定

本次评级时间

2017 年 4 月 10 日

分析师：丁翔

评级观点

联合评级于 2017 年 4 月 10 日对俄罗斯联邦（以下简称俄罗斯）的主权信用进行了跟踪，确定维持其长期本、外币信用等级为 $A_i +$，维持评级展望为稳定。

尽管受欧美国家制裁和油价下跌的影响，俄罗斯经济出现萎缩，普京的民众支持率依然很高，政局继续保持较高稳定；2018 年的大选，普京连任的可能性较大。乌克兰内部冲突在短期内解决无望地缘冲突风险不容忽略。国际石油的价格的企稳回升，使俄罗斯经济重新步入回升通道。因货币贬值造成的通货膨胀率上升得到有效控制，失业率维持稳定。高企的利率令企业难以承受，银行的不良贷款增加，资产质量和利润下降，银行系统风险有望在经济回暖中降低。反危机计划和经济下降举措造成政府财政赤字上升较快，严厉的财政整固政策有望使财政赤字在未来两年逐步降低。政府公共债务规模较低且结构较好，政府债务负担较轻。经常账户保持盈余，外汇储备上升。国际石油价格的下跌和欧美国家的制裁将导致俄罗斯外债规模的下降。短期外债占国际储备比例较低。综上所述，联合评级认为俄罗斯具有较强的本、外币债务偿还能力，主权信用风险较低。

评级依据

尽管受欧美国家制裁和油价下跌的影响，俄罗斯经济出现萎缩，普京的民众支持率依然很高，俄罗斯国内政局继续保持稳定；2018 年的大选，普京连任的可能性较大

2014 年以来的国际石油价格下跌对严重依赖石油出口的俄罗斯经济带来较大的冲击，居民的生活水平大幅度下降；而因乌克兰冲突导致欧美国家对俄罗斯的制裁则进一步加剧了俄罗斯经济的萎缩幅度。在此情况下，俄罗斯的劳动争议有所上升，但并未扩展至政治层面，民众对普京总统的支持率一直保持在 88% 左右。经济的困难还使部分企业对政府支持的依赖有所加剧，反而在一定程度上增强了普京对政局的控制力。反对派力量在政府的持续打压下严重边缘化，无力进行像样的政治动员，俄罗斯的政局因此维持在稳定的状态。

普京政府的强势政策强化了执政基础，2016 年 9 月，俄罗斯国家杜马选举中其领导的统一俄罗斯党继续维持了多数席位，普京总统的本届任期至 2018 年止。普遍预计他将参加 2018 年的总统选举，谋求连任，并很有可能在第一轮中以绝对的优势胜出，连任总统。俄罗斯经济在未来两年的温和复苏将有助于普京顺利实现连任。一旦如此，这将有助于该国政策的持续性和稳定性，有利于经济的企稳和回升。

乌克兰内部冲突在短期内解决无望，损害了俄罗斯地缘政治的稳定性，地缘冲突风险不容忽略

2015 年乌克兰对立双方签订的停火协议很难从根本上解决乌克兰的内部冲突。协议规定的政体改革，因给俄罗斯提供了影响乌克兰国内政局的可能，所以在乌克兰遭到了广泛的杯葛。另外，俄罗斯也绝对不能接受一个亲西方的乌克兰政府存在，因此，目前乌克兰这种长期停火伴随着间歇式低强度冲突的局面可能会长期存在；而欧美对于俄罗斯的经济制裁措施预计也将继续，从而持续损害俄罗斯地缘政治的稳定性，地缘风险不容忽视。

国际石油价格的企稳回升，使俄罗斯经济重新步入回升通道

长期以来，俄罗斯经济和产业结构单一，经济增长过度依赖能源，特别是石油的出口。2014年下半年起，国际石油价格的大幅下跌给俄罗斯经济造成了严重冲击。面对外汇收入的急剧减少，政府不得不允许本币大幅度贬值以避免外汇储备的消耗，其后虽然实现了控制通货膨胀率和稳定汇率的基本目标，但经济增长受到了比较严重的影响，于2015年出现了 – 2.8%的收缩。

图6 – 64　俄罗斯GDP增长率

注：2017年数据为预测值。

资料来源：联合评级主权数据库，EIU数据库。

随着国际石油价格逐步企稳并于2016年初开始小幅回升，俄罗斯的经济已开始复苏，GDP增速由2015年的 – 2.8%回升至2016年的 – 0.2%以后，预计2017年的经济增长率有望重回正值，且这种趋势有望在未来两年继续。

因货币贬值造成的通货膨胀率上升得到有效控制，通胀率回归正常水平，失业率维持稳定

2014年下半年起的石油出口收入的下降，以及对西方报复性禁止进口主要食品迫使卢布大幅贬值，从2013年末的约30卢布兑1美元贬值到2015年的约60卢布兑1美元，至2016年中最高约67卢布兑1美元。卢布的大幅度贬值导致了通货膨胀率的急剧上升，至2015年达到15.5%的峰值。随后，卢布汇率开始企稳，通货膨胀率随之开始下降，至2016年回落到8.1%的水平，未来两年，预计俄罗斯的通货膨胀率可以控制在4%左右的正常水平。

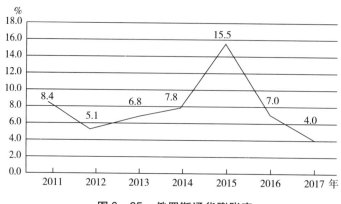

图 6-65　俄罗斯通货膨胀率

注：2017 年数据为预测值。

资料来源：联合评级主权数据库，EIU 数据库。

虽然经济增速下降，通货膨胀率走高，但俄罗斯的失业率基本维持了稳定。2016 年处于 5.5% 的较低水平。经济减速没有造成失业率大幅上升的主要原因在于：一是政府对相对重要企业的支持，二是俄罗斯企业普遍采用了降低实际工资水平而非裁员的方式来应对经济危机。但是，近期调查报告显示制造业和服务部门已经开始减少雇佣劳动力，甚至裁员。从长期来看，俄罗斯面临人口老龄化、劳动力不足和养老金不断上升等压力。

图 6-66　俄罗斯失业率

注：2017 年数据为预测值。

资料来源：联合评级主权数据库，EIU 数据库。

高企的利率令企业难以承受，银行的不良贷款增加，资产质量和利润下降，银行系统风险有望在经济回暖中降低

自乌克兰危机开始，欧美国家对俄罗斯发起了多轮制裁，俄罗斯经济开始下滑，货币贬值，通胀上升，外资出逃。为了应付这些状况，俄罗斯央行于 2014 年 5 次调高基准利率,至17%。高企的利率使部分企业难以承受,导致违约增加。受其影响,俄罗斯银行业的不良贷款率从2013年的6%上升至2016年的9.16%,资本充足率则从11.49%下降至9.35%。考虑到政府有足够的意愿和资源在银行可能出现危机时给予必要的支持,俄罗斯银行业风险爆发的可能性不大。

在汇率基本稳定后,俄罗斯央行从2015年起开始多次下调基本利率,截至目前,已降到了10%的水平,贷款企业的负担有所减轻。未来两年,随着俄罗斯经济的逐步复苏,利率水平有望进一步降低。

反危机计划和经济的下降造成政府财政赤字上升较快,严厉的财政整固政策有望使财政赤字在未来两年逐步降低

面对欧美国家的经济制裁,俄罗斯采取了大量的反危机计划来支持战略性银行和企业;同时,走低的国际石油价格和外部融资渠道变窄使俄罗斯的财政赤字在过去两年迅速上升。

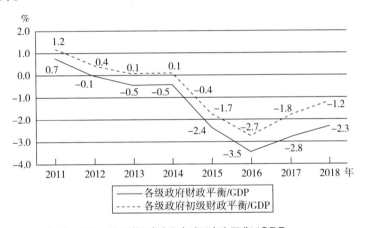

图6-67 俄罗斯财政和初级财政平衡/GDP

注:2017年数据为预测值。

资料来源:联合评级主权数据库,EIU数据库。

从2014—2016年,俄罗斯的财政余额占GDP的比重从基本平衡上升到赤字的3.5%,而且这还是在出售了俄罗斯石油公司部分股份情况下实现。如果剔除出售股份收入的因素,2016年俄罗斯财政赤字达到了GDP的4.4%,为2009年以来新高。财政赤字的缺口主要靠储备基金来支出。虽然俄罗斯储备基金和国家财富基金规模有所下降,但短期内仍可提供缓冲。同时,为了控制财政赤字,俄罗斯财政部决定采取整固政策,已确定冻结未来三年的财政支出。2017年随着油价小幅回升,预计未来两年俄罗斯财政赤字占GDP的比重有望下降。

政府公共债务规模较低且结构较好，政府债务负担较轻

得益于前些年高企的国际能源价格和审慎的财政政策，俄罗斯的公共债务占GDP的比重长期维持在个位数，自经济危机以来，这个比例有所上升，但依然控制在10%左右的水平，2015年公共债务规模为1,241亿美元，占GDP比重的9.1%，未来两年这个指标可能继续上升，至14.3%的水平，但还是远远低于60%的一般警戒线，不会形成财务风险。

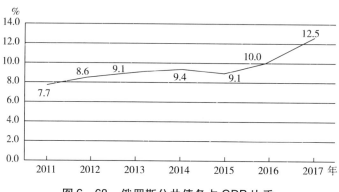

图6-68　俄罗斯公共债务占GDP比重

注：2017年数据为预测值。

资料来源：联合评级主权数据库，EIU数据库。

经常账户保持盈余，外国直接投资呈下降趋势，外汇储备上升

尽管石油价格下降导致贸易账户顺差减少，但2014年和2015年卢布的持续贬值增加了俄罗斯商品的出口竞争力，抑制了进口需求，使俄罗斯在经济困难的条件下维持了经常账户的盈余。2015年俄罗斯经常账户盈余进一步扩大至667.5亿美元，占GDP比重的5.1%。随着国际能源价格于2016年底开始小幅回升，预期未来两年俄罗斯的经常账户盈余将继续上升。

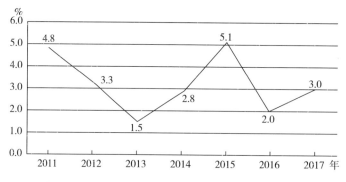

图6-69　俄罗斯经常性账户余额占GDP比重

注：2017年数据为预测值。

资料来源：联合评级主权数据库，EIU数据库。

受益于俄罗斯经济开始恢复性增长，外国直接投资也有望摆脱前两年持续下降的局面，但由于欧美国家的制裁措施短期内放松的可能性较小，出于避险的考虑，投资的规模在未来两年难以恢复至乌克兰危机以前的高峰水平。

随着经常账户和资本账户盈余的回升，俄罗斯的国际储备从2016年起也转为回升，未来两年有望继续保持回升态势。

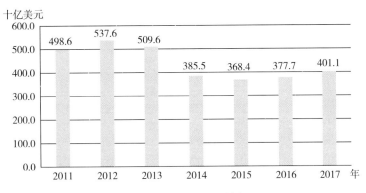

图6-70 俄罗斯国际储备

注：2017年数据为预测值。

资料来源：联合评级主权数据库，EIU数据库。

国际石油价格的下跌和欧美国家的制裁将导致俄罗斯外债规模的下降，短期外债占国际储备比例较低，短期偿债风险不高

国际石油价格的下降减少了俄罗斯的外汇收入，而欧美国家的制裁，在很大程度上将制约俄罗斯的外资融入渠道。在这两个因素的共同作用下，俄罗斯的外债呈持续下降的趋势，使俄罗斯外债水平从2013年的6,685亿美元逐步下降至2016年

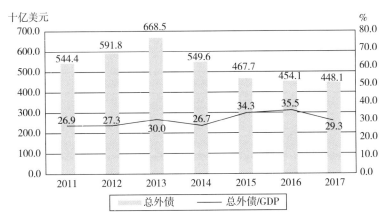

图6-71 俄罗斯总外债及占GDP比重

注：2017年数据为预测值。

资料来源：联合评级主权数据库，EIU数据库。

的4,541亿美元；但由于卢布贬值，占GDP的比重从30.0%上升至35.5%。未来两年，随着国际石油间隔的企稳回升，外债规模的下降速度将有所减缓，而占GDP比重也会转为下跌，从2016年的35.5%降至2018年的28.1%。

2016年底，俄罗斯的中长期公共外债占外债总额的42.2%，短期外债占总外债的比例较低，为8.8%。尽管卢布贬值带来偿债成本增加，但俄罗斯较高的外汇储备和经常账户的大额顺差，使短期偿债风险不高。

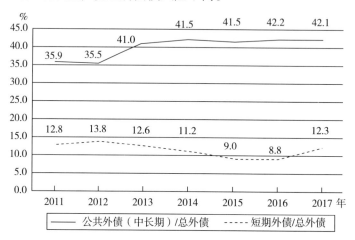

图6-72　中长期公共外债和短期外债占外债总额比重

注：2017年数据为预测值。

资料来源：联合评级主权数据库，EIU数据库。

展望

综上所述，中期内，存在对俄罗斯有利的一些因素，包括政局有望继续保持稳定；国际石油价格的回升将促使俄罗斯的经济重新回到增长的轨道；严厉的财政整固政策将致使财政赤字占比下降，公共债务因此有望控制在较低水平；经常账户可继续保持盈余；外债和外部融资的规模均呈现下降的趋势。与此同时，一些不利因素中期内也将继续存在，包括经济对于石油出口的依赖性还是很强，银行的不良贷款上升，资产质量和盈利水平的下降，外部融资渠道变窄，外国投资维持在较低水平，欧美国家制裁措施难以取消，地缘政治不可能出现显著改观等。

鉴于此，联合评级决定对于未来1~2年俄罗斯本、外币主权信用评级的展望为稳定。

表 6 – 13 俄罗斯主权信用评级关键数据表

指标	2012 年	2013 年	2014 年	2015 年	2016 年	2017 年[f]	中东欧[d]	"一带一路"[d]
名义 GDP（十亿美元）	2026.5	2166.8	2226.6	2059.4	1363.8	1280.4	731.7	404.1
人均 GDP（美元，PPP）	14,150.4	15,121.9	15,530.9	14,075.5	9,308.9	8,741.0	20,659.1	21,749.0
实际 GDP 增长率（%）	3.6	1.2	0.8	-2.8	-0.2	1.8	1.5	3.0
通货膨胀率（%）	8.4	5.1	6.8	7.8	15.5	7.0	3.7	5.5
国内信贷增长率（%）	26.8	20.0	21.3	16.0	17.7	6.1	6.0	15.9
M2 增长率（%）	21.0	12.2	14.7	1.5	11.3	9.2	8.3	11.4
各级政府财政平衡/GDP（%）	-0.1	-0.5	-0.4	-2.4	-3.5	-2.8	-2.2	-2.9
各级政府利息支付/GDP（%）	1.2	0.4	0.1	0.1	-1.7	-2.7	1.9	2.3
各级政府初级财政平衡/GDP（%）	0.4	0.1	0.1	-1.7	-2.7	-1.8	-0.3	0.2
各级政府总债务/GDP（%）	8.6	9.1	9.4	9.1	10.0	12.5	45.9	46.0
总外债/GDP（%）	27.3	30.0	26.7	34.3	35.5	29.3	76.9	72.8
短期债务/总外债（%）	13.8	12.6	11.2	9.0	8.8	12.3	19.1	20.9
经常项目余额/GDP（%）	3.3	1.5	2.8	5.1	2.0	3.0	-1.7	-0.9
国际储备/总外债（%）	4.8	3.3	1.5	2.8	5.1	2.0	38.7	128.0

注：f 表示预测值；d 表示中东欧 19 国近 5 年均值；a 表示"一带一路"57 国近 5 年均值。

资料来源：联合评级主权数据库，EIU 数据库。

Highlights of the Sovereign Rating
on the Russian Federation

Updated Rating

Long-term Local Currency: $A_i +$

Long-term Foreign Currency: $A_i +$

Outlook: Stable

Previous Rating

Long-term Local Currency: $A_i +$

Long-term Foreign Currency: $A_i +$

Outlook: Stable

Ratings updated on April 10th, 2017

Analyst: Ding Xiang

Rating Rationale

United Ratings updated the local and foreign currency sovereign credit ratings of the Russian Federation (hereinafter, "Russia") on April 10th, 2017, and decided to maintain its long-term local and foreign currency ratings of $A_i +$, with a stable outlook.

Economic contraction was recorded in Russia due to sanctions imposed by the EU and the US as well as falling oil prices. Mr. Putin still enjoys high popularity in Russia and the political situation remains highly stable. There is a high possibility that Mr. Putin will serve another term in the 2018 presidential election. The Ukraine conflict could hardly be resolved in the short term, and the geopolitical risk cannot be neglected. The international oil prices stabilized and rebounded, contributing to a return of Russia's economic growth. The inflation caused by depreciation of the rouble is curbed, and the employment situation remains stable. The interest rate remains persistently high, and it is hard for most of the domestic enterprises to bear. Banks remain under strain as a result of a decline in asset quality and an increase in NPLs. However, the risk in the banking sector is expected to mitigate as the economy rebounds. Anti-crisis programs have led to a rapid rise in government's fiscal deficit, yet under the rigid fiscal consolidation policies, the fiscal deficit is going to decline gradually in the next 2 years. The debt burden of the government is relatively moderate with the public debt being relatively small and healthy in structure. The current account remains in surplus, and the foreign reserves have been increasing. The level of Russia's foreign debt is declining due to lower oil prices and international sanctions, and the short-term foreign debt takes a minor proportion of the international reserves. In summary, United Ratings holds that Russia has a relatively strong local and foreign debt repayment capabilities, and its sovereign credit risk is relatively low.

Outlook

Summing up, in the medium term, Russia's political situation is expected to remain stable, and the rebound of international oil prices will stimulate Russia's economy back to growth. The rigid fiscal consolidation program will contribute to the lowering of fiscal deficit and a relatively low level of public debt. Russia's current account will remain in surplus, and scale of foreign debt and external financing will be on a declining trend. In addition, some disadvantageous factors still exist in the medium term. Russia's economy will still be highly dependent on oil export. The NPL of the banking sector will be going up, and the asset quality and level of profitability is going to decrease. Moreover, the external financing channel will further narrow down, and the foreign investment will shrink to a lower level. In the medium term, it will be quite unlikely that the international sanctions will be removed, and the geopolitical situation will have a substantial improvement. Accordingly, United Ratings assigned a stable outlook on Russia's local and foreign currency credit ratings for the next 1 – 2 years.

塞尔维亚共和国

本次评级结果

长期本币信用等级：BBB_i-

长期外币信用等级：BBB_i-

评级展望：稳定

本次评级时间

2017 年 4 月 23 日

分析师：丁翔

评级观点

联合评级于 2017 年 4 月 23 日对塞尔维亚共和国（以下简称塞尔维亚）的主权信用进行了评定，确认其长期本、外币信用等级为 BBB_i-，评级展望为稳定。

武契奇在本月总统选举中的胜利进一步推升了执政党的地位，增强了塞尔维亚政局的稳定性。塞尔维亚的地缘政治状况复杂，科索沃问题还待解决，与克罗地亚关系恶化。经济步入恢复增长通道，2016 年经济增速创 8 年来新高；在投资拉动下，中长期经济有进一步增长潜力。失业状况虽有所改善，但问题依然严峻。外资银行占比高，银行业资本充足率较好，但资产质量问题较为严重，尤其是国有商业银行不良贷款负担沉重。财政赤字水平下降较大，初级财政 2016 年实现小幅盈余。公共债务虽有所下降但依然处于高位，短期债务占比较小。经常账户赤字呈下降趋势，且赤字金额可以由资本账户的盈余所覆盖。外债呈持续下降趋势，外汇储备有所下降但对短期债务的覆盖尚好。综上所述，联合评级认为塞尔维亚对本外币债务具有足够的偿还能力，主权信用风险低。

评级依据

武契奇在本月总统选举中的胜利进一步推升了执政党的地位，增强了塞尔维亚政局的稳定性

2017 年 4 月 2 日，塞尔维亚总统选举如期举行，前进党领袖、时任总理武契奇在第一轮选举中就以 56% 的得票率胜出，直接当选总统。武契奇的高票当选是塞尔维亚民众对于武契奇政府过去两年在政治、经济、外交等各方面取得令人瞩目的成就，国家重新走上平稳发展道路的充分肯定。

2014 年 3 月塞尔维亚大选后，前进党与社会党等组建了联合政府。前进党主席武契奇担任总理，社会党主席达契奇担任第一副总理兼外交部长。两年来，联合政府的表现非常突出。借助优异的政绩，武契奇策划了 2016 年 4 月的提前大选。最终，由武契奇所领导的以前进党为核心的"塞尔维亚会赢"联盟一举赢得了议会 250 个席位中的 131 个席位，赢得独立组阁权利，前进党的执政地位因此得到加强。本次总统大选，武契奇轻松胜出使前进党的执政地位进一步巩固，顺利执政至 2020 年期满不存在问题。

武契奇的压倒性胜利引起了少部分人士对于其权力过大的担忧。就在他胜选不久，通过社交媒体组织起来的数千名青年在塞尔维亚的多个主要城市举行了抗议。虽然规模不大，远不足以动摇武契奇的执政基础，但依然值得关注。

地缘政治状况复杂，科索沃问题还待解决，与克罗地亚关系恶化

在科索沃地区，塞尔维亚人和占大部分人口的阿尔巴尼亚族之间的矛盾长期存在，随着阿尔巴尼亚族人口的迅速增长和塞尔维亚人的迁离，阿尔巴尼亚族的人口目前已经占科索沃的 90% 以上，在科索沃 2008 年单方面宣布独立后，迄今已经有 100 多个国家承认了科索沃；但塞尔维亚以维护领土完整为由一直反对科索沃的独立。目前，塞尔维亚与科索沃的谈判仍在进行，但鉴于双方的巨大分歧，短期内达成协议的可能性很低。

在克罗地亚右翼力量赢得政权后，总统柯林达采取了国家主义的外交政策，与塞尔维亚关系恶化，多次阻挠塞尔维亚加入欧盟的努力。虽然欧盟宣称欢迎塞尔维亚加入，并已开展谈判，但因克罗地亚的阻挠，塞尔维亚近期加入欧盟的可能性较低。

经济步入恢复增长通道，2016 年经济增速创 8 年来新高；在投资拉动下，中长期经济有进一步增长潜力

因为持续的战乱、政治纷争和糟糕的营商环境，塞尔维亚的经济增速为中东欧国家最低之一，也是欧洲最穷的国家之一。从 2010—2016 年，平均经济增速仅为 0.5%，低于中东欧国家 2.5% 的平均增速；在过去 7 年中，只有克罗地亚的经济增速低于塞尔维亚。武契奇政府上台以后，采取了一系列财政整固和结构性改革措施，使经济的增长开始恢复。2016 年，塞尔维亚的经济增长了 2.8%，创 8 年来新高。其中，投资和出口对 GDP 的贡献最大，分别达到了 5% 和 11%。联合评级预计，在 2017—2021 年，随着公共和私人投资的加速，塞尔维亚 GDP 的增速有望达到平均 3.5% 的水平；中长期，经济发展潜力向好。

塞尔维亚经济存在的结构性问题之一是低效的国有企业占比太高，向它们提供的补贴消耗过多政府财政资源，这一情况目前未有显著改善。虽然政府已经拟定了大规模的私有化计划，但进展比较缓慢。

图 6－73 塞尔维亚 GDP 增长率

注：2017 年数据为预测值。

资料来源：联合评级主权数据库，EIU 数据库。

通货膨胀基本稳定；失业状况虽有所改善，但问题依然严重

因为国内局势趋向稳定和国际能源价格的大幅度下跌，自 2014 年起，塞尔维亚的通货膨胀率从此前的较高水平大幅下降，至 2016 年已降至 1.2%。但随着国际能源价格的恢复性增长，以及私人消费的复苏，未来两年，塞尔维亚的通货膨胀率预期将小幅回升，但依然可控制在 3% 左右的比较温和水平。

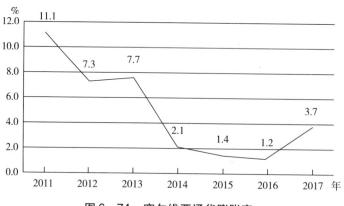

图 6 - 74　塞尔维亚通货膨胀率

注：2017 年数据为预测值。

资料来源：联合评级主权数据库，EIU 数据库。

随着经济恢复增长，塞尔维亚的就业水平呈持续改善的状态，至 2016 年已经从 2004 年的 30% 多下降到 2016 年的 18.9%，仍然处于较高水平。

图 6 - 75　塞尔维亚失业率

注：2017 年数据为预测值。

资料来源：联合评级主权数据库，EIU 数据库。

金融业对外开放程度高，外资银行占比高；银行业资本充足率较好，但资产质量问题较为严重，尤其是国有商业银行不良贷款负担沉重

银行部门在塞尔维亚的金融业中占据主导地位，而银行业是塞尔维亚开放程度最高，私有化进展最快的行业。在现有 31 家商业银行中，外资银行控股的占到了 22 家，外资银行的总资本占银行业总资本的 84%。这在一定程度上也增加了银行外部脆弱性，银行运营易受外资母行的影响。

塞尔维亚的银行资金来源充足且主要来自国内储蓄，资金稳定性较强。银行的短期贷款只占贷款总额的 3% 左右，保持了较高流动性。同时，银行业的资本充足率维持在较高水平,2016年,保持在21%左右,远远高于巴塞尔协议规定的8%和塞尔维亚的法定标准12%。

塞尔维亚银行业的风险在于整体的不良贷款率很高。这主要是因为美国次货危机和欧洲主权信用危机前塞尔维亚企业部门的高杠杆运营造成。2015年末,银行的不良率仍在25.9%;截至2016年9月底,虽然不良贷款率已经因为经济的复苏有所降低,但依然维持在18.7%左右的高位。值得注意的是,不良贷款率下降的成就主要归因于外资银行,塞尔维亚国有商业银行的不良贷款率仍然处于继续上升的轨道。

财政赤字水平下降较大,初级财政2016年实现小幅盈余

因为长期弥补国企的亏损,以及欧洲主权信用危机的影响,自2012年起,塞尔维亚的财政赤字占GDP比重连续三年一直维持在5%以上高位,而且主要通过外债弥补。

在世界银行和国际货币组织将整固公共财政作为对继续提供资金的条件后,塞尔维亚政府采取了包括强化征税、控制公共部门工资和养老金、削减对企业和居民补贴等多种手段在内的严厉财政整固政策,财政赤字水平因此开始快速下降,截至2015年降至占GDP的3.7%,2016年占GDP的1.4%,超过了预期的目标。初级财政平衡2016年由负转正,初级财政平衡占GDP比重由2015年的−0.7%上升为1.7%。

图6-76 塞尔维亚财政和初级财政平衡/GDP

注:2017年数据为预测值。
资料来源:联合评级主权数据库,EIU数据库。

公共债务虽有所下降但依然处于高位,短期债务占比较小,结构相对合理

随着财政赤字水平的下降,公共债务的比例也从2016年开始下降,从2015年占 GDP 比重的 75.9% 降至 2016 年的 74.0%，为 2008 年来该指标的第一次下降。未来，为了将这一比例降至 60% 的警戒线以内，预计政府将继续坚持包括削减国有企业补贴等手段在内的严厉财政整固政策。

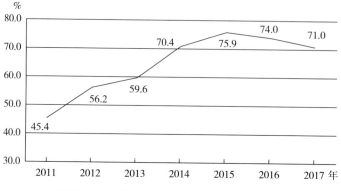

图 6-77　塞尔维亚公共债务占 GDP 比重

注：2017 年数据为预测值。

资料来源：联合评级主权数据库，EIU 数据库。

从公共债务的结构来看，约 60% 的债务由国外投资者持有，约 40% 为国内投资者持有。从债务期限来看，99% 以上为长期债务，短期债务比例不到 1%，债务结构相对合理，因此中短期内政府的偿债压力可控。

经常性账户赤字呈下降趋势，且赤字金额可以由资本账户的盈余所覆盖

近年来，出口的持续增长和国际能源价格的下跌致使塞尔维亚经常账户赤字比例持续缩小，至 2016 年底，经常账户的赤字占 GDP 的比重已经降到 4.0%，赤字金额大约为 16.2 亿美元。未来两年，经常账户赤字占比有望继续维持小幅下降的局面。

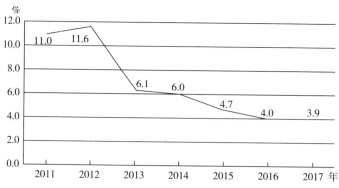

图 6-78　塞尔维亚经常性账户赤字占 GDP 比重

注：2017 年数据为预测值。

资料来源：联合评级主权数据库，EIU 数据库。

得益于政局趋向稳定和投资环境的持续改善,塞尔维亚的外国直接投资保持持续增长。2016 年,外国直接投资的金额已达到了 23.5 亿美元,超过了当年经常账户的赤字金额,因此大幅度降低了塞尔维亚的外部融资需求。

外债呈持续下降趋势,外汇储备有所下降但对短期债务的覆盖尚好

自 2013 年起,塞尔维亚的外债呈现了连续小幅下降的趋势,已经从 2013 年的 364 亿美元降至 2016 年的 304 亿美元。2016 年,外债与 GDP 之比为 80.5%,未来两年,外债的金额将维持在 2016 年水平,但与 GDP 的比值将有小幅下降。

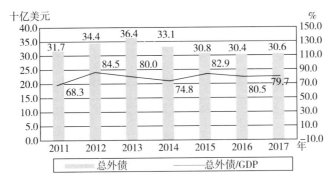

图 6-79 塞尔维亚外债情况

注:2017 年数据为预测值。

资料来源:联合评级主权数据库,EIU 数据库。

塞尔维亚外汇储备近年来出现了下降的趋势,从 2013 年的 148 亿美元降至 2016 年的 101 亿美元的水平,但依然处于比较充足的水平,可以覆盖 4 个多月的进口支出。未来两年,塞尔维亚的外汇储备有望实现止跌回升。相对充足的外汇储备可以在一定程度上帮助塞尔维亚抵御外部冲击;但如果本币第纳尔出现大幅度的贬值,塞尔维亚的经常账户赤字将会大幅度膨胀。

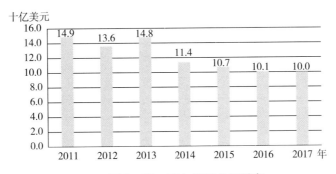

图 6-80 塞尔维亚外汇储备

注:2017 年数据为预测值。

资料来源:联合评级主权数据库,EIU 数据库。

展望

综上所述，武契奇在本月总统选举中的胜利增强了塞尔维亚政局的稳定性，塞尔维亚经济增长继续向好，通货膨胀率下降，失业率下降，财政赤字水平以及公共债务水平占 GDP 的比重双双开始下降，政府偿债的压力有所减轻，经常账户赤字水平下降，外债金额及其与 GDP 之比均出现下降，外汇储备即将转跌回升，而且，这些趋势都有望在中期持续。

鉴于此，联合评级对未来 1～2 年塞尔维亚本、外币主权信用评级的展望为稳定。

表 6－14　塞尔维亚主权信用评级关键数据表

指标	2012 年	2013 年	2014 年	2015 年	2016 年	2017 年[f]	中东欧[d]	"一带一路"[a]
名义 GDP（十亿美元）	40.7	45.5	44.2	37.2	37.7	38.4	731.7	404.1
人均 GDP（美元，PPP）	13,109	13,772	13,806	14,099	14,740	15,590	20,659.1	21,749.0
实际 GDP 增长率（%）	-1.0	2.6	-1.8	0.8	2.8	3.0	1.5	3.0
通货膨胀率（%）	7.3	7.7	2.1	1.4	1.2	3.7	3.7	5.5
国内信贷增长率（%）	12.9	-6.5	6.7	7.6	7.5	5.0	6.0	15.9
M2 增长率（%）	9.4	4.6	7.6	6.6	11.6	7.0	8.3	11.4
各级政府财政平衡/GDP（%）	-7.2	-5.6	-6.6	-3.7	-1.4	-1.7	-2.2	-2.9
各级政府利息支付/GDP（%）	2.5	2.8	2.8	3.0	3.1	3.0	1.9	2.3
各级政府初级财政平衡/GDP（%）	-4.7	-2.8	-3.8	-0.7	1.7	1.3	-0.3	0.2
公共债务/GDP（%）	56.2	59.6	70.4	75.9	74.0	71.0	45.9	46.0
总外债/GDP（%）	84.5	80.0	74.8	82.9	80.5	79.7	76.9	72.8
短期债务/总外债（%）	3.0	1.6	1.6	2.9	2.6	2.8	19.1	20.9
经常项目余额/GDP（%）	-11.6	-6.1	-6.0	-4.7	-4.0	-3.9	-1.7	-0.9
国际储备/总外债（%）	41.8	42.4	36.4	36.8	35.4	35.3	38.7	128.0

注：f 表示预测值；d 表示中东欧 19 国近 5 年均值；a 表示"一带一路"57 国近 5 年均值。
资料来源：联合评级主权数据库。

Highlights of the Sovereign Rating
on the Republic of Serbia

Sovereign Rating

Long-term Local Currency: $BBB_i -$

Long-term Foreign Currency: $BBB_i -$

Outlook: Stable

Ratings completed on April 23rd, 2017

Analyst: Ding Xiang

Rating Rationale

United Ratings assigned "$BBB_i -$" on both local and foreign currency sovereign credit ratings of the Republic of Serbia (hereinafter, "Serbia") on April 23rd, 2017 with a stable outlook.

The victory of Aleksandar Vucic, the former prime minister in Serbia's presidential election in April 2017 enhanced the politic status of the ruling party, contributing to a more stable political situation. However, the geopolitical situation remains complicated with the issue of Kosovo yet to be resolved and the relations between Serbia and Croatia worsening. Serbia's economy rebounds and begins to grow, with the economic growth of 2016 reaching an 8-year high. Driven by investment, the economy gain more growth momentum in the medium to long run. The unemployment rate declined slightly, yet the employment situation remains serious. Foreign banks dominate the banking sector of Serbia, and while the capital adequacy ratio remains healthy, the asset quality causes concerns, with the state owned commercial banks carrying heavy NPL burdens. The level of fiscal deficit has dropped significantly, and the primary fiscal balance recorded a slight surplus. The public debt is declining yet remains high, and short-term debt accounts for a small proportion. The current account deficit keeps on declining, and can covered fully by the capital account surplus. Serbia's foreign debt continues to decline. Although foreign exchange reserves have been shrinking, it can still well cover the short-term debt. In summary, United Ratings believes that Serbia has enough local and foreign debt repayment capability, and its sovereign credit risk is relatively low.

Outlook

Summing up, the victory of Vucic in Serbia's presidential election in April 2017 enhanced the political stability of Serbia. Serbia's economy rebounds and continues to improve, with inflation rate and unemployment both going down. The level of fiscal deficit and public debt to GDP ratio began to decline, reducing the debt repayment pressure of the government. The external sector improved with the current deficit narrowing down, and the foreign debt volume and foreign debt to GDP ratio both declining. The foreign exchange reserves rise again after a fall. In addition, these healthier trend is expected to continue in the medium term. Accordingly, United Ratings assigned a stable outlook on Serbia's local and foreign currency credit ratings for the next 1 – 2 years.

斯洛文尼亚共和国

本次评级结果

长期本币信用等级：A_i+

长期外币信用等级：A_i+

评级展望：稳定

本次评级时间

2017 年 5 月 5 日

分析师：丁翔

评级观点

联合评级于 2017 年 5 月 5 日对斯洛文尼亚共和国（以下简称斯洛文尼亚）的主权信用进行了评定，确定其长期本、外币信用等级为 A_i+，评级展望为稳定。

自独立以来，斯洛文尼亚保持了政体的稳定。但近年来受经济增长下滑影响，政府更替频繁。现执政联盟主体政党虽支持率大幅下滑，但依然有望执政至期满。2008 年金融危机造成的外部需求下降致其经济遭受严重打击，现任执政联盟上台以后采取了一系列改革措施，促使经济企稳回升。失业率较高，但预期将随着经济结构的调整有所改善。欧盟的货币政策总体上创造了有利于斯洛文尼亚经济发展的金融环境。银行业在接受政府注资和不良资产集中处理后稳健性大幅度提高。政府开始推行严厉财政整固政策，财政赤字大幅下降。政府债务规模较大，公共债务占比均呈现下降趋势，债务持有人以国内为主且期限较长。综上所述，联合评级认为斯洛文尼亚具有较强的本、外币债务偿还能力，主权信用风险较低。

评级依据

自独立以来，斯洛文尼亚保持了政体的稳定。但近年来受经济增长下滑影响，政府更替频繁。最近，现执政联盟主体政党支持率大幅下滑，改革步伐可能放缓，但依然有望执政至期满

自 1991 年建立独立国家以来，斯洛文尼亚保持了稳定的民主政体。但受 2008 年金融危机带来的经济增长下滑冲击，近年来政府频繁变更，对政局的稳定形成了一定的影响。在 2011 年底举行的提前大选中，雅奈兹·扬沙（Janez JANŠA）领导的中右翼政党联盟获得了胜利，并于 2012 年初组建了新政府，但执政仅一年就在信任投票中失败。其后，由阿伦卡·布拉图舍克（Alenka BRATUŠEK）领导的新当选的中左翼执政联盟也在执政一年多后辞职，议会再次被迫提前大选。2014 年，新成立的采拉尔党在大选中获胜并获得组阁权，9 月，由采拉尔党、退休者民主党和社会民主人士党组成的联合政府成立。米罗·采拉尔（Miro CERAR）出任新政府总理，并执政至今。

2014 年上台的中左翼执政联盟占据了议会 90 个席位中的 52 席，因此能够比较顺利地采取一系列的经济调整措施，使斯洛文尼亚的政经形势开始企稳。但近期执政联盟内部出现的矛盾，特别是在移民法修订、医保改革、国企私有化等领域的分歧，导致了采拉尔党支持率大幅下滑，根据 3 月 18 日进行的最新民调，如果现在进行大选，采拉尔党的支持率仅能达到 6.3%，远远低于当政之初的 36.5%。联合评级认为，即便采拉尔党难以赢得 2018 年的大选，但现执政联盟依然有望顺利执政至 2018 年任期结束。

尚未有难民大批定居，地缘政治形势比较稳定

斯洛文尼亚与全球主要国家和欧盟其他成员国均保持了良好的外交关系，总体而言，地缘政治环境相对稳定。因为地理位置原因，斯洛文尼亚成为阿拉伯难民前往德国等西欧国家的重要通道，但大多数难民未在斯洛文尼亚定居，因此对其的影响要小于其他主要欧盟国家。另外，斯洛文尼亚和克罗地亚长期存在海上边界纷争，但一直未对两国的政经关系造成重大影响，基本处于可控范围之内。

2008 年金融危机造成的外部需求下降致使对外依存度较高的经济遭受严重打击，现任执政联盟上台以后采取了一系列改革措施，使经济企稳回升

斯洛文尼亚是南斯拉夫联邦中经济最为发达的加盟共和国，在建立独立国家后

政府开始推行严厉财政整固政策，并取得了比较显著的效果，财政赤字大幅下降

向银行业的注资给斯洛文尼亚带来了沉重的财政负担，2013 年和 2014 年，斯洛文尼亚的财政赤字占 GDP 的比重先后达到了 15.0% 和 5.0%，远超欧盟规定的 3.0% 上限。从 2015 年起，政府开始推行严厉的财政整固政策，并取得了比较显著的效果，财政平衡比 GDP 至 2015 年底下降至 −2.7%，2016 年底进一步下降至 −1.4%。初级财政平衡实现盈余，2015 年和 2016 年分别为 GDP 的 0.3% 和 0.7%。

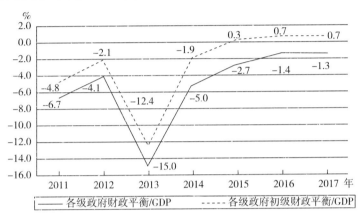

图 6 − 83 财政和初级财政平衡/GDP

注：2017 年数据为预测值。

资料来源：联合评级主权数据库。

政府债务规模较大，公共债务占比均呈现下降趋势，债务持有人以国内为主且期限较长，短期内政府偿债压力不大

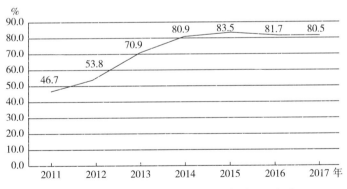

图 6 − 84 斯洛文尼亚公共债务占 GDP 比重

注：2017 年数据为预测值。

资料来源：联合评级主权数据库。

高企的财政赤字大幅度推高了斯洛文尼亚的公共债务水平。从 2010—2015 年，过去 5 年斯洛文尼亚公共债务占 GDP 的比重迅速上升，从 36.8% 上升至 83.5%，远远超过欧盟规定的60%警戒线。但随着财政赤字的收敛，以及2015年国会出台了财政整治纪律，希望公共债务占GDP比重已经出现小幅下降的趋势，到2018年有望降至79%左右。

从公债务的结构来看，65%的债务持有人为国内投资者，35%的债务持有人为国外投资者，债券的期限普遍在十年或以上，因此，中短期内政府的偿债压力不大。

经常账户盈余上升，外国直接投资持续增长

在经历了2008年金融危机引起的出口大幅衰退后，斯洛文尼亚的出口逐步恢复增长，经常账户也从2011年开始恢复盈余状态，且出现逐步升高的趋势，2016年，经常账户的盈余占GDP的比重到达了6.5%，为20年来最高；但随着国内消费需求的恢复带来了进口增长，未来两年，经常账户盈余占GDP的比重可能略有降低。

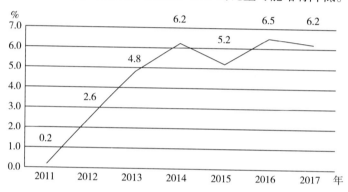

图6-85　斯洛文尼经常性账户盈余占GDP比重

注：2017年数据为预测值。

资料来源：联合评级主权数据库。

另外，政府采取的一整套吸引外国直接投资和私有化措施，以及国内经济总体向好，消费需求上升的趋势导致了外国直接投资的显著上升。

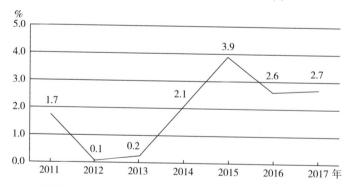

图6-86　斯洛文尼亚外国直接投资占GDP比重

注：2017年数据为预测值。

资料来源：联合评级主权数据库。

展望

综上所述，斯洛文尼亚的经济形势已经开始逐步恢复进入增长的轨道，财政整固政策取得了比较明显的效果，国内政局基本保持稳定，外部状况有望继续维持稳定。中期内，政府偿债能力趋势向好，财政赤字和公共债务占比有望继续降低。因此，联合评级决定对未来1~2年斯洛文尼亚本、外币主权信用评级展望为稳定。

表6-15 斯洛文尼亚主权信用评级关键数据表

指标	2012年	2013年	2014年	2015年	2016年	2017年[f]	中东欧[d]	"一带一路"[d]
名义GDP（十亿美元）	46.4	47.8	49.6	42.6	44.2	43.4	731.7	404.1
人均GDP（美元，PPP）	28,664	29,045	30,098	31,026	32,290	33,670	20,659.1	21,749.0
实际GDP增长率（%）	-2.6	-1.0	2.9	2.1	2.6	2.4	1.5	3.0
通货膨胀率（%）	2.8	1.9	0.4	-0.7	-0.2	1.7	3.7	5.5
国内信贷增长率（%）	-2.0	-10.0	-14.7	7.3	3.3	2.5	6.0	15.9
M2增长率（%）	-0.9	-1.3	6.7	5.0	6.9	4.3	8.3	11.4
各级政府财政平衡/GDP（%）	-4.1	-15.0	-5.0	-2.7	-1.4	-1.3	-2.2	-2.9
各级政府利息支付/GDP（%）	2.0	2.6	3.2	3.0	2.0	2.0	1.9	2.3
各级政府初级财政平衡/GDP（%）	-2.1	-12.4	-1.9	0.3	0.7	0.7	-0.3	0.2
公共债务/GDP（%）	53.8	70.8	80.9	83.5	81.7	80.5	45.9	46.0
经常项目余额/GDP（%）	2.6	4.8	6.2	5.2	6.5	6.2	-1.7	-0.9

注：f表示预测值；d表示中东欧19国近5年均值；a表示"一带一路"57国近5年均值。

资料来源：联合评级主权数据库。

Highlights of the Sovereign Rating
on the Republic of Slovenia

Sovereign Rating

Long-term Local Currency：$A_i +$

Long-term Foreign Currency：$A_i +$

Outlook：Stable

Ratings completed on May 5th, 2017

Analyst：Ding Xiang

Rating Rationale

United Ratings assigned "$A_i +$" on both local and foreign currency sovereign credit ratings of the Republic of Slovenia (hereinafter, "Slovenia") on May 5th, 2017 with a stable outlook.

Since its independence in 1991, the political regime of Slovenia has remained stable. However, owing to the impact of economic downturn, the government has changed frequently. It is increasingly likely that the government will survive a full term, though the main party in the political coalition has experienced a substantial drop of support. The economy has suffered severe losses from the decline of external demand caused by the financial crisis in 2008. The coalition took a series of reform measures to promote a steady rebound of economic growth. The high unemployment rate is expected to decline with the adjustment of e-conomic structure. The overall monetary policy of the EU is advantageous to create a finan-cial environment for economic development. The performance of the banking sector has im-proved greatly after the capital injection of the government and collective handling of the non-performing assets. The government began to implement a strict fiscal consolidation pro-gram, leading to a substantial decrease of fiscal deficit. The public debt scale is relatively large, yet the public debt to GDP ratio maintains on a declining trend. The public debt is dominated by long-term domestic debt. As such, United Ratings believes that Slovenia has a relatively strong local and foreign debt repayment capability, and its sovereign credit risk is relatively low.

Outlook

Overall, the economy of Slovenia has rebounded and sustained an upturn. The fiscal consolidation program of the government has made progress, and the political situation and external sector remain largely stable. In the medium term, the government solvency condi-tion is expected to improve, with the fiscal deficit and public debt to GDP ratios continuing to decrease. As such, United Ratings assigned a stable outlook on Slovenia's local and for-eign currency credit ratings for the next $1-2$ years.

斯洛伐克共和国

本次评级结果

长期本币信用等级：$AA_i -$

长期外币信用等级：$AA_i -$

评级展望：稳定

本次评级时间

2017 年 4 月 18 日

分析师：陈家林

评级观点

联合评级于 2017 年 4 月 18 日对斯洛伐克共和国（以下简称斯洛伐克）的本、外币主权信用进行了评级，决定给予斯洛伐克长期本、外币信用等级为 $AA_i -$，评级展望为稳定。

斯洛伐克本届联合政府提出了一系列改革措施促进经济增长，但政策一致性存在问题，且不排除提前大选的可能性；受内需拉动和欧盟直接投资刺激，经济增长势头较强，但对外部需求依赖度较高，经济增长存在一定脆弱性；通货膨胀率较低，失业率持续下降；银行业资本金充足；财政赤字较低，债务规模减小；外债规模合理，偿债能力较强。综上所述，斯洛伐克政府具有很强的本、外币偿债能力，主权信用风险很低。

评级依据

尽管本届联合政府目前相对稳定，但不排除提前大选的可能性，议会党派分裂，政治稳定性面临一定风险

2016 年 3 月 5 日，斯洛伐克国民议会举行选举，中左派方向党获胜，蝉联议会第一大党，在国民议会 150 个议席中占 49 席，同民族党、桥党和网络党组建联合政府。方向党主席罗伯特·菲佐三度出任总理，方向党曾经在上一届选举中单独执政。新政府上台五个月后联合政府中的最小党派网络党脱离了联合政府。尽管菲佐没有了一党执政时的稳定政府，但剩下的三党联合政府目前相对稳定，因为三党在改善教育和医疗卫生的政策、放松财政整固和反腐倡廉等方面达成共识，而且民调结果显示执政联盟三党无须重新举行选举。

新政府声称将执行扩张的财政政策，放松财政整固程度，但受制于欧盟的预算规则，其财政赤字将保持在适当水平。由于菲佐长期执政存在不确定性，提前举行议会选举的风险较高；但是，任何下一届政府都会更可能致力于欧盟一体化，采取相对审慎的财政政策。因此，目前对投资者友好的营商环境有望保持稳定。

2017 年末将举行地方选举，2019 年是总统选举年，而下一次议会选举定于 2020 年举行。然而，联合评级认为本届联合政府下台且提前举行大选的可能性较高。

斯洛伐克加强同美欧大国关系，与俄罗斯发展良好双边关系，地缘政治形势比较稳定

斯洛伐克奉行独立自主的全方位外交方针，主动发展友好睦邻关系，积极参与国际事务，加强与美欧大国的关系。在加入欧盟和北约后也保持着和俄罗斯以及乌克兰等国的友好关系，最近也在加强和亚太新兴经济国家的合作与发展，为推动地区合作做出了重要贡献。1993 年 1 月 1 日，斯洛伐克成为主权独立国家，外交不断进取，国际地位显著提高。2004 年 3 月和 5 月分别加入北约和欧盟；2006—2007 年担任联合国安理会非常任理事国；2007 年 12 月成为《申根协定》缔约国；2009 年 1 月 1 日起加入欧元区。2016 年下半年担任欧盟轮值主席国。

由于 2015 年的欧洲难民危机，斯洛伐克与欧盟其他成员国的关系变得更加紧张，因为斯洛伐克坚决反对欧盟通过的难民重置方案，甚至不惜为此向欧洲法院提起诉讼。这场难民危机使维谢格拉德四国（V4，捷克、斯洛伐克、波兰和匈牙利）

在反对西欧盟成员国应对策略方面靠得更紧。在英国脱欧问题上，V4 领导人的立场一致，宣称行动自由权不应讨论，并且反复强调他们反对加强欧盟集权的呼声。

斯洛伐克在加入欧元区后，积极发展与俄罗斯的外交关系，它的欧盟和北约成员国身份并没有损害和俄罗斯的关系，反而在改善俄罗斯与北约及欧盟的关系、建立良好的沟通桥梁方面起到了极大的推动作用。在美国中欧反导计划问题上，斯洛伐克与捷克相反，选择站在俄罗斯的立场上，这进一步增强了两国友好联系。

受内需拉动和欧盟直接投资刺激，经济增长势头较强，但对外部需求依赖度较高，经济增长存在一定脆弱性。通货膨胀率较低，失业率持续下降

1993 年 1 月斯洛伐克独立后，推行市场经济，加强宏观调控，调整产业结构。近年来，斯洛伐克政府不断加强法制建设，改善企业经营环境，大力吸引外资，逐渐形成以汽车、电子产业为支柱，出口为导向的外向型市场经济。经济增长严重依赖工业品出口，出口目的地主要为欧元区其他国家和周边邻国。2009 年受国际金融危机影响经济下滑，2010 年、2011 年实现恢复性增长，2012 年增速有所放缓。2015 年实际 GDP 增长率为 3.8%，超过 2014 年的 2.6%。2015 年总固定投资增长了16.9%，主要是因支付欧盟资助资金的支出所致。2016 年虽然投资增长率无法与上年相比，但国内经济依然保持强劲势头，实现 3.3% 的增长。

图 6-87 斯洛伐克 GDP 增长率

注：2017 年数据为预测值。

资料来源：联合评级主权数据库。

增长的主要动力源自国内需求，预计中长期内将依然如此。得益于就业和名义工资的增长和低通胀率，个人消费从 2014 年恢复增长。由于通胀率的提高将吞噬实际工资的增长，中期内将保持 2.6% 的年均增长水平，尽管劳动力短缺会推高名义工资。投资增长将继续源于欧盟资金的流入，辅以通过 PPP 模式融资的更多基础设施项目的上马，还有英国捷豹路虎公司投资的斯洛伐克第四大汽车制造厂的开工建设。受 2015

年高比较基数的影响，2016年投资增长下降了9.3%，预计中期内年平均投资增长率为2.4%。未来几年汽车行业将继续推动出口增长。预计中期内商品和服务出口将保持年平均4%的增长。受国内消费需求增加，捷豹路虎汽车厂等制造业生产资料进口需求增加，以及中间商品进口的影响，中期内进口增长率也将保持平均3.1%的水平。

中期内实际GDP增长预计将保持平均3.2%的水平。技能型人才和劳动力短缺将日益成为制约其稳步增长的主要因素。主要下行风险来自外部领域。欧元区的增长低于预期将严重打击开放的斯洛伐克经济。

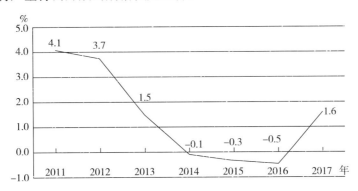

图6-88 斯洛伐克通货膨胀率

注：2017年数据为预测值。

资料来源：联合评级主权数据库。

与欧元区较弱的通货膨胀压力一致，始于2014年的通缩趋势一直持续到2016年。基础价格压力依然较低。核心通货膨胀率在2016年绝大部分时间均保持在1%以下。受基数效应、私人消费增长、全球能源价格上涨以及欧元走弱等因素影响，2017年通胀压力增大，年均通胀率将小幅上升至1.6%。预计中长期年均通胀率为1.8%。

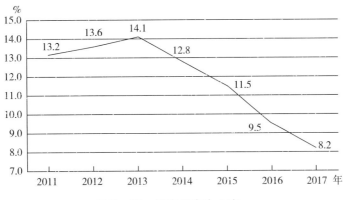

图6-89 斯洛伐克失业率

注：2017年数据为预测值。

资料来源：联合评级主权数据库。

斯洛伐克的失业率一直处于较高水平，2013 年达到 14.1%；随着经济增长状况的逐步改善，失业率也逐步下降，2016 年降至 9.5%，预计今明两年将继续下降至 8.2% 和 7.6%。

银行业资本充足率较高，流动性相对充裕，能够较好应对高信贷带来的潜在冲击，但房贷增长较快，外资占比过高

虽然欧元区的政治风险在增加，但经济实际上显现出增长势头，在 2015—2016 年出现 1.8% 的增长后，预期今年仍将健康发展。不过，欧洲央行还在继续实行特别宽松的货币政策：将主要政策利率设为零或零以下，一系列定向长期再融资操作（TLTRO）旨在促使银行发放更多贷款，每月 800 亿欧元的量化宽松（QE）计划，自 2017 年 4 月至年底改为每月 600 亿欧元。预计中期内欧洲央行不会采取收紧政策利率的货币政策。

近年来，私人部门的信贷规模增长迅速，2016 年 11 月，购房贷款和个人消费贷款存量同比增长 13.9% 和 15.9%，上一年度增速与此类似。为抑制信贷规模的过快增长，央行于 2016 年 7 月决定，要求自 2017 年 8 月起增加 0.5% 的逆周期资本缓冲。由于家庭和银行资产负债表都相对较稳健，信贷规模的增长尚不至于对银行体系的稳定性带来显著风险。

斯洛伐克的银行业被外资银行垄断，欧洲央行是其银行业的主要监管部门。2015 年 9 月，在银行业总共 34 亿欧元的股权资本中，32 亿欧元属于外资，其中捷克资本占比第一，奥地利、比利时和卢森堡的资本也有相当高的占比。偿债能力指标强劲且稳定，自 2014 年第一季度以来，银行业整体核心资本充足率达到 16% 左右，不良贷款率自 2015 年初出现大幅下降，2016 年第二季度为 4.8%。2016 年 1—9 月，银行业整体利润同比增长了 7.7%。

银行业资本充足，资金头寸优于本地区邻国同行，国内储蓄覆盖了大部分借贷，使银行不必过于依赖外部融资。但房贷增长强劲意味着银行和抵押权人将面临物业价值或家庭偿还能力下降的风险。

受益于经济稳健增长，税收状况改善，财政赤字处于低位并逐步下降

在 2009 年的经济衰退过程中，财政赤字高达 GDP 的 7.8%，至 2013 年收窄至 2.7%。接下来的两年保持在此水平，因此 2014 年斯洛伐克退出了欧盟的过度赤字程序，表明欧盟政治上认可了上届政府的财政政策的可信度。2013—2015 年稳定的赤字率在很大程度上得益于 GDP 的强劲增长推动财政收入增加，以及相应的税收增加，因为支出也在增长。这一趋势一直保持到 2016 年，预计财政赤字进一步缩小到 GDP 的 2.0%，部分原因是大选之年减少了基础设施建设的支出。

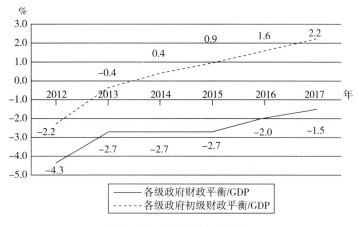

图 6 - 90　斯洛伐克财政状况

注：2017 年数据为预测值。

资料来源：联合评级主权数据库。

在财政平衡方面，近年来预算赤字持续下降，2016 年从上一年的 2.7% 收窄至 2.0%；2017 年，政府预期财政赤字为 GDP 的 1.3%。赤字状况改善的原因包括：高增长预测、税率的增加和税务征缴。并计划 2019 年实现盈余。联合评级认为斯洛伐克政府对于增长和财政平衡的预测过于乐观，因此预计中期内财政赤字的状况难以消除。经济增长和税收增加应该能够帮助将财政赤字率逐渐从 2017 年占 GDP 的 1.5% 降至 2021 年的 0.5%。各级政府的初级财政平衡近年来也在逐步改善，2014 年从上一年的 0.4% 的赤字转为 0.4% 的盈余；2016 年，初级财政盈余进一步扩大至 GDP 的 1.6%。并将在今后一两年继续增长。

公共债务与 GDP 的比率中期内将逐步下降，经常账户略有盈余

在名义 GDP 强劲增长的带动下，公共债务与 GDP 的比率将持续逐步下降；之前从 2008—2009 年全球金融危机之前的 27.0% 猛增至 2013 年的 54.7%，然后便逐渐回落。2015 年公共债务占比为 52.5%；受益于经济增长和税收收入的增加，预算赤字将逐步收窄，预计至 2021 年，斯洛伐克公共债务占比将进一步下降至 46%。

由于汽车出口和其他领域的对外贸易顺差，斯洛伐克的经常账户与 GDP 的比率在 2012—2015 年保持盈余，2016 年由初级收入赤字出现 0.5% 的赤字；由于贸易盈

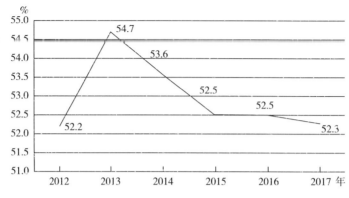

图 6-91　斯洛伐克公共债务占 GDP 比重

注：2017 年数据为预测值。

资料来源：联合评级主权数据库。

余幅度的下降，预计 2017 年仍然维持小幅赤字；2018 年以后，由于出口增长超过进口增长，中期内经常账户将维持盈余状态。

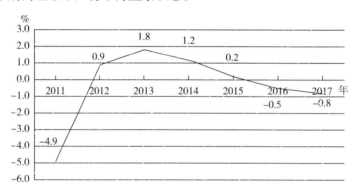

图 6-92　斯洛伐克经常账户赤字占 GDP 比重

注：2017 年数据为预测值。

资料来源：联合评级主权数据库。

外债规模减小，偿付能力改善，外债结构合理，偿债压力下降

汽车行业是斯洛伐克进出口的主导行业：三家汽车制造厂 2015 年和 2016 年连续两年产量超过百万。产品大多出口至德国和其他欧元区国家。汽车作为其支柱产业的状况在中期内只会强化，因为对三家现有汽车厂会增加进一步投资，捷豹路虎汽车厂将于 2019 年投产。然而，强劲的国内需求、稳定的资本输入和高涨的油价将给 2017 年的贸易顺差带来压力。

经常项目下另一个重要组成部分是初级收入平衡。相当比例的投资收入外流——由多年的对诸如汽车行业的外国直接投资产生——已经导致多年的初级收入赤字。预计这一状况今后仍将如此，因为汽车行业将持续走强，继续吸引国外投资。预计经常项目连续两年赤字的状况将在 2018 年转为略有盈余，并将在今后若干年保持盈余。

2016 年 12 月，斯洛伐克的外债总量为 795 亿美元，其中短期外债为 308 亿美元，占 GDP 的比重为 35.4%。2017 年 1 月，外汇储备 17.1 亿美元。欧元区畅通的融资渠道为其外部融资提供了很大便利性。斯洛伐克较为强劲的经济增长、不断下降的公共债务与 GDP 的占比也保证其从国际债务市场获得长期融资。在欧洲央行量化宽松政策的帮助下，斯洛伐克主权债券的收益率属于欧元区国家中最低的几个之一。

展望

短期内，斯洛伐克政局基本稳定，经济保持快速稳定增长，政府财政赤字较低，债务规模减小，宽松的货币环境、欧元区直接投资和结构基金将保证政府较强的偿债能力。因此，联合评级对未来 1 ~ 2 年斯洛伐克本、外币主权信用评级展望为稳定。

表 6 – 16　斯洛伐克主权信用评级关键数据表

指标	2012 年	2013 年	2014 年	2015 年	2016 年	2017 年[f]	中东欧[d]	"一带一路"[a]
名义 GDP（十亿美元）	93.5	98.5	100.9	87.3	89.6	88.8	731.7	404.1
人均 GDP（美元，PPP）	26,600	27,871	28,997	29,894	31,210	32,910	20,659.1	21,749.0
实际 GDP 增长率（%）	1.7	1.5	2.6	3.8	3.3	3.1	1.5	3.0
通货膨胀率（%）	3.7	1.5	–0.1	–0.3	–0.5	1.6	3.7	5.5
国内信贷增长率（%）	–0.5	0.9	2.6	14.8	8.1	6.3	6.0	15.9
M2 增长率（%）	7.3	6.2	5.2	11.1	5.2	6.3	8.3	11.4
各级政府财政平衡/GDP（%）	–4.3	–2.7	–2.7	–2.7	–2.0	–1.5	–2.2	–2.9
各级政府利息支付/GDP（%）	2.1	2.4	3.1	3.7	3.6	3.7	1.9	2.3
各级政府初级财政平衡/GDP（%）	–2.2	–0.4	0.4	0.9	1.6	2.2	–0.3	0.2
公共债务/GDP（%）	52.2	54.7	53.6	52.5	52.5	52.3	45.9	40.6
经常项目余额/GDP（%）	0.9	1.8	1.2	0.2	–0.5	–0.8	–1.7	–0.9

注：f 表示预测值；d 表示中东欧 19 国近 5 年均值；a 表示"一带一路"57 国近 5 年均值。

资料来源：联合评级主权数据库。

Highlights of the Sovereign Rating
on the Republic of Slovakia

Sovereign Rating

Long-term Local Currency：AA_i –

Long-term Foreign Currency：AA_i –

Outlook：Stable

Ratings completed on April 18th, 2017

Analyst：Chen Jialin

Rating Rationale

United Ratings assigned "AA_i – " on both local and foreign currency sovereign credit ratings of the Republic of Slovakia (hereinafter, "Slovakia") on April 18th, 2017 with a stable outlook.

The coalition government put forward a series of reform measures to promote economic growth, however, the government's policies are inconsistent in certain regards, and the possibility of a snap election cannot be ruled out. The economic growth maintains a strong momentum, yet its relatively high reliance on external demand exposes its vulnerability. The inflation rate is comparatively low and the unemployment rate keeps declining. The capital of the banking sector is adequate. Government's fiscal deficit is low and public debt scale is decreasing. In addition, the foreign debt scale is reasonable. Overall, United Ratings believes that the government of Slovakia has a very strong debt repayment capability both in local and foreign currency, and the sovereign credit risk is very low.

Outlook

In the short term, the political situation of Slovakia remains relatively stable, driving a rapid economic growth. The level of fiscal deficit remains rather low and the public debt scale keeps declining. In addition, the accommodative monetary policy, FDI inflows from the Eurozone, and the EU Structural Fund absorption will guarantee that the government maintains a relatively strong solvency. Accordingly, United Ratings assigned a stable outlook on Slovakia's local and foreign currency credit ratings for the next 1 − 2 years.

第七部分

全球历史主权信用风险回顾

回头看百年主权违约事件的是与非

艾仁智　胡前方

"100 年前，全球债务总额为 0。

100 年后，全球债务总额是 230 万亿美元。"

也许，这就是经济学家们所说的"非理性繁荣"吧，正如牛顿所言："我可以测算出天体的运动规律，但无法估计人类的疯狂"。人类的"动物精神"无不在追求利益最大化的冲动中，疯狂至杠杆的失控。信用、杠杆、风险是金融的核心，只要其中一点失衡，便会引发金融危机。其中，主权债务违约是金融危机的一大表现。"历史不会重复自己，但会押着同样的韵脚。"以史为鉴，寄希望在当今被债务催生的繁荣中能始终睁着一只眼睛，尽可能地少走入"致命的自负"陷阱。

"除了被遗忘，没有什么是新东西。"

一、研究背景和数据来源

"只要音乐不停，我们就得继续跳舞。"我们无法抗拒潘多拉魔盒的诱惑，但我们又不想与魔鬼约会。纵观人类金融史长河，我们会发现每隔一段时间，资本的魔杖就在疯狂的起舞，诱人的泡沫终究破灭了。1636 年的郁金香泡沫到 1720 年的南海泡沫隔了 84 年，1907 年的美国银行危机到 1929 年的大萧条隔了 22 年，再到 1987 年的股市"黑色星期一"隔了 58 年。从 1987 年开始，1994 年墨西哥金融危机、1997 年亚洲金融危机、2001 年"9·11"和股市崩盘、2008 年次贷危机和 2015 年 EM/股市崩盘，全球金融危机几乎每隔 7 年一个循环，这说明市场中的金融资产就像"烫手的山芋"，不断地在各类投资者手中传递，随着非理性的频繁交易，其资产价格在不断飙飞中也会以更快的速度垂直地跌落，随即美丽的泡沫最终破灭，萧条随之来临。的确，"萧条是对透支的偿还"。人性对财富的贪婪，诱惑着人类穿着"杠杆化的资本水晶鞋"不停地舞蹈，直到轰然坍塌的来临，才会在一片狼藉中戛然而止。货币和金融蕴藏着巨大魔力，魔鬼并未远离我们。

每一次危机都是殊途同归。不论是源于大宗商品和金融资产价格的大起大落，还是源于银行信贷资产的恶化，抑或是由境外资本的冲撞所引发的汇率危机所致，尽管不同国家的市场有着其自身的独特运营方式和危机爆发的情况，但是实践证明，过去近百年，至少近五十年间发生的泡沫破灭不存在相互间关联的可能性极低，风险的相似性和关联度、传染度越来越高。以史为鉴，可知兴替，对20世纪开始的百年主权债务危机事件的梳理有助于我们进一步把握主权信用风险特征，提高对主权违约趋势的认识。同时，对百年来我们曾经经历过的主权违约事件进行时间序列审视，将为我们揭示出一些被忽略在历史长河里的风险特征，使得我们在未来，能够在危机发生前做更多更妥善的应对之策。

正视高悬的达摩克利斯剑，才能化险为夷，在确保债权人利益的同时实现资本价值的共赢。从我们对近一百多年的主权金融史的梳理来看，囿于全球经济链的中心—外围发展模式，经济增长的脆弱性和对外高度依赖性决定了发展中国家，包括"一带一路"沿线国家，历来都是世界债务危机、金融危机的爆发地。经济的脆弱性必然带来金融的脆弱性，这犹如一把达摩克利斯剑高悬其上，稍有不慎就会带来金融危机。这也是伴随着"一带一路"人民币资本国际化的过程中，我们不得不正视和亟须加强管理的一大问题。对沿线国家的主权信用评级就是其中的一项举措，联合评级通过对国际事件、国家风险和主权信用风险的深耕和研究，希望尽可能地做到防患于未然、化险为夷的目的。

本次百年回顾编制的数据时间范围为1900年初至2015年底，时间跨度超过100年。编制对象为时间范围内所有拥有或拥有过独立主权能力的国家或地区发生的主权债务违约事件。本次编制的素材主要是笔者对大量公开资料和文献的梳理和整理，其中主要参考文献有莱因哈特（Reinhart）和罗格夫（Rogoff）（2012年）的《这次不一样——八百年金融危机史》，达斯（Das）、帕帕约安努（Papaioannou）和特雷贝斯（Trebesch）（2012年）共同撰写的工作论文《1950—2010主权债务重组：文献调查，数据，和典型事实》，比尔斯（Beers）和那多（Nadeau）（2014年）发表的《2015主权违约数据库》，穆迪2015年公开资料《自1983年以来穆迪评级主权债券违约表》，阿雷拉诺（Arellano）和科薛拉科塔（Kocherlakota）（2008年）的

《国内债务危机和主权违约》等。

二、主要定义和数据处理

由于本篇回顾的主要是政府信用危机，尤其是对一国中央政府信用危机的回顾和梳理，因此对政府债务、政府信用能力和偿债意愿的考察是本文关注的重点。围绕此内容的主要定义如下：

（一）主权债务与主权债务违约

主权债务是指一国中央政府以本国的主权信用为担保向外借来的债务，包括向国际货币基金组织、世界银行等国际组织，向其他国家或者是通过发行债券直接从资本市场融入的资金，统称为一国主权债务。当然，广义的主权债务还包括中央政府隐形担保的或有债务，但一般隐形担保的或有债务难以统计和量化。主权债务根据其债权人的地域划分为国家外部债务和国家内部债务，即与外国机构或投资者形成的债权为外部债务，而本国国民或机构持有的主权债务称为国内债务。一般而言，外部债务基本为外币债务，内部债务一般为本币债务，但随着国际金融工具的丰富，与外币挂钩的国内债务也不少见。例如 20 世纪 80 年代的墨西哥特索，以及 1961—1968 年之间泰国发行的与美元挂钩的国内债物。"主权债务违约"即一国债务负担太重导致本国无力偿还债务，或是违约成本较低导致主权债务偿还意愿不足，引起的债务本息未按照契约规定支付的行为。

在联合评级主权信用评级体系中，"主权债务"更多地体现为一国中央政府在境内外资本市场上通过债券发行的方式向国内外债权人融入的所有债务，包括政府本币债务和政府外币债务、直接债务和以担保为主的间接债务。"主权债务违约"指若一国或地区政府发行的主权债务发生以下任何一种或同时发生以下几种情形时，联合评级认为该国或地区主权债务发生违约。具体情形如下：（1）主权债务或债务利息出现支付延迟；（2）一国主权债务出现债务重组，与债权国就债务利率、还债时间和本金进行商讨等降低支付成本拖延支付的行为；（3）因债务到期无法支付而向世界银行或国际货币组织进行借款；（4）其他国际金融机构或组织认定的主权债务违约行为。

（二）数据处理

（1）从数据的可获得性来说，20 世纪初的前 50 年的历史资料较少，主权债务违约基本没有详细的具体资料可参考，特别是拉丁美洲、非洲和欧洲等一些经济体较小，独立不久的国别。例如哥伦比亚（1990 年），厄瓜多尔（1903 年），巴拉圭（1932 年），巴拿马（1932 年），土耳其（1931 年）等。为保证数据的客观性，我们将其简要情况留白，只列出其违约年份。（2）从主权违约事件本身来说，一国出现债务违约事件，往往不能立刻从单次违约状态中解放出来，而是表现出连续多年的违约困境或是同一笔债务违约持续数年才能解决。债务连续违约已然成为全球各地区的常态。例如墨西哥（1928—1930 年），乌拉圭（1932—1937 年），日本（1946—1952 年）等。对于这样的连续违约国别，我们尽力排除明显相连的连续违约事件，同一笔债务连续多年违约算作 1 次违约，并以债务首次违约年份为准；同时，给以 2 年的违约观察期，如果违约发生后的两年发生新的违约，则将此 2 次违约算作 1 次违约，并以第 1 次违约年份为准。（3）主权违约内外债方面，在同一年里，一国发生债务违约，有可能是单独外债违约，也有可能是单独内债违约，更有可能是内外债同时出现危机。在数据处理上，不再单独列出内外债情况，而是根据数据采集内容的详尽程度，在简要情况中对主权债务内外债违约情况做出叙述。在统计简要情况时，我们力求详尽和完整。

需要说明的是，本次百年主权违约事件回顾，统计了 20 世纪以来全球发生的所有历史违约记录，受限于资料的有限性和数据获取的难度，仅统计了违约次数，对违约规模和违约金额难以形成完整统计，这是我们的遗憾和不足。

三、主权债务违约事件和数据分析

（一）四次主权违约潮

从图 7 - 1 可以看出，纵观 20 世纪以来 100 多年时间里世界各地区各国主权违约事件，我们可以观察到有四次主权违约潮。它们分别为 20 世纪 30 年代（1931—1940），20 世纪 80 年代前期（1980—1986），20 世纪 90 年代末和 21 世纪初期（1997—2004），以及 2009 年最近发生欧猪五国主权违约潮。

我们将违约事件按照年份排列发现，大约在 1931 年至 1940 年之间发生了 20 世纪以来第一次主权债务违约潮。全球经济正处在 1929 年华尔街金融危机后的大萧条时期，各国对于在一战期间形成的债务均出现偿还困难。在这十年间大约发生了 33 起主权违约事件，其中欧洲地区国家发生 13 次，美洲（拉丁美洲和北美洲）发生

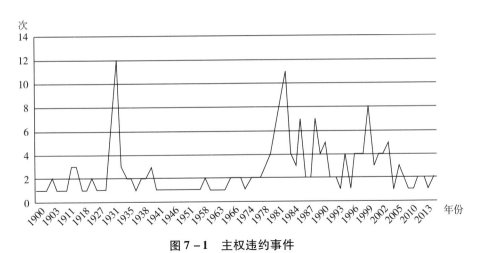

图 7 - 1　主权违约事件

资料来源：联合评级主权数据库。

18 次，亚洲的中国因为政治动荡和政权更替发生了 2 次外债违约事件。就连美国、英国、德国、加拿大也发生了违约事件。随着 1929 年全球股市的崩盘，全球经济紧缩、财政收入大幅减少，同时由于通货紧缩推高了实际利率，拉丁美洲和亚洲以及欧美一部分国家进入了违约状况，最终产生了近百来的第一次违约潮。

进入 80 年代后出现了 20 世纪的第二次主权债务违约潮。在 1980 年至 1986 年期间，全球一共发生 44 次主权违约事件。拉丁美洲 23 次，非洲 13 次，欧洲 4 次，亚洲 4 次。这也是近 100 多年来，涉及违约国家最多的一次违约潮。自 20 世纪 60 年代起，拉美国家和非洲一些国家刚刚摆脱殖民地统治走向独立，大举外债发展国内工业。70 年代又迎来了全球商品价格不断攀升，使商品资源丰富的拉丁美洲、非洲国家相应受益。与此同时，欧洲商业银行加大了向拉丁美洲国家的信贷规模，加之实际利率水平很低，使得拉丁美洲国家债务杠杆率迅速提升，拉丁美洲国家的外债总额在 20 世纪 80 年代初超过 3000 亿美元。70 年代末期，为了消除普遍严重的通货膨胀状况，发达工业国家采取了放慢经济增长、大幅度提高利率等财政政策和金融政策，这使得欧美国家收缩货币政策，大宗商品价格下跌，拉丁美洲国家面临国际资本流出和国际收支恶化，1982 年墨西哥宣布无力偿还外债，触发了震动全球的"债务危机"。在这一阶段，全球宏观经济因素，货币改革，资本管制成为引发主权债务危机的关键因素。这次危机之后，巴塞尔银行监管委员会 1988 年 7 月公布了著名的"巴塞尔资本协议"，将对银行业开始进行较为严格的风险管理。

1997 年亚洲金融危机引发 20 世纪以来的第三次主权违约潮。在 1997 年至 2004

年期间一共发生了 36 次主权违约事件。拉丁美洲 15 次，非洲 10 次，欧洲 4 次，亚洲 7 次。此次违约的新特色在于全球的金融动荡引发亚洲新兴市场国家债务危机爆发。亚洲新兴市场是 20 世纪 90 年代外国资本的宠儿。亚洲新兴国家呈现开放资本市场、实行顶住美元的固定汇率制度、经济高速发展、国内储蓄高且国际储备充足和流动性较强的特征，并且该地区也属于主权低违约率区域，历史表现较好。然而，出口导向型的单一经济发展模式、脆弱的货币和金融体制、金融机构的过度放贷、金融交易的过度膨胀和资产价格的暴涨，使亚洲地区在国际游资的巨大冲击下显得不堪一击，最终于 1997 年 7 月 2 日，泰国宣布放弃固定汇率制，实行浮动汇率制，引发了此次危机的爆发。此次亚洲金融危机使得亚洲新兴市场国家受到全球金融市场影响。亚洲新兴市场相继出现银行危机，货币贬值，通货膨胀等问题，引发主权债务危机。亚洲金融危机是泰国货币急剧贬值在亚洲地区形成的多米诺骨牌效应，随后不仅造成了东南亚国家的汇市、股市动荡，大批金融机构倒闭，失业增加，经济衰退，而且还蔓延到世界其他地区，如 1998 年俄罗斯金融危机、2000 年巴西金融危机等。

2010 年欧猪五国主权债务危机带来的小幅违约潮。2010—2012 年期间，主要违约的国家并不多，欧洲也就只有希腊、乌克兰。但此次危机影响较大，尤其是主要涉及欧洲主要发达国家。欧洲主权债务危机爆发的导火索可以说是希腊。2009 年 11 月希腊财政部长宣布，希腊 2009 年财政赤字对 GDP 比将为 13.7%，远高于欧盟允许的 3% 上限，公共债务占 GDP 比重的 200%，远高于欧盟允许的 60% 的上限。2009 年 12 月，国际三大信用评级机构纷纷下调了希腊主权信用级别。市场出现恐慌，希腊国债 CDS 价格急剧上升。2010 年一季度，希腊国债对 GDP 之比达 115%。2010 年 4 月，希腊政府宣布，如果在 5 月前得不到救援贷款，将无法为即将到期的 200 亿欧元国债再融资。2010 年 4 月标准普尔再次下调希腊主权信用级别，将其降至垃圾级别。由于担心希腊政府对其总额为 3000 亿~4000 亿美元的国债违约，投资者开始大规模抛售希腊国债，希腊主权债务危机终于爆发。与此同时，危机开始蔓延，西班牙、葡萄牙也纷纷被国际信用评级机构下调长期主权信用级别，受影响国家的 GDP 占欧元区 GDP 的 37% 左右。2011 年 11 月，欧债危机向核心成员国扩散，法国、奥地利、芬兰、荷兰首当其冲。至 2012 年，国际信用评级机构下调了 9 个欧元区国家的长期主权信用级别，欧元也一度低迷不振。

（二）国别特征

1900 年以来，全球共有 81 个主权国家发生过合计 211 次主权违约事件。其中，巴西和秘鲁主权违约次数最多，达到 9 次；厄瓜多尔发生 8 次；智利、阿根廷、玻利维亚、哥斯达黎加、尼加拉瓜和乌拉圭均发生 6 次主权违约事件；巴拿马、尼日利亚、土耳其和委内瑞拉分别发生 5 次；巴拉圭、多米尼亚共和国、萨尔瓦多和印度尼西亚发生 4 次主权违约事件；还有 20 个主权国家发生了 3 次主权违约事件；8 个主权国家发生了 2 次主权违约事件；另外还有 36 个主权国家或地区发生了 1 次主权违约事件。

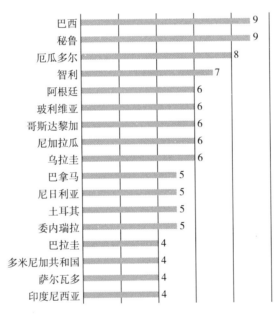

图 7 - 2　部分国别主权违约事件次数

资料来源：联合评级主权数据库。

在主权违约次数超过 4 次（含 4 次）的 17 个国别中，有 14 个是拉丁美洲国家，占比高达 82.4%，该地区主权信用状态最为薄弱。同时欧洲的土耳其，非洲的尼日利亚，亚洲的印度尼西亚分别为各地区内主权违约次数最多的国家。从一个国家主权违约事件间隔观察，虽然我们已经尽力排除了明显相连的连续违约样本，但仍然可以观察到，各地区内某些国家出现多次违约的情况下，随着时间的推进，违约间隔越来越短，例如拉丁美洲的秘鲁，非洲的尼日利亚，欧洲的土耳其等。债务连续违约已然成为全球各地区的常态。

（三）地区分布及特征

自 1900 年以来，全球五大洲中仅大洋洲内的国家未出现过主权违约事件。这主要是因为大洋洲面积最小，在一共 14 个独立国家中，有十几个处在西方发达国家的管辖之下，多为岛国，以农业为主，经济发展较落后，基本没有主权债务的数据资料。大洋洲的主要主权国家是澳大利亚和新西兰，均属于发达国家且均未出现过主权债务违约事件。其他四大洲根据发展程度和地域特征又分为北美洲、非洲、拉丁美洲、欧洲和亚洲。

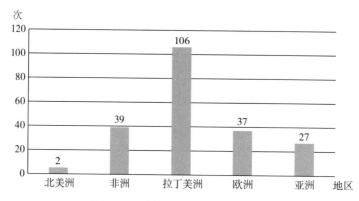

图 7－3　主权违约事件地区分布

资料来源：联合评级主权数据库。

拉丁美洲是 20 世纪以来发生主权债务违约的最多的地区，合计 106 次，接近该时期全球主权债务违约事件的 50%，并且拉丁美洲国家在 20 世纪以来每个国家平均违约 4.1 次，是所有地区中违约频率最高的地区。这主要是由于拉丁美洲地区多次爆发债务危机，地区内国家多依赖国际组织或发达国家长期举债，国家财政能力薄弱。非洲地区主权违约事件的次数居第 2 位，合计 39 次。不同于我们的一般认识，欧洲地区发生的主权违约事件的次数仅比非洲地区的主权违约事件次数少 2 次，为 37 次，且欧洲发生违约事件的国家平均违约频率为 2.2 次，而非洲地区平均违约频率为 1.9 次，欧洲地区平均违约频率高于非洲地区国家。亚洲地区主权违约事件合计发生了 27 次，并且该地区国家平均违约频率为 1.8 次，为各地区最低水平。同时，该地区主权违约事件一般都能在较短的时间内得到解决，例如巴基斯坦 1999 年发生主权债务违约，在债务宽限期 4 天内即完成欠款支付解除了违约；印度尼西亚 2000 年发生外币债务违约，在 6 个月内解除了违约状态。北美洲国家中美国和加拿大的亚伯达省分别在 1933 年和 1935 年发生了 1 次主权违约事件。

（四）"一带一路"沿线地区和国家

20世纪以来，"一带一路"沿线国家中合计有23个主权国家发生过违约，主要分布在欧洲、亚洲和非洲地区。亚洲违约主权国家最多，有12个国家共发生21次主权违约事件；其次是欧洲，有10个国家发生主权违约事件，但违约次数高达22次；非洲只有埃及发生了1次主权违约事件。其中，违约次数最多的是欧洲的土耳其，违约次数达到5次，但均发生在80年代之前；其次为亚洲的印度尼西亚，共违约了4次，最近一次违约在2002年；最后一次主权违约事件是乌克兰在2015年因债务到期无法偿还造成的。

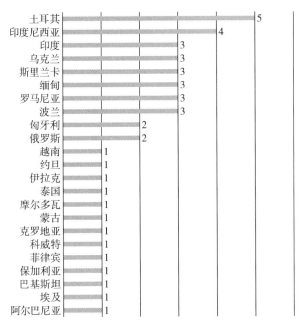

图7-4　一带一路沿线国家主权违约事件

资料来源：联合评级主权数据库。

通过对"一带一路"沿线地区历史主权违约事件的观察，我们发现政权交替、战争以及经济危机是该地区主权违约事件的主要导火索。例如印度的三次违约均发生在三次印巴战争前后；越南在南北战争结束的1975年发生债务违约；1991年第一次海湾战争爆发，伊拉克入侵科威特，科威特国内主权债务违约等。这些国家在经历战争后往往债务高企，或是政权交替后旧政府债务被新政府否认和拒付，导致了国内外主权债务的违约。另外，20世纪以来，全球经济一体化的快速发展使得全球宏观因素对该地区也产生了一定的影响。1998年亚洲金融危机就是一个典型例子。1997年始于泰国的东南亚金融危机迅速在东南亚扩散，接连导致泰国、印度尼西亚、巴基斯坦、蒙古等国接连发生主权债务违约。然而危机并没有止步在亚洲。受金融危机影响，1998年全球商品价格下跌，俄罗斯出口市场遭受重大打击，国内爆发经济危机，使得俄罗斯政府宣布卢布贬值并推迟所有外债偿付，引发主权债务违约。全球经济周期成了影响主权债务偿还能力的一个重要影响因素。

四、对主权债务危机的认识

对主权债务违约事件的梳理和分析有助于我们对主权债务压力形成更清晰的分析框架，对识别主权债务风险提供更深刻的认识。

（一）主权违约潮逆周期属性明显

从头三次主权违约潮可以观察到，随着全球经济一体化的加强，全球宏观经济周期对全球各地区债务压力产生明显影响。地区主权违约潮有强烈逆周期的表现，地区经济处在下行阶段时，主权债务违约事件越容易爆发。第一次主权违约潮爆发在1929年华尔街金融危机后的经济大萧条周期内；第二次主权违约潮发生在70年代末的石油危机后，当时全球大宗商品价格下跌，经济周期处在下行阶段；第三次主权违约潮以1997年爆发的东南亚金融危机为开端，在此期间主要违约国家均受到全球大宗商品价格下跌影响，经济处在衰退和危机中。地区主权违约状况有强烈顺周期的表现，当地区经济处在繁荣期时，地区主权信用状况越表现稳定；主权违约潮逆周期爆发，当全球经济进入下行阶段或衰退期时，往往越容易爆发大规模主权违约潮。

（二）主权债务危机的驱动因素具备一定的共识性

在主权债务危机爆发的前后往往可以看到政权交替，银行危机，通货膨胀，房地产泡沫，或是经济危机的身影。主权国家发生债务违约前一般都会出现以下一种或多种表现，如国际资本的流出，出口收入的减少，经常账户的恶化，外汇储备的减少和债务规模的扩大，等等。因此，引发主权国家债务危机的因素具备一定的共识性。例如，政治不稳定性往往是主权债务危机的一个重要驱动因素；宏观经济表现和银行体系稳健性往往是考察主权债务能力的重点因素；货币改革和财政能力等政策因素往往也是制约一国主权还债能力的重要因素。另外，越来越多的学者注意到，一国主权的国际声誉和历史表现在主权债务融资能力方面也具备一定的影响力，等等。

（三）主权债务风险的识别具备一定的复杂性

通常我们将主权债务分为外债和内债，这两种债务因其债权人不同具备不同的违约成本，因此风险识别具有一定的复杂性。作为一国的主权债务，不论外债还是内债，均需要面临主权国家的共同风险，但同时也具备一定的特有风险。对外债的考察要特别注意货币汇率风险，地区政治风险，国际宏观经济风险，资金风险和外汇储备风险；对内债的考察要特别关注财政风险，货币风险，通货膨胀风险等。一般而言，外债风险的考察是基于内债风险之上的，但实际上每个主权国家面临的债务结构不同，主权债务风险的分析需要根据各国债务结构做具体分析。

（四）主权债务危机风险具备普遍性

纵观 20 世纪以来的主权债务违约事件，主权债务危机是每一个主权国家都有可能遭遇和发生的危机。全球各地区中，不论何种政治体制，不论发展到什么程度，不论国家成立多久，任何国家都有可能因为经济、政治、金融、战争等原因发生债务危机，主权债务危机风险是具备普遍性的。

（五）主权债务违约解决方案较单一

从历史上来看，一国出现债务违约的情形通常有以下几种：

（1）战争、政治动荡或政权交替，使得新政府不承认旧政府债务或是无力偿还旧政府债务，这在政权交替期间经常出现；

（2）以通胀、货币改革和资本管制等形式，表现为强制货币改革，发行新币，旧币债务全部转换为新币债务，冻结外币存款等，对投资者形成债务损失；

（3）受地区其他国家连带影响，债务不连续，投资者信心不足，引发资本市场动荡，表现为国际资本外逃，外汇储备减少；

（4）全球性经济因素影响，例如金融危机，银行危机，次贷危机，石油危机等，表现为全球经济衰退，地区内国家均承受债务压力；

（5）政府本身财政薄弱，外汇有限，国际收入较少，除了被国际组织或发达国家免除债务外，通常是进入债务重组。

而一国一旦出现主权债务违约，通常的解决方案较为单一。除了少数主权国家由于历史或是政治原因拒不承认债务（常见于外债），使得债务存在争议无法解决外，主权债务一旦违约，一种方式是被国际组织或是发达国家免除债务（这实际上并不是一种解决方案）；但由于债务豁免往往条件苛刻，大部分主权违约债务都是通过第二种方式来解决的，即通过与投资者协商延期支付或是进行债务重组。而进入重组后通常会达成优惠政策，对投资者来说，持有几十年都不能获得补偿的非流动性资产是一种巨大的成本。

五、引发的相关思考

1. 近一百年来，无论是发达国家还是发展中国家，不可忽视的一个重要现象是：各国大多都在采取债务型经济发展模式，那这种模式是否可取呢？为了回答此问题，与之相关的问题就接踵而来：巨额的债务与它们超强的国力之间到底是一种怎样的关系？美国、欧洲等国政府的高负债是否可持续性？若可持续，其依据又是什么？衡量一国政府债务合理与否或其举债价值的判断标准到底是什么？是我们经济学惯有的思维和知识可以解释的吗？这些问题一直困惑着我和我们的研究团队，我们一直试图去解释和回答。可囿于学识的粗浅和思维的局限，有些似乎有点眉目了、有些仍悬而未解、有些则懵懵懂懂。

2. 一国主权信用危机爆发的原因和途径虽各事出有因，但大致爆发的路径还是有规律可循的。主权信用危机和以下这些概念是密切相关的，如主权信用危机与银行危机、货币危机，主权信用危机与房地产泡沫、资产价格飙升，主权信用危机与一国经常项目、内外部流动性，以及主权信用危机与本币债务和外币债务之间的关系等都有着千丝万缕的联系，互为因果、相互转化。对主权风险内在机制性研究就变得最为关键，一国主权债务既涉及一国政府债务规模，又涉及该国政府的本、外币债务，以及债务期限结构。如果一国政府长期保持大量财政赤字，又积累了巨额短期外债，该国政府的主权债务脆弱性便是不可避免的。通常而言，主权外币债务危机首先表现为一国外汇资产的不充裕，而一国外汇资产会受一国货币汇率波动的影响，一国货币汇率则受一国利率水平、流动性、外部事件冲击等因素的复杂综合影响。一国利率水平高低的背后是一国经济面，这里就有一国经济结构、金融体系，而这所有的背后是一国的制度和文化。因此，正如陈志武所言"一个国家是否能长久靠赤字加国债发展，跟其制度架构分不开。"

3. 一国的经济弹性和对外部事件冲击的耐抗性。一国的经济弹性取决于一国的经济结构和国内主要产业、主要企业在全球结构和产业链中所处的位置，一国对外部事件冲击的耐抗性是一国综合财力和政府动员资源能力的集中体现。前者是一国长期发展路径依赖的结果，也是一国发展战略选择的结果，后者既包括经济运行的结果，也是上层建筑的一种体现。

4. 国际储备货币的刚性剩余价值。债务总是需要用钱去还的，无论是用本币货币还是用外币货币。因此，在这方面作为国际储备货币的国家就有很大的优势，既会在很大程度上减少面对危机时的流动性紧张问题，又可以通过发钞来缓解债务的压力。这就是通常所说的国际储备货币的刚性剩余价值。这在一定程度上也加重了主要发达国家和发展中国家在债务偿还方面的不尽合理问题，但这正如硬币的两面，很棘手。

既然打开了政府债务的"潘多拉盒子"，我们就不得不面对和思考在这个复杂系统日益呈现的"熵增"或风险递增的现实，在一个不断否认固有模式、日益走向混沌、不确定性日益增大的环境里，我们该如何抉择、该如何应对？

> "这是最好的时代，也是最坏的时代；
>
> 这是智慧的年代，也是无知的年代；
>
> 这是信仰的日子，也是怀疑的日子……"

——狄更斯

表 7 - 1 主权违约或重组事件百年回顾（1900 年至今）

地区	国家	年份	简要情况
拉丁美洲	哥伦比亚	1900	
拉丁美洲	哥斯达黎加	1901	
拉丁美洲	巴西	1902	
拉丁美洲	巴拿马	1903	
非洲	摩洛哥	1903	
拉丁美洲	厄瓜多尔	1906	
拉丁美洲	厄瓜多尔	1909	
拉丁美洲	尼加拉瓜	1911	
拉丁美洲	巴西	1914	
拉丁美洲	厄瓜多尔	1914	
拉丁美洲	墨西哥	1914	
拉丁美洲	尼加拉瓜	1915	
欧洲	土耳其	1915	
拉丁美洲	乌拉圭	1915	
欧洲	苏联	1918	政府拒绝偿付债务；同时，所有外汇及各类黄金被充公
拉丁美洲	巴拉圭	1920	
拉丁美洲	萨尔瓦多	1921	
亚洲	中国	1921	国内公债整理计划用于处理 1919 年以来的大量政府债券欠款，造成国内债务大幅重组；政治动荡，北洋政府破产，对外债务无法偿还
拉丁美洲	玻利维亚	1927	政府拖欠债务利息支付直到 1940 年
拉丁美洲	墨西哥	1928—1930s	1928 年停止外债偿付；20 世纪 30 年代，利息支付中"拖延费用和民政、军事抚恤金"
拉丁美洲	厄瓜多尔	1929	
拉丁美洲	巴西	1931	
拉丁美洲	玻利维亚	1931	
拉丁美洲	多米尼加共和国	1931	
拉丁美洲	秘鲁	1931	1931 年 5 月 29 日停止外债偿付；同期国内债务只支付了部分利息
欧洲	土耳其	1931	
拉丁美洲	智利	1931	
拉丁美洲	巴拉圭	1932	
拉丁美洲	巴拿马	1932	
欧洲	德国	1932	第一次世界大战后，随着《凡尔赛合约》的签订，德国被迫偿还战争赔款。然而 1929 年华尔街金融危机爆发，德国基本无力偿还赔款。随后，1932 年洛桑会议上，法国和英国同意了德国停止支付战争赔款，但此决议并没有通过美国国会同意，该笔债务始终没有兑现

地区	国家	年份	简要情况
拉丁美洲	哥伦比亚	1932	
拉丁美洲	哥斯达黎加	1932	
拉丁美洲	尼加拉瓜	1932	
拉丁美洲	萨尔瓦多	1932	
拉丁美洲	乌拉圭	1932—1937	1932 年出现债务偿付困难，在 1933 年 1 月宣布停止外债偿付；随后，国内债务偿付也宣布停止，违约状态持续到 1937 年
欧洲	希腊	1932	国内外债务均发生违约。国内债务利率下降了近 75%，国内债务总量上升至总债务的 1/4。
欧洲	匈牙利	1932	
欧洲	英国	1932	世界第一次大战内发生的大部分未偿债务被统一转换成利率为 3.5% 的永续年金。
亚洲	中国	1932	债务偿还发生缩水，月偿还额缩减一半，利息从 9% 下降至 6%，且偿还期延长了近一倍
欧洲	罗马尼亚	1933	除了 3 项贷款之外，国内债务和外债均被停止偿还
北美洲	美国	1933	美国拒绝按照 1903 年黄金条约的规定以黄金向巴拿马支付年金；这一纷争直到 1936 年美国同意向巴拿马支付约定数量的巴波亚金币才得以解决
拉丁美洲	危地马拉	1933	
拉丁美洲	哥伦比亚	1935	
北美洲	加拿大(亚伯达省)	1935	加拿大唯一发生违约的省，且违约持续近 10 年
欧洲	波兰	1936	
欧洲	西班牙	1936—1939	外债利息支付出现中止；国内债务欠款被累加
拉丁美洲	巴西	1937	
欧洲	奥地利	1938	
拉丁美洲	萨尔瓦多	1938	
欧洲	德国	1939	
亚洲	中国	1939	民国政府停止对外所有债务偿付
欧洲	奥地利	1940	
欧洲	波兰	1940	
欧洲	土耳其	1940	
欧洲	匈牙利	1941	
亚洲	日本	1942	
欧洲	奥地利	1945—1947	货币重新恢复先令，但每人仅限兑 150 先令，其余全部被冻结；1947 年，被冻结的先令宣布作废，50% 的存款被临时冻结。国内本币债务面临违约

地区	国家	年份	简要情况
亚洲	日本	1946—1952	通货膨胀之后，发行新币，银行券与新币兑换比例为1:1，且每人限兑100日元，其余全部被冻结。国内本币债务发生违约
欧洲	苏联	1947	苏联时期，货币改革，货币减值90%，国内本币债务违约
欧洲	德国	1948	货币改革使得每人限兑40马克，同时伴随部分取消和冻结所有账户，国内本币债务变相违约
拉丁美洲	阿根廷	1951	
拉丁美洲	阿根廷	1956	
欧洲	苏联	1957	近2530亿卢布的国内本币债务被拒付
亚洲	印度	1958	
拉丁美洲	巴西	1961	
拉丁美洲	智利	1961	
拉丁美洲	哥斯达黎加	1962	
拉丁美洲	智利	1963	
拉丁美洲	巴西	1964	
非洲	津巴布韦	1965	
亚洲	印度尼西亚	1966	1966年12月份，印尼与巴黎俱乐部合计3.1亿美元的债务历经重组；随后两年，印尼外债再次历经重组，重组金额达到2.9亿美元
拉丁美洲	智利	1966	主权债务违约并进行了重组
拉丁美洲	秘鲁	1969	主权债务发生重组
亚洲	印度	1969	
亚洲	印度	1972	外债发生重组
拉丁美洲	智利	1972	主权债务违约并进行了重组
拉丁美洲	智利	1974	主权债务违约并进行了重组
拉丁美洲	多米尼加共和国	1975—2001	受拉丁美洲债务危机影响，国内本币债务始终受违约困扰，连续多次违约
亚洲	越南	1975	1975年越南国内实现南北统一，对一切外国资本留下的企业和资产进行社会主义改造，国内债务面临被冻结和被拒付
非洲	安哥拉	1976	国内债务危机
拉丁美洲	秘鲁	1976	
拉丁美洲	秘鲁	1978	外币银行贷款未按时偿付造成主权债务违约，且主权债务被重组
欧洲	土耳其	1978	外币银行贷款未按时偿付造成主权债务违约，且主权债务被重组
非洲	刚果（金）	1979	国内债务危机

续表

地区	国家	年份	简要情况
非洲	加纳	1979	国内债务危机
拉丁美洲	尼加拉瓜	1979	外币银行贷款违约，次年债务进行了重组
拉丁美洲	玻利维亚	1980	主权外币银行贷款发生违约
拉丁美洲	秘鲁	1980	主权外币银行贷款违约，违约金额约为1.86亿美元
非洲	莫桑比克	1980	国内债务危机
亚洲	斯里兰卡	1980	
欧洲	波兰	1981	1981年波兰外币债务发生违约，揭开了波兰80年代债务危机的开端，债务问题一直困扰波兰到1994年，期间经历了多次债务重组
拉丁美洲	哥斯达黎加	1981	外币银行贷款出现违约
拉丁美洲	洪都拉斯	1981	受拉丁美洲债务危机影响，洪都拉斯国内出现债务危机，此后多年均受到主权债务偿还压力
欧洲	罗马尼亚	1981	外币银行贷款出现违约，并在此后一年内进行了债务重组
拉丁美洲	萨尔瓦多	1981—1996	这是拉美地区唯一未伴随外债违约的国内债务违约案例
非洲	中非	1981	
拉丁美洲	阿根廷	1982	拉丁美洲债务危机，以美元计价的债务被强制转换成比索债务，国内外债务均出现违约
拉丁美洲	玻利维亚	1982	美元存款被强制转换成本币存款。1985年资本控制被取消时，外币存款作为稳定计划的一部分重新获准
拉丁美洲	多米尼加共和国	1982	外币银行贷款违约
拉丁美洲	厄瓜多尔	1982	外币银行贷款出现违约，并在此后一年内进行了债务重组
非洲	加纳	1982	该国通过转换新币的形式对中央银行券违约
拉丁美洲	墨西哥	1982	1982年8月，时任墨西哥财长席尔瓦·埃尔索格向美国政府和国际货币基金组织通报，墨西哥外汇耗尽，无力偿还到期的债务本息；同时，美元存款被强制转换成比索存款。此举造成墨西哥主权债务违约事实，并且揭开了拉美债务危机的大幕
非洲	尼日利亚	1982	外币银行贷款违约，并与次年进行了债务重组
亚洲	斯里兰卡	1982	
欧洲	土耳其	1982	外币银行贷款未按时偿付造成主权债务违约，且主权债务被重组
拉丁美洲	巴拿马	1983	拉丁美洲债务危机下，巴拿马外币银行贷款违约，违约金额约为2.2亿美元
拉丁美洲	巴西	1983	受拉丁美洲债务危机影响，本外币债务均出现违约
亚洲	菲律宾	1983	主权外币银行贷款发生违约
拉丁美洲	哥斯达黎加	1983	外币银行贷款违约，同时与巴黎俱乐部贷款也出现违约并进行了债务重组

地区	国家	年份	简要情况
非洲	科特迪瓦	1983—1998	外币银行贷款违约，并且违约状态持续到1998年，期间多次进行主权债务重组
非洲	摩洛哥	1983	与巴黎俱乐部的借款未按时偿付，随后债务被重组
拉丁美洲	委内瑞拉	1983	拉丁美洲债务危机影响下，委内瑞拉主权外币银行贷款偿付发生违约
拉丁美洲	乌拉圭	1983	拉丁美洲债务危机下，乌拉圭外币银行贷款违约，违约金额约为5.8亿美元，主权债务被重组
非洲	赞比亚	1983	1983年赞比亚与巴黎俱乐部借款未按时偿付，随后债务被重组，赞比亚常年受债务压力困扰，主权债务经历多次重组
拉丁美洲	智利	1983	受拉丁美洲债务危机波及，该年智利外币银行贷款偿还出现困难，主权债务违约并进行了重组
非洲	中非	1983	
非洲	埃及	1984	
拉丁美洲	哥斯达黎加	1984	受拉丁美洲债务危机影响，外币银行贷款和外币债券均出现违约
拉丁美洲	秘鲁	1984	受拉丁美洲债务危机影响，政府外币银行贷款未及时偿付造成主权违约，随后主权债务被重组
亚洲	缅甸	1984	国内债务危机
非洲	安哥拉	1985	
拉丁美洲	秘鲁	1985	美元存款被强制转换成本币存款。1988年外币存款又重新获准。
非洲	南非	1985	主权外币银行贷款发生违约，并在1987年经历债务重组
拉丁美洲	巴拉圭	1986	受拉丁美洲债务危机影响，政府外币银行贷款违约
拉丁美洲	巴西	1986—1987	废除原始合约中的通货膨胀指数化条款，国内债务违约
拉丁美洲	玻利维亚	1986	受拉丁美洲债务危机影响，主权债务进行了重组和赎回
欧洲	罗马尼亚	1986	外币银行贷款未按时偿付造成主权债务违约
非洲	摩洛哥	1986	外币银行贷款违约，且债务被重组
非洲	尼日利亚	1986	1986年外币银行贷款违约，主权债务被重组；次年主权债券未按时兑付造成再次违约，债务随后也被重组
拉丁美洲	危地马拉	1986	外币银行贷款出现违约
拉丁美洲	巴拿马	1987	本外币债务均出现违约
亚洲	缅甸	1987	国内债务危机
拉丁美洲	巴拿马	1988—1989	国内债务违约，国内供应者的信贷、工资、民政以及军事抚恤金都发生拖欠

地区	国家	年份	简要情况
拉丁美洲	乌拉圭	1988	乌拉圭外币银行贷款发生违约，主权债务进行重组，涉及金额约为17.7亿美元，
拉丁美洲	阿根廷	1989	公共部门债务负担沉重，加上国际信贷市场准入的丧失，政府决定开放外汇市场并取消所有价格控制，引发了价格暴涨和银行危机，大型银行发生存款挤兑。为打击恶性通货膨胀而采取的措施包括对大多数悬而未决的国债进行两年摊还的重新安排，随后是1990年的bonex计划将银行存款和政府债务转换为新的债券，1991年通过货币委员会，以及1992年进行布雷迪债券外部债务重组的谈判
拉丁美洲	玻利维亚	1989	受拉丁美洲债务危机影响，主权债务进行了重组，重组后票面价值减少
非洲	利比里亚	1989—2006	国内债务危机
非洲	南非	1989	主权外币银行贷款发生违约并进行了债务重组
拉丁美洲	特立尼达和多巴哥	1989	主权债务发生重组
拉丁美洲	危地马拉	1989	受拉丁美洲债务危机波及，危地马拉主权外币债券出现违约
亚洲	约旦	1989	主权债务发生重组，并在此后数年多次发生违约和重组
拉丁美洲	巴西	1990	国内债务违约，违约额高达620亿美元
欧洲	保加利亚	1990	保加利亚外币银行发生违约，并对主权债务进行重组
亚洲	科威特	1990—1991	第一次海湾战争爆发，伊拉克入侵科威特，科威特王室出逃，国内债务违约
拉丁美洲	委内瑞拉	1990	政府通过布兰迪交易进行债务重组，重组后票面价值减少
欧洲	阿尔巴尼亚	1991	外币银行贷款违约，此后经历了多次债务重组
非洲	阿尔及利亚	1991	外币银行贷款发生违约
欧洲	俄罗斯	1991	外币银行贷款发生违约
非洲	苏丹	1991	国内债务危机
拉丁美洲	乌拉圭	1991	乌拉圭外币银行贷款发生违约，主权债务通过布兰迪交易进行重组，重组后票面价值减少，涉及金额约为16.1亿美元，
非洲	安哥拉	1992—2002	国内债务危机
非洲	尼日利亚	1992	主权外币债券违约
欧洲	克罗地亚	1993—1996	国内债务危机
非洲	南非	1993	主权外币银行贷款发生违约并进行了债务重组
非洲	肯尼亚	1994	与巴黎俱乐部的借款未按时偿付，随后债务被重组
非洲	卢旺达	1995	国内债务危机，没有外债违约
亚洲	所罗门群岛	1995—2004	国内债务危机
拉丁美洲	委内瑞拉	1995	外币债务违约

地区	国家	年份	简要情况
拉丁美洲	委内瑞拉	1995—1998	国内本币债务违约，并多次发生债务危机，但基本均在较短时间内得到了解决
亚洲	斯里兰卡	1996	没有外债，国内债务危机
亚洲	蒙古	1997—2000	国内债务危机
拉丁美洲	秘鲁	1997	政府外币银行贷款违约，随后主权债务被重组，重组后票面价值减少
非洲	塞拉利昂	1997—1998	国内债务危机
亚洲	泰国	1997	1997 年开始的东南亚金融危机使得泰铢遭受严重冲击，泰国由固定汇率制转为浮动汇率制，货币大幅贬值严重，引发外债危机
拉丁美洲	安提瓜和巴布达	1998—2005	国内债务危机
欧洲	俄罗斯	1998—1999	国际商品价格大幅下降，特别是金属和原油价格下跌重创俄罗斯出口市场，紧接着 1998 年国内爆发金融危机，俄罗斯联邦政府宣布卢布贬值、并推迟所有外债偿还期，引发主权外债违约；同时停止国债券交易，造成高达 390 亿美元国内债务违约，这是自 1990 年巴西违约以来最大的本币债务违约
欧洲	乌克兰	1998	债券期限被单方面延长；禁止无记名实体持有的无记名债券还本付息。只有那些愿意识别自己并转换为本币账户的实体才有资格被偿还债务，这造成了相当大的交易困难
亚洲	印度尼西亚	1998	亚洲金融危机波及印度尼西亚，印尼盾贬值，国内陷入严重的经济衰退。1998 年 9 月，印尼与巴黎俱乐部高达 41.8 亿美元的债务经历重组
亚洲	巴基斯坦	1999	1998 年 11 月，巴基斯坦未按照约定支付债务利息形成事实违约，但在 4 天的宽限期内完成了利息支付，解除了违约。此后不久的 1999 年再次违约，同样经过一个痛苦的谈判过程解决了违约。巴基斯坦在 1999 年 7 月完成第一只商业贷款重组，同年 12 月又重组了一只欧元债券
拉丁美洲	厄瓜多尔	1999	国内外主权债务均出现违约；本息支付未按时兑付，随后债券折价清偿，超过 90% 的债券进行了重组
拉丁美洲	圭亚那	1999	对主权债务进行重组和赎回，重组后债务票面价值减少，此后多次发生债务重组
非洲	加蓬	1999—2005	国内债务危机
拉丁美洲	厄瓜多尔	2000	主权债券违约，政府对债务进行了置换和赎回
非洲	津巴布韦	2000	外债危机
非洲	科特迪瓦	2000	主权外币债券违约
非洲	肯尼亚	2000	与巴黎俱乐部的借款未按时偿付，随后债务被重组
拉丁美洲	秘鲁	2000	未按期偿付其布雷迪债券，但随后在 30 天宽限期内支付了约 8000 万美元的利息解除了违约

地区	国家	年份	简要情况
拉丁美洲	委内瑞拉	2000	
欧洲	乌克兰	2000	2000 年 1 月美元债违约，同年 2 月以德国马克为主导的欧元债违约。此后政府进行了债券交换，新债券的期限更长而利率更低。这一交换被大多数持有者接受
亚洲	印度尼西亚	2000	2000 年 4 月，印度尼西亚发生外币主权债务违约，大约持续了 6 个月
拉丁美洲	阿根廷	2001	经历多年的动荡，阿根廷经济危机（1999—2002）接近尾声。新成立的政府宣布无法承担公共债务压力，停止支付 1320 亿美元债务，决定实施债务交换，爆发主权债务危机
非洲	尼日利亚	2001	主权外币债券违约
拉丁美洲	苏里南	2001—2002	国内债务危机
非洲	马达加斯加	2002	国内债务危机
亚洲	缅甸	2002	
欧洲	摩尔多瓦	2002	在 2001 年 6 月出现了一次债务承兑逾期但很快得到了解决。随后政府开始逐步回购债券，2002 年 6 月，在回购了约 50% 的债券后，再次出现违约，违约总额约为 7000 万美元
亚洲	印度尼西亚	2002	2002 年 4 月，印度尼西亚外债再次违约，违约状态持续 4 个月，债务再次经历重组
拉丁美洲	巴拉圭	2003	外币债券违约
拉丁美洲	多米尼克	2003—2005	国内债务危机
拉丁美洲	尼加拉瓜	2003	2003 年 7 月，尼加拉瓜对少数国内银行持有的 CENI 债券进行折价置换，这一债券最初是在 2000 年银行业危机时由中央银行发行的资本重组债券，主要以美元计价可由本币支付。债券置换后，债券利息率由 15.3%～21.0% 下降至 8.3%～10.0%，期限从 5 年延长到 10 年
拉丁美洲	乌拉圭	2003	受 2001 年阿根廷债务危机影响，乌拉圭国内出现本币债务危机；为保持债务的连续性，乌拉圭与债券持有者达成协议，将本国债券延期 5 年
拉丁美洲	格林纳达	2004—2005	国内债务危机
拉丁美洲	圭亚那	2004	主权债务发生重组且重组后债务票面价值减少
非洲	喀麦隆	2004	国内债务危机
非洲	肯尼亚	2004	与巴黎俱乐部的借款未按时偿付，随后债务被重组
非洲	尼日利亚	2004	主权外币债券违约
拉丁美洲	多米尼加共和国	2005	经过几个宽限期违约（发生违约但在宽限期内解除违约），该国将旧债券置换新债券，本息不变，但期限延长 5 年

地区	国家	年份	简要情况
拉丁美洲	伯利兹	2006	伯利兹政府宣布对外部债券进行折价清偿，全部折价为面值546.8美元，2029年到期的新债券。新债券以美元计价，逐年调整利率，发行后3年内年利率为4.25%。如果将伯利兹当时所有债券考虑进来，此次集体清偿的金融重组涵盖该国全部债务总金额的98.1%
非洲	津巴布韦	2006	通货膨胀危机，国内98.5%的债务期限都小于1年，并且均遭到重组，国内债务危机爆发
亚洲	伊拉克	2006	对主权债务进行重组和赎回，重组后债务票面价值减少
拉丁美洲	厄瓜多尔	2008	2008年11月，厄瓜多尔一只2012年到期，债券价值51亿美元，利率12%的全球债券出现利息支付违约，利息额为3060万美元。2009年2月另一只2030年到期价值27亿美元的全球债券出现合计1.35亿利息支付逾期。随后，当局宣布这两只债券是非法的，不承认其债务合法性。2009年5月宣布重组计划，其中包括票面贬值65%，并且厄瓜多尔政府回购了大约91%的外国债券
拉丁美洲	尼加拉瓜	2008	在2003年经历过债务交换的CENI债券（票面价值约为2.96亿美元，由国内两家银行持有）再次面临折价置换。债务偿还期限再次被延长，从之前的10年再次延长至20年；同时，债券利息率降为5%。本次债务重组涉及尼加拉瓜总债务的12.5%，造成投资者50%的净现值损失
拉丁美洲	牙买加	2010	2010年2月牙买加对国内全部存量债务进行折价置换，包括在2009年12月31日之前发行的2349亿固定利率本币债券，3759亿浮动利率本币债券以及906亿美元指数国内债券。利用23份新标的债券（9个固定利率债券，9个浮动利率，3个美元债和2个CPI指数债券）交换了350份旧债券。交换条款中对本金无变更，而是将平均票息由17%缩减至11%，并且将债券平均到期期限从2年延长至5年；此次交换带来了约20%的净现值损失，投资者参与率为99%
非洲	科特迪瓦	2011	2011年1月，科特迪瓦主权债务违约，此次违约距科特迪瓦政府2009年布兰迪债券重组仅过去两年
拉丁美洲	伯利兹	2012	2012年9月，伯利兹政府宣布一只2029年到期，价值5.47亿美元本应在8月20日支付利息的"超级债券"无法足额支付，在30天的宽限期后仍然无法足额兑付。这只超级债券当时已经进入了重组的中期阶段。2013年3月，政府宣布86.17%的投资人已经接受了重组计划。根据原始债券的集体行动条款，原定于2029年到期的旧债券全部置换为2038年到期的新债券

地区	国家	年份	简要情况
欧洲	希腊	2012	2012 年 2 月份，希望政府提出了一项债务置换计划，该计划将票面价值为 1000 欧元的旧债券置换为：（1）由希腊政府在英国法律下发行是累计面值为 315 欧元的新债券；（2）欧洲金融稳定基金（EFSF）发行的累计面值为 150 欧元的 PSI 支付票据；（3）名义值 315 欧元的 GDP 指数证券。新债券拥有阶梯式票息和 11～30 年的到期限并且含有"集体行动条款"。此次交换意味着投资者损失将超过 70%。2012 年 12 月，希腊公共债务管理局利用 EFSF 供资的 112.9 亿欧元赎回了 319 亿欧元债务（约占之前政府重组债券的一半左右），这意味着净现值损失超过 60%。希腊政府 1 年内发生两次主权债务违约
欧洲	塞浦路斯	2013	2013 年 6 月 1 日，塞浦路斯当局宣布利用 10 亿欧元完成对现存国内政府债务的置换；此次债务交换符合塞浦路斯与国际伙伴商定的方案下所做的承诺。除了选定的债券外，政府总债务的 67% 都参与了此次交换；原本于 2013 年至 2016 年到期的债务全部延长到期日，并且票息不变，这意味着净现值大约损失了 47%
拉丁美洲	牙买加	2013	2013 年 12 月，牙买加政府宣布进行债务置换，此举涉及国内 91 亿美元债务，约占政府全部债务存量的 54%；债务折价置换导致投资者净现值损失超过 10%，并且是 3 年内的第二次债务折价置换。政府的国内债务置换并没有影响本金，但是降低了票息率并且期限延长了 3～5 年。此次置换在 2 月 28 日结束时参与率高达 99%
拉丁美洲	阿根廷	2014	在 2005 年和 2010 年都重组过的阿根廷外国立法债券持有人在 2014 年 6 月 30 日的到期日以及随后的 30 天宽限期内都没有收到预定的付款。尽管阿根廷于 6 月 26 日将所需资金存入受托人账户，但美国的法律程序阻碍了受托人支出这些资金。此举形成了阿根廷主权债务事实违约
欧洲	希腊	2015	由于希腊政府债务危机，该国对世界货币基金组织（IMF）的 16 亿欧元债务偿付未兑现
欧洲	乌克兰	2015	随着乌克兰金融、经济和政治危机的加深，政府外部流动性逐渐枯竭，在 IMF 的支援下，乌克兰政府在 2015 年 3 月进行了一项为期 4 年，价值 400 亿美元的支持项目。IMF 要求其尽快与投资者就其 180 亿主权及主权担保的欧元债进行重组协商，其中 85 亿美元将在项目期内到期。然而 9 月 23 日首次偿还期已过，乌克兰并没有及时兑现欠款；12 月 20 日债券到期后也未能如期偿还债务

资料来源：由联合评级根据各类公开资料及文献编制。

从主权 CDS 看全球主权债务风险

——基于近十年数据

艾仁智　胡前方

一、背景及数据

信用违约互换（Credit Default Swap，简称 CDS）是一种以标的资产信用事件为条件进行支付义务的金融衍生品。因不同资产标的分为公司 CDS，银行 CDS 和主权 CDS。主权 CDS 即主权信用违约互换合约，它是以主权债券为资产标的的信用衍生产品，在一定期限内买卖双方就主权债券发生信用事件作为触发条件进行风险转换，是国际债券市场中常用于对冲主权债券违约风险的金融衍生品。主权 CDS 合约买方，即寻求信用风险规避方，在合约期限内或在信用事件发生前定期向合约的卖方就某只主权债券或某个主权的信用事件支付一定费用，以换取信用事件发生后的赔付。

除了与具备其他 CDS 的共性外，主权 CDS 还具有以下特征：（1）本国银行一般不会出售以本国发行的主权债券为标的主权 CDS，以规避持有主权债券和主权 CDS 双重风险暴露；（2）主权 CDS 相应主权债券若是以本国货币计价，则主权 CDS 计价货币一般与之不同，目的是规避汇率风险；（3）主权 CDS 被看做是衡量一个国家破产风险的重要指标。

主权 CDS 开始于 20 世纪末，经过国际互换和衍生品协会（ISDA）的不断标准化推进，在近十年内得以迅速发展。据国际清算银行（BIS）统计，2016 年下半年全球主权 CDS 合约名义存量达到 17,150 亿美元。

从近十年的交易量来看，全球主权 CDS 合约交易量一般在主权债务违约风险全面爆发前均会有明显上升并在危机爆发后呈现下降趋势。2008 年金融危机前全球主权 CDS 合约交易量迅速上升，并在 2008 年上半年交易达到顶峰，随着 08 年下半年金融危机的全面爆发，交易量在 2008 年下半年迅速回落。同样的情形我们在 2012

年的欧债危机中也观察到了。2011 年下半年欧债危机全面爆发前 CDS 交易量明显上升，而在 2012 年上半年危机爆发后交易量下滑。

全球主权 CDS 合约交易量与全球债务危机紧密相关。在 2008 年金融危机后，全球经济形势面临较大的不确定性，各国主权债务均面临较大挑战，特别是欧盟国家。2009 年希腊政府爆出债务危机，并持续发酵，在随后的 5 年内连续发生债务违约。全球主权 CDS 交易量从 2009 年开始呈现出缓慢攀升趋势，并在 2013 年上半年达到历史峰值。2013 年上半年主权 CDS 交易量达到 32,430 亿美元，接近 2008 年危机后的 2 倍。随着欧盟债务救助政策的实施，全球金融监管的不断加强，各国主动或被动地推行低利率环境，为各国提供了更多的债务缓冲空间，全球经济缓慢复苏节奏使得全球主权 CDS 交易量在 2013 年后表现出了缓慢下降的趋势，并逐步恢复至危机前水平。主权 CDS 交易量上升反映出市场对全球主权债务压力不确定性的担忧；交易量下降则反映出市场对全球债务压力缓释的信心上升。

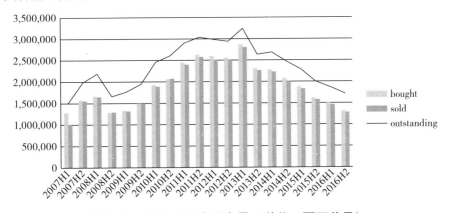

图 7 - 5　主权 CDS 合约存量（单位：百万美元）
资料来源：国际清算银行（BIS）。

从主权 CDS 合约衍生品的本质属性以及市场交易状况来看，主权 CDS 的价格是投资者基于全球经济形势对相应主权债券信用风险的评估。一般而言，主权 CDS 利差的上升是主权债务违约风险增加的市场反映。

本文从主权 CDS 的历史交易利差入手，选取了全球 64 个主要国家的主权 CDS 利差 2007 年 1 月 1 日至 2017 年 6 月 30 日的每日利差数据，试图通过对历史数据的分析揭示主权 CDS 利差表现与全球主权债务风险的关系。

二、主权 CDS 利差近十年三大波动与全球主权债务危机紧密相关

为观察历史数据变化趋势，我们采用标准化后的十年每日交易利差数据。纵观十年来的每日交易利差走势图（即图 7-6）[1]，我们可以清楚的观察到三个明显的波动区域，分别为全球金融危机中的 2009 年左右，发生欧债危机的 2012 年左右，以及始于希腊再次债务违约的 2015 年左右。

从时间上来看，主权 CDS 利差波动与主权 CDS 交易量活跃度存在一定的错位，利差波动存在一定的滞后性，并且往往交易量处在波谷时利差最为动荡，波动幅度最大。正如前文所述，在危机爆发前，主权 CDS 交易量明显上升，而在危机全面爆发后，交易量则明显下降。对比三次利差波动的时间范围，正是在交易量下降的时候，利差波动最为激烈。在市场释放危机信号初期，投资者的情绪最为恐慌但议价能力有限，带来的便是 CDS 交易量的迅速上升而利差波动幅度不大，而在危机全面爆发后，投资者往往走向"最坏的时期已经过去"的情绪中，交易量会走向冷静，同时违约事件的爆发以及信用主体的脆弱性使得投资者议价能力上升，利差波动幅度增大。总体来看，主权 CDS 利差的波动从时间上能够反映出市场对全球主权风险的预期。

从波动幅度上来看，2012 年产生于希腊的整个欧盟的债务恐慌使得该时期的全球主权 CDS 利差波动幅度最大，其次是伴随着 2008 年金融危机下的全球债务上升及各类违约频发的 2009 年，因希腊债务再次违约引起的 2015 年主权 CDS 利差波动幅度最小，并且随着危机后经济缓慢复苏，金融管制加强，之后的主权 CDS 利差进入了相对平静期。这一波动表现与主权 CDS 以主权债务发生违约为支付条款的产品设计相一致。

综上，主权 CDS 交易情况与主权 CDS 利差的三大波动，从时间和幅度上均能反映出全球主权债务风险趋势。

---

[1] 以 2007 年 1 月 1 日为基期，数据处理方法由彭博完成。同时，由于希腊在 2012 年和 2015 年连续发生主权违约事件，导致其主权 CDS 利差在 2015 年达到 51335.5 点，成为各国利差数据历史极大值点。为清晰展示各国历史变动幅度，图中并未展示希腊数据。

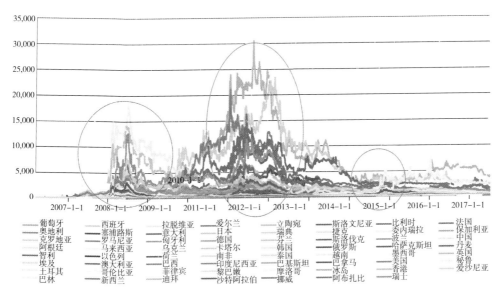

图 7 - 6　全球主要国家 CDS 利差走势图（除希腊）

资料来源：彭博。

三、欧洲地区主权 CDS 利差历史波动幅度最大

利用各国的历史利差原始数据，计算各国利差历史波动率，历史波动率最高的前 20 个国家（如图 7 - 7）为委内瑞拉、阿根廷、乌克兰、希腊、塞浦路斯、葡萄牙、爱尔兰、拉脱维亚、哈萨克斯坦、立陶宛、巴林、匈牙利、埃及、俄罗斯、罗马尼亚、西班牙、爱沙尼亚、克罗地亚、印度尼西亚以及意大利。其中，阿根廷，乌克兰，塞浦路斯和希腊均发生过主权违约事件，并且希腊分别在 2012 年和 2015 年发生了两次主权违约事件。另外，委内瑞拉因石油价格大跌，国内经济动荡，2016 年后期开始又面临外币危机，现已处在破产边缘。

从地区分布来说，前 20 国中 14 个为欧洲国家，并且其中 12 个为欧盟成员国，其他两国为乌克兰和俄罗斯。主权 CDS 利差近十年来波动率最大的地区为欧洲，特别是欧盟。

从历史角度来看，起始于 2009 年希腊政府债务危机的欧洲债务危机给欧盟带来了近十年以来的最大主权信用危机。欧债危机全面爆发的 2011 年，欧盟各国平均利差约为 2007 年平均利差的 27 倍，平均主权 CDS 利差波动率约为 2007 年的 19 倍。同时，希腊在 2015 年的再次违约给欧盟国家也带来了一定的冲击，但从主权 CDS 利差波动角度来看，冲击并没有 2011 年的严重。

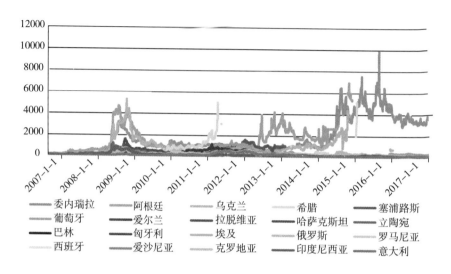

图 7 - 7　近十年历史波动率前 20

资料来源：彭博。

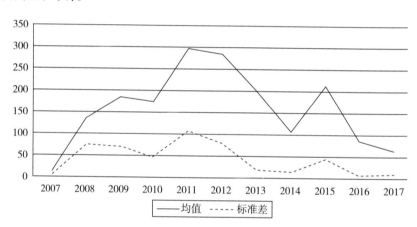

图 7 - 8　欧盟国家主权 CDS 利差

资料来源：彭博。

四、一带一路国家中新兴市场主权 CDS 利差有逐步缩小趋势

在可获取数据的 64 个国家中，包含 26 个一带一路国家（包含中国），基本都属于新兴市场国家。从各国来看，主权 CDS 历史平均利差最大的 5 个国家为乌克兰、黎巴嫩、巴基斯坦、克罗地亚、拉脱维亚；平均波动率最大的 5 个国家为乌克兰、哈萨克斯坦、巴基斯坦、巴林和俄罗斯。近十年来只有乌克兰在 2015 年发生过一次主权违约事件，但巴基斯坦在 20 世纪末有过连续违约历史，克罗地亚曾在 1993 至 1996 年长时间陷入国内债务危机。

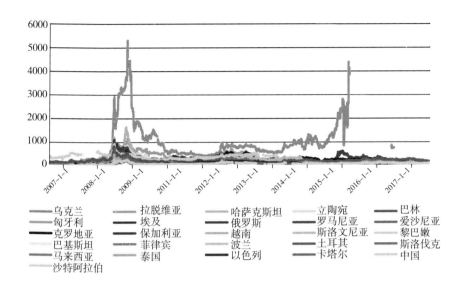

乌克兰	拉脱维亚	哈萨克斯坦	立陶宛	巴林
匈牙利	埃及	俄罗斯	罗马尼亚	爱沙尼亚
克罗地亚	保加利亚	越南	斯洛文尼亚	黎巴嫩
巴基斯坦	菲律宾	波兰	土耳其	斯洛伐克
马来西亚	泰国	以色列	卡塔尔	中国
沙特阿拉伯				

图 7 - 9　一带一路国家主权 CDS 利差

资料来源：彭博。

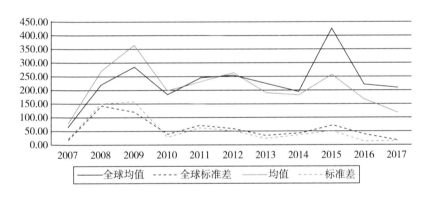

图 7 - 10　26 个一带一路国家主权 CDS 利差

资料来源：彭博。

从近十年来的利差的历史均值和标准差可以看到（见图 7 - 10①），一带一路国家的主权 CDS 平均利差有逐年缩小的趋势，并且波动率也逐步稳定。2009 年受全球金融危机影响，新兴市场遭遇较大冲击，主权 CDS 利差平均值达到近十年来最高水平，且高于同时期的欧盟均值和全球均值。在随后的六年里，一带一路国家主权 CDS 利差虽有波动，但整体呈现缩小趋势。这表明这十年以来一带一路国家中新兴市场整体信用状况有所提升。

---

① 全球，即可采集到的全球 64 个国家的主权 CDS 利差的均值与标准差。